AN INTRODUCTION TO
SOCIAL WELFARE

사회복지개론

권 붕 권기정 박원진 신민식 양재건
오인숙 이은희 이의용 이척희 진윤지 공저

수양재

머리말

최근 우리나라는 정치권의 영향으로 사회복지에 대한 논쟁이 가속되고 있다. 우리나라는 전통적으로 봉건제도에 따른 시혜적 관점에서의 구휼제도를 실시하여 왔으며, 5·16 군사쿠데타 이후, 성장위주의 신자유주의 경제정책을 채택함에 따라 사회복지는 저복지국가를 지향하는 결과를 초래하였다. 그러나 김대중 정부에 이어 새로운 문재인 정부는 보편적 사회복지체제를 채택함에 따라 새삼 사회복지는 국정의 중요한 이슈가 되고 있다.

사회복지에 대한 뜨거운 논쟁은 국민적 관심을 불러일으키면서 박근혜 정부는 기초노령연금에 보편제를 채택하는 대선공약을 내놓기도 했으나, 집권 후 선택제로 후퇴하여 사회복지에 대한 국민의 우려와 불만을 자초하기도 하였다. 그러나 진보성향의 정권 역시 보편제를 실시함에 있어서 엄청난 저항에 부딪히고 있는 게 작금 우리나라 사회복지의 현실이다.

이러한 상황 속에서 사회복지는 활발한 토론과 학습열기가 어느 분야 못지않게 지속되고 있으며, 학습자 또한 꾸준히 유입되고 있다. 이에 발맞추어 사회복지 관련 교재의 출판도 활성화 되고 있다. 그러나 새로운 교재라 해도 과거에 의존하는 구태의연한 내용으로 인해 학습자의 불만을 가중시키고 있다. 본 서는 전혀 새로운 목차를 구성하여 학습자에게 올바른 내용을 제공하고, 최신 국내외 이론을 소개하고자 한다.

본 서의 내용을 살펴보면,

Part 1 **사회복지학의 기초**

Chapter 01 사회복지의 기초
Chapter 02 사회복지의 역사

Part 2 **사회복지학의 영역**

Chapter 03 인간행동과 사회환경
Chapter 04 사회복지정책
Chapter 05 사회복지행정
Chapter 06 사회복지조사
Chapter 07 사회복지법제
Chapter 08 사회복지실천
Chapter 09 사회복지실천기술
Chapter 10 지역사회복지

Part 3 **사회복지학의 응용**

Chapter 11 생애주기복지
Chapter 12 보건복지와 자원봉사
Chapter 13 한국사회복지의 전망과 과제

본 서가 출판되기까지 공동저자들 입장에서는 뼈를 깎는 과정이 이었으나, 이제는 부끄러움이 앞선다. 많은 교수님들과 학습자, 독자 여러분의 질책과 이해를 부탁드리고자 한다. 본 서의 출판에 모든 노력을 아끼지 않은 수양재 사장님과 관계자 여러분들께 진심으로 위로와 감사를 드린다.

2019년 1월

공동저자 대표 권 붕

차 례

PART 1

사회복지학의 기초

CHAPTER 1

사회복지의 기초

학습목표

1. 사회복지의 기초적 지식 습득
2. 이데올로기의 학습
3. 사회학과의 접목

학습내용

1. 사회복지의 개념
2. 사회복지의 가치
3. 사회복지의 이데올로기
4. 사회복지학의 연구방법론

개 요

사회복지는 사회구성원이 빈곤이나 불행이 없는 자유롭고 평등한 인간다운 삶을 영위할 수 있는 사회를 형성하는 것을 목적으로 한다. 즉, 인간의 존엄성 확보, 개인의 자립과 성장·발달 촉진, 사회의 통합과 안정 등으로 구분할 수 있다. 본 장에서는 사회복지의 기초지식을 서술하고자 한다.

CHAPTER 1

사회복지의 기초

1. 사회복지의 개념

1) 사회복지의 정의

'social welfare'의 사전적 의미를 살펴보면, social의 의미는 '지역사회나 집단 속에서 같이 지낸다'는 뜻을 가지고 있다. 즉, 'social'은 사회 안에서 삶의 질과 개인, 집단, 사회 전체 간의 사회 내적인 관계를 뜻하는 것으로, 물질적이거나 영리적인 요소보다는 비영리적이며, 이타적 속성의 공동체적 삶의 요소에 관심을 기울이는 것이라 할 수 있다. 'welfare'는 사전적 의미로 '만족스러운 상태, 건강, 번영, 안녕' 등이다(남세진, 1998: 43). 즉, 'well'과 'fare'가 어우러진 것으로 '만족스럽게 지내는 상태'라는 의미이다. 즉, 사전적 의미로서 '사회복지'는 일단 사회 내의 사람들이 만족스럽고 평안한 상태를 유지할 수 있게 하는 것과 연결되어 있음을 알 수 있다(정민숙, 2017: 17).

최근 'well-being'이라는 유행어가 사용되고 있다. well-bcing과 welfare는 용어상 약간의 차이가 있다. well-being은 흔히 복리, 안녕이라고 번역되기도 하는데, 그 의미는 '복된 상태를 의미한다'고 할 수 있으며, welfare는 '복된 상태로 나간다'는 역동적인 의미가 있다. 그래서 well-being은 welfare의 결과로서 이루어지는 상태라고 할 수도 있다(최일섭, 2018: 14).

복지의 개념에 대해 오브라이언과 페나(O'Brien and Penna, 1998: 7~8)는 '안녕(well-being)'을 의미하며, 경제적 번영, 건강, 개인적 안전에 관한 것들과 관련될 수 있다고 하였다. 또한 복지는 협의의 급여제도에서 사회정책의 넓은 의미에 이르기까지 인간의 'well-being'을 뜻한다(김성이, 2006: 14). 이런 관점에서 정원오(2011: 31)는, '사회복지'에서는 복지의 사회적 의미와 공동체적 의미가 더 강조된다고 주장한다. 복지 혹은 안녕에 관하여 피츠패트릭(Tony Fitzpatrick)은 장기적 행복, 안정의 정도, 욕구와 선호가 충족되는지 혹은 억제되는지, 보상받을 가치가 있는 것을 획득하는지, 다른 사람들과 비교했을 때는 어떻게 느끼는지 등과 같은 것들에 연관시켰다. 중요한 것은 객관적인 측정보다 복지의 주관적 특성을 고려하는 일이다(Fitzpatrick, 2001: 5~11). 따라서, 복지는 건강, 교육, 주택, 그리고 현금과 자원 등에 대한 평가도 중요시 된다(Taylor, 2007: 24). 이러한 의미를 내포하고 있는 사회복지는 기존의 사회복지제도들이 사회구성원의 기본적인 욕구를 충족시키는 데 실패하고 비공식적 상호부조 기제가 여의하지 않을 때, 공식적인 상호부조 기제를 발전시켜 기능적인 공백을 메우며 성장하였다.

사회복지의 개념은 국가에 따라서, 시대에 따라서 달라질 수밖에 없다. 오늘날 유럽의 복지국가들과는 달리, 전문사회사업(social work)을 중심으로 사회복지를 이해하려는 미국에서는 사회복지를 협의적으로 개념화하는 경향이 있다. 즉, 사회복지가 궁극적으로는 전 국민의 복지를 추구한다고 하지만, 실제로 그 대상범위는 상당히 제한되어 있고, 또 그렇게 될 수밖에 없다는 입장이다.

사회복지 개념의 속성은 다음과 같다(최일섭, 2018: 20).

첫째, 사회복지는 인간이 만들어낸 사회제도의 하나로서, 다른 사회제도와 구별될 수 있는 특유의 사회적 기능을 갖는다.

둘째, 사회복지는 특수대상층의 복지뿐만 아니라, 사회전체 성원의 안녕(well-being)을 추구한다.

셋째, 사회성원의 안녕은 그들의 사회적 욕구를 충족시킴으로써 증진된다.

넷째, 사회복지는 인간생활을 향상시키려는 모든 시책과 노력을 포함한다. 따라서, 광의의 사회복지는 정부에 의한 시책뿐만 아니라, 민간부문에 의한 노력도 포함한다.

그리고 어느 특정 전문분야(예를 들어, 전문사회사업)의 노력뿐만 아니라, 관련 전문분야와 자원봉사의 영역까지도 포함할 수 있다.

다섯째, 사회복지는 사회질서를 유지하고 사회안정을 도모하는 수단이 된다. 이러한 점에서 사회복지는 다른 사회제도에 의해서 파생되는 문제를 예방하고 해결하는 데 중요한 기능을 한다.

사회복지와 사회사업이란 용어는 가끔 혼동되고 때로는 동의어로 사용된다. 실제로 사회복지는 폭넓은 의미를 가지며, 사회사업, 공공복지 그리고 기타 관련된 프로그램과 활동을 포함한다(Skidmore & Thackeray, 2000).

사회복지와 사회사업은 흔히 혼동을 가져오는 개념으로, 학자들의 견해에 따라 그 의미가 다르기 때문에 이 두 가지 개념을 명확히 규정한다는 것은 쉬운 일이 아니다. 우리나라의 경우, 1950년대부터 1970년대 중반까지 미국 등 서구의 영향을 받아 '사회사업(social work)'이라는 개념이 교육이나 실천현장에서 통용되었다. 그러나 1970년대 후반에 이르면서 '사회사업의 토착화' 과제가 제기되었고, 당시 우리나라의 사회문제를 고려할 때, '사회복지'라는 광의의 제도적 접근이 필요하다고 하여 학계나 실천현장에서 사회사업(social work)의 이념적 접근이 우위를 차지하게 되었다. 그리하여 1980년대에는 사회사업과 사회복지라는 용어가 혼용되어 오다가, 1990년대에 이르러 '사회복지'로 통일되는 경향을 나타나게 되었다(서보준 외, 2017: 27).

〈표 1-1〉 사회복지와 사회사업의 개념 비교

구분	사회복지	사회사업
어의적	이상적 측면을 강조	실천면을 강조
목적적	환경지향적	인간지향적
대상적	전체적, 불특정적	부분적, 특정적
방법적	제도, 정책, 고정적	지식, 기술, 역동적
기능적	사전적, 예방적, 적극적	사후적, 치료적, 소극적

자료: 서보준 외(2017: 27).

2) 사회복지의 목적

사회복지는 시대에 따라 ① 자선, 자비 등의 종교적 동기, ② 박애주의, 평등, 사회정의 등의 인도주의적 동기, ③ 반사회적 계층에게 기본생활이 가능하도록 국가적 구제사업을 실시하고자 하는 반사회적 동기, ④ 최대 다수의 최대 행복, 즉 모든 국민과 사회가 동시에 만족하고 바람직한 사회를 실현하고자 하는 공리주의적 동기, ⑤ 사회복지사가 확고한 복지 철학과 전문적 지식과 기술을 바탕으로 전문적인 서비스를 제공하여야 한다는 전문직업적 동기가 밑바탕이 되어 발전해오고 있다.

이와 같은 사회복지의 이념과 동기의 변화에도 불구하고 공통으로 추구해 온 사회복지의 목적은 사회구성원이 빈곤이나 불행이 없는 자유롭고 평등한 인간다운 삶을 영위할 수 있는 사회를 형성하는 것이다. 사회복지의 목적은 인간의 존엄성 확보, 개인의 자립과 성장·발달 촉진, 사회의 통합과 안정 등으로 구분할 수 있다. 그 내용은 다음과 같다(권중돈 외, 2017: 35~37).

(1) 인간의 존엄성 확보

인간은 인종, 종교, 연령, 성, 교육수준, 사회신분 등에 따른 차이나 처한 상황에 관계없이 그 자체로서 존엄한 가치를 지닌 존재이다 사회복지는 이러한 인간의 인격을 인정하고 존중하는 것에서 출발하며, 인간 존엄성의 권리를 향유할 수 있도록 하는 데 목적을 둔 사회제도이다. 즉, 사회복지제도는 모든 사회구성원을 '가치 있는 사람'과 '가치 없는 사람'으로 구분하여 처우하거나 차별해서는 안 되며, 헌법 제34조 제1항에 규정된 바와 같이 모든 사람의 '인간다운 생활을 할 권리'를 보장하기 위하여 노력하여야 한다. 따라서, 사회복지는 사회구성원 개개인이 다양한 욕구를 충족할 수 있도록 모든 서비스를 제공하여 인간다운 생활을 영위할 수 있도록 지원하여야 하며, 이를 통해 인간의 존엄성을 확보하고 유지할 수 있게 하는 데 기본 목적을 두어야 한다. 사회복지가 모든 사회구성원의 인간다운 삶을 보장하는 데 1차 목적을 두지만, 사회자원이 제한되어 있다는 점을 감안한다면, 가장 고통이 심하고 의존적이거나 방임된 사람을 위한 서비스에 희소자원을 1차적으로 투입함으로써 인도주의적 사회정의를 실현해 나가는 것이 바람직할 것이다.

(2) 개인의 자립과 성장·발달 촉진

사회복지의 이상인 동시에 목적은 모든 개인이 타인에게 의존하지 않고 자기 스스로 자주적이고 독립적인 생활을 영위하도록 하는 데 있다. 사회복지에서 자립이란 경제적 자립과 더불어 스스로 자신의 삶을 선택·결정하고, 이러한 결정에 따르는 책임을 수용하고, 자신의 잠재력을 개발하기 위해 끊임없이 노력하는 삶을 영위하는 것이라고 할 수 있다. 이러한 의미에서 사회복지는 개인이나 집단이 자신의 문제를 스스로 인식하고, 자기결정 원칙에 의거하여 급여와 서비스를 이용하고, 스스로 자신의 삶을 영위할 수 있도록 지원해야 한다.

사회복지는 자립생활을 영위할 수 있도록 할 뿐만 아니라, 사회구성원으로서 다른 구성원과 더불어 생활하면서 자신의 잠재력을 발견하고, 이를 바탕으로 건강한 성장과 발달을 해 나갈 수 있도록 원조하는 데 목적을 두고 있다. 즉, 사회복지는 인간이 직면한 문제의 해결과 예방은 물론 인간을 끊임없이 성장하고 발전할 수 있는 가능성을 지닌 존재로 보고, 이들이 잠재력을 발휘할 수 있도록 충분한 기회와 서비스를 제공하여야 한다.

(3) 사회의 통합과 안정

사회복지의 목적이 사회통합이나 사회연대를 촉진하는 제도인지, 아니면 사회통제를 목적으로 하는 제도인지에 대한 논쟁은 계속되어 왔다. 사회양심이론에서는 사회복지가 사회적 보호가 필요한 사람의 어려움을 해결함과 아울러, 사회구성원의 일원으로서 다른 사람과 마찬가지로 사회생활에 적극적으로 참여하고, 사회구성원 간의 연대의식을 촉진하는 것을 목적으로 한다고 본다. 다른 한편으로 음모이론에서는 특정 사회의 기득권과 사회의 현상유지를 위하여 사회적 보호가 필요한 사람을 가치 없는 인간으로 낙인찍고 이들을 사회적으로 배제하기 위한 수단으로 사회복지가 이용된다고 본다.

사회복지의 역사를 되돌아볼 때, 빈민, 장애인, 노인 등 사회적 보호가 필요한 사람들을 낙인찍고 이들을 사회에서 분리해야 한다는 사상이 없지는 않았다. 그러나 현대사회에서는 사회복지를 사회의 통합과 연대를 촉진하는 목적을 추구하는 사회제도로 보는 관점이 더욱 강하다. 따라서, 사회복지는 사회생활상의 어려움을 지닌 사람이 사회복지 원조를 통하여 정상적인 사회생활을 영위할 수 있도록 함으로써, 개인적으로는 사회에 대한 적응력을 높이고, 사회 전체적으로는 사회의 통합과 안정에 기여하고, 또 다른 사회제도가 제 기능을 상실하였을 때, 일시적으로 그 제도를 보완힘으로써 사회 전체의 안정과 통합에 기여하는 것을 목적으로 한다.

3) 사회문제와 사회복지

인간이 경험하는 생활문제란 해결하고자 하는 욕구를 유발하는 불만족스러운 상태 또는 조건으로 정의할 수 있다. 즉, 개인의 욕구충족에 대한 기대수준과 실제 욕구충족에 대한 정도 사이의 괴리가 지속되어 개인의 생활에 불편을 초래하고, 이의 해결에 필요한 자원의 확보가 어려워지고, 해결노력이 실패를 거듭할 경우 인간은 문제를 경험하게 된다.

사회문제가 개인문제와 다른 점은 사회문제가 지니고 있는 사회성과 보편성에서 분명히 구분된다. 여기서 사회성이란 개인의 욕구충족이 어려운 사건과 상태가 특정 문제에 직면한 개인의 책임에서보다는 상대적으로 사회제도나 구조상의 결함과 실패로 인하여 야기되는 경우를 말한다. 즉, 문제발생의 사회적 맥락을 의미한다. 한편, 보편성이란 사회문제가 지닌 부정적인 영향력이 특정 개인에게만 한정된 것이 아니라, 사회구성원 전체에 보편적으로 미칠 수 있음을 의미한다. 사회문제가 개인문제와 달리 사회성과 보편성을 가진 문제라고 하더라도 아직 사회문제의 개념은 명확하게 잡히지 않는다(임정문, 2017: 23).

인간의 삶에서 불만족스러운 상태를 초래하는 사건이 특정 개인에게만 부정적 영향을 미칠 경우에 그 문제는 개인문제가 된다. 그러나 ① 사회 가치에 비추어 바람직하지 못하며, ② 상당수의 사람들이 그 현상에 관련되어 고통, 손해 또는 부당한 처우를 당하고 있으며, ③ 사회제도나 사회구조의 결함이나 실패가 이런 불편의 원인이며, ④ 다수 또는 일부 영향력 있는 사람들이 그런 사회적 조건을 문제로 인식하며, ⑤ 사회가 전반적으로 개선하기를 원하며, ⑥ 문제의 개선이 가능하며, ⑦ 집단적인 사회적 노력으로 이를 해결할 수 있을 때, 그 문제는 사회문제가 된다(Rubington & Weinberg, 1981). 이와 같이 사회문제는 사회적 원인에 의해 형성되고, 상당수 사람들이 문제로 인식하고, 사회가 그 상태의 개선을 바라는 사회적 상태로 규정할 수 있다.

이러한 사회문제는 어떤 분류기준을 선택하는가에 따라 다양하게 분류할 수 있다. 즉, ① 빈곤문제, 노동문제, 농촌문제 등의 사회구조적 문제, ② 가족문제, 여성문제, 아동문제, 청소년문제, 노인문제 등의 가족과 세대 문제, ③ 환경문제, 인구문제, 보건의료문제, 여가문제 등의 삶의 질 문제, ④ 범죄, 성매매, 자살, 약물중독 등의 일탈문제, ⑤ 사이버 일탈문제와 같이 사회변동에 의해 새롭게 등장하는 문제 등으로 구분할 수 있다.

사회문제에 대한 해결방안을 모색하는 접근방법은 발생 원인에 대한 시각에 따라 달라진다. 먼저, 사회문제의 원인을 사회제도보다는 개인에게서 찾고자 할 경우, 사회복지에서는 개인적 수준의 원조와 개입을 통하여 개인의 병리를 치료하고 성격을 변화시키는 등의 미시적 접근방법, 즉 사회복지실천을 통하여 사회문제를 해결하고자 한다. 이와 반대로, 잘못된 사회구조와 제도가 사회문제의 근본 원인이라고 보는 경우에는 국가와 사회가 사회문제의 1차적인 책임이 있음을 인식하고 거시적 접근방법, 즉 사회복지정책을 통하여 사회문제를 해결하고자 한다. 하지만 현존의 사회문제는 어느 한 가지 접근방법만으로는 해결이 불가능하므로, 개인과 환경 양자에 대한 균형 잡힌 개입이 반드시 필요하다. 즉, 사회복지는 개인 차원에서는 사회적 기능 향상을 도모하고, 사회 차원에서는 부적절한 사회환경 요인을 개선하는 노력을 동시에 기울임으로써, 인간 삶의 불편을 초래하는 사회문제를 해결하고, 궁극적으로는 모든 사람의 인간다운 질 높은 삶을 보장하여야 한다(권중돈 외, 2017: 24~25).

4) 사회복지의 주체와 객체

(1) 주체

사회복지의 주체란 사회복지를 실천하는 주된 체계를 의미한다. 즉, 공여자이다. 역사적으로 보면, 사회복지의 주체는 사회복지가 하나의 제도로서 분화되지 않았던 시기에는 가족이나 시장기구에 통합된 상태로 존재해 왔다. 그러나 시대의 변화와 함께 다른 제도들이 각기 기능적 전문화가 일어나면서 사회복지도 세분화의 길에 접어들어 지금까지 활동하고 있다.

일반적으로 사회복지의 주체는 '공공부문'과 '민간부문'으로 구분할 수 있다. 즉, 공공부문은 중앙정부 및 지방자치단체 등이고, 민간부문은 법인의 형태로 운영되는 것과 종교단체, 기업체, 자원봉사단체, 개인 등이다. 사회복지의 주체별 프로그램은 다음과 같다.

〈표 1-2〉 사회복지의 주체별 프로그램

주체	프로그램
개인	개별적 원조, 상호부조
가족	가족복리, 가정복지
친척	친족 부양, 가족 간 경제적 지원
마을	계, 두레, 품앗이, 부역, 인보사업
직장	공공복지, 기업복지, 근로자복지, 직업복지
종교단체	자선사업, 박애사업
시장	상업적 사회복지 상품과 서비스
지역사회	공동모금, 지역복지
상호부조조직	자조, 자원봉사, 비영리 사회복지서비스
정부	빈곤정책, 경제적 보장, 보건의료, 교육, 사회복지서비스
국가	사회사업, 사회정책, 사회복지

자료: 원석조(2018: 20) ; 박용순(2009: 62) 재구성.

이러한 주체별 구분은 현실적으로 의미를 상실하고 있는데, 그것은 각국에서 대부분 사회복지가 공공부문과 민간부문이 함께 혼합된 형태로 이루어지고 있기 때문이다. 그럼에도 불구하고, 사회복지의 주체에 관한 분석적이고 구체적인 구분이 필요하다. 사회복지를 합리적이고 효율적으로 운영하며, 사회복지서비스의 효과성을 높이기 위해서는 분석적인 검토가 요구되기 때문이다.

공공부문은 사회복지를 제공하는 사회복지기관이나 시설의 소유자가 중앙정부이다. 그리고 사회복지의 재원은 대부분 정부예산에서 확보되고 있으며, 그 운영은 공무원들이 담당하고 있다. 반면에, 민간부문은 사회복지를 제공하는 기관의 소유자가 민간이며, 재원은 민간차원에서 이루어지고 있다.

사회복지의 주체별 구분을 파악하기 위해서 사회복지재원의 출처와 사회복지급여를 상호 연관시킬 필요가 있다(Glennereter, 2015). 즉, 동일한 공적부문이라고 하더라도 사회복지재원의 출처에 따라 완전 또는 부분으로 세분화할 수 있다. 이에 사회복지재원의 출처는 다음과 같다.

〈표 1-3〉 사회복지재원의 출처

	공적 차원		민간 차원	
공적부문	공적급여 완전 공적 재원	공적급여 부분민간	민간급여 부분민간	민간급여 완전 공적 재원
사적부문	공적급여 완전 민간 재원	부분공적 재원	부분공적 재원	민간급여 완전 민간 재원

자료: Glennerster(2015).

'공적부문'과 '사적부문'을 재원과 생산이라는 두 가지 차원에서 주체별 형태로 세분화하고 있다(박용순, 2009: 63 재인용). 사회복지의 주체는 순수하게 공공부문과 민간부문으로 명확하게 구분하기보다는 매우 복잡하게 혼합되어 실시되고 있음을 알 수 있다. 오늘날 사회복지의 주체는 혼합된 형태로 이루어지고 있지만, 일단 공적인 사회복지 주체와 사적인 사회복지 주체가 지니고 있는 특성을 이해함으로써 양자를 적절하게 원용할 수 있을 것으로 본다. 즉, 기존의 연구문헌에서 도출된 공공주체와 민간주체

양자의 장단점을 상호보완하면서 우리의 실정에 맞는 사회복지의 주체별 형태로 운용할 필요가 있다.

(2) 객체(대상)

사회복지의 객체(대상)란 사회복지가 일차적으로 관심을 가지고 있는 것, 즉 이미 문제에 봉착한 사람들, 문제를 지닐 가능성이 있는 사람들, 무제를 야기시키는 조건 등을 의미한다. 사회복지의 대상은 단순히 빈곤이나 질병 등에 국한된 사회문제가 아니라, 복합체로서 보다 현실적이고 구체적인 반사회복지적 상황을 말한다. 이러한 대상은 사회복지가 역사적이고 사회적인 형성체이므로, 사회복지의 변화와 함께 다양하게 변천되어 왔다. 이런 맥락에서 사회복지의 대상을 일관성 있고 전체적인 특성을 조망하여 제시하는 것은 사실상 어렵다. 사회복지의 대상을 포착하는 것은 사회복지를 보는 관점과 밀접하게 연관되어 있으므로, 학자들에 따라 다양한 접근방법으로 논의되고 있는 실정이다.

사회복지대상자 중심은 사회복지를 필요로 하는 사람들이 누구인가 하는 것인데, 이는 역사적으로 많은 변화를 거쳐 선정되어 왔다. 사회복지 초기단계에 있어서는 소수의 사회적 약자에 국한하여 사회복지서비스가 제공되어 왔으나, 현대사회로 접어들면서 모든 국민을 대상으로 사회복지가 확대되는 현상을 볼 수 있다.

산업화 이전 사회에서 산업화 이후 사회로 변화됨에 따라 사회복지도 개인의 방향과 인식이 점차 확대되어 가는 경향을 보인다. 사회복지의 변화 내용은 다음과 같다(Romanyshyn, 1971).

① '보충적 서비스'에서 '제도적 서비스'로 변화되고 있다.

② '자선적 도움'에서 '시민의 권리'로 변화되고 있다.

③ '특수적 원리'에서 '보편적 원리'로 변화되고 있다.

④ '최저조건의 급부'에서 '최적조건의 급부'로 변화되고 있다.

⑤ '개인적 변화'에서 '사회적 개혁'으로 변화되고 있다.

⑥ '민간차원의 지원'에서 '공공차원의 지원'으로 변화되고 있다.

⑦ '빈민복지'에서 '복지사회'로 변화되고 있다.

사회복지 대상자 중심은 사회복지를 필요로 하는 사람들이 어떤 욕구의 변화를 갖게 되었는가 하는 것인데, 이것은 역사적으로 변화의 과정을 거치면서 발전되어 왔다. 사회복지 초기단계에서는 소수의 사회적 약자들을 대상으로 서비스가 제공되어 왔으나, 현대사회로 가면서 사회복지가 확대되는 현상을 볼 수 있다.

사회체제의 변화와 사회복지대상은 다음과 같다.

〈표 1-4〉 사회체제의 변화와 사회복지대상

<table>
<tr><th colspan="3">사회체계</th><th>주요 대상자</th><th>대상자 주체의 반발</th><th>주체자의 의사·사상</th><th>방법</th></tr>
<tr><td colspan="3">고대 노예제·중세 노비제
(자급자족경제·신분제)</td><td>공동체 탈락자</td><td>단념</td><td>선행의 수단</td><td>자선, 자혜</td></tr>
<tr><td rowspan="4">근대
자본제
(상품
경제·
계약제)</td><td colspan="2">초기자본주의
(원시적 추적단계)</td><td>공동체
해체하에서
발생한 국민의
유량화</td><td>소극적 반항</td><td>위험 시
구빈 시</td><td>구빈법
(빈민관리법)</td></tr>
<tr><td colspan="2">성숙기 자본주의
(산업자본주의 단계)</td><td>노동자의 빈궁</td><td>상호부조
활동</td><td>열등 시
자조의 촉진</td><td>최저의
구빈법,
자선조직화</td></tr>
<tr><td rowspan="2">말기자본주의
(독점자본주의
단계)</td><td>전기(금융
독점기)</td><td>노동자 계급의
빈곤</td><td>사회운동</td><td>환경에의 주목
사회현대주의</td><td>사회개량활동,
사회사업</td></tr>
<tr><td>후기(국가
독점기)</td><td>국민 체계층의
생활불안</td><td>권리투쟁으로
서의 국민운동</td><td>복지국가</td><td>사회보장
사회복지</td></tr>
</table>

자료: 고재욱(2014: 53).

위와 같이 사회복지의 변천과정을 살펴보면, 사회복지대상자에 있어서도 개인 중심의 사회복지서비스에서 국민 전체의 사회복지서비스로 확대되고 변화해가는 모습을 볼 수 있다.

5) 사회복지의 구성요소

사회복지는 클라이언트의 욕구와 그 욕구를 해결할 수 있는 자원, 자원을 전달할 수 있는 전달체계를 기반으로 한다. 즉, 사회복지의 궁극적 목표의 하나는 대상자들(개인, 가족, 집단, 공동체 구성원 등)에게 그들이 필요로 하는 서비스를 제공하여 문제를 해결하는 것이다. 이러한 목표를 달성하기 위해 사회복지서비스를 제공하는 정부나 민간기관의 사회복지사는 해결해야 하는 사회문제가 무엇인지, 클라이언트가 가지고 있는 욕구가 어떤 것인지를 파악해야 한다. 그리고 해당하는 문제와 욕구를 해결할 수 있는 적절한 자원을 찾아낼 수 있어야 하며, 그러한 자원이 클라이언트에게 가장 효과적이고 효율적으로 전달될 수 있는 체계를 가지고 있어야 한다. 이처럼 사회복지는 욕구와 자원, 전달체계를 필수 요소로 가진다. 그 내용은 다음과 같다(류기형 외, 2018: 48~51).

(1) 욕구

욕구란 생존이나 안녕의 충족을 위한 물리적 · 심리적 · 경제적 · 사회적 필요라고 정의된다(Barker, 1991). 즉, 욕구는 무엇이 부족하여 충족되어야 하거나 혹은 해결되어야 할 문제로 볼 수도 있다. 따라서, 누군가 스스로 자신의 욕구를 충족시킬 수 없을 때, 외부로부터 도움을 받지 않을 수 없는데, 이때 외부의 도움을 사회적으로 체계화, 제도화한 것이 사회복지이다. 그러므로 사회복지를 이해하기 위해서는 욕구에 대한 이해가 필수적이며, 사회복지학에서는 인간의 기본적 욕구 및 사회적 욕구, 사회문제, 욕구를 사정하는 방법 등에 대해 공부하게 된다.

욕구는 범위, 강도, 지속 정도 등에서 다양성을 띠고 있기 때문에 여러 유형으로 분류된다. 사회복지활동이 욕구를 해결하기 위해 존재한다 하더라도, 모든 종류의 욕구가 하나같이 사회복지의 대상이 되는 것은 아니다. 사회복지는 사회적 욕구라고 정의되는 욕구만 다루게 된다.

(2) 자원

자원이란 개인, 가족, 지역사회 구성원 및 국민 전체의 사회적인 욕구나 문제를 해결하기 위하여 필요한 수단을 의미한다. 사회복지 자원은 자원을 부담하는 주체가 누구인가에 따라 공공자원과 민간자원으로 구분할 수 있으며, 자원의 형태에 따라 인적자원과 물적자원 등으로 구분할 수도 있다.

클라이언트의 욕구 충족과 문제해결을 위해서는 충분한 양의 자원 확보가 필수적이며 사회복지사는 클라이언트의 욕구와 문계 해결에 적합한 수준의 자원을 확보하기 위해 노력하게 된다. 즉, 자원과 욕구의 중개자로서 사회복지사는 서비스를 필요로 하는 대상자를 찾아내고, 그들에게 서비스에 대한 정보를 제공해주며, 서비스가 제대로 전달되는가를 확인해야 한다. 한편, 사회적 약자인 클라이언트가 자신의 권리를 침해받고 적절한 자원을 확보하지 못하는 경우, 사회복지사는 합법적 수단을 활용하여 클라이언트의 권리를 옹호하고 방어하는 옹호자의 역할을 하기도 한다. 또한 지역사회 내에서 문제해결을 위해 필요한 적절한 자원이 확보되어 있지 않다면, 공동체의 문제를 해결하고 구성원의 욕구에 부합한 새로운 자원을 창출해 내는 자원동원의 역할을 수행하기도 한다.

(3) 전달체계

클라이언트에 대한 서비스가 효과적이고 효율적으로 제공되기 위해서는 서비스를 전달하는 체계 또한 제대로 작동해야 한다. 사회복지 전달체계는 사회복지의 주체로부터 사회복지의 대상에 이르기까지 연결되는 사회복지급여 및 서비스 전달망을 의미한다. 즉, 사회복지를 공급하는 자와 수요자를 연결시켜 주는 체계를 의미하며, 이러한 체계가 잘 갖추어져 있으면 사회복지 급여 및 서비스가 효과적으로 수요자에게 전달된다.

사회복지 전달체계는 크게 국가 및 지방자치단체가 주체가 되는 공공전달체계, 민간사회복지 기관 및 조직이 주체가 되는 민간전달체계, 국가와 민간이 함께 전달체계의 과정에 포함되는 민·관혼합전달체계 등으로 구분된다(한신애 외, 2018: 129). 클라이언트에 대한 서비스가 효과적이고 효율적으로 제공되기 위해서는 서비스를 전달하는 체계 또한 제대로 작동해야 한다. 사회복지 전달체계는 사회복지의 주체로부터 사회복지의 대상에 이르기까지 연결되는 사회복지급여 및 서비스 전달망을 의미한다. 즉, 사회복지를 공급하는 자와 수요자를 연결시켜 주는 체계를 의미하며, 이러한 체계가 잘 갖추어져 있으면 사회복지 급여 및 서비스가 효과적으로 수요자에게 전달된다.

사회복지서비스 전달체계의 주요 원칙은 다음과 같다(한신애 외, 2018: 136~142).

첫째, 책임성의 원칙이다. 사회복지서비스의 책임자는 사회에 대한 책임, 클라이언트에 대한 책임, 전문가로서의 책임 등을 가진다. 사회로부터 위임받은 소정의 기능을 적절히 수행했는가, 클라이언트의 욕구를 최대한으로 해결해야 할 책임을 다하였는가, 전문가로서의 윤리강령을 준수하고 전문가로서의 지식과 기술을 지속적으로 연마하고 발전시켰는가와 관련한다.

둘째, 접근용이성의 원칙이다. 사회복지서비스를 필요로 하는 사람이 필요할 때 편리한 곳에서 해당 서비스를 받을 수 있는가 하는 문제는 매우 중요하다. 서비스 공급의 시기가 늦어진다면 클라이언트의 문제가 그만큼 더 악화되어 서비스의 효과가 떨어지고 문제의 악영향이 크게 파급될 가능성도 높아지기 때문이다. 서비스가 제공되는 위치와 장소도 마찬가지이다.

셋째, 포괄성의 원칙이다. 클라이언트는 복합적 욕구를 가지고 다양한 서비스를 필요로 한다. 따라서, 이상적 전달체계는 클라이언트의 다양한 욕구를 처리할 수 있게 구성되어야 한다. 이를 위해 서비스는 통합 · 조정되어야 한다.

넷째, 적절성의 원칙이다. 클라이언트는 서비스의 궁극적 목표인 자활 및 재활을 성취하는 과정에서 필요로 하는 충분한 서비스의 양과 질을 공급받을 수 있어야 한다.

다섯째, 지역사회 참여의 원칙이다. 현대사회의 사회복지문제는 공식적 사회복지체계만으로 해결하기에는 서비스와 양과 질이 부족하다. 이상적 관점에서 보면, 공식적 체계가 비공식적 체계를 최대한 수용, 활용해야 한다.

2. 사회복지의 가치

1) 사회복지 가치의 정의

가치에 대한 정의는 학문적 차원에서 폭넓게 정의되고 있으며, 특정 집단, 개인 또는 문화가 본질적으로 바람직하다고 받아들이는 신념이자 실천적 개념이라고 할 수 있다(홍봉수 외, 2017: 48).

사회복지의 가치는 사회복지가 중요하다고 생각하는 목적에서의 가치가 사회에서 실현 가능하여 이루어지도록 하기 위한 활동에 있다. 사회복지의 역사란 사회복지의 가치 실현을 위한 활동의 역사이며, 사회복지사상이란 사회복지가 중요하다고 생각하는 가치를 옹호하는 사고이고, 사회적으로 어떻게 실현하는 것이 바람직한 것인가에 관한 논의라고 할 수 있다. 따라서, 사회복지의 가치가 무엇인가를 언급한다는 것은 사회복지사상과 역사연구의 선행작업이라고 할 수 있다.

가치에는 다양한 차원이 있다. 왜냐하면 사회복지는 근본적으로 사회와 인간에 관심을 가지고 있기 때문에, 어떤 사회가 더 바람직한가 또는 어떤 인간이 더 바람직한가에 관한 가치를 갖지만, 사회복지 이외의 제도들도 사회와 인간에 관하여 나름대로의 가치를 갖는다. 인간과 사회에 관심을 갖지 않은 활동이나 사회제도가 있을 수 없기 때문에 사회복지의 가치는 다른 사회활동이나 제도들과 중복되기도 한다. 따라서, 사회복지의 가치가 사회복지 '고유의 가치'인 것은 아니다. 예를 들어, 사회복지에서는 아무리 중증의 장애를 가지고 있다 하더라도, 교육적 기회가 제공됨으로써 발달한다고 하는 가치를 가지고 있기 때문에 그 기회를 제공한다. 소위 '발달보장의 가치'이다. 그런데 이것은 교육활동이나 교육제도가 가진 가치이기도 하다.

사회복지활동의 차원도 매우 다양하며, 사회복지의 가치 역시 사회복지정책의 기조를 결정하는 선택에서부터 사회사업실천 활동에서의 원조방법 선택에 이르기까지 다양하다. 거시적 차원의 가치를 원류로 하여 실천활동에서의 미시적 차원의 가치들이 파생된다. 거시적 차원에서 일반적으로 자유, 민주주의, 평등, 안전성, 연대의식 등이

기본적인 가치로 인정된다. 사회적 공평과 인간의 존엄성 그리고 사회적 효과라는 거시적 차원의 이러한 가치는 사회복지를 바람직하게 만든 원동력이다. 또한 이들 가치로부터 많은 가치를 파생시킨다(고재욱 외, 2014: 54).

그러므로 가치는 인간이 가지는 정신적 노력의 목표로 간주되는 객관적 당위이며, 가치관은 인간이 자기를 포함한 세계나 그 속의 만물에 대하여 갖는 평가의 근본적 태도나 보는 방법을 말한다.

사회복지 가치의 중요성을 살펴보면 다음과 같다(홍봉수 외, 2017: 48).

첫째, 가치는 사회복지실천의 본질적 목적과 사명에 영향을 미친다. 사회복지 가치는 삶의 어려움을 겪고 있는 사람들이 원활한 삶을 살 수 있도록 단순한 기술이라기보다는, 정교한 개입방법을 이용하여 자선과는 구별되는 전문적 지식과 가치로부터 전문적인 실천이 이루어져야 한다는 것이다.

둘째, 사회복지사가 중시하는 가치는 클라이언트나 동료 혹은 다른 사회성원들과 관계에서 가치의 영향을 받으므로 사회복지의 전문 가치를 내면화하여야 한다.

셋째, 사회복지사는 서비스 전달과정의 개입방법이나 개입수준의 결정에서 가치의 영향을 받으므로 사회복지의 전문 가치를 내면화하여야 한다.

넷째, 사회복지사는 클라이언트의 문제와 그 해결 과제에 직면하여 자신의 의무와 클라이언트의 욕구 사이에서 윤리적 갈등을 경험할 수 있고, 이러한 윤리적 딜레마에 직면할 때, 사회복지사들은 궁극적으로 사회복지실천 가치의 본질에 대한 믿음에 근거하여 상충된 가치들 중 어느 것을 우선할 것인지를 결정하게 된다.

2) 사회복지의 핵심가치

가치란, 인간에 관하여 그리고 인간을 다루는 적절한 방법에 대하여 전문직이 갖는 신념을 의미하고 있다. 그러나 가치란, 그 소속이 고정되어 영원불변하는 것이 아니라, 시대와 장소 그리고 가치를 주장하는 사람들에 따라 다양하게 변화하고 있다. 핵심가치에는 인간의 존엄성, 개인의 독특성, 클라이언트의 자기의사결정권, 자아실현의 기회제공, 보편적 인간욕구 충족, 클라이언트의 능력강화, 차별금지, 공평한 기회, 비밀보장과 사생활 등 무수히 많다(오종희 외, 2018: 61). 이 가운데 좀 더 중요한 복지의 핵심가치는 인간의 존엄성, 인간의 자기결정권, 인간의 기회균등 등이다. 그 내용은 다음과 같다.

(1) 인간의 존엄성

사회복지의 가장 기본적인 가치는 곧 인간의 존엄성(worth and dignity of individual)이다. 이러한 존엄성의 가치는 '인간은 누구라도 인간이다'라는 인식에서 시작된다. 인간은 경제상태나 신체적 조건, 신분이나 직업, 경도된 사상, 출신지역이나 성별, 연령, 민족, 피부색 등을 이유로 차별하거나 차별받거나 인간성이 부정되어서는 안 된다는 가치이다. 즉, 사회복지는 인간이 심리적 · 정서적으로 안정되고, 자아실현을 이루며, 근심 걱정 없이 삶에 만족감을 느끼며 살아갈 수 있도록 인간 존엄성의 구현을 가장 중요한 이념으로 여기고 있다. 인간의 존엄성 사상은 모든 인간이 누구나 하나의 인격체로서 존중받아야 한다는 사상으로 사회복지의 본질적인 가치라 할 수 있다(서보준 외, 2017: 43). 또한 인간존중사상은 한 사람의 성취 여부에 관계없이, 비록 어떤 결함이 있는 사람이라 할지라도 인간인 한 존중받아야 한다는 것이다. 따라서, 인간존중사상은 기본적으로 모든 사람의 인간다운 생활을 요구하며, 최소한의 사회적 안정을 위한 욕구 충족 등을 요구하게 되었다(홍봉수 외, 2017: 49).

그러나 이러한 당연한 이치가 실제로 사회에서 완전히 실현되기는 어려우며, 1537년 로마 교황 바오로 3세는 "인도인이나 흑인, 미대륙의 토착민들도 인간이다."라는 칙령을 내린바 있었다. 이것은 당시의 세계에 그들을 인간으로 받아들이지 않는 사회적 풍조가 있었음을 나타내고 있다. 또한 20세기에 와서도 유태인과 장애인에 대한 대량 학살이 나치에 의해 자행된바 있다. 불치환자에 안락사를 명하는 나치의 지령에 의해, 1939년부터 수년 사이 약 30만 명의 정신병자, 유전성 질환자, 복지시설 입소자 등이 집단으로 학살되었다.

사회복지의 측면에서 보면, 인간의 존엄이라는 가치의 실현은 인간다운 생활을 할 수 있을 만큼의 생활수준을 유지하는 것에서 시작된다. 대부분의 현대국가는 나름대로 건강하고 문화적인 삶의 수준으로 보장 보호하는 것이 국가의 임무인 것을 인식하고 헌법에 명시하고 있다. 역사적으로 볼 때, 모든 국민이 그 이하에서 생활하는 것이 용인되지 않는 국민최저기준을 선정하고 적극적으로 보장해야 한다(고재욱 외, 2014: 55). 따라서, 오늘날 사회복지의 전문적 실천은 인간의 존엄성을 확보하는 것이며, 차별과 불평등에 저항하고 평등한 사회를 창조해 가는 것을 목표로 한다. 인간의 존엄성은 전문적 실천 가치 중 자기결정권과 기회균등의 가치와 직결되어 있다(오종희 외, 2018: 61~62).

(2) 인간의 자기결정권

인간의 자기결정권(self-determination)은 사회복지의 이론과 실제에 있어서 극히 중요한 원리가 되고 있는데 기술적으로 대안(alternatives)제공이 전제되기도 한다. 이것은 각자의 자기 능력과 판단에 따라 자기의 태도와 행동을 결정할 권리를 갖는다는 기본적 인권을 존중하는 것으로 사회복지 철학의 중요한 몫을 차지하고 있다. 하지만 어려서 잘못된 판단을 할 우려성이 있는 경우, 정신장애로 건전한 사고능력이 없을 경우, 기타 특별한 경우는 예외로 하되 클라이언트의 올바른 이해와 판단과 결정을 기다리는 것이 전제되고 있다. 따라서, 클라이언트에 대한 일방적인 명령, 금지 혹은 위협 같은 행위로 자기결정을 저해해서는 안 될 것이다. 또한 자기결정을 하게 함으로써 클라이언트와의 인간관계는 자유롭고 부드러워지며, 민주적 원조를 해줄 수 있게 되는 것이다. 그들의 생활은 그들 자신의 의견을 존중하고 어떤 의사결정을 하도록 기회를 제공해 주어야 한다(서보준 외, 2017: 43~44).

(3) 인간의 기회균등

기회의 균등(equality of opportunity)은 오늘날 자본주의 사회에서 가장 널리 퍼져 있는 평등의 범주이다. 이것은 각 개인은 자신의 소질과 능력을 자유롭게 계발할 평등한 권리와 기회를 가질 뿐 아니라, 동일한 업적에 대해서는 동일한 보상이 주어진다는 입장이다. 또한 모든 사회적 제도에 대한 접근을 모든 사람에게 균등하게 열어 놓는다는 것이다. 즉, 인간은 누구나 평등하고 균등한 기회가 주어져야 한다는 원리는 사회복지 실천의 과정에 있어서 꼭 수반되어야 할 기본 원리가 된다. 인간사회에 있어서는 물질, 교육, 지위, 신앙, 인종, 직업, 거주지 및 기타 기준에서 많은 사람들이 여러 계층으로 분류되어지기도 하는데, 사회복지란 측면에서는 이들에게 아무 차별 없이 동일한 기회가 주어져야 할 도덕적 · 직업적 원칙이 있는 것이다(서보준 외, 2017: 44).

인간사회에 있어서는 재산 · 교육 · 지위 · 종교 · 인종 · 직업 · 거주지 등에 의해 많은 사람들이 여러 계층으로 분류되기도 하는데, 사회복지라는 측면에서는 이들에게 아무런 차별 없이 균등한 기회가 주어져야 할 도덕적 · 직업적 원칙이 있는 것이다. 따라서, 원조과정에 있어서 앞서 논한 개인의 기본적인 인권의 존엄성과 자기결정권을 결코 훼손하지 않는 것은 물론, 어떠한 기준에 의한 차별도 있을 수 없다. 또 이렇게 지켜지고 취급될 때, 고객이나 이용자도 스스로의 존엄성을 존중하여 그의 사생활과 직업생활 및 제반 인간관계에 대한 원만한 적응을 위해 동참하며 협조하게 되는 것이다(홍봉수 외, 2017: 53).

3. 사회복지의 이데올로기

이념(ideology)은 개인, 집단, 사회의 행동에 영향을 미치고 이들에 의해 유지되는 가치 및 신념 체계라고 정의한다. 이념은 직 · 간접적으로 복지국가를 성장시켜온 외부적 동인으로 작용하는 동시에, 복지국가의 목적과 내용 자체를 규정하고 한계지음으로써 복지국가의 본질 자체를 구성하는 역할을 담당해 왔다고 볼 수 있다. 사회복지이념은 사회적 상황에 대한 인식적 · 평가적 정향을 사회복지와 연결시키는 관념적 신념체계를 말한다. 또한 사회복지의 이념은 사회복지의 동기 또는 가치의 기준을 제공하여 사회복지의 주체, 대상, 재원 등을 결정하는 데 중요한 역할을 한다. 사회복지활동의 구체적 모습을 결정하기 위해서 수많은 경제적 · 사회적 · 정치적 요소들이 개입하게 되는 데 사회복지의 관점에 대한 태도를 결정하는 데 있어 사회복지의 이념은 복지국가의 정책을 결정하는 데 중요한 역할을 한다(오종희 외, 2018: 63~64).

사회복지와 관련하여 이념은 대개 시대적 이념과 제도화된 가치로 정의되며, 모든 사회는 그 사회에 관한 신념과 개념의 체계를 만들어낸다.

사회복지이념의 근원이 되는 근대적 가치는 서구 근대사의 시민정신인 민주주의, 개인주의, 실용주의 등을 들 수 있다. 영국의 경우 1601년 엘리자베스 구빈법 시행 이후, 약 300년간의 역사를 통하여 빈곤의 책임이 개인성에 의한 것이 아니며, 국가와 사회에 있다는 복지의식이 생겨났다(박병현, 2012). 산업혁명 이후 불평등 문제 해결을 위한 국가와 사회의 책임 인식 등에서 비롯된 것이다.

사회복지이념은 시대적으로 제도화된 가치로 정의되며, 각 사회에 따른 개념체계를 만들어 내고, 사회복지정책은 주도되는 이념에 따라 성격이 달라진다(김태진, 2012: 194). 사회복지이념의 유형에 대하여 조지와 윌딩(George and Wilding, 1974)은 반집합주의(anti-collectivism), 소극적 집합주의(reluctant collectivism), 페이비언주의(Fabian Socialism), 마르크스주의(Marxism)의 4가지 모형을 제시하여 구분한 바, 이들은 자본주의가 점진적으로 사회주의 복지국가로 나아감을 확신하는 페이비언주의자들의 관심을 강조하였다. 즉, 복지이념은 복지국가의 발달과 복지국가에 대한 태도, 이상사회, 평가 등에 관하여 설명되고 있다고 볼 수 있으며(박병현, 2012: 43), 이는 사회복지정책이 이념의 영향을 많이 받기 때문이다. 또한 1970년대 후반 복지국가의 재편, 세계화와 신자유주의 도래로 복지의 시장화와 지방분권화 등의 과정에서 복지는 이념을 반영하고 있으며, 사회복지이론과 이념은 공공과 민간, 제3섹터를 포함한 종교기관의 복지실천과도 밀접한 관련성이 있다.

오늘날 후기 현대사회의 특성은 복지사회를 추구함에 있어 사회정책을 통하여 국가책임과 평등을 추구하는 사회주의적 성격과 공공과 민간, 제3섹터를 통한 복지혼합(welfare mix) 및 자유주의가 공존하는 현상 등에 대하여 복지이념이 유형화되고 있다.

사회복지의 이념은 다양한 학설에 따라 유형화되었다. 여기에서는 정책 및 실천의 바탕 이념으로서 복지국가 이념 모형인 조지와 윌딩(Victor George and Paul Wilding)의 4분법(1974)과 6분법(1994), 길버트(Neil Gilbert)의 6분법(1985) 등을 제시하고자 한다.

1) 조지와 윌딩의 4분법

조지와 윌딩(1974~1994)은 사회복지이념을 유형화 하여 그 모형을 4분법과 6분법에 의한 분류를 주장한 바, 먼저 4분법은 『이념과 사회복지』(*Ideology and Social Welfare*, 1974)에서 사회복지정책의 이념 모형으로 제시한 반집합주의, 소극적 집합주의, 페이비언주의, 마르크스주의 등이다.

첫째, 반집합주의(anti-collectivism)에서는 자유, 개인주의 및 불평등이 기본 가치다. 이는 하이에크(Friedrich August von Hayek)와 프리드만(Milton Friedman) 등과 같은 극우 자유주의 경제학자들이 주장하는 모형으로, 빈곤의 완화는 국가 개입보다 자선과 잔여적 방식으로 해결되어야 한다고 보며, 중앙의 계획은 권위주의적 사회주의 국가로 귀결될 수 있다고 보면서 반대한다.

둘째, 소극적 집합주의(reluctant collectivism)는 자본주의와 시장 기능의 약점을 보완하기 위한 최소한의 정부 개입을 주장한다. 따라서, 국민최저수준의 보장 개념과 이에 대한 국가의 책임을 인정한다.

셋째, 페이비언주의(Fabian Socialism)는 빈곤이나 불평등의 해결을 위하여 자유시장체제에서의 점진적 변화를 선호한다. 따라서, 페이비언주의의 사회주의적 이념을 실현하기 위한 방식은 점진적 개량주의다.

넷째, 마르크스주의(Marxism)는 자본주의 체제에서의 계급갈등을 가장 큰 문제로 본다. 마르크스주의자들은 자본주의는 체제 자체의 결함에 따르는 복지국가에 대한 대안으로서 급진적 정치변동을 제시하고 있다.

2) 조지와 윌딩의 6분법

이후 조지와 윌딩은 1994년 4분법을 보다 세분화하여 6분법으로 분류하였다. 세분화하여 분류된 유형은 신우파, 중도노선, 사회민주주의, 마르크스주의, 페미니즘, 녹색주의 등이다.

첫째, 신우파(The New Right)는 국가 역할의 강화를 통한 사회복지정책 확대에 대해 가장 강한 적대감을 보인다.

둘째, 중도노선(The Middle Way)은 사회복지정책이란 빈곤이나 불평등과 같은 자유시장체제의 모순을 해결하는 측면이 있다고 보면서 사회복지정책 확대를 제한적으로 지지한다.

셋째, 사회민주주의(Democratic socialism)는 사회복지정책이 정치적 권리와 시장의 힘만을 강조하는 자유시장의 한계를 극복할 수 있으며, 불평등을 완하고 평등한 사회를 구축하면서 사회복지정책 확대를 적극적으로 지지한다.

넷째, 마르크스주의(Marxism)는 사회복지가 자본주의를 방어하고 정당화하는 기계에 불과하다고 보면서 사회복지정책 확대를 반대한다.

다섯째, 페미니즘(Feminism)은 사회복지가 노동시장에서 여성이 평등한 지위를 보장받을 수 있도록 하는 데 필요한 서비스를 제공할 수 있다는 측면에서는 지지를 보내지만, 사회복지정책입안자들은 주로 남성이고, 여성은 단지 정책수혜자인 남성지배적인 국가라고 비판하면서 복지국가를 제한적으로 지지한다.

여섯째, 녹색주의(Greenism)는 경제성장이 개인적 풍요나 공공서비스의 자원을 증가시킴으로써 사회복지를 강화하는 수단이며, 경제성장이 환경문제를 조장하여 결과적으로 비복지로 연결된다고 주장하면서 사회복지정책을 반대한다.

4분법과 대조할 수 있는 부분은 6분법에서는 사상사를 반영하여 우파 · 좌파, 새로운 사조로 3분한 다음 이를 다시 구체화한 것이다. 또한 4분법에서 다루었던 페이비언주의를 그 진화과정에 맞춰 사회민주주의 틀 안에 삽입하고 있다. 그들은 특히, 정치사상에서 원용하여 극우파, 중도노선, 중도좌파, 극좌파의 분류를 도입하였다. 따라서,

우파의 분류는 신우파와 중도노선이 있다.

〈표 1-5〉 조지와 윌딩의 복지이념 유형(1974~1994)

<table>
<tr><th rowspan="2"></th><th rowspan="2">이념</th><th rowspan="2">중심가치</th><th colspan="3">국가역할 / 빈곤·복지개입</th><th rowspan="2">대표인물</th></tr>
<tr><th>사회 · 국가관</th><th>정부개입</th><th>빈곤개입</th></tr>
<tr><td rowspan="4">4분법
(1974)</td><td>반집합주의</td><td>소극적 자유
개인주의</td><td>불평등 인정
경쟁 강조
이윤추구 인정</td><td>반대</td><td>반대</td><td>하이에크
프리드먼</td></tr>
<tr><td>소극적
집합주의</td><td>소극적 자유
개인주의,
실용주의
인본주의,
합리주의</td><td>자본주의는 비효율적 요소를 소유함.</td><td>찬성</td><td>찬성</td><td>베버리지
케인즈</td></tr>
<tr><td>페이비언주의</td><td>평등
적극적 자유
동포애</td><td>수정자본주의 옹호</td><td>매우
찬성</td><td>매우 찬성</td><td>웹부부
티트머스</td></tr>
<tr><td>마르크스주의</td><td>적극적 자유
평등
우애</td><td>자본주의는 생산수단이 일부 계층에 집중</td><td>매우
반대</td><td>매우 반대</td><td>마르크스
엥겔스</td></tr>
<tr><td rowspan="7">6분법
(1994)</td><th>이념</th><th colspan="2">복지국가에 대한 입장</th><th colspan="3">복지국가관</th></tr>
<tr><td>신우파</td><td colspan="2">반대</td><td colspan="3">자유시장의 걸림돌</td></tr>
<tr><td>중도노선</td><td colspan="2">제한적 지지</td><td colspan="3">사회안정과 질서유지</td></tr>
<tr><td>사회민주주의</td><td colspan="2">열광적 지지</td><td colspan="3">사회 조화, 평등한 사회실현</td></tr>
<tr><td>마르크스주의</td><td colspan="2">반대</td><td colspan="3">자본주의 체제 강화</td></tr>
<tr><td>페미니즘</td><td colspan="2">제한적 지지</td><td colspan="3">여성 평등 지위 보장</td></tr>
<tr><td>녹색주의</td><td colspan="2">반대</td><td colspan="3">경제성장(환경문제) 조장</td></tr>
</table>

3) 길버트의 복지이념 모형

길버트는 그의 저서 『자본주의와 복지국가』(*Capitalism and the Welfare State*, 1983: 164~171)를 통하여 사회복지이념의 모형으로 다위니즘, 전통적 자본주의, 이익집단 사회주의, 페이비언주의, 노동조합주의적 사회주의, 마르크스주의 등의 6분법으로 분류하였다.

첫째, 다위니즘(Dawinism)에서는 인류의 발전을 유기체 간의 끊임없는 투쟁의 결과로 본다.

둘째, 전통적 자본주의(classical capitalism) 관점은 사회복지정책에 대해 다위니즘보다는 호의적이다.

셋째, 이익집단 자유주의(interest group)는 혼합경제 체제와 시장에 대한 정부의 개입을 지지한다.

넷째, 페이비언주의(Fabian socialism)는 마르크시즘(Marxism)의 지적 · 정치적 대안으로 제시한다.

다섯째, 노동조합주의적 사회주의(syndicalist socialism)는 자유방임적 자본주의보다 사회복지정책의 확대에 더 많은 관심을 둔다.

여섯째, 마르크스주의(Marxism)는 근원적으로 자본주의 사회의 복지제도에 비판적이다.

4. 사회복지방법론

사회복지는 사회문제를 해결하는 응용과학으로써 사회정책과 사회사업을 포괄하는 실천학문이라 할 수 있다. 특히, 사회복지의 방법으로써 사회문제에 대한 개입은 정책론적, 병리론적, 기술론적 접근방법으로 구분하는데, 그 구체적인 내용은 다음과 같다(박용순, 2009: 66~68).

1) 정책론적 접근방법

사회제도의 결함으로 생긴 사회문제를 해결하는 사회정책으로 보는 견해다. 이것은 사회문제가 개인의 책임에 있다기보다는 국가나 사회의 책임으로써 국가정책에 의해 사회복지가 전개되어야 한다. 따라서, 사회정책의 연구대상은 빈곤문제, 노동문제, 계층문제, 사회구조문제 등에 관심을 두고 거시적인 맥락에서 접근하고 있다.

2) 기술론적 접근방법

개인의 성격결함에 대한 인간관계의 조정기술로 보는 견해이다. 이 관점은 인간의 욕구를 위기나 문제적 상황으로 규정하고, 문제의 소재가 부적응이나 욕구불만에서 일어난다고 본다. 이 접근방법은 주로 개인의 탈선행위, 심리적 부적응, 정신질환의 문제에 관심을 두고, 심리요법이나 환경조정 등을 통해서 해결하고 있다.

3) 병리론적 접근방법

사회병리현상의 원인을 발견하고 과학적 분석과 사회적 진단을 통해서 접근하는 견해다. 이 관점은 개인이나 집단의 병리적 근본문제를 해결하는 데 관심을 두고, 궁극적으로는 사회의 부분적 개량을 가능하게 하는 데 그 목적이 있다. 이 접근방법은 생물학적, 심리학적 입장에서 신체장애인, 정신질병자, 자살자 등과 같은 '개인적 병리', 매춘, 이혼 등과 같은 '혈연적 병리', 빈민가, 홍등가 등의 '지연적 병리', 부랑인, 직장부적응 등의 '직업적 병리' 등으로 구분하여 접근하고 있다.

이러한 접근방법은 나름대로 특정 상황에 따라 문제해결을 위해 접근하지만, 현실적인 사회문제의 상황으로 볼 때, 한 가지 방법에 의해 해결하는 것은 한계가 있다. 따라서, 개인, 가족, 직장, 지역사회 등의 특정문제에 대해 두 가지 방법이 동시에 적용되거나 세 가지 방법이 절충되어 통합적으로 접근해야 하는 경우도 있다.

연 습 문 제

1. 사회복지 개념의 속성이 아닌 것은?

① 사회복지는 인간이 만들어낸 사회제도의 하나로서 다른 사회제도와 구별될 수 있는 특유의 사회적 기능을 갖는다.
② 사회복지는 특수대상층의 복지뿐만 아니라 사회전체 성원의 안녕(well-being)을 추구한다.
③ 사회성원의 안녕은 그들의 사회적 욕구를 충족시킴으로써 증진된다.
④ 사회복지는 인간생활을 향상시키려는 제반시책과 노력을 포함한다.
⑤ 사회복지는 국가재정의 지출을 의미하므로 이 제도를 실시할 필요가 없다.

2. 사회복지와 사회사업의 구분에서 틀린 것은?

	사회복지	사회사업
①	이상적 측면을 강조	실천면을 강조
②	인간지향적	환경지향적
③	전체적, 불특정적	부분적, 특정적
④	방법적 제도, 정책, 고정적	지식, 기술, 역동적
⑤	기능적 사전적, 예방적, 적극적	사후적, 치료적, 소극적

3. 사회복지의 목적이 아닌 것은?

① 인간의 존엄성 확보 ② 개인의 자립과 성장·발달 촉진
③ 사회의 통합과 안정 ④ 최저생활보장
⑤ 통치수단

4. 사회복지의 핵심가치가 아닌 것은?

① 인간의 존엄성 ② 인간의 자기결정권
③ 인간의 기회균등 ④ 인간다운 생활보장
⑤ 정치적 자유

정답 1. ⑤ 2. ② 3. ⑤ 4. ⑤

CHAPTER 2

사회복지의 역사

학습목표

1. 한국사에 대한 학습
2. 역사를 통한 당시 상황 인지
3. 사회복지의 미래에 대한 예지능력 교육

학습내용

1. 근대 이전 사회복지
2. 일제강점기 및 미군정 사회복지
3. 정부수립 이후 사회복지

개 요

한국의 사회복지는 왕권강화 차원에서 구휼을 목적으로 시대에 따라 다양한 제도가 시행되었다. 현대적 사회적 복지는 일제강점기에 출발하였지만, 식민지 통치의 일환이었기에 최소한에 그쳤으며, 미군정 또한 제대로 된 사회복지정책을 실시할 수 없었다. 정부수립 이후에도 한국전쟁으로 인한 사회복지의 급격한 수요증가에 비해 외국원조에 의존하지 않을 수 없는 실정이었다. 5·16 군사쿠데타 이후 경제개발에 따른 성장위주의 경제정책은 필연적 빈부격차를 불러왔으며, 공무원 등 특정 계층에 치중하는 사회복지정책을 시행하였다. 왜곡된 사회복지는 김대중 정부와 노무현 정부의 사회민주주의적 복지요소가 잠시 시행되었으나 신자유주의 복지정책으로 다시 회귀하였으며, 문재인 정부의 출현으로 사회복지의 역사는 또 다른 길을 택하고 있다. 본 장에서는 한국의 사회복지 역사를 개관하고자 한다.

CHAPTER 2

사회복지의 역사

1. 한국 사회복지의 역사

현대 사회복지의 발전과정을 간단히 설명하기란 쉽지 않은 일이다. 국가마다 사회복지의 발전과정이 다르며, 사회복지의 발전과정에서도 중요한 역할을 한 사회적 요인들이 결코 단순하지 않기 때문이다. 또한 사회복지의 역사를 보는 이데올로기적 관점에 따라 동시대의 역사적 서술에 있어서 같은 사실을 상당히 다르게 설명할 수도 있다. 마르크스주의적 관점에서 보면, 사회복지의 발전과정은 프롤레타리아를 착취 · 회유하고 억압하기 위한 과정으로 이해될 수 있다. 반면에, 시장자유주의적 관점에서 보면 사회복지의 발전은 자본가들의 규모와 영향력을 확대하기 위한 전략적 과정으로 이해될 수도 있다. 또한 윤리적 관점에서 보면, 시민권 발전의 한 축으로서 사회복지의 발전과정을 설명할 수 있다(고재욱 외, 2014: 59).

한국 사회복지의 역사는 그 기원을 어디에서 찾아야 하는가에 대해 많은 논의가 있다. 고대 삼국시대에서 조선왕조까지의 시기를 왕조별로 구분하여 사회복지의 흐름을 살펴보거나, 전체 한국사를 고대, 중세, 근대, 현대 등으로 나누어 종단적인 방법으로 그 특징을 파악함으로써 사회복지의 역사적 근원을 찾으려는 연구방법들이 있다. 이러한 연구들은 단순한 시대적 흐름에 따른 사실이나 현상의 연대기적 나열에 그친다는 한계가 있다. 엄격히 말해서, 고대 왕조 중심의 구휼정책은 서구의 상호부조나 자선, 박애의 시혜적 논리와 관련을 지닐 뿐, 근대적인 사회복지의 전개과정이라고 하기에는 그 자체에 많은 한계가 있는 것은 사실이다(박용순 외, 2009: 84). 여기에서는 학습자의 이해편의를 위해 연대기적 발전과정으로 서술하고자 한다.

1) 근대 이전

삼국시대 이후에 씨족사회와 부족국가 사회가 해체되고, 민족국가가 성립함에 따라 혈연관계에 의한 욕구 충족의 기회를 상실한 사람들이 나타나게 되었다. 이에 따라 사회복지의 원형이라 할 수 있는 구제제도가 국가라는 공적기관에 의해 마련되었으며, 이러한 기관들을 통해서 구제조치가 실시되었다. 전통사회에서의 사회복지는 크게 왕에 의한 민생구휼과 민간차원에서 행해진 상부상조적인 여러 관행들로 나눌 수 있다.

(1) 삼국시대

삼국시대에는 흉년, 천재지변, 전쟁, 질병, 등 각종 재해로 인한 민생구휼사업이 중심이었고, 특히 4궁(四窮)에 대한 보호, 병들고 자립이 불가능한 사람들에 대해 국가재원 조달에 의한 구제가 중심이었다. 신라 유리왕 때에 환과고독(鰥寡孤獨: 홀아비, 과부, 고아, 자식 없는 노인)의 4궁(四窮)과 노(老: 늙은이), 병(病: 병든 자) 등을 자립무능력자로 보고 구제하였다. 또한 획기적인 복지제도로 고구려 고국천왕 16년(194)에 당시 재상인 을파소의 건의를 받아들여 진대법을 만들어 시행하였다. 이 법은 춘궁기(3~7월)에 관곡을 빈곤한 사람에게 그 가구원의 수에 따라 필요한 양을 대여하였다가 추수기인 10월에 납입하게 하는 제도로서, 후세 고려의 의창과 조선의 환곡, 사창으로 연결되었다. 창은 양곡을 비축해 두는 창고로, 원래 목적은 전시에 군량미를 확보하는 것이었지만 빈민구제에 많이 활용되었다(오종희 외, 2018: 109~110).

삼국시대에는 이러한 창 이외에 다음과 같은 구빈사업을 공통적으로 실시하고 있었다(김성천 외, 2013: 92).

첫째, 관곡의 진급(賑給)은 정부에서 비축하고 있는 관곡을 여러 형태의 재난을 당한 백성들에게 구제하는 것이다.

둘째. 사궁구휼(四窮救恤)은 무의무탁한 빈민을 구제하는 것으로, 사궁이란 환과고독(鰥寡孤獨)을 지칭한다.

셋째, 조세감면 사업은 자연재해로 인하여 심한 피해를 입었던 지역의 주민들에게 그 재해의 정도에 따라 조세를 감면해 주는 것이다.

넷째, 대곡자모구면(貸穀子母俱免)은 춘궁기에 백성들에게 대여한 관곡을 거두어들일 때 재해로 인해서 흉작이 되면 상환 시 그 원본과 이자를 감면해 주는 것이었다.

사궁구휼(四窮救恤)

사궁이란 늙고 아내가 없는 홀아비, 늙고 남편이 없는 과부, 어리고 부모가 없는 고아, 늙고 자녀가 없는 홀로 사는 노인들을 말하는데, 삼국시대에는 이들을 방문위로하고, 이들에게 곡물 및 관재를 제공했다. 삼국 가운데 넓은 평야를 많이 갖고 있어 비교적 풍요로운 생활을 하던 백제의 경우, 다루왕 11년(38)에 왕이 동부와 서부를 순시하면서 가난하여 자립이 불가능한 자에게 식량 2석을 하사하였으며, 비류왕 9년(312)에는 왕이 사자를 파견하여 백성들의 병들고 고생스러운 춘궁기의 괴로움을 위문하고, 환과고독(鰥寡孤獨)자 및 자립이 불가능한 자에게 곡물 3석씩을 하사한 기록이 있다(박병현, 2016: 267).

이러한 구빈사업은 모두가 우리 민족 고유의 상부상조 정신에서 비롯된 것이며, 당시의 민족문화 형성에 많은 역할을 한 유교, 불교, 선교의 영향을 받았다. 삼국시대의 구빈사업은 임시적이었고, 사후 대책적인 성격이 강하였으며, 지속성을 유지할 수 있는 단계에는 이르지 못한 한계성을 지닌 구제제도라고 할 수 있다.

(2) 고려시대

고려시대의 구빈제도는 창제가 가장 대표적인 것이다. 창제는 고대의 창제에서 유래된 것으로 흑창 · 의창 · 상평창 · 유비창 등이 있는데, 그 대표적인 것으로는 의창과 상평창을 들 수 있다.

의창은 구황제도로서 각 주(州)와 부(府)에 두어 평상시에 곡물을 쌓아 두었다가 흉년 · 전쟁 · 질병 등 비상시에 대비하였는데, 이 제도는 고구려의 진대법과 같은 성격의 제도라고 할 수 있다. 상평창은 개경과 서경 및 12주의 행정중심지에 설치된 것으로 물가조절기능과 생활필수품의 공급조절기능 등 백성들의 일상적인 경제생활의 편의를 도모하고자 하였다.

고려시대에는 궁민 · 재민을 구제하는 기관으로 제위보 · 구제도감 · 동서대비원 · 혜민국 등이 있었다. 제위보는 최초로 설치된 구빈기관으로서 빈민구제사업과 이재민 구제사업을 시행한 기관이었고, 구제도감은 중앙에 설치된 구휼행정을 총괄 관장하는 기관으로서 가난한 백성을 구제하여 병약자를 보호하였다. 동서대비원과 혜민국은 의료구호기관으로서 이들 기관들은 가난한 자에게 약품과 의복을 내주고 치료를 해주었는데, 특히 이들 기관에서는 대부분 훈련을 받은 승려를 두어 자선사업으로써 과업을 수행하도록 하였다(홍봉수 외, 2017: 107~108).

(3) 조선시대

조선시대는 건국 초부터 불교를 멀리하고 유교를 지도이념으로 삼고, 유교의 왕도사상을 치자의 근본으로 하여 국가의 제도를 확립하였다. 봉건적 중앙집권제가 완성되고 유교문화가 생활화되어 감에 따라, 생활에 적합하게 수정되고 확대 · 조직화되어 백성들의 일상생활은 크게 안정되었다. 조선 초기의 빈민구제의 원칙은 ① 빈민구제는 왕의 책임, ② 구제의 신속, ③ 일차적인 구빈행정 실시 책임은 지방관의 사명, ④ 중앙정부는 수시로 구제에 대한 교서를 내리며, 필요한 관계법을 제정, 공포, 지방 구빈행정을 지도 · 감독하였다.

조선시대의 구휼사업의 원칙은 다음과 같다(박병현, 2017: 276).

첫째, 빈민구제는 왕의 책임이었다. 그 예로, 태조 7년(1398)에 경상도 관찰사가 이재민들에 대한 구제를 조정에 요청하자 좌의정 조준은 "굶주리는 백성이 각지에 많이 있거늘 만일 이들 모두를 국가의 양곡으로 구제하게 되면 나라의 모든 비축미가 없어질 것이다."라고 하여 이를 반대했는데, 이 말을 들은 태조는 "현재 경상도에 양곡이 있거

늘 어찌 빈민을 구제하지 아니 하겠느냐."라고 하여, 관가의 쌀로써 이들을 구제했다는 기록이 있다.

둘째, 구제는 신속히 행해져야 한다. 그 예로, 태종 16년(1418)에 도순문사 조흡이 관곡구제를 요청하자 태종은 이를 듣고 "구제는 백성의 시급한 곤란을 구하는 것인데, 일일이 중앙에 상신하여 명령을 받아 실시하게 되면 시기를 놓치게 될 터이니, 지방형편에 따라 적합하게 구제하도록 하라."고 하였다.

셋째, 일차적인 구빈행정의 실시책임은 지방관이 지고 중앙정부는 구호관계의 교서와 법을 제정하여 지방의 보호행정에 대한 지도·감독을 하게 한다. 그 예로, 세종 1년(1419)에 구황에 대한 교서를 공포하여 물난리, 가뭄, 풍해 및 눈사태 등의 재난이 있을 때, 관가의 쌀이나 나랏돈으로 빈곤한 백성을 구제하게 하고, 만일 지방관리가 구호행정을 등한시 할 경우에는 이들을 문책하고 처벌하게 하였다.

조선시대의 구제제도는 크게 세 가지로 나누어 볼 수 있다(고재욱 외, 2014: 93).

첫째, 비황제도로서 상평창, 의창(환곡), 사창 등의 창제가 있었다. 의창은 조선시대에도 고려시대에서와 같이 재난을 대비하기 위하여 각종 곡물을 비축하여 재난 시에 사용하는 제도와 시설이었다. 사창은 의창과는 달리 100가구를 일사로 하여 사민의 공동저축으로 상부상조하여 연대책임으로 자치적 운영을 하는 제도였다. 그 밖에도 교제창, 제민창을 두어 재민을 구제하였다. 이와 같은 창 제도는 1910년 한일합방과 더불어 폐지되었다.

둘째, 구황제도로서 사궁(환·과·고·독)에 대한 보호, 관곡의 염가매출과 방곡사업, 음식 제공, 진휼 및 진대사업, 노인보호사업, 혼례나 장례를 치르지 못하는 자에게 비용을 조달해 주는 고조제도, 부유한 민간인으로 하여금 구제를 위한 곡물을 납입하게 하고, 이를 납입한 자에게 관직의 첩지를 주는 원납제도, 흉년 또는 재해를 당한 백성에게 지세, 호세, 부역 등을 감면하거나 대부된 환곡을 면제 또는 감해 주는 경감제도, 향약 및 계제도, 식용식물을 조사·연구하여 제시한 구황방제도 등이 있다. 향약은 ① 덕업상권, ② 과실상규, ③ 예속상규, ④ 환난상휼 등 4개 덕목의 실천을 근본 목적으로 하는데, 그중에서도 환난상휼은 복지의 제공에 중점을 두고 있다.

셋째, 구료제도(의료사업)로서 태조 원년(1392)에 의료 담당의인 전의감과 일반 백성의 의료기관인 혜민서 및 동서대비원을 설치하였고, 조선 말엽에 이르러 국정 및 사회가 혼란에 빠지면서 각종 의료사업도 소기의 목적을 달성하기 어렵게 되었다. 조선시대의 의료사업(구료제도)은 ① 태조 원년의 전의감과 혜민서, 동서대비원을 설치, ② 태조 6년(1397)의 제생원, ③ 고종 31년(1894)의 광제원, 의학교 및 대한의원 실치, ④ 융희 3년(1909)에 자혜의원을 개설하였다.

제생원(濟生院)

조선 초기에 나라에서 세운 의료기관으로 국립병원이자 의학교의 역할을 했다. 주로 서민을 치료 대상으로 삼았다.

조선 초기의 국가 의료기관으로, 태조 6년인 1397년 조준의 건의로 세웠다. 국립병원이자 학교의 역할을 맡은 곳이다. 처음에는 지원사, 영, 승, 주부, 녹사로 조직했다가 1414년 지원사, 승, 부령, 녹사, 부녹사로 조직을 고쳤다. 1459년 폐지돼 혜민국으로 합병했다.

서민들을 치료하는 것이 가장 큰 역할이다. 빈민이나 행려환자를 치료하고 미아를 보호하는 기능도 맡았다. 약재를 사고 보급하는 기능과 의학교육, 의학책을 편찬하는 기능도 했다. 1398년에는 향약을 사용해 병을 치료하는 법을 소개한 30권짜리 의료서적 『향약제생집성방』을 펴냈다. 1406년 수십 명의 여자를 뽑아 맥을 짚고 침놓는 법을 가르쳤다. 이들은 부인들의 병을 진료하는 의녀로 발전했다.

『목민심서』(순조 18년, 1818년 ; 48권 16책)에는 정약용(1762~1836)의 목민 경험과 유배기간을 보내면서 관리시절에는 볼 수 없었던 보다 세세한 백성들의 사정에 대한 관찰을 근거로 작성되어져 상당한 현실성에 근거한 행정지침서로 각광을 받았다. 『목민심서』 속에 나타난 사회복지사상을 살펴보면 다음과 같다(박병현, 2016: 298~300).

첫째, 목민심서에 따르면, 가족이나 친척이 없는 요보호대상자들에 대해 국가가 부양해야 한다. 다산의 사회복지정책은 빈곤한 사람이나 노인, 아동 등 일정한 대상이 되는 요보호대상자들에 대해 국가가 부양해야 한다.

둘째, 정약용의 사회복지정책은 자립가치를 기반으로 선택적이며, 잔여적 사회보장 정책을 제안하고 있다. 대상자 선정은 자산조사를 기반으로 하고, 나이를 고려하여 당해 연말을 기준으로, 60세 이상 10세 이하의 스스로 생계를 이어갈 수 없는 자를 대상으로 함으로써 근로 가능 여부가 상당히 중요한 선정기준이 되고 있다. 이러한 연령규정과 급여 지급기간에 대한 규정 등을 기반으로 볼 때, 정약용은 개인적 자립을 사회보장정책의 기본 원칙으로 하고 있다.

셋째, 지역공동체와의 연계된 민관 협력적 복지정책을 제시하고 있다. 가령 지역의 장애인이나 유기된 아동을 지역의 인사에게 맡기고 관에서 지원하는 방식이라든지, 흉년이 들었을 때 지역의 재산가들을 아홉 가지 분류로 세분하여 이들의 사정에 맞도록 곡식을 정부대부미의 이율보다 조금 높게 팔도록 권장하여, 지역의 문제가 관의 원조를 통해 지역 내에서 해결되는 구조를 추구하고 있다. 이는 흉년에 곡가유지의 역할도 있으나, 관에 의한 지역 재산가들에 대한 일방적 부담을 제어하는 수단이 되기도 한다. 정약용은 향촌을 기반으로 지역의 민간과 관의 협력적 구조를 추구하였으며, 이는 오늘의 지역복지에도 지속적으로 모색되고 있다.

넷째, 재정규모를 고려한 정책시행을 제안하고 있다. 즉, 대상자 선정과 원조기간에 대한 상세한 규정을 하고 있을 뿐만 아니라, 수령이 사용가능한 재정과 원조할 대상의 수를 고려하여 실시할 것을 제안하고 있다. 즉, 흉년에 실제로 사용 가능한 양곡의 양을 파악하여, 이를 구제대상자의 수에 대비하여 분배하도록 했다. 진황(賑荒) 제4조 설시에서는 현이 가진 곡식과 구제 대상층의 수를 분류표로 작성하여, 각층에 따라 어떻게 배분하여야 하는지를 상세하게 도표화하고 있다.

다섯째, 오늘날의 공공근로와 같은 근로연계복지 정책을 제안하고 있다. 정조 16년(1792)이 정약용이 기중기를 만들어 기술적 지원을 했던 수원성 축조과정은, 종전의 부역제도라는 강제적 노역제도를 탈피한 새로운 제도로 시행되었다. 이는 품삯을 주어 일하게 하는 '고립제'를 원칙으로 하였다. 그래서 흉년에 굶주린 전국의 유민들이 자발적으로 모여들었다. 이러한 경험을 바탕으로 목민심서에서도 흉년이 들 때, 관청의 공사를 일으켜, 공공근로사업을 통한 구제를 권장하고 있다. 이는 당시 공적 사업은 무임의 강제동원을 근간으로 한 부역형태인 것을 감안할 때, 대단한 발상전환이라고 볼 수 있다.

2) 일제강점기 및 미군정 사회복지

(1) 일제강점기

일제강점기의 사회복지(구호)사업은 근대적인 복지이념에 의해 시행되었다기보다는 일제강점기 식민정책의 일부로서 시혜 또는 자선으로서 우리 민족이 그들에게 충성을 하도록 하는 사회통제적, 정치적 의미가 컸다. 그럼에도 불구하고, 근대적 의미의 사회복지제도가 도입 · 실시되게 되었다. 이를 ① 사회복지지도기관, ② 구호법, ③ 사회복지시설과 사업 등으로 서술하고자 한다(최일섭, 2018: 53~55).

① 사회복지지도기관

한일합방 당시 사회복지사업의 업무는 총독부 내무부 지방국 지방과에서 휼구 및 자선사업에 관한 사항으로서 맡게 되었고, 1912년에 내무부 지방국 제2과를 두어 사회복지사업에 관한 사무를 관장하게 했다. 1919년에 각 부를 폐함에 따라 내무부 지방국이 내무국으로 고쳐졌고, 1921년부터는 내무국 제2과에서 사회복지사업의 지도 · 통제를 담당하게 하였다.

그 후 1932년에 일반적 행정정리에 따라 사회과를 업무국으로 이관하여, 사회복지사업의 업무와 종래의 업무과 소관이던 사회교육에 관한 사무 및 종교과의 소관이던 종교, 고적 등의 사무를 합하여 관장하게 되었다.

각 도에서는 총독부에 사회과를 설치한 것을 기본으로, 내무국에 사회과를 신설하여 도내 사회복지사업을 지도 · 통제했으며, 1924년에는 그 사무가 다시 내무부 지방과로 귀속되었다. 경성부에는 종내 내무과에 사회계를 두고 있었으나 사회복지사업의 발전과 그 중요성을 인정하여 1932년 6월에는 사회과를 신설했다.

이 밖에 사설의 사회복지사업의 연락 · 조사 연구기관으로 1929년 4월에 조선사회사업연구회가 관계자 간에 조직되었는데, 1929년 4월에는 이를 재단법인 조선사회사업

협회로 개칭 · 확대하고 총독부 사회과 내에 사무실을 두고 회장에는 정무총감, 부회장에는 사무국장, 간사에는 사회과장에 있는 자로 하고, 각 도에도 순차적으로 지부를 두고 활동을 개시했다. 그 주요한 사업은 다음과 같다.

㉠ 사회사업 상호의 연락 · 통일을 도모한다.

㉡ 사회사업의 조사연구를 한다.

㉢ 사회사업의 장려 · 원조를 한다.

㉣ 사회사업 관계자 및 일반 독지가의 간친(懇親) 및 지식의 교환을 도모하고, 사회사업에 대한 관심을 진작시킨다.

㉤ 강습회, 강연회 등을 개최한다.

㉥ 사회사업에 관하여 공로가 있는 자의 표창을 한다.

㉦ 기관지를 발행하고 사업에 관한 도서를 출판한다.

㉧ 필요에 의해 본 협회 스스로 사업을 경영한다.

㉨ 기타 본 협회의 목적을 달성하는 데 필요한 사업을 한다.

이 협회는 오늘날의 사회복지협의회와 유사한 업무를 가진 협의체이나, 그 조직이 관에 의해 통제되고 있었다는 점에서 정부기관이라고 본다.

② 구호법의 실시

국내에서는 제1차 세계대전을 계기로, 빈곤은 반드시 개인의 책임이 아니라 사회적 · 경제적 변동에 의해 필연적으로 발생되는 것이어서 개인의 힘으로는 어쩔 수 없다는 사실이 일반적으로 인식되기에 이르렀다.

일제는 이러한 사회정세 아래 1929년에 벌써 구호법을 제정 · 공포했으나, 국가재정형편으로 1932년에야 일본 본토에서 이 법의 실시를 보게 되었다. 국내에서는 이로부터 12년이 지난 1944년 3월 1일에 이르러서야 비로소 이 법의 전문 33조를 그대로 가져다가 조선구호령으로 공포 · 실시되었다. 그 주된 내용은 65세 이상의 노약자, 3세 이하의 유아, 임산부, 불구 · 폐질 · 질병, 기타 정신 또는 신체의 장애로 노동을 할 수 없는 경우, 생활부조와 의료부조를 제공하는 것이었다. 이 구호령은 해방 후 1961년에 생활보호법이 제정되기 전까지 우리나라의 공공부조를 맡아 온 기본법으로서 그 역사적 의의가 있다.

③ 사회복지시설과 사업

일제강점기 특기할 만한 사회복지시설로는 육아시설(전국 22개소), 임산부상담소(5개소), 탁아시설(4개소), 영아건강상담소(5개소), 빈궁아교육기관(9개소), 불량아 감화시설(5개소), 맹아아 보호시설(2개소), 육아협회 등 각종 어린이 보호시설이 1934년까지는 전국적으로 설립·경영되기에 이르렀다.

어린이 보호사업 이외에도 1918년에 공설일용품시장, 1912년에 인사상담소, 같은 해에 경성부립도서관 등을 개설했고, 1927년에는 방면사업, 1929년에 공익 전당포 등을 설치하여 구빈뿐 아니라, 방빈사업을 위한 시설을 갖추게 되었다.

1937년에 중일전쟁이 시작되자, 인보, 상부상조와 국민 자각을 향상시킨다는 명목으로, 1938년에 서부인보관, 1939년에 용강인보관, 1940년에 성동인보관, 1941년에 영등포인보관을 개설하였다. 1941년에 방면위원제도를 전면적으로 개편하여, 경성부 내에 8개의 방면에 총 250명의 위원을 위촉하여 요보호자들에 대한 보호, 구제, 직업알선 등의 '케이스워크'의 업무를 담당하게 했다.

(2) 미군정시대

광복 후 3년간 미군정이 실시되었다. 이 시기는 열악한 경제적 상황 속에서 수많은 월남·귀환민들을 중심으로 광범위한 빈곤이 형성되었던 시기였다. 노동운동을 중심으로 한 파업과 소요 및 폭동 등의 투쟁 양상은 미군정 전 기간의 시대적 배경에서 전개되었다. 미군정 시대의 구호행정은 일제강점기의 법적·제도적 형식을 그대로 계승하였지만 군정하의 법령과 필요한 규정에 의해 구성되었다. 일반적인 구호사업은 시설구호, 공공구호, 응급구호 및 이재민 구호가 있었고, 귀환전재민과 월남피난민의 수용구호사업과 주택구호사업, 실업구제사업 등이 있었다.

미군정은 1945년에 보건후생국을 설립하였으며, 1946년에는 보건후생부로 승격하였다. 보건후생국은 1946년 공공부조에 관한 후생국보 제3호를 발표하여, 일본이 제정한 조선구호령과 함께 사용하였다. 그 뒤 후생국보 제3A호를 발표하여 재해민과 피난민 구호계획을 발표하고, 그들에게 식량, 의류, 연료, 긴급의료, 매장, 차표 등의 편의를 제공하였으며, 후생국보 제3C호(1946)는 이재민, 피난민, 빈궁자, 고아 등에 관한 응급처리와 임시구호를 규정하였다. 미군정은 군정법령 제112호(1946)로 「아동노동법규」를 제정하여 전 세계의 문명국가가 채용하는 인도적 · 계몽적 원리에 따라 어린이의 노동을 보호하였다. 그 이후 과도정부 법령 제4호로 「미성년자노동보호법」을 제정하여 미성년자를 유해, 위험한 작업 또는 과중한 노동으로부터 보호하여 어린이의 건전한 발육과 정당한 이익을 보장하도록 하였다. 이 법은 「근로기준법」(1953)이 실시되기 전까지 아동복지 증진에 커다란 영향을 미쳤다(박병현, 2016: 311).

전반적으로 미군정기의 구호사업은 일제강점기의 잔재가 그대로 남아 있는 임시방편적인 성격이 강했으므로 근본적인 구호문제를 해결하기에는 많은 한계가 있었다. 따라서, 미군정기의 사회복지사업의 특성은 적극적이고, 계획적이며 장기적으로 이루어지지 않고, 주로 빈곤과 사회적 혼란에 대처하기 위한 구호적 · 응급적 대책으로서의 성격을 가진다(오종희 외, 2018: 113~114).

3) 정부수립 이후 사회복지

(1) 이승만 정부

1948년 8월 15일 대한민국 이승만 정부가 수립되고 제1공화국이 출범하자 보건후생부 및 노동부가 사회부로 통합되어 보건, 후생, 노동 및 부녀 등에 관한 행정을 관장하였다. 그 후 1949년 3월에 보건부가 창설되어 사회부에서 관장하던 보건행정을 분할하여 주관하였으나, 1955년 2월에 보건 및 사회 양부는 다시 보건사회부로 통합되었다.

정부수립 당시 제정된 우리나라 헌법 제19조에는 "노령, 질병, 기타 근로능력이 없는 자는 법률이 정하는 바에 의하여 국가의 보호를 받는다."라고 하여 국민의 생존권을 명문으로 규정하였다. 그러나 이 헌법이 규정한 국민의 생존권을 보장하는 관계 법률이 제정되기도 전인 1950년에 한국전쟁이 발발하여, 신생 대한민국으로서는 도저히 물적으로나 인적으로나 감당하기 곤란한 일대 궁지에 빠지게 되었다. 즉, 요구호자는 일시에 막대한 수로 급격히 증가하는 반면, 소요 물자와 자금은 극히 제한되어 있어, 전쟁 중에는 요구호자들에게 최소한의 생명 유지를 위한 응급구호에 치중할 수밖에 없었다.

1952년 3월 현재 전국에 3,935,152명의 피난민과 4,583,974명의 이재민 및 1백만명의 전사상자가 발생했다. 그중에서도 요보호아동의 구호와 보호문제는 당시의 여러 가지 사회문제와 더불어 긴급히 해결해야 할 문제로 제기되었다(김태진, 2012: 287). 정부는 재정 부족 때문에 요구호자 구호를 위해 외국 원조단체들의 협조를 받지 않을 수 없었다. 미군정 때부터 한국을 원조하고 있던 국제원조처, 경제협력처, 전시 긴급원조 한국민간구호단체, UN한국재건단 등의 외국 원조단체는 중앙구호위원회를 조직하여 긴급구호를 실시하였다. 지방에서도 각급 구호 위원회를 조직하여 중앙구호 위원회의 지휘감독 아래 부산지역에 우선 피난민 수용소를 설치하여 수용 보호하는 한편, 거제도와 제주도에는 집단 수용소를 설치하여 피난민 응급구호를 하였다.

한국전쟁으로 시설수용 보호를 필요로 하는 난민이 다수 생겨났다. 이와 같은 사회적 요구에 따라 고아시설, 양로시설, 모자원 등의 각종 후생시설이 휴전협정 성립 후에 급속히 증가하여 1959년에는 총 686개의 각종 시설이 설립되었다.

한국전쟁은 우리나라 사회복지에 두 가지 큰 변화를 가져왔다.

첫째, 정부수립 후 단계적 · 계획적으로 준비해 오던 사회부의 모든 정책이 무산되고, 임시적 · 응급적 정책으로 전락하였다.

둘째, 막대한 외국 원조로 인해 우리 사회에 의존적 구제방식을 심화시켜 놓았다.

이와 같이 정부 수립 이후 1950년대의 사회복지는 임시 응급구호와 전후 복구에 급급하였으며, 근대적인 사회복지제도가 제대로 자리 잡지 못하였던 시기였다.

(2) 박정희 정부

1960년 4 · 19혁명에 의해 이승만 정부가 붕괴된 후 탄생한 제2공화국 민주당 정부는 나름대로 자주적이고 민주적인 발전의 길을 모색하였다. 그러나 반목과 대립 속에서 정치적 · 사회적 혼란이 그칠 줄 몰랐고, 그 와중에 무정부적 혼란현상을 청산한다는 명분으로 1961년 5월 16일에 군부가 쿠데타를 일으켰다. 군사정부는 절대 빈곤을 해소한다는 혁명공약의 실천을 위해, 1962년부터 제1차 경제개발 5개년 계획을 추진하였고, 1963년에는 박정희 정부의 제3공화국이 출범하였다.

1962년부터 시작한 경제개발로 도시화 및 산업화 현상이 나타나고, 도시 빈곤층, 가출 및 비행, 미혼모, 주택 부족 등 과거와 전혀 다른 여러 가지 사회문제들이 드러나기 시작하였다. 그러나 당시 정부 당국자들은 한정된 재원을 경제개발에 집중하기 위해 사회복지에 대해서 소극적이었다. 한편, 노동자계층의 미성숙으로 노조의 조직력이 미약했고, 그들의 권익을 추구하기 위한 이익 표출은 거의 없었으며, 일반 국민의 경우도 사회복지에 대한 이해나 주장이 거의 없었다.

단지 1960년대에, 특히 군사정부 시절에는 국민의 지지를 얻기 위해 여러 가지 사회복지 관련법들이 제정 · 공포되었다. 사회보험 부문에서 「공무원연금법」(1960), 「선원보험법」(1962), 「군인연금법」(1963), 「산업재해보상보험법」(1963), 「의료보험법」(1963)이 제정되었고, 공공부조 부문에서 「생활보호법」(1961), 「군사원호보상법」(1961), 「재해구호법」(1962), 「국가유공자 및 월남 귀순자 특별보호법」(1962) 그리고 사회복지 서비스 부문에서 「아동복리법」(1961), 「윤락행위 등 방지법」(1961), 「자활지도에 관한 임시조치법」(1968) 등이 제정되었다. 그 밖에 1963년에는 「사회보장법」이 제정되었다.

이와 같이 1960년대에 전례 없이 사회보험 및 생활보호를 중심으로 한 근대적인 사회복지법제를 마련하였다. 이와 같은 사회복지법제는 그 내용상에 있어서 비교적 장기적인 안목과 효율적인 합리성을 가지고 있었지만, 형식적인 사회복지법제의 도입이라는 의견이 많았다. 이는 사회복지제도가 구빈적 · 단편적 성격으로부터 벗어나 국가중심의 체계적인 사회복지제도로 자리 잡는 계기는 되었으나, 그 시행은 성공적이지 못하였다.

1960년대 사회복지의 특징 중 하나는 공무원, 군인 등 사회적 지배계층을 위한 사회보장제도가 우선적으로 제정되었다는 것이다. 이는 후진적 사회복지 발달의 한 형태로서, 사회보장제도의 확충이 복지적인 측면보다는 정치적인 측면에서 이루어졌다는 것을 시사하고 있다.

1972년 박정희 대통령이 유신헌법을 만들어 대통령의 권한을 대폭 강화하고 유신체제를 유지하자, 이에 대한 체제 도전이 끊임없이 일어났다. 이에 따라, 체제의 정통성 확립을 위해 최소한 국민들의 지지를 받을 수 있는 유인정책을 제공하지 않으면 안 되는 정치적 상황이었다.

사회경제적 상황을 보면, 1960년대 제1차 및 제2차 경제개발 5개년 계획이 성공적으로 수행됨으로써 산업화·도시화 현상이 나타나기 시작했고, 절대빈곤에서 탈피하여 고도의 경제성장을 이룩하게 되었지만, 산업화·도시화 현상은 필연적으로 각종 사회문제를 가져왔다. 특히, 빈부의 격차가 심해져 상대적 박탈감 및 위화감이 사회에 팽배하여 사회적 불안이 조성되었다. 이런 상황에서 1972년부터 시작된 제3차 경제개발 5개년 계획부터는 본격적으로 사회개발정책을 수행하게 되었다.

1970년대의 사회복지 관련법들을 보면, 사회보험 부문에서는 「사립학교 교원연금법」(1973), 「국민복지연금법」(1973), 「개정의료보험법」(1976), 「공무원 및 사립학교 교직원 의료보험법」(1977), 「월남귀순자 특별보상법」(1978)이 제정되었으며, 사회복지 서비스 부문에서는 「사회복지사업법」(1970)이 제정되었다(박병현, 2016: 335).

이 가운데 「사립학교 교원연금법」과 「공무원 및 사립학교 교직원 의료보험법」은 국가 건설과 유지에 필수적인 공무원과 교직원에 대한 특별한 배려라고 볼 수 있다. 「국민복지연금법」은 법만 제정해 놓고 실시하지 못하였는데, 그 이유는 제도의 수립목적이 중화학공업을 위한 내자조달의 수단이라고 국민들에게 인식되었고, 따라서 국민의 지지와 호응을 받지 못했기 때문이다.

(3) 전두환·노태우 정부

1979년 10·26사건으로 박정희 대통령의 유신체제가 종말을 고하고, 1980년 5·17 군사 쿠데타로 전두환 정부의 제5공화국이 출범하였다. 전두환 정부는 민주주의의 토착화, 정의사회 구현, 교육혁신 및 문화창달과 더불어 복지사회의 건설을 국정지표로 내세웠을 뿐만 아니라, 1982년부터 시작된 제5차 5개년 경제개발계획에서도 경제와 사회의 균형적인 발전을 기본 목표로 삼았다.

전두환 정부는 부족한 체제 정통성을 확보하기 위하여 일단의 사회복지 관련 입법을 단행하였다. 사회복지서비스 부문에서는 「사회복지사업기금법」(1980), 「심신장애자복지법」(1981), 「노인복지법」(1981)을 제정하였고, 「아동복리법」을 「아동복지법」으로 개정하였으며(1981), 「사회복지사업법」을 전면 개정하여(1983) 사회복지 종사자를 사회복지사로 그 명칭을 변경하고 사회복지사 자격을 1급, 2급, 3급으로 구분하였다. 그리고 공공부조 부문에서는 「생활보호법」을 개정하여(1983) 생활보호 유형에 자활 보호와 교육 보호를 추가하였고, 「최저임금법」을 제정(1986)하였다.

전두환 정부 후반부터는 한국형 복지모형이 논의되기 시작하였다. 한국형 복지모형이 등장하게 된 배경은 1970년 중반 이후 선진 복지국가에서 복지국가 위기론이 대두되고 있었기 때문에, 한국에서도 자칫 잘못하면 복지병을 유발할 수 있다는 정책 관련자들의 우려 때문이었다. 이러한 한국형 복지모형은 제6차 경제사회발전 5개년 계획(1987~1991)과 맥락을 같이하고 있다. 제6차 계획의 기본 방향은 ① 우리 경제, 사회발전 수준에 맞는 복지시책이어야 하고, ② 가족과 지역사회의 복지기능을 최대한 조장하며, ③ 자립정신에 입각한 복지시책을 전개하고, ④ 민간의 복지자원을 최대한 동원한다는 것 등이다. 그리하여 1980년대 후반부터는 시설수용 위주의 복지사업으로부터 탈피하여 지역복지와 재가복지가 강조되기 시작하였다.

1988년 출범한 노태우 정부는 제5공화국의 사회보험제도를 대부분 확대 시행하여, 국민연금제도(1988), 전국민의료보험제도(1989), 최저임금제도(1988)를 시행하였다.

제6공화국 정부에서 제정 또는 개정된 사회복지 관련법은 「모자복지법」 제정(1989), 「심신장애자복지법」을 「장애인복지법」으로 개정(1989), 「노인복지법」 개정(1989), 「장애인 고용촉진 등에 관한 법률」 제정(1990), 「의료보호법」 개정(1991), 「영유아보육법」 제정(1991), 「고령자고용촉진법」 제정(1992), 「사회복지사업법」 개정(1992) 등이었다.

노태우 정부의 사회복지제도 발전의 특징은 다음과 같다(김성천 외, 2013: 100).

첫째, 국민연금제도, 최저임금제도, 전국민의료보험제도 실시 등 소득 및 의료 보장의 확대가 이루어지기 시작하였다.

둘째, 1988년 서울 장애자 올림픽 이후 장애인 종합대책을 수립하였으며, 이어서 「장애인 고용촉진 등에 관한 법률」을 제정하여 장애인복지에 대한 변화를 시도하였다.

셋째, 지역복지의 중추적인 서비스 전달체계인 사회복지관을 전국적으로 확대 실시하였다.

넷째, 「아동복지법」과는 별도로 「영유아보육법」이 제정되면서 영유아 보육사업이 크게 부각되었다.

다섯째, 재가복지를 중시하여 재가복지봉사센터가 급격하게 증가, 1987년부터는 사회복지 전문요원을 영세민 밀집지역의 동사무소에 배치하기 시작하였다.

(4) 김영삼 정부

김영삼 정부가 등장한 1990대는 '세계화'라는 흐름이 새로운 국제질서로 자리를 잡아가고 있었다. '우루과이라운드(UR)'협상 타결에 이은 세계무역기구(WTO) 체제가 세계경제를 규정하는 요소로 등장하면서 국가경쟁력이 중요한 국가적 과제로 떠올랐다. 이와 함께 독일의 통일, 동구 공산권의 몰락, 복지국가 위기론 이후 신보수주의 이데올로기의 확산 등 세계는 빠른 속도로 변화하고 있었다. 공산권이 몰락하면서 제2차 세계대전 이후 유지되어 오던 동서대립의 양극체제가 무너진 공간을, 미국은 유일한 강대국으로서 세계화와 정보화라는 새로운 기준으로 세계를 재편해 나갔다.

김영삼 정부는 1993년 아시아태평양경제협력체(APEC) 정상회담 이후 개방과 무한경쟁을 의미하는 세계화를 정책목표로 설정하였으나, 1960년대 이후 계속된 우리나라의 정부주도 압축성장은 많은 문제점을 내포하고 있었다. 그 중 가장 취약한 부문은 외환금융 부문이었다. 외환금융 부문에서 시작된 외환위기로 인하여 김영삼 정부는 국제

통화기금(IMF)의 구제금융을 요청할 수밖에 없었고, 한국경제는 최악의 침체와 함께 상당부분을 외국자본에 의존하게 되었다.

김영삼 정부는 1993년 신경제 5개년계획의 사회복지 부문에서 우리나라 제7차 경제사회발전 5개년 계획 중 복지정책의 기본 방향을 국가발전 수준에 부응하는 사회복지제도의 내실화에 두고 국민복지의 증진을 제시하였다. 또한 1995년에는 성장위주의 정책에서 벗어나 삶의 질과 생산적인 국민복지에 적극적인 관심을 기울여야 할 것이라고 강조하였다. 그러나 실질적인 성과는 미미하였다.

김영삼 정부에서 제정 또는 개정된 사회복지 관련법들을 보면, 사회보험 부문에서는 「고용보험법」 제정(1993), 사회복지 서비스 부문에서는 「정신보건법」 제정(1995), 「사회복지공동모금법」을 제정(1997)하였고, 과거의 「사회보장에 관한 법률」을 폐지하고 「사회보장기본법」을 제정(1995)하였다. 김영삼 정부의 사회복지제도에서 가장 큰 변화는 사회보험 부문으로, 전 국민 대상 국민연금제도의 확대 실시와 더불어 전 사업장에 대한 고용보험제도의 적용, 전 국민 의료보험의 실시 등으로 기존의 산재보험제도를 포함한 4대 보험체계를 완성하였다.

(5) 김대중·노무현 정부

1997년의 이른바 'IMF 외환위기'하에서 출범한 김대중 대통령의 '국민의 정부'에서는 대량 실업사태로 인해 우리나라의 사회안전망이 취약하다는 분석과 함께 사회복지제도의 발전에 중요한 전기가 마련되었다. 주목할 만한 조치와 입법으로는 노사정위원회 출범(1998), 고용보험 모든 사업장으로의 확대(1998), 사회복지공동모금회법 제정(1998), 국민건강보험법 제정(의료보험 전체 통합, 1999), 전 국민 연금 실시(1999), 「국민기초생활보장법」 제정(1999) 등 사회안전망 구축에 힘을 쏟았다.

특히, 이른바 '생산적 복지'의 근간이 되는 국민기초생활보장제도는 지난 40년간의 시혜적 단순보호 차원의 생활보호제도로부터 국가책임을 강화하는 현대식 복지제도로 대전환했다는 점에서 우리나라 복지국가의 출범을 가져다 준 획기적인 것으로 평가되고 있다.

국민의 정부에 의한 적극적인 사회복지정책에 힘입어 우리나라는 비록 OECD국가들의 복지수준에는 뒤지지만, GNP 대비 10% 이상을 사회복지에 투자하는 이른바 '후진복지국가'의 대열에 진입하게 된 것이다.

국민의 정부를 승계한 노무현 대통령의 이른바 참여정부에서는 '참여복지'가 주창되었다. 참여복지의 이념은 복지에 대한 국가책임의 강화, 복지정책의 수립 · 집행 · 평가과정에서의 국민참여를 강조하였다. 그리고 참여복지의 시각에서 복지와 경제, 분배와 성장의 선순환관계를 강조하였다. 즉, 복지증진을 통해 경제가 성장하고, 경제성장을 통해 복지증진을 꾀할 수 있다는 것이었다(박경일 외, 2017: 97).

참여정부는 참여복지 이념을 실현하기 위해 '참여복지 5개년 계획'을 수립하였다. 참여복지 5개년 계획은 「사회보장기본법」에 의거하여 2004년부터 2008년까지 추진될 사회보장장기발전계획이었다. 이는 보건복지부 주관 아래 민간전문가와 5개 관계부처(문화관광부, 정보통신부, 노동부, 여성부, 건설교통부)가 공동으로 참여하여 수립된 범정부 차원의 장기복지종합정책이었다. 이 계획은 제1차 사회보장장기발전계획(1999-2003)에 의해 그 기본틀이 갖추어진 사회안전망의 내실화를 목표로 하였다. 그리고 저출산 · 고령화 등 사회경제적 변화에 대응한 복지인프라 구축 및 복지서비스의 확대를 도모하였다. 나아가 전 국민에 대한 보편적 복지서비스 제공, 상대빈곤의 완화 등을 통해 풍요로운 삶의 질이 구현되는 참여복지공동체 구축을 목표로 하였다.

이러한 목표에 따라 참여정부는 기초생활수급자와 의료급여수급자를 확대하는 등 기초보장의 확대를 추진하며, 장애수당 대상자를 확대하거나, 노인일자리를 확대하고 빈곤아동에 대한 지원을 확대하는 등 사회서비스의 개선에도 노력하였다.

그 외에도 기존 복지제도로 대처하기 어려운 위기상황에 대처하기 위한 「긴급복지지원법」을 제정(2005)하였고, 24시간 긴급지원을 위한 '보건복지통합콜센터 129'를 운영하기 시작했다.

새로운 지방의 복지수요 증대에 대처하여 사회복지재정의 지방이양과 함께 지역복지인프라 확충에 노력하였다. 즉, 전국 시 · 군 · 구에 지역복지협의체가 구성되어 지역사회복지계획을 수립하고 지역복지시책을 심의, 의결하는 기능을 하고 있다. 또한 대통령이 위원장을 맡는 저출산·고령사회위원회를 출범시켜(2005년 9월) 5개년 기본 계획을 마련하였다(최일섭, 2018: 59).

[그림 2-1] 저출산·고령사회위원회 현판

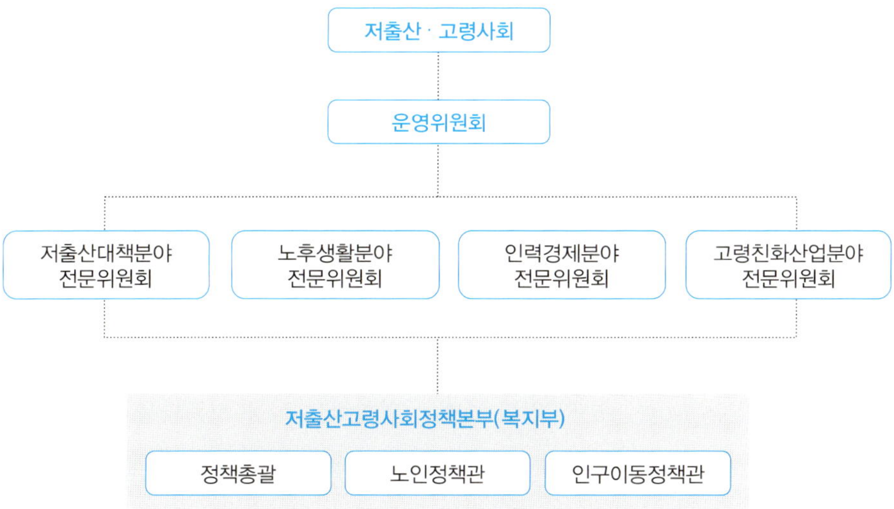

[그림 2-2] 저출산·고령사회위원회 조직도

(6) 이명박·박근혜 정부

이명박 정부는 사회복지의 기조를 '능동적 복지'로 정했는데, 능동적 복지란 일할 능력이 있는 사람에게 일자리를 주고 도움이 필요한 사람에게 국가가 따뜻한 손길을 제공하는 것이다. 정부는 이를 달성하기 위하여 평생복지 기반 마련, 예방 · 맞춤 · 통합형 복지, 시장기능을 활용한 서민생활안정, 사회적 위험으로부터 안전한 사회를 위한 성장과 분배 등 네 가지를 전략으로 내세운 사회복지정책을 추진하였다.

이 시기에 사회복지 관련 법률에는 「다문화가족지원법」(2008), 기존의 「고령자고용촉진법」을 폐지하고 「고용상 연령차별금지 및 고령자고용촉진에 관한 법률」 제정(2008), 「실종아동 등의 보호 및 지원에 관한 법률」(2008), 2005년 제정 당시는 한시법이었던 「긴급복지지원법」을 영속법으로 개정(2009), 기존의 「청소년의 성보호에 관한 법률」을 폐지하고 「아동 · 청소년의 성보호에 관한 법률」 개정(2009), 「장애인연금법」(2010), 1994년에 제정된 「성폭력 범죄의 처벌 및 피해자 보호 등에 관한 법률」이 '성폭력 범죄의 처벌 등에 특례'와 '성폭력 범죄의 피해자 보호 등에 관한 사항'을 함께 규정하고 있어 이에 대한 효율적 대처에 한계가 있음을 인식하고, 2010년 4월 15일 「성폭력범죄의 처벌 등에 관한 특례법」과 「성폭력방지 및 피해자보호 등에 관한 법률」로 분리하여 제정하였다. 그리고 「장애인활동지원에 관한 법률」(2011) 제정과 사회복지사의 처우향상을 위하여 「사회복지사 등의 처우 및 지위향상을 위한 법률」(2011)을 제정하였고, 「노숙인 등의 복지 및 자립지원에 관한 법률」(2011)과 「장애아동복지지원법」(2011)을 제정하였으며, 「사회보장기본법」(2012.1.26.)의 전면 개정과 인화학교 아동 성폭력문제로 「사회복지사업법」(2012)이 대폭 개정되었다. 또한 「가족친화 사회환경의 조성촉진에 관한 법률」(2012)과 「장애인 · 고령자 등 주거약자 지원에 관한 법률」(2012)을 제정 · 시행함으로써 사회복지를 한 단계 더 성숙시켰다(오종희 외, 2018: 119~120).

이명박 정부가 추진했던 '사회안전망' 정책은 세 가지로 분류할 수 있다(홍봉수 외, 2018: 114).

① 보편적 복지정책으로 빈곤층뿐만 아니라, 중산층 이하의 일반 국민 대다수를 국가복지정책의 직접적 수혜대상으로 확대한 것이다.

② 예방적 복지정책으로 실직이나 교육사각지대에 놓인 사람들이 제때에 도움을 받을 수 있도록 하는 정책을 표방하였다.

③ 맞춤형 복지정책으로 각각의 취약계층에게 맞춤형 복지혜택의 지속적인 제공이 가능하도록 사회복지 전달체계를 획기적으로 개선한 정책이다.

박근혜 정부는 2013년 1월부터 시행된 「사회보장기본법」의 전면개정에 맞추어 사회보장기본계획(2014)을 수립하였는데, 사회보장의 비전을 '더 나은 내일, 국민 모두가 행복한 사회'로 하였으며, 생애주기별 맞춤형 사회안전망 구축, 일을 통한 자립지원, 지속가능한 사회보장기반 구축의 3대 정책방향을 제시하였다. 이는 이전에 수립되었던 사회보장 장기발전방향과는 달리, 개별 계획보다 우선한다고 명시함으로써 기본 계획으로서 구속력을 강화하였으며, 소요재원 및 조달방안을 포함하여 구체성을 강화하였다(박경일 외, 2017: 98).

박근혜 정부에서 사회복지 관련 법률로는, 기존의 「기초노령연금법」(2007)을 폐지하고 「기초연금법」(2014)을 제정하였다. 이는 노인세대를 위한 안정적인 공적연금제도를 마련하여 소득과 재산을 환산한 소득인정액이 보건복지부장관이 정하여 고시한 금액 이하인 65세 이상의 노인 중소득 기반이 취약한 70%의 노인에게 기초연금을 지급함으로써 노인 빈곤문제를 해소하고 노인의 생활안정과 복지증진에 기여하게 되었다. 그리고 「국민기초생활보장법」(2014)을 개정하여 탈수급의 경우 지원이 전무한 상황에서 사각지대가 발생하고 있으므로 맞춤형 빈곤정책으로 전환하여 지원대상을 확대하고, 개별 맞춤형 급여체계를 마련함으로써 탈수급 유인을 촉진하고 빈곤예방기능을 강화하였다. 따라서, 절대적 빈곤선인 최저생계비 기준을 폐지하고 상대적 빈곤선의 기준인 기준 중위소득에 의한 보장대상자 선정기준에 따라 급여종류별로 다층화한 맞춤형 급여체계를 도입하였다. 「사회보장급여의 이용 · 제공 및 수급권자 발굴에 관한 법률」을 제정(2014)하여 「사회보장기본법」에 따른 사회보장급여의 이용 및 제공에 관한 기준과 절차 등 기본적 사항을 규정하고, 지원을 받지 못하는 지원대상자를 발굴하여 지원함으로써 사회보장급여를 필요로 하는 사람의 인간다운 생활을 할 권리를 최대한 보장하고, 사회보장급여가 공정하고 효과적으로 제공되도록 하며, 사회보장제도가 지역사회에서 통합적으로 시행될 수 있도록 그 기반을 구축하는 것을 목적으로 제정하였다. 특히, 공공전달체계를 확립하였다.

「정신건강증진 및 정신질환자 복지서비스 지원에 관한 법률」(2016)은 1995년 제정한 「정신보건법」을 폐지하고 법명을 개칭하였다. 이 법은 정신질환의 예방·치료, 정신질환자의 재활·복지·권리보장과 정신건강 친화적인 환경조성에 필요한 사항을 규정함으로써, 국민의 정신건강증진 및 정신질환자의 인간다운 삶을 영위하는데 기여하기 위하여 제정하였다. 이 법은 정신질환자의 범위를 중증정신질환자로 축소 정의하고, 전국민을 대상으로 정신건강증진의 장을 신설하며, 정신질환자에 대한 복지서비스 제공을 추가하였다(오종희 외, 2018: 120~121).

박근혜 정부의 중요한 복지정책은 다음과 같다(홍봉수 외, 2018: 115).

① '국가책임보육'의 명제 아래 소득수준에 관계없이 보편적으로 0~5세 무상보육과 양육수당 정책의 도입이다.

② 2014년 7월 1일부터 기초노령연금을 기초연금으로 확대 개편하여, 65세 이상 노인에게 상향된 연금을 지급하는 정책이다.

③ 4대 중증 질환에 대한 건강보험 지원율을 일부 급여항목을 대상으로 국가 부담을 확대한 정책이다.

박근혜 정부 출범 시 한국의 사회복지정책은 과거의 지속적인 노력에도 여전히 해결해야 할 많은 문제점이 내재하고 있는 것이 사실이었다. 따라서, 양극화 문제와 저출산 및 고령화 문제 해결이 시대적 요청이었다. 박근혜 정부의 복지정책은 보수정권임에도 진일보하여 잔여적 복지모델에서 벗어나 보편적 복지정책의 시도가 많았다는 평가이다. 그럼에도 불구하고, 대선공약 당시 기초연금을 65세 이상 노인 전부에게 지급하겠다는 보편주의적 발상은 집권 후 전체 노인인구의 65%만을 수급대상으로 국한시킴으로써 신자주주의적 발상에서 벗어나지 못했다는 평가가 있다.

2017년 3월 10일 박근혜 대통령은 탄핵으로 인한 헌법재판소에서 파면이 결정되었다. 이는 우리나라 헌정사상 초유의 사태로 이 과정에서 사회는 혼란을 가져오게 되었고, 사회복지정책도 지속적인 정책 추진이 어려운 결과가 초래되었다.

(7) 문재인 정부

박근혜 대통령의 탄핵으로 2017년 6월에 문재인 정부가 집권함에 따라, 보편적 사회복지정책의 추구로 사회복지정책에 있어서 근본적인 변화가 일어나고 있다. 즉, 신자유주의에서 사회민주주의의 요소를 추가하는 방향으로 정책기조가 변경됨으로써 사회복지 각 분야에서 획기적인 전환이 이루어지고 있다(한신애 외, 2018: 52).

문재인 정부는 경제성장률 이상으로 정부지출을 더 늘리는 '확장적 재정정책'을 천명하고 일자리 창출과 복지서비스 수혜범위의 대폭 확대를 강조하고 있다. 2017년 8월 29일에 발표된 "2018년 예산안"과 "2017~2021년 국가재정 운용계획"에 따르면, 2018년 복지예산은 2017년보다 12.9% 증가한 146조 2천억 원으로, 전체 지출 429조 원의 34%에 해당하는 사상 초유의 규모이다. 대통령 임기 중 연평균 9.8%씩 늘릴 계획이며, 2021년 전체 예산 중 38%까지 끌어올릴 것으로 계획 · 발표하고 있다.

21세기에 들어 한국의 사회복지는 대상, 내용, 범위, 실시체계의 측면에서 복지국가에 진입한 것으로 평가되고 있다. 그러나 고부담 고복지에 대한 각계의 합의가 이루어지지 못하고 있고, 일단 증가된 복지지출은 감소할 수가 없어 재정위기를 겪은 국가의 대부분은 복지예산을 방만하게 운영하다가 어려움에 빠졌다는 지적이 있는 만큼 경제와 복지의 균형발전에 정부, 기업, 민간부문의 합의가 요청되고 있다.

결론적으로 한국 사회복지의 역사를 살펴보면, 빈곤, 질병, 전쟁, 국가의 경제적 위기 등과 같은 위기상황에서 국민복지의 책임을 강조하고 대처해온 것을 발견할 수 있다. 대처방안으로서 사회복지 관련법을 제정하고, 변화되고 다양한 국민의 복지욕구에 따라 기존의 법을 개정하였으며, 복지서비스를 통한 사회통합을 추구함으로써 국가의 위기를 극복한 것을 볼 수 있었다.

2. 영국 사회복지의 역사

1) 중세의 사회복지제도

중세 초기는 로마제국의 붕괴로 시작된 대략 6세기에서 10세기에 걸치는 기간으로 볼 수 있다. 영국의 각 지방은 장원제도에 따라 영주와 기사 · 평민 · 농노 등의 신분을 가지고 있었으며, 가장 하층계급인 농노들의 생활은 극도로 열악하였다. 농노들은 영주의 토지에 귀속되어 토지와 함께 매매되어 그들의 생활은 영주의 관리하에 놓여 있었다. 따라서, 농노들의 삶의 환경은 전적으로 자신이 소속된 영주의 지배형태에 따라 좌우되었다.

중세 영국의 공식적인 사회서비스 활동은 대부분 교구를 중심으로 주로 이루어졌다. 각 교구마다 지역 내 가난한 사람들에게 구제활동을 실시하였다. 또한 중세 상인들의 길드제도는 상호부조의 기능을 수행하였고, 민간자선단체에 의하여 구빈원 등 임시보호시설들이 설치되어 가난한 이주자들에게 무료숙식을 제공하거나 응급구호 서비스 등을 실시하였다.

15세기 노동자들의 실제 임금은 영국 역사에 있어 가장 높은 수준이었으며, 14세기부터 15세기에 걸친 백년전쟁(Hundred Years' War, 1337~1453)과 장미전쟁(Wars of the Roses, 1455~1485)에 참전했던 많은 군인들에게 적절한 지원이 이루어지지 않아 이들은 부랑인과 빈민으로 전락할 수밖에 없었다.

이러한 현실로 인하여 국민들의 자유와 노동력을 통제하기 위하여 관련 제도들이 출현하게 되었는데, 노동능력이 있는 사람들에게 노동을 강요하는 내용들로 이루어졌다. 노동능력이 없는 노인이나 빈민의 구호신청을 조사하고 걸인을 등록하도록 하여 구걸허가증을 발급하기에 이르렀다. 이와 같이 구걸과 자선은 노동능력이 없는 사람들에게만 허용되었다.

2) 엘리자베스 구빈법

영국에서는 일찍이 엘리자베스 구빈법 이전에 구빈법이라는 일련의 제도들이 만들어졌다. 엘리자베스(Elizabeth I, 1553~1603) 여왕은 그동안 제정되고 실시되어 온 구빈관련법들을 집대성한 '엘리자베스 구빈법(the elizabethan poor law of 1601)'을 제정하게 되었다. 이 법에서는 구빈사업을 교구단위의 자선행위로부터 국가가 구빈세에 의한 재정과 행정지원으로 시행하게 되는 계기를 만들었다.

모든 교구에 무급의 구빈감독관을 임명·배치하여 치안판사의 동의를 얻어 교구 내의 부자에게 적당한 금액의 구빈세를 부과하여 징수할 수 있도록 하였고, 교구 내에 있는 빈민들을 위해 구제를 제공할 만한 재정이 부족한 경우 다른 교구에 지원을 요청할 수 있도록 제도화하였다.

엘리자베스 구빈법은 중세 교회중심의 자선과는 달리 구빈을 국가의 책임으로 인식하고 체계화하였지만, 실제적인 목적은 노동자와 빈민을 통제하는 사회방위적 제도였다. 이 법은 빈민을 구제하기보다는 오히려 빈민을 사회불안의 요인으로 인식하고 사회질서를 유지하기 위해 그들을 억압하고 통제하려는 경향이 있었다. 또한 빈곤의 원인을 개인에게 전가시키고 빈곤 그 자체를 죄악시하였으며, 정부의 구빈활동은 소극적인 수준에 머물렀다(임정문 외, 2017: 83).

3) 정주법

1662년 찰스 2세(Charles II, 1630~1685) 제위 시 제정된 정주법(Settlement Act)은 빈번하게 이동하는 인구의 이동을 금지시키고, 빈민들을 농촌에 정착시키며, 구빈세(poor rate) 증가를 억제시킬 목적으로 제정하였다. 정주법은 1601년 제정된 엘리자베스 구빈법의 거주에 관한 규정을 독립법으로 분리·강화한 것으로, 교구로 하여금 구빈의 관할지역에 새로운 빈민들이 들어올 경우 특별한 사유가 없는 한 이전의 거주지로 송환할 수 있도록 한 법이었다.

그러나 정주법은 빈민에게는 거주이전의 자유를 통제하는 것이 되었고, 임금노동자를 필요로 하는 상공업 신흥자본가들에게 노동력의 확보를 어렵게 하였으며, 일할 수 있는 노동자들에게는 실업의 원인이 되는 결과를 낳았다.

경제가 확대되는 사회에서 많은 노동력이 필요했기 때문에 정주법이 실제에서는 엄격하게 적용되지는 않았지만, 지방정부의 책임을 강조하고 복지혜택을 받기 위해서는 거주조건을 충족해야 한다는 원칙은 오늘날에도 지속되고 있다.

4) 신구빈법

1832년에 구빈법의 조사를 위한 왕실위원회(royal commission)가 발족하게 되었다. 왕실위원회의 보고에 따라 1834년 구빈법이 전면적으로 수정됨으로써, 이 수정된 법을 1601년 엘리자베스 구빈법과 비교하여 신구빈법(new poor law)이라고 한다.

19세기 초 영국의 사회복지제도는 높은 구빈세 부담으로 자본가들의 기존 제도에 대한 불만이 커졌다. 또한 나폴레옹전쟁의 패배에 따른 실업자의 증가와 식료품을 비롯한 생활용품비의 폭락으로 인해 많은 영세농들이 몰락함으로써 기아가 급증하고 구제를 요구하는 사람들의 수는 폭발적으로 늘어났었다.

신구빈법의 목적은 구빈비용을 최소화하는 데 있었으며, 균일처우의 원칙, 열등처우의 원칙, 작업장활용의 원칙의 3대 원칙이 강조되었다.

5) 자선조직협회와 인보관운동

(1) 자선조직협회

민간자선기관과 단체 간의 연락 · 조정 · 협력의 조직화와 구제의 적정화를 시도하기 위하여 1869년에 자선조직협회(Charity Organization Society, COS)가 설립되었다.

자선조직협회는 자원봉사자인 우애방문원(friendly visitor)을 통해 빈민의 생활상태를 조사하기 위하여 가정방문과 면접을 실시하고, 구호신청자들에게 협회에 등록하게 하여 구호의 중복을 방지하고자 하였다. 이러한 자선조직협회의 활동은 이후 사회사업방법론인 개별사회사업과 지역사회조직론의 발전에 기초를 마련하게 되었다. 또한 우애방문원의 구성원은 대부분 여성으로 되어 있었는데, 단기간의 공식적인 교육과 훈련을 통하여 사회사업가의 자질을 확보하여 전문사회사업가의 양성이 이루어지게 되었다.

자선조직협회의 활동과 함께 당시 민간자원봉사운동이 발생하게 되는데, 도시빈민을 위한 조직적인 자선사업의 하나로서 옥스퍼드대학교와 케임브리지대학교의 학생들을 중심으로 시작된 인보관운동을 들 수 있다. 이들은 도시빈곤지역에서 빈민들과 함께 거주하면서 도시빈곤지역의 문제를 실제로 조사하여 도시빈민의 생활실태를 자세히 파악하고, 교육과 계몽 그리고 집단활동을 통하여 지역사회의 환경을 개선하고 빈민들의 자활능력을 향상시켜 빈곤의 문제를 해결하려 하였다(홍봉수 외, 2017: 97).

(2) 인보관운동

경제적 상류층에 의하여 주도된 것이 자선조직화 운동이라면, 급진적이고 개혁을 지향하는 대학생과 지식인들을 중심으로 이루어진 것이 인보관운동(Settlement Movement)이라 할 수 있다.

인보관운동은 대학생을 중심으로 지식인들이 빈민지역에서 빈민들과 함께 공동생활하면서 빈민들에게 교육과 문화수준 향상을 목적으로 하는 사회개량운동으로, 집단사회사업, 사회행동, 지역사회조직의 사회사업 기술발전에 기여하였다.

영국의 유명한 인보관으로 토인비 홀(Toynbee Hall, 1884)이 있다. 또한 인보관운동과 동시에 이루어진 것은 빈곤에 대한 사회조사활동이었다. 자선조직협회에서 활동하던 우애방문원들이 빈곤의 원인을 개인에게서 찾았던 것과는 대조적으로, 인보관운동에 참여한 사람들은 주거환경과 사회제도의 결함에 관심을 두었다.

도시노동자들의 빈곤문제에 관심이 있었던 찰스 부스(Charles Booth, 1840~1916)를 비롯한 사람들이 런던시민 생활실태에 관한 조사를 통하여 직업, 생활 및 노동조건, 작업시간 및 임금, 실업상태 등을 조사하였다. 그 결과, 런던 인구의 30%가 빈곤선(poverty threshold, 빈곤소득선) 이하의 생활을 하고 있음을 발견하였고, 빈곤의 원인이 개인의 책임보다는 불충분한 임금, 부적절한 주택, 불결한 위생시설 등이라고 지적하였다.

이러한 조사결과들은 빈곤의 원인이 개인에게 있기보다는 사회구조적 결함에 의해 발생하는 것이기 때문에 사회문제에 대하여 범사회적인 대책이 필요함을 입증한 것이다. 이러한 사회조사활동들은 합리적인 조사를 통한 사회복지의 과학화에 기여하였다고 볼 수 있다.

6) 베버리지 보고서와 사회보장제도의 발전

영국의 처칠(Winston Leonard Spencer Churchill, 1874~1965) 정부는 제2차 세계대전 이후 붕괴된 사회복구에 필요한 조치를 강구하게 되었다. 경제학자인 베버리지(William Henry Beveridge, 1879~1963)를 위원장으로 하는 '사회보험과 관련 서비스에 관한 정부부처 간 조사 위원회'를 설치하고, 1942년 "사회보험 및 관련 서비스(Social Insurance and Allied Services)에 관한 보고서"를 작성하여 국회에 제출하였다.

"베버리지 보고서(Beveridge Report)"의 주요 내용은 국민생활의 불안요인이 되고 있는 5대 사회악으로 결핍(want) · 질병(disease) · 불결(squalor) · 무지(ignorance) · 태만(idleness)을 규정하였다. 이 가운데 사회보장의 궁극적 목표로 '빈곤'을 최우선적으로 제거해야 할 사회악으로 간주하고 '빈곤'한 국민들을 경제적 빈곤에서 벗어날 수 있도록 소득을 보장하는 사회보장제도의 기준을 제시하였다. 핵심적인 내용으로는 사회보험제도로서 사회보험제도의 원리를 체계적으로 확대하여 적용하면 모든 국민의 빈곤문제를 해결할 수 있다고 주장하고 있다. 사회보험제도는 소득이 중단되거나 부수적인 비용지출이 생기는 경우, 사망 · 질병 · 재해 · 노령 · 결혼 · 출산 · 실업 등에 대비하여 일정 소득액을 보장하는 것을 내용으로 하고 있다.

7) 대처리즘과 제3의 길

1960년대까지 영국은 세계적인 경제적 호황에 힘입어 "베버리지 보고서"에서 제시한 복지국가를 안정적으로 발전시켜 나갔다. 그러나 1970년대 이후 불어 닥친 세계 석유파동에 따른 경기침체로 영국은 경제적 위기를 맞게 되었고, 1970년대 후반에는 소위 '복지국가위기론'이 등장하게 되었다. 따라서, "베버리지 보고서"가 제시한 전 국민을 대상으로 한 복지서비스를 국가의 책임으로 하였던 보편주의 원칙을 포기하고, 욕구대상자를 중심으로 한 선별주의적 사회복지정책으로 선회함으로써 제도적 서비스에서 보충적 서비스로 전환하게 되었다.

또한 신자유주의의 이념을 국정목표로 삼았던 마가렛 대처(Margaret Hilda Thatcher, 1925~2013) 수상의 보수당 정부는 사회복지의 공공재정 지출을 축소하고, 사회보장과 사회서비스 전달체계를 변화시켰으며, 대인적 사회서비스 영역에서는 지역 내의 사회보호서비스를 강조하였다. 그리고 지방정부 사회서비스의 조직과 운영을 개혁하여 서비스 전달체계에서 정부 및 공공부문 중심의 역할을 축소하고 민간부문의 역할을 강조하는 정책을 단행하게 되었다.

그 후 1997년 정권을 창출한 노동당의 토니 블레어(Anthony Charies Lynton Blair) 수상은 과거 보수당 정부에서 추진하였던 복지축소정책을 고수할 것인지에 대해 딜레마에 빠지게 되었다. 복지개혁을 추진함에 있어 이전 보수당 정부의 선별주의 복지정책을 추진하느냐, 아니면 노동당의 전통인 보편주의 복지를 추진하느냐 하는 딜레마 속에서 블레어는 사회학자인 기든스(Anthony Giddens)가 주장하는 '제3의 길'이라는 새로운 복지정책노선을 채택하게 되었다. 블레어 정부는 대처 정부에서 추진했던 복지축소정책의 틀에서 교육과 노동을 통합한 복지, 그리고 개인의 저축을 강조하는 방법론을 선택하고, 적극적인 서비스, 소비자중심 서비스, 전산 서비스를 통한 투명적 서비스 전달체계, 사회서비스 남용을 근절하기 위한 통합복지 시스템 구축, 서비스조직 간의 협력과 서비스전달의 효율을 강조하는 효율적 서비스를 구축하는 정책을 시행하였다(원석조, 2018: 38~40).

3. 미국 사회복지의 역사

1) 초기의 사회복지

19세기 초 미국은 주로 영국에서 이주해온 식민지 개척자들이 대부분 사회의 각 분야에서 중추적인 활동을 하였는데, 그들은 영국의 법제나 관습을 그대로 가져와 미국의 정책에 적용시키려고 하였다. 청교도 윤리가 지배적이었기 때문에 노동을 미덕으로 여기고 나태는 죄로 여겼는데, 빈곤의 책임은 개인의 책임이라는 생각을 뒷받침하였다. 따라서, 이 시기의 빈민에 대한 구호활동도 이러한 빈곤관에 입각하여 시행되었다. 또한 활동의 주요 범위는 최소한의 범위로 이루어졌고, 대상도 고아, 과부, 병자, 장애인 등 노동능력이 없는 자와 일시적으로 노동능력이 상실되어 구제를 필요로 하는 자로 제한하여 시행되었다.

뉴딜정책과 사회보장제도

제1차 세계대전에 이어 1929년 시작된 경제 대공황은 10월 주식시장의 붕괴로 이어지면서 상품의 가격은 떨어지고, 실업자의 급증을 초래하여 약 1,200만 명에서 1,500만 명에 이르는 노동자들이 직장을 잃게 되었다. 이로 인해 1920년대에는 실업과 빈곤이 급증하고 노동자, 소작인, 흑인 및 미망인 등의 불평등이 표출되었다.

대량의 빈민과 실업자들을 구제하기 위한 민간단체나 주정부의 자원과 재정이 고갈되어 이러한 사회문제를 해결하기 어려운 상황에 봉착하게 되었다. 이에 루즈벨트(Franklin Delano Roosevelt, 1882~1945) 대통령(26대)은 신자유주의 사상에 입각한 뉴딜정책(New Deal)을 발표하여 실업자를 구제하기에 이르렀다. 그는 1933년 연방긴급구호법을 제정하고 연방긴급구호청을 창설하여 연방정부의 실업대책으로 구제사업을 위한 보조금을 주에 교부하고 대규모의 노동력을 투입하고 공공사업을 단행하였다. 1935년 8월 14일에 제정 · 공포된 사회보장법은 강제적 사회보험과 공적부조를 양축으로 하고 세 부분으로 구성되어 있는데, 그 내용은 다음과 같다(서보준 외, 2017: 90~91).

① 사회보험 프로그램으로 연방노령보험체계와 연방정부와 주정부가 함께하는 실업보장제도

② 공적부조 프로그램으로 노령부조, 요보호 시각장애인 부조, 요보호아동부조 등을 포함시키는 3개 집단을 위한 연방정부지원제도

③ 사회복지서비스 프로그램으로 모자보건서비스, 아동복지서비스, 지체 장애아동

서비스, 직업재활 및 공중보건서비스 등에 대한 연방정부의 보조금 지급

그 후 1943년 직업재활법과 1944년의 공중보건서비스법, 1946년에는 사회보장의 단일행정기구로서 사회보장청이 설립되었다. 미국의 사회보장제도의 특징을 살펴보면 다음과 같다.

① 연방정부가 직접 운영·관리하는 노령연금제도
② 각 주정부의 실업보험, 공적부조, 사회복지서비스에 대한 지원제도

이처럼 여기에서 특기할 점은 종전의 영국의 사회보험제도는 사회보험만을 대책으로 하고 있으나, 미국에서는 공공부조, 사회복지사업을 포함한 종합적인 대책이라는 점에서 다르다.

2) 복지국가 지향

미국의 사회복지는 베트남 전쟁으로 인해 후퇴하지 않을 수 없었다. 존슨(Lyndon Baines Johnson, 1908~1973) 대통령(36대)은 막대한 전쟁비용을 충청당하기 위해 케인즈(John Maynard Keynes, 1983~1946)의 수정자본주의를 사회복지에 적용할 수 없었다(원석조, 2018: 32).

미국은 1960년대와 1970년대 베트남 전쟁이 끝나고 경제적 호황과 유가파동으로 인한 불황 등의 사회적 변화는 복지정책에 다음과 같은 영향을 끼쳤다.

① 유가파동에 의한 경기침체로 실업과 빈곤대책을 강구하기 위한 많은 정책들의 수립
② 흑인과 여성의 인권운동, 반전운동, 학생운동, 복리권 시위 등 시민의 권익옹호 운동으로 사회사업 분야에서도 많은 법령을 새로 제정하거나 개정하였고, 관대한 사회복지정책 시행

1980년대에는 복지국가위기론이 대두되면서 신보수주의 성향의 정책이 시행되었다.

이로 인해 복지국가는 사회보장제도의 내용과 양적인 측면에서 모두 축소되는 경향을 보였다. 즉, 이러한 변화는 정부의 복지비용의 삭감 및 지출구성의 변화, 공공서비스를 포함한 공공부분의 민영화 및 기업에 대한 규제의 완화, 지방정부의 역할축소, 노조를 포함한 사회세력의 역할 등의 정책기조를 취하는 등 최소 정부를 지향하게 되는데, 이를 레이거노믹스(Reaganomics)라고 한다. 결과적으로, 레이건 행정부의 정책은 인플레이션을 감소시키고 미국경제의 일시적인 호황을 가져왔지만, 영국의 대처리즘과 같이 불평등의 증대를 큰 한계로 남기게 되었다. 이는 사회복지 지출을 감소하고 역진적 조세를 부과한 결과 발생한 것이며, 실질적으로 불로소득과 자본이득의 증대로 노동자 계층이 소외당하고 실질임금이 감소하고 실업이 증가하는 격심한 불평등을 발생시켰다. 이렇듯 레이거노믹스는 자본의 새로운 축적구조를 형성하지 못한 채 한계를 안고 있었다(임정문 외, 2017: 90). 사회복지의 세계사적 의미에서 볼 때, 동시대에 이루어진 레이거노믹스와 대처리즘으로 인해 사회복지는 신자유주의의 엄청난 파도에 휩쓸리게 되어 후퇴의 길을 겪게 되었다.

1992년 민주당의 빌 클린턴(Bill Clinton)이 대통령에 당선되면서 보편주의에 입각한 사회복지 프로그램을 제안하였으나, 여소야대의 의회에서 거부되었다. 그리고 과거 빈곤층에 대한 일률적인 복지정책이 빈곤층의 고착화를 야기하였다는 야당의 빈곤정책 재검토의 요구에 의하여 빈곤층에 대한 대책으로 일자리창출에 근로자연계형 복지(welfare to work)제도를 도입하여, 생활보호대상자가 일을 할 경우 일정금액을 정부가 지원해 주는 방식으로 관련법을 전면 개정하였다(홍봉수 외, 2017: 106).

1990년대 미국 의회는 상원과 하원 모두 보수성향이 높은 공화당이 다수를 확보함으로써 사회복지정책은 단계적으로 축소되었다. 그 결과, 부양아동이 있는 빈곤가족에 대한 보조제도인 공공부조 등의 자격요건을 강화시켰고, 생산적 복지를 강조하게 되었다.

미국의 사회복지는 자유주의 시장경제 이념에 기초한 정책을 지속적으로 유지하고 있다. 미국은 개인주의와 지방분권주의를 중시하는 자조를 강조하는데, 이런 차원에서 공적부조의 의존도를 낮추고 자조능력을 갖춘 자에 대한 빈곤대책을 활발히 전개하고 있다. 그리고 지방분권주의에 입각한 제도의 운영이 기본적으로 각 주의 자치에 맡겨진 결과, 주정부마다 급부조건에 큰 차이가 있다는 특징을 지니고 있다.

미국과 영국의 사회복지를 역사적인 관점에서 비교해 볼 때 서로 상반되는 면을 볼 수 있다. 영국은 사회제도정책을 발전시켜 왔으나 오늘날은 이에 못지않게 직접적 대인서비스와 사회복지방법론적 접근에도 역점을 두고 있는 데 반하여, 미국은 역사적인 특수성이나 개인 존중의 민주주의의 특징을 대인적 서비스, 즉 사회방법론의 발달에 큰 성과를 거두어왔으나 최근에는 보다 바람직한 제도와 사회정책 및 계획의 과제연구가 활발히 전개되고 있음을 알 수 있다.

20세기 말 이후 영국과 미국을 포함하여 서구의 복지국가들은 조정단계에 있다고 할 수 있다. 전후 복지국가들이 시행하고 있는 사회복지제도들은 대부분 대량생산방식에 기반을 둔 산업사회의 구조에 맞는 제도들이었다. 그러나 세계화, 탈산업화, 정보화 등이 진행되면서 국가 간 경쟁이 심화되었고, 이러한 국가 간 경쟁의 심화는 과거 국가단위 사회복지체제의 변화를 요구하게 되었다.

일찍 세계화와 정보화에 성공한 영국과 미국 등 영미계 국가들은 1990년대 이후 동서냉전이 끝나고 정치적 이데올로기가 무너져가고 있던 상황에서, 새로운 무역 · 금융질서와 경제체제(WTO, FTA)로 세계질서를 재편해나가기 시작하였다. 즉, 정치적 이데올로기에 의하여 유지되었던 균형이 시장을 중심으로 한 신자유주의적 경제질서로 대체되었던 것이다. 그리고 이러한 변화에서 상대적으로 뒤떨어진 독일, 프랑스, 스웨덴 등 전통적인 유럽의 복지국가들은 국가경쟁력이 상대적으로 약화되면서, 사회민주주의적 이데올로기를 지닌 국가중심의 사회복지체제에서 벗어나 국가경쟁력을 확보하고자 하는 노력들이 나타나고 있다.

연 습 문 제

1. 환과고독에 속하지 않은 것은?

① 홀아비 ② 과부
③ 고아 ④ 자식 없는 노인
⑤ 나그네

2. 향약의 덕목이 아닌 것은?

① 덕업상권 ② 과실상규
③ 결초보은 ④ 예속상규
⑤ 환난상휼

3. 전 국민 연금 실시는 어느 정부인가?

① 박정희 정부 ② 노태우 정부
③ 김영삼 정부 ④ 김대중 정부
⑤ 문재인 정부

4. 이명박 정부가 추진했던 '사회안전망' 정책이 아닌 것은?

① 보편적 복지정책이다.
② 예방적 복지정책이다.
③ 실직한 사람들에게도 도움을 줄 수 있는 제도이다.
④ 이명박 정부에서만 있었다.
⑤ 맞춤형 복지정책이다.

5. 문재인 정부와 관계없는 것은?

① 보편적 사회복지를 지향한다.
② 확장적 재정지출을 천명했다.
③ 신자유주의 정책을 지속적으로 추진한다.
④ 일자리를 창출한다.
⑤ 복지서비스를 대폭 확대한다.

정답 1. ⑤ 2. ③ 3. ④ 4. ④ 5. ③

PART 2

사회복지학의 영역

CHAPTER 3

인간행동과 사회환경

학습목표

1. 인간행동과 사회환경의 개념 정리
2. 각 이론의 습득
3. 각 이론과 사회복지와의 연관성 파악

학습내용

1. 인간행동과 사회환경의 개념
2. 인간행동이론
3. 사회환경이론

개 요

인간은 사회환경과 분리하여 이해할 수 없다. 사회환경은 인간의 생존과 유지에 필수적인 요소로서 인간을 둘러싼 상황, 여건, 사람들 간의 상호작용으로 이루어진다. 인간이 사회환경의 요구에 얼마나 효과적으로 대처하며, 개인의 욕구에 적합하게 사회환경을 얼마나 변화시킬 수 있는가와, 인간과 환경 간 상호작용의 질은 인간행동을 이해하는 데 필수적인 요소이다. 본 장에서는 인간행동과 사회환경에 관해 서술하고자 한다.

CHAPTER 3

인간행동과 사회환경

1. 인간행동과 사회환경의 개념

1) 인간행동

인간의 행동은 생각과 마음을 담아 표출된다. 나아가 인간의 행동은 습관과 성격을 형성하여 개인의 운명을 만들어 나간다. 이러한 인간의 행동을 보는 관점은 인간을 신체적 에너지와 특정 대상에 따른 동기에 반응하는 생물체적 관점으로 보느냐, 사회환경 간에 상호작용하는 체계적 관점으로 보느냐에 따라 그 개념이 달라진다. 어떤 관점에서 인간행동을 보든 궁극적인 목적은 사회환경 안에서 인간행동을 전반적으로 이해하고자 함이다(강기정 외, 2015: 17).

일반적으로 인간행동은 눈에 보이는 외부로 표현된 행동, 눈에 보이지 않는 내면의 행동, 그리고 내면에 존재하지만 의식하지 못하는 무의식이라는 정신세계로 구분된다. 즉, 인간행동이라고 하면 이 세 가지 모두를 포함하는 행동의 개념으로 이해하여야 한다.

첫째, 외현적 행동으로 눈에 보이는 행동은 늘 접하게 되는 인간의 일상적인 행동들을 말한다. 예컨대, 웃고 말하고, 걷고, 달리는 것과 같은 행동들을 의미한다. 이는 행동주의 이론가들인 왓슨(Watson), 파블로프(Pavlov), 스키너(Skinner) 등이 관심을 갖고 연구를 한 주제이다. 행동주의이론에서는 행동이란 '자극과 반응의 결합 혹은 연합'(조건화된 반응)을 통해서 학습된 결과라고 주장한다. 따라서, 행동주의는 어떤 방식으로 행동이 조건화가 되는지에 관심을 가졌으며, 환경에 의해서 조건화가 된다는 것이 이들 이론의 핵심이다.

둘째, 내현적 행동으로 인간의 행동 중에 내면의 정신활동 혹은 정신활동의 틀로서 작동하는 신념, 태도, 가치관 등을 의미한다. 내면의 정신활동은 굉장히 광범위한 스펙트럼(spectrum)의 심리현상이므로, 단일한 하나의 행동으로 규정 짓기는 불가능하다. 따라서, 정신활동은 사고, 인지, 의식, 신념, 태도, 가치관 등과 같이 정신활동의 내용 혹은 특정한 분야를 중심으로 구분되고 설명되고 있다. 정신활동을 발달적 관점으로 분석한 이론에는 '인지발달', '도덕성 발달'과 같은 이론들이 있다. 인간행동의 원인으로서 행동에 영향을 미치는 정신활동으로는 신념, 태도, 가치관 등이 있는데, 이들이 내부적 행동으로 연구된다.

셋째, 무의식 상태로 정신활동을 의식과 무의식으로 구분하고 무의식의 중요성을 다룬 연구는 프로이트(Freud)의 정신분석이론이다. 정신분석이론은 인간행동의 원인을 무의식적 소망 혹은 욕망으로 전제한다. 따라서, 행동의 원인을 찾아 설명하고 이해하기 위해서는 무의식이 행동에 미치는 영향을 모르면 불가능하다. 프로이트는 무의식적 욕망은 성적 욕망과 공격적 욕망의 두 가지가 있으며, 생의 본능은 바로 성적 욕망이라고 주장하였다. 즉, 인간의 삶을 지배하는 모든 행동의 원인은 '성적 욕망'이기 때문에 성적 욕망과 행동과의 관련성을 모르고는 행동을 이해할 수 없다는 이론이다(이우언 외, 2017: 17~18).

인간행동은 주로 개인의 성격에 의해 결정되므로, 인간행동의 이해를 위해서는 발달뿐만 아니라, 인간의 성격을 이해하여야 한다. 개인의 성격을 이해하게 되면 왜 그 사람이 그런 방식으로 행동하는지 그 원인을 이해할 수 있으며, 앞으로의 행동변화를 예측하고, 바람직한 행동으로 변화시킬 수 있는 방법까지도 모색할 수 있게 된다. 즉,

인간의 성격을 이해하게 되면 인간행동을 있는 그대로 기술(description)하고, 그 행동의 원인을 설명(explanation)할 수 있게 되며, 미래의 행동을 예측(prediction)할 수 있고, 그 행동을 바람직한 형태로 변화 또는 통제(control)할 수 있는 방안을 찾을 수 있게 된다. 따라서, 사회복지실천의 기초가 되는 인간행동의 이해를 위해서는 성격에 관한 정확한 이해를 갖추어야 한다(권중돈, 2014: 21).

인간의 행동에 영향을 미쳐 행동의 차이를 유발하게 하는 요인을 살펴보면, 성별, 환경, 경험, 성격, 욕구의 정도, 가치관, 유전적 요인, 학습 유무, 능력, 사회화 정도, 습관, 장애 유무 등 다양하다. 이처럼 인간이 행동을 하는 데에는 다양한 요인이 상호 영향을 주고 있으며, 이러한 요인 간의 상호작용 조합을 통해서 인간의 행동이 결정된다. 또한 인간의 행동은 통계적 기준, 사회적 기준, 의학적 기준 등을 토대로 부적응적인 양상을 보일 때, 이상행동으로 분류되기도 한다(신기원 외, 2016: 17).

사회복지실천에서, 특히 인간행동은 클라이언트의 욕구나 문제를 파악할 수 있는 핵심체로서 중요한 의미를 띤다. 이는 사회복지사가 클라이언트의 욕구나 문제를 파악할 때 그의 행동에 중점을 두어야 하기 때문이다. 이렇게 사회복지사가 사회복지실천에 임하며 인간행동에 초점을 맞추면, 이는 심리사회적 성향에 가깝다고 보아 마땅하다(최옥채 외, 2015: 12). 즉, 사회환경도 중시하지만 클라이언트 개인의 특성을 더욱 중요시하여 클라이언트를 깊이 이해하는 데 필요한 지식과 기술을 동원할 수 있다. 실제로 개별사회사업(casework)이나 집단사회사업(group work) 및 가족치료에서는 사회환경보다 개인의 행동에 더욱 관심을 쏟는다. 그럼에도 사회복지사는 환경 속의 클라이언트를 이해하기 위해 클라이언트가 관계하는 다양한 체계 수준의 환경(가족, 집단 · 조직, 지역사회 따위)을 반영하여 통합적으로 이해해야 한다.

2) 발달

발달이란, 사전적 의미로는 "심신의 형태와 재능의 상승적인 변화과정이다."라고 정의할 수 있다. 이는 개체의 발육을 정의하는 성장과 매우 유사한 개념이나, 발육 등의 양적인 변화뿐 아니라, 구조나 재능이 분화 · 복잡화 · 정밀화 · 유능화 · 통합화되어 가는 것으로 기술하는 경우에 사용한다(표갑수 외, 2016: 14).

발달의 범위에는 키가 커지고, 체중이 늘어나며, 지식의 양이 많아지고, 적응능력이 커지는 것과 같은 성장의 변화와 마찬가지로, 체력이 떨어지고, 신체기능이 약화되며, 기억력과 같은 인지능력이 떨어지는 쇠퇴 또는 노화의 변화도 포함된다. 뿐만 아니라, 전 생애 발달의 연구는 발달의 방향성이 일방적이지 않음을 제안한다. 성인기까지는 항상 성장 혹은 증가의 방향으로 변화하는 것은 아니다. 예를 들어, 뇌의 신경세포는 출생에서부터 꾸준히 선택적으로 감소한다. 또한 후기 발달의 시기에서도 경험과 관련된 지능은 증가한다. 이처럼 발달의 어떤 단계에서도 성장과 감소의 변화는 함께 일어난다(신명희 외, 2013: 16~17).

인간의 발달과정과 현상을 연구하는 학자들의 주요 관심 중에 하나는 발달의 요인에 관한 것이다. 이와 함께 많은 학자들은 유전과 환경이 인간에게 미치는 영향 정도와 내용에 관해 연구해 왔으며, 서로 다른 입장에서 열띤 논쟁과 함께 상이한 이론들을 주장하였다. 인간발달에 있어서 유전과 환경 중 어느 것이 더 결정적인 영향을 미치는가 하는 문제에 대해, 현재까지 끊임없이 이어진 논쟁 중의 하나이다(이주희 외, 2013: 95). 다시 말해서, 일생 동안 진행되는 인간의 다양한 발달적 변화들이 유전(heredity)에 의한 것인지 또는 환경(environment)에 의해 발달하는지에 관한 문제이다. 그 예로, 인간의 전성설을 주장하는 학자들은 인간은 유전적 · 선천적으로 완전한 형상을 갖추고 있기 때문에, 발달은 이미 결정된 순서와 일정에 따라 발달하며, 환경의 영향을 받지 않는다고 말한다. 반면에, 아동을 '백지상태(tabular rasa)'에 비유하는 환경론자들은 발달은 생물학적 기초보다는 환경이 중요하며, 환경이 발달을 결정하는 요인이라고 주장한다. 그러나 최근에는 인간발달에서 유전과 환경의 상대적인 영향력을 엄격하게 구분할 수 없으며, 또한 발달영역에 따라 두 요인의 영향에 차이가 있다는 주장이 확산되면서 인간발달은 유전과 환경이 상호작용하는 과정에서 진행되는 것으로 설명하고 있다.

첫째, 유전적 요인이다.

인간발달에 생물학적 요인을 강조하는 유전설은 발달을 규정하는 원동력이 개체 내에 있다고 보는 입장이며, 생득설(nativism) 또는 선천설이라고 한다. 즉, 유전설은 발달의 본질로 생득적인 요인인 유전을 강조하며, 인간의 모든 발달특성은 부모로부터 유전된다고 보는 것이다. 인간은 유전인자를 포함하고 있는 46개의 염색체로 구성되어 있으며, 수정되는 순간에 부모로부터 물려받아 개개인의 독특한 체질과 특성에 의해 발달하는 것이다. 따라서, 유전론을 주장하는 학자들은 발달에 있어서 선천적으로 타고나는 태생적인 요인을 강조하고 환경 요인은 발달에 거의 영향을 미치지 않는 것으로 설명한다. 또한 발달이나 변화의 과정을 생물학적으로 예정된 순서와 계획에 의해 단계적으로 일어나는 현상으로 보고, 성숙 요인과 생득적 요인을 중시한다. 그 예로, 모든 영아들이 성숙 이정표에 따라 앉고, 서고, 걷는 보편적으로 발생하는 발달현상이나 사춘기의 성적 발달, 또는 일란성 쌍생아들이 다른 형제자매에 비해 발달의 영역에서 상관관계가 높다는 사실들은, 유전이 개개인의 발달에 중요한 작용을 하고 있음을 입증하는 것이다. 인간발달을 주장하는 학자들은 가계연구나 쌍생아 연구, 입양아 연구의 결과를 통해 자신들의 입장을 증명하고 있다(강경미, 2016: 14).

발달의 유전적 요인을 주장하는 학자들은 입양아를 대상으로 양부모 · 친부모 간의 유사성의 차이를 비교해서 설명하였다. 그 예로, 입양아의 발달특성이 자신의 친부모 및 친형제 · 자매간의 특성과 흡사하다면 이것은 유전의 영향으로 볼 수 있다. 또한 일란성 쌍생아가 입양되어 서로 다른 환경에서 양육된 경우에, 두 쌍생아 간의 공병률이 높다고 하면, 이는 유전적 영향에 대한 강력한 증거가 되는 것이다. 따라서, 입양아 연구는 발달의 유전적 요인과 환경적 요인을 분리할 수 있는 방법으로, 가계 연구와 쌍생아 연구의 단점을 보완할 수 있는 우수한 연구법이라고 할 수 있다.

둘째, 환경적 요인이다.

인간은 일생 동안 지속적으로 외부적 조건인 환경의 영향을 받게 된다. 따라서, 인간발달의 요인을 환경이라고 주장하는 학자들은 인간발달의 모든 변화는 유전보다는 환경에 의한 것이라고 설명하였다.

환경의 유형은 크게 세 가지로 물리적 환경과 자연환경, 사회적 환경이 있다. 물리적 환경은 개인적으로 작용하는 외적 조건과 자극이 일정한 규칙에 의해 조직화 · 체계화되어 있는 환경이며, 자연환경은 자연과학의 대상이 되는 외부환경을 포함해서 동식물 등 인간 이외에 모든 생물들이 존재하는 세계를 의미한다.

사회적 환경은 개인에 의해 구성되는 가정과 집단, 사회, 국가 등이 포함되어 있는 환경이며, 한 사회의 제도적 · 문화적 · 정치적 · 경제적 조건과 변인들을 말한다. 이와 같이 환경은 단순히 물리적인 조건만을 의미하는 것이 아니라, 인간발달에 영향을 미칠 수 있는 모든 외적인 조건들을 말한다. 발달의 측면에서 보면, 물리적 환경 자체보다는 사회적 환경들이 인간의 마음에 작용하는 심리적 환경에 더 많은 영향을 미치는 것으로 인식되고 있다.

환경론과 함께 외부에서 주어진 자극에 의해 인식하게 되는 경험이 발달에 영향을 미치게 된다고 주장하는 경험론이 있다. 이 설은 로크(J. Locke, 1632~1704)에 의해 발전되어 온 인식론으로 발달심리학적 입장에서는 환경론에 해당된다. 환경이 인간발달에 영향을 미치는 것은 임신하는 순간부터 시작된다(이주희 외, 2013: 95). 그 예로, 임신 중에 모체가 약물을 복용하거나 음주, 흡연을 하게 되면 그 영향이 태아에게 미치게 되면서 신체기형이나 장애를 초래할 수 있다. 또한 가정환경이나 부모의 자녀양육태도 등은 아동의 발달에 긍정적 · 부정적 영향을 미치게 된다. 따라서, 생득설이 주장하는 것처럼 발달의 가능성은 개체의 내부에 있다고 해도, 환경이 변화되면 개인의 발달에 다양한 변화를 초래할 수 있기 때문에, 외부적 환경이 발달에 중요 영향 요인이라고 주장하는 것이다(정서영, 2017a: 19).

최근에는 생애발달적 관점과 발달적 맥락주의에 근거해서 발달은 유기체에 이미 존재하고 있는 유전적 가능성과 함께, 발달과정에서의 환경조건에 따라 차이가 있다는 새로운 관점이 제시되었다. 이와 함께 현재 대다수의 심리학자들은 인간의 발달을 유전과 환경 간의 역동적인 상호작용의 결과로 이해하고 있다. 그 예로, 성격은 유전적 요인에 의해 기초가 형성되지만, 환경적 경험이나 자극의 의해 수정될 가능성도 있기 때문이다. 따라서, 동일한 유전적 요인을 가지고 있더라도 주어지는 환경조건이나 심리적 자극에 따라 성격과 행동의 양상이 달라질 수 있는 것이다.

유전과 환경의 상대적인 영향은 발달내용에 따라 다르지만, 대부분의 행동특성은 환경과 유전의 두 가지 요인에 의해 영향을 받는다는 사실이 확산되고 있다. 그 예로, 성숙이 선행되어야만 학습은 그 효과가 높으며, 학습 여부를 통해 성은 어느 정도 촉진 또는 지연될 수 있다. 또한 아동의 지적 능력은 거의 전적으로 유전에 의해 결정되나 태내 모체의 조건이나 또는 성장하면서 생활환경의 영향을 받아 정신지체아 또는 우수아로 발전할 수 있는 것이다. 따라서, 환경은 선천적으로 타고난 잠재력의 범위 내에서 영향을 미치게 되며, 동시에 같은 유전적 가능성을 가지고 출생했음에도 불구하고, 환경의 영향에 따라 그 가능성이 발전되는 정도는 다르다고 할 수 있다(강경미, 2016: 17~18).

인간의 발달에 유전과 환경 중 어느 것이 더 큰 영향을 미치는가에 대한 논의는 예부터 계속되었다. 유전과 환경이 발달에 미치는 영향을 설명하는 조망 중 하나는 유전과 환경이 상호작용한다는 것이다. 이 조망에서는 두 요인의 상호작용이 역동적으로 이루어지기 때문에 두 요인이 발달에 미치는 영향을 분리할 수 없다고 주장한다.

사회복지실천에서는 개인과 가족, 소집단의 발달에 있어서의 생리적 · 심리적 · 사회문화적 요인 간의 상호작용을 주의 깊게 관찰해 이해하는 것이 매우 중요하다. 그리고 사회복지사는 인간발달이론을 바탕으로 클라이언트의 발달과업, 욕구, 문제 등을 정확히 파악하고 평가하여 적절한 개입 계획을 수립해야 한다. 사회복지학자들은 인간발달이론에 입각해 각 단계에 속한 국민의 복리를 증진시킬 수 있는 방안을 고안해 내게 되었다. 따라서, 인간의 발달단계에 따라 나타날 수 있는 욕구, 문제, 부적응 상태 등을 면밀히 분석하고, 이를 해결할 수 있는 이상적이고 규범적인 사회복지대책이 필요하다.

3) 사회환경

인간은 사회환경과 분리하여 이해할 수 없다. 사회환경은 인간의 생존과 유지에 필수적인 요소로서 인간을 둘러싼 상황, 여건, 사람들 간의 상호작용으로 이루어진다. 인간이 사회환경의 요구에 얼마나 효과적으로 대처하며, 개인의 욕구에 적합하게 사회환경을 얼마나 변화시킬 수 있는가와 인간과 환경 간 상호작용의 질은 인간행동을 이해하는 데 필수적인 요소이다.

환경은 인간을 둘러싼 사회적 환경(social environment)과 같은 내부 환경과 물리적 환경(physical environment)과 같은 외부환경을 모두 포함한다. 외부환경은 기후와 지리적 조건 등의 자연적 환경(natural environment)과 대중매체, 교통체계, 건축물 등과 같이 인간이 의도적으로 만들어 낸 구조나 대상들을 모두 포함하는 인위적 환경으로 구분하기도 한다. 물리적 환경은 거주공간과 거주환경 등을 가리키며, 사회적 환경은 개인의 삶이 전개되는 가족, 집단, 지역사회, 조직, 문화 등을 가리킨다. 물리적 환경이 인간의 생존에 결정적인 영향을 미치는 필요조건이라고 한다면, 사회적 환경은 물리적 환경의 토대 위에 인간의 삶이 다양하게 전개될 수 있도록 하는 충분조건이라고 할 수 있다(김귀환 외, 2015: 21).

인간은 사회와 분리되어서는 정상적인 발달이 불가능하므로, 인간행동은 복잡하고도 다양한 사회관계망(social network) 속에서 상호작용하는 요소들의 산물이라고 할 수 있다. 사회관계망에 포함될 수 있는 것은 가족, 집단, 조직, 지역사회 등이며, 이들은 인간의 삶과 행동에 직·간접적으로 영향을 미치는 사회적 환경이기도 하다.

사회환경은 인간이 생활하는 데 있어서 직접적, 간접적으로 영향을 미치는 조건이나 상황, 인간의 상호작용을 포함하는 것으로 설명된다. 조건이나 형편은 당시 사회가 추구하는 사회적 성격, 국민성 등을 말하기도 하고, 사회를 구성하는 대다수에 의한 제도와 전통 등의 공통된 성격, 그리고 문화체계라 해서 문화를 구성하고 형성하는 체계들에서도 이루어진다(Zastrow & Kirst-Ashman, 2012). 따라서, 사회환경은 인간을 둘러싼 조건과 상황, 인간의 상호작용을 포함해서 모든 것을 말한다.

사회복지실천에서 사회환경은 클라이언트에게 중요한 영향체계로서 의미를 지닌다. 클라이언트를 둘러싼 사회환경으로서 가족, 집단, 조직, 지역사회는 클라이언트에게 다양한 유형의 영향을 미친다. 여기에 최근에는 문화가 권력으로 등장하면서 눈에 보이지 않는 개인의 환경으로 강조되기도 한다. 만약 사회복지사가 클라이언트 개인보다 사회환경 측면에 더욱 초점을 맞춘다면, 이는 사회심리적 성향이 강한 것으로 이해할 수 있다. 실제로 지역사회사업(community Work)과 같이 개인보다는 지역사회에 더욱 치중해 활동하는 사회복지사가 있다. 물론 이때 개인의 행동이나 처지를 무시하는 것은 아니고, 개인의 주요 환경으로 작용하는 지역사회를 클라이언트체계로 삼아 직접 개입 및 활동하는 것이다(최옥채 외, 2015: 16).

클라이언트는 그가 속해 있는 가족을 포함한 지역사회나 국가와 같은 상위체계로부터 긍정적 또는 부정적 영향을 받을 수 있다. 클라이언트에게 긍정적 영향을 미치면 이들 상위체계는 클라이언트를 위한 지지체계나 자원체계로 활용할 수 있으며, 부정적 영향을 미치면 클라이언트의 욕구나 문제의 상황을 악화시키는 표적체계로 이해할 수 있다. 따라서, 클라이언트를 둘러싼 사회환경은 상위체계로서, 클라이언트에게 긍정 및 부정적 영향을 미치고, 나아가 유용한 자원이 되기도 한다.

그러므로 사회복지실천은 클라이언트와 사회환경 간의 상호작용을 증진시켜서 클라이언트의 문제해결 능력 및 사회적 가능 수행능력을 향상시키고자 한다는 측면에서, 클라이언트가 직면하는 문제 상황을 사회환경의 맥락에서 포괄적으로 검토할 필요가 있다.

2. 인간행동이론

1) 정신역동이론

프로이트의 정신분석학을 비롯하여 정신분석이론의 영향을 받아 탄생한 아들러의 개인심리학(individual psychology), 융의 분석심리학(analytic psychology) 등을 정신역동이론(psychoanalytic theory)이라고 한다. 정신역동에서는 사람의 생각과 행동이 과거의 경험과 무의식적 동기에서 영향을 받는다는 것을 중심으로 사람의 성격을 설명한다.

정신역동은 정신결정론(psychic determinism)과 무의식(unconsciousness)을 기초로 인간의 심리현상과 행동을 설명한다. 정신결정론이란, 사람의 생각과 행동은 과거의 경험에서 영향을 받는다는 것이다. 무의식은 의식적인 수준에서 일어나지 않는 정신적 활동을 의미하는데, 정신역동에서는 인간의 행동이 무의식적 동기나 의도의 영향을 받는다고 설명한다. 따라서, 정신역동에서는 자유연상(free association), 꿈의 해석을 통해 불안의 원인이 되는 단서를 찾아 내담자가 불안을 관리하거나 극복할 수 있도록 돕는다. 여기에서는 정신역동이론의 출발이라 할 수 있는 프로이트 이론과 프로이트의 영향을 받아 무의식을 강조한 융의 이론, 무의식보다 자아의 영향을 강조하고, 사회적 관계의 중요성을 제시한 에릭슨과 아들러 이론의 주요 개념과 발달단계를 살펴보고자 한다. 그리고 이러한 정신역동이론들이 미시적 접근의 사회복지실천에 미친 영향을 살펴보고자 한다.

(1) 프로이트의 정신분석이론

정신분석이론(psychoanalytic theory)은 20세기 서구문명의 지적 충격이라고 할 수 있는 프로이트(Sigmund Freud, 1856~1939)에 의해 최초로 개발된 성격발달이론이다. 정신분석이론이란, 인간의 정신세계의 대부분을 차지하고 있는 무의식에 초점을 두어 무의식적인 성적 · 공격적 충동에 의해 발생하는 갈등을 파악하고 이를 분석한 이론이다. 프로이트 이론의 특징은 인간의 성격발달에서 성적 욕망을 강조했다는 것이다.

정신분석이론은 프로이트의 학설로 그의 이름을 따서 프로이트주의(Freudism)라고도 부른다. 그의 학설은 '자유연상법'이라는 방법을 사용한 신경증 치료기술로서, 또 인간심리의 해명으로서 성립하였다. '자유연상법'이란, 꿈이나 말의 차이, 글의 차이 등의 현상을 포착하여 그때 마음속에 떠오르는 것을 계속해서 서술하는 것으로, 의식되지 않고 심리 깊숙한 곳에 감추어져 억압되어 온 심리활동을 읽어내고 그에 기초하여 신경증의 치료법을 세우는 것을 말한다. 1896년 그는 이런 방식을 '정신분석'이라고 명명했다. 그는 신경증의 치료에서 얻은 지견을 꿈, 남 앞에서 빗나간 말을 하는 것, 농담이라는 형식으로 방출시키는 속마음 등을 연구하여 1900년 이후 자기 나름의 심리학 체계를 세우고 이를 정신분석이라고 불렀다. 자기의 학설이 처음부터 가설에서 출발한 것이고 과학적인 입증이 불가능한 것이어서 감히 정신분석학이라는 '학'을 넣지 못했던 것이다(정서영, 2017a: 88).

그의 심리학설은 '심층심리학(depth psychology)'이라고 하는데, 심리를 의식 · 전의식 · 무의식의 세 층으로 구별하고, 그것에 따라 심리현상을 설명하려고 하는 것이다. 그 방법은 생물학주의적이며, 기계론적인 기법이 특징이다. 심리의 기초를 본능에 두고 본능은 '불쾌'를 회피하고 '쾌'를 추구하는 것이라 보는데, 이것을 객관적으로 말하면 종 및 개체보존본능이라고 할 수 있다.

프로이트는 이 두 본능을 거론하고 있는데 그가 주로 논했던 것은 종족보존본능, 즉 성욕이었으며 그것으로 심리의 모든 것을 설명하려고 시도하였다. 그러나 성욕 그대로의 발현은 사회적 제약에 부딪혀 그 충족이 억압된다. 거기서 성욕이라는 '본원적 욕구'(이것을 id 또는 Es라고 하며, 그 발현 에너지를 'libido'라고 부른다.)는 현실생활에 적응하는 힘에 의해 '억압'된다.

이와 같이 그는 무의식의 근저로부터 오는 성적 본능과 그것을 억압하는 힘을 기계론적으로 설명하고 있다. 본원적 욕구 에스(Es)와 그것을 받고 있는 자아, 그리고 자아가 스스로를 제어하는 '초자아'가 있어, 이 초자아에 반하는 경우에 자책감이 생기고 여기로부터 우울이나 열등감 등이 생기게 된다. 억압되어 있는 에스에 의한 욕구의 힘(콤플렉스)을 어떤 방법으로든 해방시키는 것에 신경증 요법의 의미가 있다.

이러한 프로이트의 학설은 현대에는 융이나 아들러 등에게 수용되어 변용도 되며, 또한 사회사의 해석에도 적용되고 있는바, 이들을 가리켜 신프로이트학파라 한다. 신프로이트학파로는 히틀러에 쫓기어 독일로부터 미국으로 건너간 호나이, 프롬과 H. S. 설리번, A. 카디너 등이 대표적이고, 여기에 R. 린턴, J. 달라드, M. 미드 등을 꼽기도 한다. 물론 프로이트는 죽는 순간까지 그의 생각을 계속해서 수정하였다. 그 신프로이트학파는 정통 정신분석학이론에 중요한 변화를 가져 오고 또 중요한 것들을 첨가하였다. 이런 생각들의 유입은 전체 정신분석적 운동에, 특히 환경적 변인들의 영향과 자아의 역할에 관하여, 더욱 현대적인 맛을 주었다(홍숙기, 1990: 140). 이 신프로이트학파의 업적은 사회심리학 · 인류문화학에 지대한 영향을 끼쳤다. 따라서, 프로이트의 이러한 이론이 많은 학자들의 비판을 받고 있지만, 아직도 그의 이론은 심리학은 물론 다양한 학문 분야에 깊게 영향을 미치고 있다.

(2) 에릭슨의 심리사회적 이론

정신분석가이며 자아심리학자인 에릭슨(Erik Homburger Erikson, 1902~1994)에 의해 체계화된 심리사회적 이론(Psychosocial theory)은 프로이트가 성본능(libido)을 중시한 것과는 달리, 인간의 성격발달에서 개인의 자아와 사회의 역할을 모두 중요시하였다. 특히, 사회문화가 성격발달에 미치는 영향을 강조하였기 때문에, 그의 이론을 심리사회적 이론이라고 부른다(정서영, 2017a: 108~109).

에릭슨은 성격이 일련의 단계를 거쳐 발달한다는 프로이트의 관점을 받아들였으나, 심리성적 발달에 초점을 맞춘 그와 달리 심리사회적 발달이론을 수립하였다. 심리사회적 발달이론은 개인의 전 생애에 걸쳐 일어나는 사회의 영향력을 고려하며, 성격이란 생애 초기 몇 년에 걸쳐 완성되는 것이 아닌 전 생애를 걸쳐 진화되는 것으로 본다.

에릭슨은 '전 생애 발달(life-span development)'이라는 개념을 제안한 최초의 인물이며, 그는 성격의 발달이 점성적 원리(epigenetic principle), 즉 앞 단계의 발달이 이후의 연속된 단계를 예측할 수 있다는 원리에 의해 진행된다고 보았다. 또 각 단계에는 심리사회적 위기(psychosocial crisis)가 존재하며, 이는 하나의 전환점으로 성장 잠재력이 큰 동시에 매우 취약한 기간을 말한다. 각 단계에서 다루어져야 하는 발달과제가 어떻게 해결되느냐에 따라 개인의 특징적인 행동 패턴이 결정된다. 이때 자아(ego)는 각 단계에 나타나는 두 특성 사이의 균형을 발달시키며, 갈등의 양 측면을 모두 통합해야 한다. 갈등이 균형적으로 통합될 때, 자아 특성 혹은 덕목(virtue)이 나타난다.

(3) 아들러의 개인심리이론

아들러(Alfred W. Adler, 1870~1937)는 프로이트와 같이 인생 초기 5년 동안의 경험에 의해 삶이 많이 결정된다고 보았지만 생물학적이고 결정론적인 관점을 비판하고 인간을 전체적인 관점에서 보려고 하였다. 또한 개인이 자신을 어떻게 주관적으로 지각하느냐에 따라 행동이 결정된다고 보았기에, 자신의 이론을 개인심리학이라고 명명하였다(신기원 외, 2016: 169).

개인심리학(individual psychology)은 아들러가 주창한 성격 · 정신병리 · 심리치료 등의 이론과 방법론을 다룬 심리학을 말한다. 아들러는 성격발달과 과정에서 개인성격의 통일과 통일하는 양식, 열등감의 역할을 강조했다. 심리적 특징의 개인차의 본질과 기원에 관심을 둔 차이심리학(differential psychology)과 같은 말로도 쓰인다. 그러나 차이심리학이 개체의 차 · 성차 · 민족차 등 여러 형태의 차이를 광범위하게 취급하는 데 비해 개인심리학은 개인을 중점적으로 다룬다.

아들러는 일관성 있는 실재로서의 개인을 중요시했다. 이전 프로이트의 환원론적 인간관을 반대하며, 인간을 더 이상 분류하거나 분리할 수 없는 완전한 통합체로 보았다. 아들러의 이론이 보는 인간은 완성을 역동적으로 추구하는 개인이며 이런 개인의 주관성, 즉 어떻게 세상을 바라보느냐에 초점을 두었다. 아들러는 열등감을 바라보는 데 있어서 특히 중점을 두었다.

아들러는 개인의 독자적 전체성을 강조하면서 인간을 움직이는 최대의 동기로 '우월에 대한 욕구'를 꼽았다. 프로이트가 인간의 기본적인 동기를 생물학적 성적 본능으로 간주하고 결정론적인 관점으로 설명한 반면, 그는 인간이 사회심리학적이며 목적론적인 동기에 의해 움직인다고 보았다. 이렇게 볼 때, 인간은 이드, 자아, 초자아라는 분리된 내적 요인들의 갈등에 의해 구성되는 것이 아니라, 기억과 정서, 행동의 총체적인 합으로서 구성되는 것이다. 이렇듯 그는 인간을 개인의 통합성, 총체성, 분리불가능성 등의 개념으로 설명하였다.

개인심리학의 주된 주장은 인간의 모든 행동이 목적성을 지니고 있고, 미래의 목표를 향해 창조적으로 삶을 개척해나간다는 것이다. 이때 목적은 관념에 불과하지만 실제 삶에 큰 영향을 미치기 때문에 중요하며, 이렇게 누구나 가지고 있는 궁극적인 목표를 '가상적인 최종 목표(fictional finalism)'라 부른다. 또한 인간은 선천적으로 열등감을 극복하려 하는데, 이때 개인의 열등감은 그것을 극복한 우월성, 안정성, 숙련을 통한 유능감 등을 통해 보상된다. 인간은 이를 통해 더욱 발전되고 확장된 자기 모습을 경험할 수 있다.

그렇기 때문에 개인심리학에서는 의식이 무의식보다 중요하며, 각 개인이 지닌 신념 체계 및 감정과 행동 방식을 구성하는, 개별적이며 주관적인 해석이 강조된다. 이를 '생활양식(life style)'이라고 하며, 이를 통해 개인의 일상생활과 장기 목표, 역경에 대처하기 위한 고유의 행동 패턴을 파악할 수 있다.

(4) 융의 분석심리학

1913년의 어느 강연에서 융(Carl Gustav Jung, 1875~1961)은 자신의 이론을 '분석심리학(Analytische Psychologie, Analytical Psychology)'이라고 명명했다. 이는 프로이트의 '정신분석학'이나 블로일러의 '심층심리학'과 대비되는 개념이었다. 분석심리학은 무의식을 개인무의식과 집단무의식으로 나누고, 집단무의식 속에 고태형을 가정한다. 꿈이나 신화의 분석을 통하여 무의식적인 내용을 의식화하는 과정을 중시하였다. '융 심리학'이라고도 불린다. 프로이트로부터 무의식의 중요성에 대해 영향을 받은 융은 무의식의 개념을 확장하여 체계적 이론을 구축하였다.

분석심리학은 인간 정신의 구조를 의식과 무의식으로 구분하며, 나아가 무의식을 개인무의식과 집단무의식으로 세분화한다. 먼저, 의식은 자아(ego)에 의해 지배되는 부분으로, 인간이 자신을 외부에 표현하고 외부 현실을 인식하는 기능을 한다. 개인이 자신의 의식을 능동적으로 외적 세계에 초점을 맞추는 경향을 외향성으로 칭하며, 내적 주관적 세계로 향하는 성향을 내향성이라 한다. 융은 우리 모두가 두 가지 상반되는 태도를 가지고 있으며, 하나의 지배적인 경향에 따라 우리의 성격 및 태도가 달라진다고 보았다. 의식이 외부세계를 인식하는 방식은 감각과 직관으로 구성된 비합리적 차원, 그리고 외부세계를 판단하는 방식은 사고와 감정으로 구성된 합리적 차원으로 나뉜다. 융은 심리적 태도와 의식의 기능을 조합하여 여덟 가지 심리적 유형을 정리하였다. 융의 성격유형 이론을 근거로 하여 브릭스(Katharine C. Briggs)와 그의 딸 마이어스(Isabel B. Myers)가 고안한 자기 보고식 성격유형검사(Myers-Briggs Type Indicator, MBTI)가 있다(정서영, 2017a: 136).

발달 개념은 융 이론의 핵심이었음에도 불구하고, 그는 초기 아동기 발달에는 거의 관심이 없었다. 그 대신 그는 삶을 두 기간으로 나누어 생각했다. 전반부는 세상에서 자신의 자리를 확립하고 직업을 갖고, 배우자를 선택하고, 가치관을 확립하고, 흥밋거리를 발견하는 기간인 반면, 후반부는 주로 죽음에 직면하기 전에 수행해야 할 개성화라는 과제와 관련되어 있다. 개성화란 생애 전체에 걸친 과정으로서, 개인이 심리적으로 분할할 수 없는 개별적인 존재 또는 전체(whole)가 되는 것을 말한다(Jung, 1961). 개성화는 원래의 구조 안에 잠재된 가능성을 의식에서 사용할 수 있게 하고, 긴장 안에 내재된 상반된 요소들을 서로 화해시키거나 조절할 수 있게 하는 과정이다. 이상적일 경우, 개성화는 개인으로 하여금 자기 성격의 전체 잠재력을 실현할 수 있게 하고, 순조롭게 기능하는 원만한 인격의 소유자가 되게 한다. 융에 따르면, 개성화는 보편적인 인간 과정이며, 인류는 상징, 종교 제도와 의례 등을 통해서 이 개성화 과정에서 발생하는 심리적 문제를 다루어 왔다.

프로이트학파의 개념과 융학파의 개념들 중에는 서로 중복되는 것들이 있다. 콤플렉스 개념과 리비도의 방향이 내부로 향하느냐, 외부로 향하느냐의 문제인 내향(introversion)과 외향(extroversion) 개념은 융이 정신분석학파에 속해 있는 동안 제안한 것이지만, 나중에 그는 집단무의식의 개념을 확장하면서 이 개념들의 범위를 확장시켰다. 아니마와 아니무스, 페르소나, 원형, 자기, 그림자 등의 개념들은 분석심리학의 주요 개념들이지만, 이것들이 프로이트학파의 개념들과 관계가 있음이 분명하다. 예를 들어, 아니무스와 아니마 개념은 프로이트가 관찰한 보편적 양성 개념을 확장한 것으로 볼 수 있다.

융 심리학의 집단무의식과 원형의 개념은 신화학이나 민속학, 종교학이나 문화인류학의 연구자에게 큰 영향을 주었다.

취리히의 융 연구소가 주최한 에라노스 회의(Eranos Conference)에서 심리학, 종교학, 신화학, 민속학 등의 다양한 연구자가 출석해 발표된 논문은, 학제적인 연구 성과로서 의미를 가졌다. 신화학자 컬 케레니, 종교학자 미르체아 엘리아데 등은 융 심리학에서 대부분을 배웠다. 일찍이 융의 환자인 헤르만 헤세(Hermann Hesse, 1877~1962)도 출석했다고 한다.

2) 행동주의 및 사회학습이론

심리학의 제2세력인 행동주의는 인간행동을 연구하는 심리학의 주요한 세력으로서 20세기 후반을 지배해 왔다. 행동주의자들은 인간의 관찰될 수 있는 행동만이 과학적 심리학의 연구주제가 된다고 주장하였다. 특히, 행동주의는 실용주의가 지배하는 미국의 학문적 토양에 부합하여, 1930년대부터 1960년대까지 미국에서 전성기를 이루어 그 꽃을 피웠다고 할 수 있다.

행동주의 접근은 인간행동의 원리나 법칙을 설명하는 학습이론에 근거한다. 즉, 인간의 모든 행동은 주어진 환경에 의해 결정된다고 본다. 따라서, 행동치료자는 당신의 바람직한 행동뿐만 아니라 당신의 잘못된 행동도 학습된다고 믿는다. 정신역동주의 및 인본주의 관점과는 달리 행동주의 관점은 학습원리를 도출하는 실험적인 장면에서 관찰 가능한 행동을 분석할 것을 강조한다. 행동주의 모델에 의한 대부분의 연구는 개, 고양이, 비둘기 같은 동물의 수행에 기초한다. 이것은 실험동물의 수행을 인간에게 일반화시키는 것에 대한 이슈를 불러일으켰다. 그럼에도 불구하고, 행동주의 심리학자들은 특정한 행동이 어떻게 형성되었는가를 구체적으로 보여 줌으로써 문제행동을 변화시키기 위한 상담의 이론적 체계에 공헌하였다.

행동주의 접근의 기초가 되는 중요한 학습이론으로 파블로프(Ivan M. Pavlov, 1849~1936)의 실험에 근거한 고전적 조건형성(classical or respondent conditioning)과 스키너(Skinner)의 조작적 조건형성(operant conditioning)을 들 수 있다. 초기에, 행동치료는 이러한 학습원리를 인간 활동에 논리적으로 확장한 것으로 간주되었다. 그러나 오늘날의 행동치료는 더 이상 고전적 조건형성과 조작적 조건형성 이론의 임상적 적용이라고 단순히 정의할 수 없을 정도로 다양한 발전을 이룩하였다(정서영, 2017a: 155~156).

행동주의와 사회학습이론의 전통을 이어 받은 반두라는 급진적 행동주의의 단점을 보완하고자 하였다. 행동주의 심리학자들은 인지의 중요성을 내포한 사회적 행동과 학습이론을 행동주의 원리에 따르면서, 심리학의 다른 개념들을 행동주의에 통합시키려고 노력하였다. 이들의 이론은 매우 단순한 실험실 상황에서 벗어나 보다 복잡한 사회적 맥락에서 연구되어야 함을 강조하였다. 또한 동물을 연구하기보다는 인간을 대상으로 연구하여 행동의 원리를 밝혀야 한다고 주장하였다(노안영·강영신, 2011: 365).

그러므로 행동주의자들은 인간이 조건형성의 산물이라고 보며, 모든 인간학습의 기본적 유형으로서 자극-반응의 패러다임을 주장하였다. 행동주의의 주요한 변화는 1960년대 학습에 인지에 대한 중요성을 점차 수용하면서 사회적 학습이론으로 발전되었다. 여기서는 성격에 대한 행동 및 사회적 학습관점으로 행동주의의 권위라고 할 수 있는 파블로프(Pavlov)의 고전적 조건화(classical conditioning), 스키너의 조작적 조건화(operant conditional), 반두라(Bandura)의 사회학습이론(social learning theory)이라는 세 가지 접근방법으로 분류하여 살펴보고자 한다.

(1) 파블로프의 고전적 조건형성

행동주의적 학습이론(learning theory)에 따르면, 인간의 모든 행동은 자극과 반응의 연합이며, 이는 외적 조건과 경험에 의해서 형성된다. 즉, 인간은 반응적 존재로서 환경에 의해 만들어지는 존재이기 때문에 환경을 세분화시킬 수 있다면 인간이 어떻게 반응할 것인지를 예측할 수 있다는 것이다. 행동주의적 학습이론에서는 기본적으로 모든 유기체의 행동을 '조건형성(conditioning)'의 결과라고 보고 있다. 고전적 조건형성이란, 일정한 자극에 의해 선천적으로 유발되는 반사를 처음에는 그것과 아무런 관계가 없던 중립자극과 연합시킴으로써, 이 중립자극이 선천적인 반사반응을 유발하게 되는 것을 말한다.

일상생활에서 고전적 조건형성은 주로 정서적 반응의 습득과 관련된다. 인간의 주관적 감정, 정서반응, 생리적 반응은 어떤 특정한 자극에 대한 조건반사 현상의 측면을 가지고 있다. 고전적 조건형성은 공포와 불안과 같은 정서반응을 형성하는 데 중요한 영향을 미친다. 예컨대, 감기에 걸려서 병원에서 주사를 맞아서 아픈 경험을 한 어린이는 주사에 대한 공포를 학습할 것이고, 주사를 놓는 간호사와 연합되어서 흰 가운으로 일반화되는 현상은 고전적 조건형성의 결과라고 할 수 있다. 또 한 가지 예로, 운전 도중 제한속도를 위반하여 교통위반 스티커를 받은 사람들은 다음과 같은 반응을 습득하여 왔다. 경찰차를 보는 순간 심장은 방망이질 하듯 뛰며 자신이 제한속도로 달리고 있음에도 불구하고, 반사적으로 가속기에서 발이 떨어진다. 이와 같이 고전적 조건형성을 통해 형성된 정서반응을 '조건화된 정서반응'이라고 한다. 즉, 쾌락 혹은 고통을 유발하는 무조건 자극과 연합되어 있는 조건자극을 경험할 때 나타나는 긍정적 감정이나 부정적 감정을 가리킨다(이주희 외, 2013: 177).

고전적 조건형성의 원리는 상업광고에도 많이 이용되고 있다. 광고들은 대개 정적인 감정을 유발시키는 자극(UCS)과 상품을 짝지어 제시한다. 매력적인 유명 연예인은 사람들에게 정적인 감정을 유발하는 무조건자극(UCS)이다. 이처럼 정적인 자극(UCS)과 상품(CS)을 연합시켜 광고를 하게 되면 그 상품에 대해 정적인 감정을 가지게 될 것이고, 따라서 구매행동도 증가할 것이라고 기대할 수 있다.

고전적 조건형성의 절차를 임상에 적용하여 공포와 불안과 같은 정서반응을 극복할 수 있다. 예컨대, 좁은 장소를 두려워하는 사람에게는 '지하실'이나 '엘리베이터'라는 말만 들어도 두려움을 느끼게 한다. 이를 '폐쇄공포증'이라고 하는데, 이것을 역조건형성(counter-conditioning)의 원리를 이용한 체계적 둔감법(systematic desensitization)을 통해 극복할 수 있다.

고전적 조건형성은 정서반응과 같은 외현적 행동뿐만 아니라, 생리적 과정에도 영향을 준다. 예컨대, 감염물질이 몸에 들어오면 신체의 면역체계는 항체를 생산하여 감염균에 대항한다. 신체의 면역체계가 제 역할을 하지 못하면 AIDS라는 치명적 병이 생기는 것만 보아도 면역체계가 얼마나 중요한지 알 수 있다. 최근 연구결과에 의하면, 조건형성을 포함한 여러 심리적 요인이 신체의 면역체계에 영향을 준다고 한다. 아더와 코헨(Ader & Cohen, 1984)은 고전적 조건형성이 항체생산을 감소시키는 면역억제(immunosuppression)와 관련이 있다는 사실을 관찰하였다. 피험동물에게 특이한 맛을 내는 음료(CS)와 동시에 면역체계를 억제하는 약물(UCS)을 투여하였다. 며칠 뒤 약물투여로 면역억제효과가 사라진 뒤에 다시 그 음료(CS)를 주었다. 그 결과, 피험동물의 면역반응이 감소하였다.

(2) 스키너의 조작적 조건형성

고전적으로 조건화되는 반응은 불수의적인 것이다. 파블로프의 개는 타액 분비를 스스로 조절할 수 없다. 그리고 우리는 일반적으로 손바닥에 땀이 나는 것이나 부끄러울 때 얼굴이 붉어지는 것을 마음대로 조절하지 못한다. 그러나 대부분의 인간행동은 수의적인 것이다. 우리는 좋은 결과를 가져다주는 것을 추구하고, 반대로 나쁜 결과를 가져다주는 것을 피한다. 또한 우리의 이러한 행동성향은 그 결과가 변경될 때 그에 따라 적절하게 변화한다. 이와 같이 결과를 바탕으로 행동을 변화시키는 능력은 조작적 조건화 원리로 설명할 수 있다(현성용 외, 2015: 148).

파블로프(Pavlov)의 고전적 조건형성은 자극에 의해 통제되는 반사적 반응을 가장 잘 설명한다. 그러나 많은 행동은 고전적 조건형성으로 설명할 수 없는 경우가 많다. 고전적 조건형성은 불수의적 반응(involuntary response)이기 때문이다. 예컨대, 학생이 열심히 공부를 하거나 회사원이 직장에서 열심히 일하는 행동은 반사적인 반응이 아니라, 성적이나 취직 또는 승진이나 보너스 등과 같은 결과의 영향을 받는다. 이와 같이 유기체가 자신의 행동과 그 결과 사이의 관계를 학습하는 것을 조작적 조건형성(operant conditioning)이라고 한다(이주희 외, 2013: 179).

(3) 반두라의 사회학습이론

사회학습이론(social learning theory)은 반두라에 의해 세워진 이론이다. 반두라는 인간의 내적 과정을 바탕으로 한 연구를 넘어 사회적 상황 속에서의 행동의 학습에 관심을 갖고 인간행동의 상호결정론과 행동의 습득에서 관찰학습의 중요성을 크게 강조하였다. 인간은 타인의 행동을 관찰함으로써 행동을 학습하며, 여기에는 내적 · 인지적 요소가 포함된다는 것이다. 사회학습이론이란, 인간의 행동이 사회적 상황 속에서 개인의 내적 · 인지적 과정과 환경적 영향력 간의 상호작용으로 결정된다는 성격이론이다.

3) 인본주의이론

인본주의는 1940년대에 로저스(Carl Ransom Rogers, 1902~1987)에 의하여 개발되어 지금까지 계속 발달하고 있는 인간의 성장과 변화에 대한 접근법이다. 이 이론은 내담자 및 인간의 변화 및 성장을 존중하며, 일치성, 공감 및 긍정적 존중의 태도를 존중한다.

인본주의에서는 잠재적으로 능력이 있는 개인 안에 이미 존재하는 능력을 해방시키는 것을 심리치료의 목표로 삼는다. 만일 어떤 특정한 조건이 제시된다면 개인은 점차로 실현의 능력을 가지고 그가 조건부가치에 의해 내사시켜온 한계들을 극복해 나갈 수 있을 것이다. 여기에서 특정한 조건이란, 치료적인 관계 내에서 개인이 진솔성이나 일치성, 정확한 공감적 이해 및 무조건적인 긍정적 존중을 지각하는 것이다. 이때 내담자의 성격변화는 그의 존재가 자신의 내적 경험을 좀 더 많이 인식하는 방향으로 자신의 내적 경험이 유동적이고 변화할 수 있도록 허용하는 방향으로 그리고 그의 내적 경험과 일치하게 행동하는 방향으로 일어날 것으로 보고 있다(장수환 외, 2017: 259).

인본주의이론은 정신역동학파에서 말하는 본능적이고 역동적인 개념들을 거부하고, 자기(self)에 관한 것에 초점을 두기 때문에 '현상학적 이론' 또는 '자아실현 이론'이라고 불린다. 현상학적 이론은 개인이나 생활사건에 대한 자기인식은 성격발달을 이해하기 위한 준거틀을 제공한다는 사실을 강조하고 있다. 현상학적 입장에 따르면, 각 개인은 행동의 주체이며, 행동이란 단지 내부세계의 관찰 가능한 표현일 뿐이기 때문에 인간의 경험에 대한 연구를 하는 것이 필요하다고 하였다. 또한 생활사건에 대한 개인적인 해석에 기반을 두고서 환경에 반응을 나타내는 개인을 이해하는 것이 중요하다는 입장이다(최옥채 외, 2015: 131).

인본주의이론은 무의식적 결정론에 근거한 정신분석이론과 환경결정론에 근거한 행동주의이론의 입장에 반대하는 '제3세력의 심리학'에 속한다. 인본주의이론에서는 사랑, 선택, 창조성, 의미, 가치, 자아실현과 같은 인간의 자아실현경향과 긍정적 측면에 초점을 둔다(Corey, 2000).

인본주의이론의 발달에 기여한 주요 인물들 중에서 로저스는 모든 인간이 긍정적 방향으로 성장하고자 하는 경향과 자기결정 및 자아실현경향을 갖고 있으며, 자신의 운명을 스스로 결정하고 자유롭게 선택하는 존재라는 점을 중시하는 인간중심적 접근방법(personal-centered approach)을 제시하였다. 또한 매슬로우(Abraham Maslow) 역시 인간을 자아실현을 위하여 노력하는 존재로 규정하고 욕구위계이론을 제시하고 있다.

(1) 로저스의 인간중심이론

로저스의 인간중심 접근은 1940년대 상담 및 심리치료의 주요한 추세에 도전하면서 탄생되었다. 즉, 그는 프로이트의 정신분석에서 취하는 치료자 중심보다 내담자 중심 치료를 강조하였고, 윌리암슨(E. G. Williamson)의 특질요인이론에서 취하는 지시적 접근보다 비지시적 접근이 내담자를 조력하는 데 효과적임을 주장하였다. 그는 인간의 기본적 동기로서 실현화 경향성을 가정하였으며, 성격을 변화시키고, 향상시킬 능력이 각 개인 내에 있다는 것을 제안하였다. 그는 유기체의 지혜를 강조하였으며, 경험을 통한 인간의 가치화 과정을 필수적인 것이라고 생각하였다(노안영·강영신, 2011: 320).

로저스의 성격이론은 개인의 독특한, 주관적인 경험을 강조한다. 그는 삶 속에서 사건들을 보고 해석하는 방식이 행동에 결정적인 영향을 준다고 믿었다. 로저스에 따르면, 각 개인은 주관적 세계에서 생활하며, 이른바 과학자가 말하는 객관적 세계조차도 주관적인 지각, 목적 및 선택 등의 산물이다. 어느 누구도 다른 사람들의 내적 참조틀을 완전히 가정할 수 없기 때문에, 개인 자신이 그의 실체가 무엇인지에 대한 가장 큰 자각의 잠재력을 지닌다. 다시 말해서, 개인은 자신에 대한 세계 최고의 전문가이며 자신에 대한 최상의 정보를 지니고 있다. 로저스에게 있어서 행동은 지각되는 장에서 경험하는 유기체의 욕구를 만족시키려는 유기체의 전형적인 목표지향적인 시도이다(Rogers, 1951).

(2) 매슬로우의 욕구위계이론

매슬로우(Abraham H. Maslow, 1908~1970)의 관점은 행동주의와 정신분석을 부정하는 입장으로서, 행동주의는 인간을 관찰 가능한 단순한 행동체계로만 취급할 뿐 가치관, 감정, 장래 희망, 행동의 선택, 창조성 등의 인간적 측면을 간과하고 있고, 정신분석은 신경증적 행동을 병리적으로 강조한 결과, 건강한 성격의 발달을 다루지 못했다고 보았다(Maslow, 1968, 1970). 행동주의와 정신분석에 대한 반동으로 매슬로우는 탁월한 자기실현자들을 연구한 결과, 내적으로 잠재력을 완전히 실현한, 즉 자유롭고 건강하며, 두려움 없는 사람이 사회에서 완전히 기능한다는 것을 발견하였다. 성장, 자기실현, 건강에 대한 열망, 정체감과 자율성의 추구, 향상을 향한 노력이 보편적인 인간의 성향으로 간주되었다(Maslow, 2013). 매슬로우는 유전이 성격발달에 중요한 역할을 수행하고 있으며, 유전구조 속에 잠재적인 재능이나 흥미가 결정 지워져 있다고 인정하였다. 그렇지만 이러한 유전적 토대 위에서 자기실현은 환경에 의해 결정된다는 것이다(이인정·최혜경, 2007: 272).

욕구위계이론(hierarchy of needs theory)이란, 인간의 욕구는 위계적으로 조직되어 있으며, 하위단계의 욕구충족이 상위계층 욕구의 발현을 위한 조건이 된다는 매슬로우의 동기이론을 말한다. 인간의 동기를 설명하는 데 가장 보편적으로 이용되고 있는 욕구위계이론은 매슬로우가 1943년에 발표한 논문 「인간 동기의 이론」(A theory of human motivation)에서 주장한 것으로, 이는 임상 실험에서 관찰된 대다수 사람들에 의해 소유되는 주요한 욕구들을 단계화함으로써 하나의 이론으로 발전시킨 것이다. 인간의 욕구에 위계적, 계층적 질서가 존재한다는 의미를 담아 '욕구위계이론'이라고 하며, 창제자의 이름을 따서 '매슬로우의 욕구이론'이라고 부른다(정서영, 2017a: 209).

매슬로우의 욕구위계이론은 인간의 성장단계를 설명하는 발달심리학의 많은 이론과 맥을 같이한다. 매슬로우는 인간의 동기가 일반적으로 움직이는 양상을 묘사하기 위해 인간에게는 생리적 욕구, 안전의 욕구, 애정과 소속의 욕구, 존중의 욕구, 자아실현의 욕구 등 다섯 가지 욕구가 있다고 주장한다. 이러한 욕구들은 강도와 중요성에 따라 위계적 관계로 배열되어 있는데, 일단 하위욕구가 충족되면 유기체는 상위욕구를 추구하게 된다는 것이다. 예를 들어, 배고픔과 같은 강한 생리적 욕구를 가지고 있는 사람은 다른 어떤 욕구에 의해서도 동기화되지 않는다. 그러나 일단 이 욕구가 충족되면 그는 다음 단계의 욕구인 안전에 대한 욕구를 추구하게 된다. 그리고 안전에 대한 욕구가 충족되면 다시 세 번째 수준의 욕구로 옮겨가게 된다. 네 번째와 다섯 번째 욕구도 마찬가지이다.

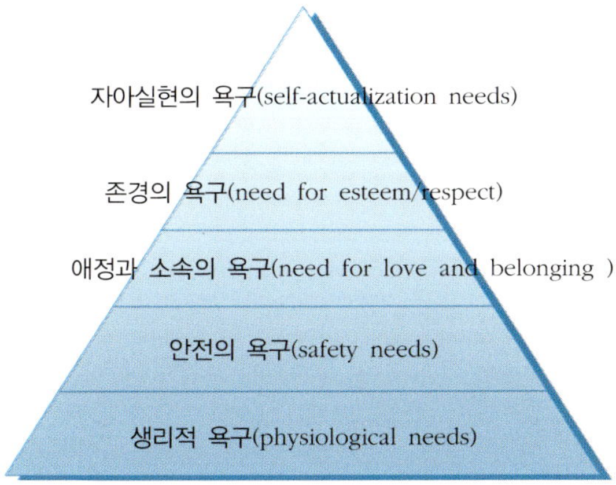

출처: Maslow(1943).

[그림 3-1] 매슬로우의 욕구위계

〈표 3-1〉 매슬로우 욕구위계의 특성

단계	욕구위계	특성
1단계	생리적 욕구	• 인간의 생존과 유지에 관련한 가장 강력한 욕구 • 음식, 물, 공기, 수면 등
2단계	안전의 욕구	• 질서 있고 안정적이며 위기, 불안, 공포에 대해 안전, 보호, 자유의 욕구
3단계	애정과 소속의 욕구	• 타인과의 친밀감, 애정에 대한 욕구 • 특별한 집단에 대한 소속 욕구
4단계	존중의 욕구	• 자신으로부터의 존중과 타인으로부터의 존경을 필요로 하는 욕구 • 자아존중의 자신의 힘, 가치, 적절함에 대한 확신
5단계	자아실현의 욕구	• 최상위 욕구로 자신의 모든 잠재력과 능력을 인식하고 충족시키고자 하는 욕구 • 모든 인간이 추구하는 욕구이나 소수의 사람들만 달성

출처: 표갑수 외(2016: 264).

매슬로우는 정신적으로 문제가 있거나 신경증적 기질을 가진 사람들보다는 대중에게 본보기가 될 만한 사람들, 이를 테면 아인슈타인(Albert Einstein, 1879~1955), 아담스(Jane Addams, 1860~1935), 루스벨트(Eleanor Roosevelt, 1884~1962)와 같은 모범적인 인물을 탐구함으로써 인간의 동기 양상을 살펴보았다. 구체적으로는 가장 건전하고 건강한 상위 1%의 학생 집단을 대상으로 연구를 수행했다. 매슬로우의 이론은 1954년 출간된 저서 『동기와 성격』(*Motivation and personality*)에서 완성되었다.

4) 인지주의이론

인지이론에서는 인간을 매우 주관적인 존재로 규정한다. 즉, 이 세상에는 객관적인 현실이란 존재하지 않으며, 각 개인의 주관적 현실만이 존재하기 때문에 개인의 행동이나 사고를 이해하기 위해서는 그 개인의 주관적 현실을 이해해야 한다고 보았다. 행동주의이론에서는 인간행동이 환경의 영향을 받는다고 주장하지만, 인지이론에서 '안다는 것'은 개인과 환경 간의 상호작용에 의하여 형성된다고 보았다(Norlin & Chess, 1997). 또한 인지이론에서는 인간의 무의식에 초점을 두고 인간을 다분히 충동적 존재로 보는 정신분석이론과 달리, 인간의 의식에 초점을 두고 인간을 사고하는 합리적인 존재로 인식한다. 더불어 환경적 원인들이 인간에 의해서 어떻게 지각되고 인식되는가에 중점을 두고 있다.

(1) 피아제의 인지발달이론

피아제(Jean Piaget, 1896~1980)의 인지이론은 인간이 외부세계를 이해하고 파악하는 바탕인 인지적 구조가 형성되는 과정을 설명한다. 그는 지식의 구체적 내용에 관심을 가진 것이 아니라, 적극적 과정으로서의 인식에 관심을 가져, 인지적 성숙과정을 주된 연구영역으로 하였다. 여기서의 인식은 경험을 조직화하고 의미를 부여하는 과정으로, 말한 것을 해석하고, 문제를 해결하며, 정보를 종합하고 복잡한 과제를 분석하는 포괄적인 인지적 활동을 말한다.

피아제는 인식의 근원이 유아의 생물학적 능력에 있다고 가정하였다. 생물학을 전공한 피아제는 큰 호수에 있던 연체동물을 작은 연못으로 옮겼을 때 환경의 변화로 인해 유기체에 구조적 변화가 오는 것을 관찰하고 연체동물이 어느 정도 환경에 적응해 나갈 수 있는 특성을 갖고 태어난다는 구조상의 유연성을 깨달았다. 피아제의 연체동물에 관한 연구는 인간에게서 유사점을 발견하는 계기가 되었는데, 이는 아동이 나이가 들면서 사고과정의 유연성을 보이며 문제를 잘 해결한다는 발견이다. 즉, 인간의 뇌는 인지적 구조를 변화시킴으로써 환경에 적응하는 능력을 가지고 있으며, 지능은 환경이 적절한 다양성과 탐구에 대한 지지를 제공하면 체계적인 방식으로 발달한다는 것이다(이인정·최해경, 2007: 245~246).

피아제는 아동의 사고과정으로 동화(assimilation)와 조절(accommodation)을 새로운 지식에 대한 평형을 이루기 위한 기제로 제시하면서 성인의 사고과정과 질적으로 다르다는 것을 임상적으로 연구하였다. 아동의 인지발달은 언어적인 기술을 획득하는 것처럼 사고와 추론 기술을 발달시키는 과정을 의미하며, 아동이 어떻게 생각하는지와 또 발달해 가면서 어떻게 변화하는지에 초점을 맞춘다(표갑수 외, 2016: 213).

인지는 지식, 의식, 사고, 상상, 추론, 문제해결, 개념화, 분류, 상징, 지각, 학습 등 정신적 과정을 포괄하므로 인간의 심리과정을 이해하는 데 인지이론은 매우 중요하다. 피아제의 인지발달에 관한 이론은 성격의 한 측면으로 간주될 수 있는 인지기능의 다양한 발달수준을 개념적으로 설명해주어, 인지적 측면의 인간행동과 인간발달에 관한 사회복지사의 이해를 넓히는 데 기여한 바가 지대하다.

(2) 벡의 인지치료이론

인지치료는 다양한 정신과적 장애(우울, 불안, 공포, 통증 등)를 다루는 데 사용되는 적극적이고 지시적이며, 시간 제한적이고 구조화된 접근이다. 인지치료는 개인의 정서와 행동은 주로 그가 세계를 구조화하는 방식에 의해 결정된다는 근거에 기초하고 있다. 사람들의 인지는 과거 경험으로부터 발전된 태도나 가정(인지도식)에 기초한다. 예컨대, 어떤 사람이 자신의 모든 경험을 자신이 유능한가 아닌가의 관점에서만 해석한다면, 그의 사고는 '내가 모든 일에 완벽하지 못하면 나는 실패자다'라는 도식에 의해 지배되고 있는지도 모른다. 결과적으로, 그는 자신의 개인적 능력과 전혀 관계없는 상황에서

조차 능력 혹은 적절성의 관점으로 상황에 반응하게 된다(Beck et al., 1979).

벡(Aaron T. Beck, 1921~)을 중심으로 인지이론가들의 기본 전제는 사람들의 자신과 세상에 대한 사고가 정서와 행동의 주요한 결정요인이라고 보았다. 따라서, 인지치료의 접근은 부적응적 행동유형을 바꾸기 위해서는 그 행동을 유지시키고 있는 사고유형을 변화시키는 것이 필요하다는 개념에 기반을 두고 출발하였다. 즉, 정서와 동기, 행동의 주요 원인은 인간의 의식적 사고라는 것이다. 사회복지사는 클라이언트로 하여금 자신의 역기능적인 정서, 행동, 문제해결을 유발하는 사고의 유형을 확인하고 변화할 수 있도록 돕는 역할을 수행하게 된다. 역기능적인 사고와 해석, 신념을 겨냥하여 행동을 변화시킬 수 있게 한다. 사고가 변화하면 행동은 변화할 수 있게 된다. 치료자는 클라이언트의 부정적 인식과 생각을 현실적으로 긍정적이 될 때까지 수정할 수 있도록 노력을 기울인다(신기원 외, 2016: 193).

3. 사회환경이론

1) 사회체계이론

체계이론은 자연과학에 학문적 기초를 두고 있는 일반체계이론(general system theory)에서 비롯되어, 사회과학영역에서는 체계이론을 일반체계이론에 바탕을 두고, 파슨스(Talcott Parsons)의 구조기능이론적 관점에서 재조명한 사회체계이론(social system theory)으로 확대되어 사회복지분야나 인간행동을 이해하는 학문에까지 사용하고 있다.

최근 들어 사회복지영역에서는 생태체계이론(ecology theory)이 새롭게 등장하여 체계이론은 다양한 개념을 제시하고 있다. 생태체계이론은 생태학(ecology)과 일반체계이론(general system theory)적 관점을 통합한 이론으로 현재 사회복지실천에서 가장 널리 사용되고 있다. 사회복지영역에서 체계이론에 대한 관심이 증대하게 된 배경으로 기존의 성격이론들이 개인의 내재적 문제 혹은 행동의 변화에만 초점을 두었는데, 개인의 성격발달에 상당한 영향을 미치는 환경이라는 주요 변수를 고려하지 못하고, 사회구조적인 부분을 간과하고 있다는 점을 보완하기 위하여 도입되었다고 할 수 있다. 따라서, 생태학은 인간발달의 진화적 · 적응적 관점과 종의 특성들을 설명하는 데 유용한 개념이 되었고, 인간이 그들의 환경과 지속적인 상호작용을 하고 있다는 것을 강조하여 '상황 속의 인간'의 관점을 지향하는 기능주의를 넘어서는 또 다른 성격이론의 패러다임을 창출하였다.

이러한 관점은 자연과의 끊임없는 상호작용을 하는 인간의 실체를 규정하고, 인간을 둘러싼 사회환경과 물리적 환경의 맥락을 통해, 인간의 심리사회적 문제에 대한 깊은 통찰력을 제공하는 등 사회복지실천에서 인간의 문제에 대한 새로운 시각과 접근법을 개발하는 데 도움을 줄 수 있을 것이다. 사회복지영역에서 다루어지는 체계이론은 크게 사회체계이론과 생태체계이론 등으로 구분할 수 있다.

사회체계이론은 다양한 체계 간의 상호작용을 강조하는 개념이다. 사회체계이론은 광범위한 상징의 의미를 포괄하고, 개인, 집단, 조직, 지역사회 간의 관계를 강조하며, 세상을 이해하는 데 필요한 폭넓은 시각을 제공하기 때문에 다양한 현장에 적용할 수 있다. 특히, 사회복지는 개인과 환경 내 여러 시스템 간의 상호작용에 초점을 두고 '환경 속의 인간'이라는 관점을 유지해 왔기 때문에, 사회체계이론은 사회복지사가 사회환경 내에서 인간의 행동을 폭넓게 이해하고 가치중립적인 태도를 갖도록 한다. 사회체계적 관점은 베르탈란피(Ludwig von Bertalanffy, 1901~1972)가 제시한 일반체계이론의 관점을 적용한 것이다. 일반체계이론은 전체성의 과학으로 비유되는 질서이론이다.

이 이론에서 체계는 상호의존적이며 상호작용을 하는 부분들로 구성된 전체 또는 부분들 간에 관계를 맺고 있는 일련의 단위다. 즉, 체계는 인과적인 관계 속에서 직 · 간접적으로 관련된 구성요소들의 복합체이며, 각 구성요소들은 어떤 특정한 기간 내에서 안정적으로 다른 구성요소와 관련되어 있다. 체계의 구성요소 간 상호작용은 구성요소의 개별적 특성과 발견되지 않는 총체적인 특성을 포함하고 있다. 따라서, 구성요소들 간의 상호관계는 부분들의 집합 이상의 전체를 창조한다. 일반체계이론은 인간을 통합된 하나의 체계로 간주한다. 즉, 인간을 생리적 · 심리적 · 사회적(biopsychosocial) 측면에서 각각 분리된 존재로 보지 않고 통합된 전체로서 기능하는 것으로 간주한다.

2) 생태학이론

생태학이론은 브론펜브레너(Bronfenbrener, 1979)가 체계화한 이론이다. 그는 인간발달에서 '맥락 속의 발달' 또는 '발달의 생태학'을 연구해야 한다고 주장했다. 그의 연구는 인간과 그들이 생활하는 환경적 상황과의 상호작용에 초점을 두었으며, 독창적 이론화를 통해 인간발달 연구의 방향을 근본적으로 변화시켰다. 생태학이론은 인간이 그들의 물리적 · 사회적 환경을 변화시키며, 환경과의 지속적 상호작용 과정을 통해 환경에 의해서 변화된다는 이론이다.

생대학이론에서는 인간에 대해 낙관론적 관점을 지니고 있다. 인간이 환경적 자원과 사회적 지지를 자율적으로 이용할 수 있으며, 환경 속에서 효과적으로 기능을 할 수 있는 능력을 지니고 있다고 본다. 즉, 인간은 자기 내면세계의 요구와 외부세계의 요구로부터 비교적 자유로운 존재로서, 환경과의 상호교류에서 성공적 경험을 획득하고, 자율성과 자기규제능력, 그리고 유능성을 확보할 수 있는 능력이 있다고 본다. 또한 사회적 관계를 유지하지 못하고 소외된 인간은 인간적일 수 없다고 본다. 따라서, 인간은 생활환경 속에서 다른 사람과 가치 있는 사회적 관계를 맺고 존경과 관심을 주고받음으로써, 자아를 발달시키고 사회적 역할기대를 적절히 이행할 수 있다고 본다. 또한 일생에서 다른 사람과 상호의존성을 유지할 수 있어야만, 생존을 보장받고 삶의 적절성을 확보할 수 있게 된다(최덕경 외, 2014: 154~155).

이처럼 생태학적 관점은 인간과 환경은 분리할 수 없으며, 상호작용하는 단일체계라는 전제 아래 인간과 인간 주변 환경 간의 상호작용, 상호교류의 적응에 초점을 둔 '환경 속의 인간'이 제시하는 개념적 틀을 구체화하였다. 즉, 생태학이론은 가족 · 집단 · 조직 · 지역사회 · 문화 등 인간이 몸담고 있는 환경을 보다 체계적으로 구조화하고, 이들 환경체계와 개인 간의 관계를 이해하는 것을 인간발달의 주요 과제로 삼았다. 따라서, 생태학이론은 유기체와 유기체의 생물학적 · 물리적 환경 사이의 관계에 초점을 두어 한 개인의 환경을 이해하는 데 있어서 체계이론보다 더 구체적인 개념을 제공한다.

연 습 문 제

1. 프로이트(Freud)의 심리성적 발달단계로 옳은 것은?

① 구강기－남근기－항문기－생식기－잠복기
② 구강기－항문기－남근기－잠복기－생식기
③ 항문기－남근기－구강기－생식기－잠복기
④ 항문기－구강기－남근기－잠복기－생식기
⑤ 잠복기－구강기－항문기－남근기－생식기

2. 조작적 조건화에 대한 설명으로 옳지 않은 것은?

① 인간행동은 유전적 요인에 의해 결정되는 것으로 본다.
② 조작적 조건화에서 행동의 동인은 보상을 얻기 위하여 이루어진다.
③ 인간이 환경적 자극에 능동적이고 자발적으로 반응하고 있음에 주목한다.
④ 인간행동은 예측이 가능하며 통제도 가능하다.
⑤ 인간은 기계적 존재라고 보았다.

3. 로저스 이론의 주요 개념이 아닌 것은?

① 현상학적 장　② 지금－여기　③ 자기실현
④ 자아의 창조적 힘　⑤ 무조건적인 긍정적 존중

4. 피아제의 도덕성 발달이론에 대한 설명으로 옳은 것은?

① 도덕성 판단력이 인지발달에 병행되는 것으로 보았다.
② 자율적인 도덕에서 타율적인 도덕 판단의 세계로 이행되는 과정이다.
③ 10~11세 이후 연령의 아동은 규범이나 법률에 따르고 복종하는 것만이 최고의 선이라고 본다고 주장하였다.
④ 피아제는 보편적이고 일반적인 상황에서 이루어진 도덕적 판단에 근거해서 이론을 구성하였다.
⑤ 도덕성 발달의 8단계를 주장하였으나 순서가 정해진 것은 아니며, 개인에 따라서는 중간 단계를 건너뛰기도 한다고 주장하였다.

정답　1. ②　2. ①　3. ④　4. ①

CHAPTER 4

사회복지정책

학습목표

1. 사회복지정책의 이론적 기초 습득
2. 사회복지의 이데올로기에 대한 심도 있는 이해
3. 복지국가의 유형에 대한 논의

학습내용

1. 사회복지정책의 개념
2. 사회복지정책의 관점
3. 사회보장
4. 복지국가

개 요

사회복지정책이란, 사회적 약자 계층에게 그렇지 않은 사람들이 제도적 원조나 소득을 일방적으로 이전함으로써 사회통합에 이르게 하는 국가정책이다. 사회복지는 헌법에서 보장하는 모든 국민의 생존권을 확보하고, 사회적 · 경제적 약자를 보호하기 위한 사회복지정책으로 사회복지의 실현을 의미한다. 본 장에서는 사회복지정책에 대한 이론적 기초를 제시하고자 한다.

4 CHAPTER

사 회 복 지 정 책

1. 사회복지정책의 개념

1) 사회복지정책의 정의

정책(policy)이라는 의미는 'policy'라는 그리스어에서 파생된 것이다. policy의 원래 의미는 도시국가를 뜻한다. 이후 라틴어와 만나면서 'politia'라는 의미로 변화되었으며, 중세에 이르러 공공문제의 처리 또는 정부의 행정관리를 뜻하는 'police'라는 의미로 변화하였다(Dunn, 1994). 따라서, 어원적으로 정책이라는 의미에는 도시국가, 경찰, 정치와 같은 의미가 내포되어 있다. 이것은 곧 정책이 정치의 영역에 속하는 것임을 말해 준다. 정치가 국가 또는 정부의 활동이라는 점에서 정책 역시 국가나 정부의 활동이라고 볼 수 있다. 그러나 정책의 개념은 정책의 종류, 정책의 기능, 정책연구자의 관점이나 연구목적에 따라 개념도 다양하다.

사회복지정책에 대한 개념 정의는 결론이 쉽지 않다. 이는 학자들마다, 각 나라마다 정치 사회적 · 경제적 여건과 시대적인 상황을 반영하는 역사적 결과물이기 때문일 것이다. 따라서, 사회복지정책 개념은 변화하는 개념으로 생각해야 하며, 접근해야 한다.

영미계 사회정책의 개념을 대표하는 마샬(Marshall, 1970)은 "사회정책이란, 서비스 혹은 소득을 제공함으로써 사람들의 복지에 직접적인 영향을 미치는 정부의 정책"이라고 정의한다. 그리고 영국의 1950년대 사회행정학파의 대두인 티트머스(Titmuss, 1974)는 "사회정책이란, 일정한 물질 및 사회적 욕구, 특히 요구 또는 욕구에 관하여 시장에서 충족하지 못하거나 충족시킬 수 없는 사회적 약자에게 부여하는 정부의 행위"라고 정의한다. 아울러 그는 "사회정책은 사회복지체계로서 시혜적이고 재분배적이며, 경제적인 목적뿐만 아니라 비경제적 목적을 가진 정책"이라고 규정하였다. 타운센트(Townsend, 1975)는 "사회정책이란, 일반적으로 인정된 특수한 사회문제를 시정하거나 사회목적을 추구하기 위한 국가와 지방당국의 건강, 교육, 복지 및 사회보장 서비스와 같은 서비스의 개발과 관리에 관련한 정책"이라고 하였다. 또한 사회복지사전에 의하면, 사회복지정책이란 넓은 의미에서는 사회복지의 추진 · 수행을 위한 국가 · 지방공공단체 또는 기타 공사의 여러 단체 · 기관의 방침(계획)으로 간주될 수 있으나, 좁은 의미에서는 국가 · 지방공공단체가 계획하는 사회복지의 목적달성을 위한 방법, 절차 등을 포함한 방침으로 한정하는 경우가 많다. 그리고 이 정책을 구체적으로 수행하기 위한 방법, 절차 등을 명확히 정한 것을 일반적으로 '제도(예: 국민기초생활보장제도 등)'라고 부르고 있다.

사회복지정책(social welfare policy)이란, 사회복지와 정책의 합성어이다. 학자에 따라 사회복지정책에 대한 개념을 여러 가지로 정의하고 있다. 또한 나라마다 사회복지정책의 범위를 다르게 설정하고 있으며, 사회복지는 사회구성원들의 기본적 욕구와 사회문제가 연결되어 일상적인 안녕을 이루는 상태를 목표로 하고 이를 실현하는 것을 의미한다. 사회복지의 궁극적 기능은 사회통합이며, 우리나라와 같이 경제발전으로 급격한 산업사회가 된 오늘날 빈부격차는 사회적 문제로 사회통합에 걸림돌이 되고 있다. 이러한 사회문제를 극복하고 계층 간, 세대 간의 사회적인 통합을 실현하려는 정책이 사회복지정책이다. 즉, 사회복지정책이란 사회적 약자 계층에게 그렇지 않은 사람들이 제도적 원조나 소득을 일방적으로 이전함으로써 사회통합에 이르게 하는 국가정책인 것이다. 사회복지는 헌법에서 보장하는 모든 국민의 생존권을 확보하고, 사회적 · 경제적 약자를 보호하기 위한 사회복지정책으로 사회복지 실현을 의미한다. 대체적으로 사회복지 개념의 변화 방향은 보완적 개념에서 제도적 개념으로, 자선적 개념에서 시민권적 개념으로, 특수한 서비스에서 보편적 서비스로, 자발성에서 공공성으로, 빈민구제의 차원에서 복지의 차원으로 발달되어 왔다(이정서, 2018: 16).

그러므로 사회복지정책이란, 사회복지의 목표를 이루기 위하여 필요한 행동들에 관한 원칙이다. 즉, 각 개인의 최저생계를 보장하고 사회적 위협에 대비하여 일상생활 보호 나아가 삶의 질을 향상시키기 위한 사회적 · 실천적 수단과 방법이라고 정의할 수 있다(임정문 외, 2016: 17).

2) 사회복지정책의 특징

사회복지정책의 특성은 인간지향적, 소득재분배, 비용과 효용의 양면성 등으로 설명될 수 있으나, 여기에서 강조하는 사회복지정책의 특성은 개별적 욕구의 해결, 직접 해결성, 비시장성, 공식적 조직을 통한 해결, 비영리성, 일방적 이전, 생산적 기능 등으로 그 내용은 다음과 같다(이정서, 2018: 22~25).

(1) 개별적 욕구의 해결

사회복지정책은 사람들의 기본적인 필요를 개별적으로 해결하고, 전통적으로 사람들의 필요에 따라 욕구를 서로 다르게 해결하는 것을 강조한다. 예를 들어, 보편주의의 이념에 따라 국민이면 누구나 급여를 받는 경우에도, 기본적으로 개별적인 수급자가 수급자격을 갖춘 경우에 한하여 특정 서비스를 받을 수 있기 때문에 국방정책이나 환경정책과는 다르다.

(2) 직접 해결성

사회복지정책은 사람들의 기본적 필요를 직접적으로 해결하고, 소득이 낮은 사람에게 현금서비스를 제공하거나, 질병이 발생한 사람에게는 의료서비스를 제공하는 등 기본적으로 필요한 욕구를 직접적으로 해결하기 때문에, 경제정책, 조세정책, 노동정책 등과 다르다.

(3) 비시장성

사회복지정책은 사람들의 기본적 필요를 비시장적으로 해결하는 것이며, 기본적 필요를 시장에서 해결하는 것은 자본주의 경제원리에 의한 일차적 분배로 재화의 배분을 말한다. 사회복지정책은 시장원리에 따르지 않는 분배에 관여하는 것이다. 시장에서의 자연스런 분배를 강조하는 사람들은 사회복지정책의 분배가 시장경제를 왜곡한다고 비판한다. 예를 들면, 사회보험 및 공공부조, 보편적 프로그램에 의한 급여제공 등이다.

(4) 공식적 조직을 통한 해결

사회복지정책은 사람들의 기본적 필요를 공식적인 조직이나 제도를 통해 해결하고, 정부의 각종 사회복지제도나 민간부문의 다양한 공식적인 사회복지조직을 통해 해결한다. 또한 가족 간의 이전형태 역시 개인의 욕구충족에 중요한 역할을 하고 있으며, 조세감면정책 등으로 비공식적인 제도를 강화해 나가고 있다. 따라서, 사회복지제도가 발전한 국가는 비공식적인 영역의 역할이 감소된다.

(5) 비영리성

사회복지정책은 사람들의 기본적인 필요를 비영리적인 부문에서 해결하고, 사회복지서비스의 제공은 대부분 비영리적인 공공부문과 민간부문의 사회복지조직 등에 의해 이루어지고 있다. 오늘날 점차 영리추구를 주된 목적으로 하는 민간부문의 조직이나 기구의 역할이 커지고 있으며, 재정의 지원과 세제상의 혜택이 사회복지분야의 영리와 비영리 부문의 구분을 어렵게 하고 있다. 예를 들면, 기업에 의한 고용자들에 대한 기업연금, 또는 고용자 등의 자녀를 위한 탁아, 교육비지원 등 다양한 사회복지활동을 하는 경우이다.

(6) 일방적 이전

사회복지정책은 사람들의 기본적 필요를 일방적 이전의 형태로 해결하는 것으로 간주되지만 그 효과에서 일방적이지만은 않다. 일방적 이전은 재화나 서비스 제공자가 그 재화의 수급자로부터 특정한 물질적·비물질적 대가를 받지 않고 주는 것을 의미한다. 자본주의 시장에서의 교환은 쌍방적인 성격으로 특정한 이득을 얻으면 반드시 그것의 대가를 지불해야 하는 관계이다. 사회복지정책은 전통적으로 일방적 이전의 성격을 가진 것으로 간주되나, 보상과 미래에 대한 투자로서 볼 수 있는 사회복지서비스의 형태가 대부분이다.

(7) 생산적 기능

사회복지정책은 소비적인 필요를 해결하기도 하지만 생산적인 기능도 갖고 있다. 예를 들어, 소득보장 프로그램은 수급자들의 소비능력을 높이는 것이 주목적이고, 생산적인 필요를 위한 프로그램의 경우는 저소득 아동에 대한 교육, 훈련, 의료서비스 및 근로자에 대한 교육, 훈련, 의료서비스 등이다. 소비적이기도 하면서 생산적 성격을 갖는 프로그램은 공공부조에 의한 소득보장이다.

3) 사회복지정책의 필요성

사회복지정책은 평등, 소득재분배, 인간의 존엄성, 사회구성원의 유대 등의 가치를 구현하기 위하여 국가가 적극적으로 나서서 사회복지의 재화나 서비스를 제공하여야 한다. 국가가 주도하여 제공하여야 하는 이유는, 국가가 제공하는 것이 시장이나 가족에 의한 것보다 더 효율적으로 사회복지의 재화나 서비스를 제공할 수 있기 때문이다. 즉, 시장에서 재화들이 자발적으로 제공되는 것이 국가에 의하여 이루어지는 것보다 더 비효율적이라는 것이다. 따라서, 국가가 사회복지정책을 주도하여 제공하는 이유를 설명하면 다음과 같다(박병현, 2015: 32~37 ; 이정서, 2018: 25~28).

(1) 공공재적 성격

공공재(public goods)는 어떤 경제주체에 의해서 생산이 이루어지면 모든 구성원들이 소비혜택을 누릴 수 있는 재화 또는 서비스를 의미한다. 즉, 공공재는 어떠한 집단의 구성원들이 생산한 유형 · 무형의 재화로서, 구성원 각자가 그 생산에 기인한 것과 상관없이 구성원 모두가 활용할 수 있는 재화를 말한다. 어떤 재화에 대한 시장경쟁이 이루어지려면, 그 재화에 대한 비용을 지불하지 않은 사람들은 그 재화의 사용으로부터 배제될 수 있어야 한다. 배제되지 않을 경우 합리적 개인이라면 재화에 대한 비용을 지불하지 않고 무임승차(free-riding)하려고 할 것이다. 따라서, 사회복지가 공공재(public goods)인 이유는 사회복지의 제공이 다른 사람에게 아무런 영향을 주지 않으면서(비경합성) 모든 사람에게 혜택을 줄 수 있기(비배제성) 때문이다. 공공재는 정부재정에 의해서 공급되어 모든 개인으로 하여금 공동 이용할 수 있는 재화나 서비스이고, 공공시설로 국방, 경찰, 사법, 소방, 도로, 항만 등이 있다.

(2) 외부효과

외부효과(external effect, externalities)란, 어떤 사람의 행위가 제3자에게 비의도적인 이익이나 손해를 발생하게 하고 이에 관한 대가를 받지도 지불하지도 않는 상태를 말한다. 긍정적 외부효과(external effects)는 개인의 어떠한 대가를 바라지 않는 행위가 다른 사람에게 이득과 혜택을 주는 것을 말하며, 부정적 외부효과는 개인의 어떤 행위가 그 행위에 대해 대가를 지불하지 않고 다른 사람의 복지에 피해를 주는 것이다.

외부효과는 영국 경제학자 피구(Arthur Cecil Pigou, 1877-1959)의 저서 『후생경제학』(*Hie Economics of Welfare*, 1920)에서 처음 사용한 용어다. 다른 용어로 외부효과(external effect, externalities)를 '파급효과(spillover effect)', '이웃효과(neighborhood effect)', '제3자 효과(third-party effect)'로 부르기도 한다.

(3) 정보의 비대칭성(불완전한 정보)

정보의 비대칭이란, 시장에 참여한 거래당사자 간 동일한 양의 정보를 가지기보다는 여러 거래에서 어느 한쪽이 더 많은 정보를 가지기 쉽다는 것을 의미한다. 충분한 정보가 없을 경우, 수요자에게 재화를 제공하였더라도 비효율적인 가능성이 있으므로 정부가 주도하여 제공하는 것이 더 유리하다. 시장에서 공정한 경쟁과 교환이 이루어지기 위해서는 교환하려는 쌍방이 동일한 정보를 가지고 있어야 한다. 정보가 적은 사람이 손해를 볼 수밖에 없으며, 정보의 비대칭성으로 역선택(adverse selection)과 도덕적 해이를 초래한다. 따라서, 정보의 비대칭성 문제발생의 대표적인 예는 의료서비스 부문이다.

(4) 역선택

역선택(adverse selection)은 주로 보험과 관련된 문제이다. 불완전한 정보에서 발생하는 현상으로 민간보험사에서 보험을 개별적으로 판매할 경우 질병, 실업, 부상 등의 위험발생이 높은 사람들만 집중적으로 보험에 가입하게 되어 평균적인 위험확률과 보험료가 높아지는 악순환이 생겨서 위험분산이 되지 않는 역선택(adverse selection)의 문제가 발생한다. 예를 들어, 고용보험으로 가입자가 회사보다 실업에 대한 정보에 더 관심을 가지게 된다. 이러한 역선택(adverse selection)의 문제해결을 위해서 사회보험에서는 강제가입제도를 두고 있다.

(5) 도덕적 해이

정보의 비대칭성으로 민간시장에 보험이 제공되기 어려운 이유는 도덕적 해이현상 때문이다. 도덕적 해이(moral hazard)란, 사람이 사회적 위험에 대비하여 보험을 가입할 경우, 이러한 위험이 발생하여도 많은 손해가 없으면 보험에 가입하기 전보다 위험발생의 사전예방 노력을 덜하게 되어 위험 발생률이 결과적으로 높아지게 되는 현상을 말한다. 예를 들어, 건강문제로 건강을 유지하기 위해 얼마나 노력을 했는지, 실업문제로 실업을 회피하기 위한 노력을 얼마나 했는지 등을 보험회사가 조사하기란 거의 불가능하기 때문에, 이러한 위험에 대한 보험은 국가가 사회보험으로 보장하는 것이 바람직하다.

(6) 위험발생의 상호의존성

위험발생의 상호의존은 보험상품의 재정안정으로 보험가입자들 중에 일정 비율은 위험이 발생되고, 일정 비율은 위험이 발생되지 않아야 보험회사는 유지될 수 있다는 것이다. 또한 어떤 사람의 위험발생이 다른 사람의 위험발생과 상호 연관되어 있는 경우, 재정안정은 어렵게 되어 결과적으로 재정파탄을 초래하므로 국가가 상품을 제공할 수밖에 없게 된다.

(7) 규모의 경제

규모의 경제(economy of scale)란, 생산량(생산규모)이 커질수록 평균생산비용이 떨어져 이윤이 커지는 현상을 말한다. 상품생산시장에서 규모의 경제는 이윤극대화라는 긍정적 기능을 수행하지만 독과점으로 이어질 경우, 국민경제에 오히려 해가 될 수 있기 때문에 규제의 대상이 된다. 사회복지의 재화나 서비스는 규모의 경제 속성을 많이 가지고 있다. 그 예로, 다중교육, 대량의 공공주택 건설, 전국민의료서비스, 전국민대상 사회보험 등은 규모의 경제효과가 크게 나타난다.

2. 사회복지정책의 관점

사회복지정책의 관점에서 보면, 잔여주의와 제도주의, 선별주의와 보편주의는 상호 심각한 대립을 거듭하고 있다. 특히, 오늘날 신자유주의 입장에서는 잔여주의와 선별주의, 사회민주주의 입장에서는 제도주의와 보편주의를 각각 지지하고 있는데, 이는 복지국가의 이데올로기가 사회복지정책의 관점과 연결되는 것으로 복지국가의 패턴이 복잡한 양상으로 전개되고 있다.

1) 잔여주의와 제도주의

오늘날 사회복지에서는 잔여적 복지(the residual)와 제도적 복지(the institutional)의 두 가지 개념이 보편화되어 있다. 이 서로 상충되는 견해는 윌렌스키와 르보(Wilensky & Lebeaux, 1965)가 사회복지 개념을 잔여적인 것과 제도적인 것으로 규정한 이래 가장 널리 인용되고 있다.

잔여적 관점에서는 사회복지를 개인의 욕구가 1차적으로 가족과 시장에서 충족되고, 그렇지 못할 경우에만 잠정적, 일시적으로 사회가 나서서 돕는 것으로 간주한다. 다시 말해서, 개인의 문제를 그의 과실로 인해 발생하는 것으로 가정하여 개인이 자력으로 문제를 해결할 수 있을 때까지만 구호하는 것이 사회복지라고 할 수 있다. 그리고 사회복지대상자는 사회에 의존적인 사람으로서 가급적 의존상태에서 벗어나기 위해 스스로 노력해야 하는 도덕적 의무가 있으며, 그러한 사회적 기대를 저버릴 경우 비난과 경멸의 대상이 된다(Kist-Ashman, 2003). 또한 가족과 시장을 보완하는 것이 사회복지이고, 가족과 시장을 통해 욕구가 충족되는 상태로 회복되면 사회복지는 중단된다는 점에서 '잔여적'이다.

제도적 관점은 잔여적 관점과 달리 사람들의 욕구를 정상적인 것으로 간주한다. 따라서, 사회는 욕구를 가진 사람을 도와야 할 의무가 있고, 사회구성원은 사회복지 급여와 서비스를 받을 권리(시민권, 복지수급권)가 있다. 제도적 사회복지는 개인의 욕구충족을 목적으로 하는 사회복지가 가족, 경제, 정치, 교육, 종교와 같은 사회제도들과 동등한 수준에서 1차적, 정상적으로 제도화되어 있으며, 평등주의 이념에 따라 모든 국민들에게 보편주의적으로 제공되는 것이다(Titmuss, 1974).

이 두 가지의 관점을 비교해 보면 다음과 같다.

〈표 4-1〉 잔여적 관점과 제도적 관점의 비교

잔여적 관점	제도적 관점
① 그 욕구가 예외적인 것이다. ② 문제의 상황이 긴급하고 위급하다. ③ 자신이 가진 자원이나 노력을 다 쓴 후에 비로소 도움을 받게 된다. ④ 문제와 서비스 때문에 오명(stigma)을 남기게 된다. ⑤ 부조는 일시적 개선 또는 마지못해 하는 최종적인 수단으로서의 시혜나 자선이며, 되도록 빨리 종결짓고자 한다.	① 그 욕구가 산업화로 인해 생기는 것으로 언제나 예상된다. ② 문제가 현대생활의 복잡성 속에 잠재해 있다. ③ 파괴되기 전에 도움이 마련되어 있다. ④ 문제나 서비스 어느 것 때문에도 오명(stigma)이 남지 않는다. ⑤ 서비스는 예방과 재활을 강조하는 제도적인 것이며, 영구적일 수도 있다.

자료: 서보준 외(2017: 24) 재인용.

2) 선별주의와 보편주의

선별주의와 보편주의는 사회복지급여의 할당과 관련이 있는 원칙이다. 즉, 급여대상을 달리 하고 있다. 그 내용은 다음과 같다(Gilbert & Specht, 1986).

(1) 선별주의

선별주의(selectivism)는 급여가 자산조사에 의해 결정된 개인적 욕구에 기초하여 이용될 수 있도록 만들어진 급여에 관한 아이디어를 의미한다. 예를 들어, 부(負)의 소득세, 근로소득공제(Earned Income Tax Credit, EITC), 식품권(food stamp)과 같은 공공부조와 빈민을 위한 공공주택(public housing)을 들 수 있다. 선별주의자는 필요한 사람에게만 한정하여 이용될 수 있도록 사회적 급여를 제공함으로써 발생하는 지역사회 재원의 저축을 거론하며 선별주의가 갖는 비용효과의 장점을 강조한다. 선별주의자는 선별주의에 따른 할당이 계층 간 갈등 등으로 인한 사회적 비용을 감소시키고, 빈민에 대한 급여제공만이 보편적 할당보다 사회적 불평등을 감소시킴으로써 평등한 사회구현이라는 정책목표를 보다 효과적으로 구현할 수 있다고 주장한다.

(2) 보편주의

보편주의(universalism)는 급여가 모든 국민에게 사회적 권리(social right)로서 이용될 수 있도록 만들어진 급여에 관한 아이디어를 의미한다. 예를 들어, 노인을 위한 사회보장과 젊은이를 위한 공교육을 예로 들 수 있다. 경제적 여건에 관계없이 모든 가족에게 급여가 할당되는 특징이 있는 아동수당(children's allowances) 또는 가족수당(family allowances)과 같은 데모그란트(demogrant)도 보편성(universality)의 원칙을 반영한다.

사회수당(social allowance)

사회수당은 그 나라 국민이면 누구나 인구학적인 일정요건(노인, 아동, 장애인 등)만 갖추면 기여를 하지 않고, 또한 수급자의 소득 및 재산과 관계없이 급여를 지급하는 프로그램이다.

사회수당을 '보편적 프로그램(universal program)' 또는 '데모그란트(demogrant)'라고도 한다. 재원은 조세에 의해 이루어지며, 사회수당 중 가장 널리 알려진 것은 아동수당, 노령수당, 가족수당이다.

보편주의자는 사람들을 주는 자와 받는 자로 구분하지 않음으로써 생기는 인간 존엄성의 보존과 사회통합을 들어 사회적 효과의 장점을 강조한다. 보편주의하에서는 급여에 대한 요구가 모두에게 평등하다. 보편주의자들은 선별주의의 제한억제조치로서도, 예를 들어, 자산조사에 의해서나 수혜자격에 의해 낙인을 준다 하더라도 사회적 급여에의 접근을 방지할 수 없는 경우가 발생할 수 있기 때문에 보편주의가 비용 효과적이라고 주장한다. 행정면에서도 지속적인 조사 · 확인 그리고 수혜자 자격심사와 급여수준의 적절성 심사를 필요로 하지 않기 때문에 보편주의에 따른 할당이 선별주의에 따른 할당보다 행정적으로 비용이 적게 든다고 주장한다.

선별주의와 보편주의에 대한 개념을 비교하면 다음과 같다.

〈표 4-2〉 선별주의와 보편주의의 장단점

구분	선별주의	보편주의
주요 내용	사회복지대상자들을 사회적 · 신체적 · 교육적 기준에 따라 구분한 다음 복지서비스를 제공한다. 자산조사(means test)를 통해 원조의 필요가 있다고 인정된 사람들, 즉 결손가정, 장애인, 무능력자, 노인, 빈민 등만을 복지서비스의 대상으로 본다.	보편주의는 전 국민을 사회복지의 대상자로 삼는 것을 말하는데, 시민권(citizenship)에 입각해 하나의 권리로 복지서비스를 제공하고, 복지수혜자격과 기준을 균등화한다.
장점	서비스를 도움이 필요한 사람에게 집중시킬 수 있고, 자원의 낭비가 없으며, 비용이 적게 든다.	최저소득을 보장함으로써 빈곤을 예방할 수 있고, 수혜자에게 심리적·사회적 낙인을 가하지 않으며, 행정절차가 용이하고, 시혜의 균일성을 유지할 수 있으며, 모든 시민의 구매력을 일정 수준에서 유지(유효수요)함으로써 경제적 안정과 성장에 기여한다.
단점	자산조사과정과 일반시민들과의 사회적 관계에서 낙인을 피할 수 없다.	한정된 자원을 꼭 필요한 부분에 효과적으로 사용하는 데 한계가 있다.

자료: 서보준 외(2017: 26).

(3) 선별주의와 보편주의의 정책효과

사회복지정책이 '선별주의에 따라 대안을 형성하느냐' 아니면 '보편주의에 따라 형성하느냐'에 따라서 결과적으로 사회복지정책대안은 다음과 같은 사회적 효과성에 중대한 영향을 미친다(김기원, 2017: 98~99).

① 근로유인(work incentive)

보편적 정책대안인 아동수당은 경제적 압박(economic stress)의 정도를 제거하는 만큼 근로유인에 부정적인 영향을 미친다. 이것은 '아무 대가 없이 무엇인가를 얻는 사람은 계속해서 아무 일도 하지 않을 경향이 있다'는 전통적인 가르침을 반영한 것이다. 반면, 선별적 정책대안인 부(負)의 소득세 수급자의 경우 이전과 같은 정도로 근로를 하거나 오히려 더 열심히 일하도록 유도되는 사례를 발견할 수 있다. 미국의 EITC나 우리나라의 근로장려세제의 경우에도 근로유인효과가 있다.

② 출산유인

번스(Burns, 1978)는, 아동수당제도는 출산을 자극하게 되는 문제가 있다고 주장한다. 아동수당은 일종의 자녀수당(a baby bonus)의 역할을 수행함으로써 인구증가를 촉진하게 된다. 프리들랜더(Friedlander, 1961)도 가족수당(Family Allowance)은 출산율 증가를 촉진하는데 성공적이었다고 주장한다. 1930년대 프랑스는 출산을 장려하기 위해 「가족수당법」(Family Allowances Act of 1931)을 제정한 이후 전체 인구가 증가했다. 그러나 미국의 경우와 같이 아동수당 또는 가족수당제도를 실시하지 않은 나라들도 급속한 출생률의 증가가 발생했으며, 1950년대에 스웨덴의 경우 가족수당제도를 실시하였음에도 출생률이 지속적으로 감소한 사례도 있어 사회복지정책의 출산유인효과에 대해 논란이 있다.

③ 낙인감

가족원조프로그램(Family Assistance Program, FAP)과 같은 선별적 접근방법이 수혜자에게 낙인을 찍는(stigmatizing) 문제가 있는 반면, 아동수당과 같은 보편적 제도는 수혜자에게 낙인을 찍는 것을 회피할 수 있다.

④ 사회통합(social integration)

선별주의의 원리는 사회 내에서 주는 자와 받는 자를 별개 집단으로 구분한다. 즉, 사회복지정책으로 새로운 계층이 형성되는 '계층화(stratification) 현상'이 발생한다. 이와는 대조적으로 아동수당과 같은 보편주의적 제도는 이러한 잠재적 분할을 방지하고, 계층화현상을 방지하며, 다양한 경제적 환경 속에서 살아가는 가족들의 공통 욕구를 강조함으로써 사회통합을 용이하게 한다.

〈표 4-3〉 선별주의와 보편주의의 사회적 효과

구분	선별주의	보편주의
근로유인(incentives to work) 경제적 압박의 정도를 제거하는 정도	부의 소득세-긍정적 영향 또는 불변	아동수당-부정적 영향
출산유인 (incentives to procreate)	미검증	출산율 증가 논란
낙인화(stigmatization)	낙인화 증가	낙인화 회피
사회통합(social integration)	사회분리 조장	사회통합 용이

자료: 김기원(2017: 99).

3. 사회보장

사회보장(social security)이라는 용어는 전 세계에서 널리 사용하고 있다. 이 용어는 유럽에서 실시하고 있던 '사회보험'의 '사회(social)'와 미국의 대공황 시기에 구성한 '긴급경제보장 위원회(Emergency Economic Security Committee)'의 '보장(security)'이라는 용어를 합쳐서 만들어진 것으로 알려져 있다. 이와 같이 사회보장이라는 용어가 등장한 시기에 관해서는 대체로 의견이 일치되어 있다.

하지만 사회보장의 개념에 관해서는 의견이 분명하게 일치하고 있지 않다. 그 결과, 학자에 따라서 사회보장에 대한 정의가 서로 다르다. 그리고 더 나아가서, 국가와 시대에 따라서도 사회보장의 의미를 서로 다르게 인식하고 있다.

사회보장에 대해 정의한 것을 몇 가지 살펴보면 다음과 같다(노병일, 2018: 364~366).

1) 베버리지

베버리지의 경우, 이른바 "베버리지 보고서"라고 부르는 사회보험과 관련 서비스(Social Insurance and Allied Services, 1942)에서 사회보장은 다음과 같은 것을 위해서 소득을 보장해 주는 것이라고 정의하고 있다.

① 실업이나 질병이나 사고 때문에 수입이 중단될 경우, 이런 수입을 대신한다.
② 나이가 들어 퇴직하는 것에 대비한다.
③ 가장과 같은 가족구성원이 사망한 탓에 부양을 받지 못하는 것에 대비한다.
④ 특별한 비용(예, 출생·사망·결혼과 관련된 비용)을 부담한다.

베버리지에 따르면, 좋은 사회보장제도가 되기 위해서는 다음과 같은 전제 조건을 충족하여야 한다.

① 아동수당을 제공한다. 이 경우 15세까지 아동수당을 제공하고, 아동이 정규 학생이면 16세까지 아동수당을 제공한다.
② 포괄적 의료 서비스와 재활 서비스를 제공한다. 이 경우, 질병을 예방하고 질병을 치료하기 위해서 포괄적 의료 서비스와 재활 서비스를 제공하고, 또한 일할 수 있는 능력을 회복하기 위해서 포괄적 의료 서비스와 재활 서비스를 제공한다. 그리고 이런 서비스는 지역사회의 모든 사람들이 이용할 수 있어야 한다.
③ 고용을 유지한다. 이것은 대규모 실업을 예방하는 것을 말한다.

2) 국제노동기구

국제노동기구(ILO)의 경우, 『사회보장에의 접근』(*Approaches to Social Security*, 1942)에서 사회보장의 개념에 관해 설명한 바 있다. 국제노동기구가 제시한 이런 개념은 일반적으로 많이 인용되고 있다. 국제노동기구에 따르면, 사회보장은 "사회구성원들이 부딪히는 일정한 위험에 대해 사회가 적절한 조직을 통해 부여하는 보장"을 말한다.

그 후에 국제노동기구는 사회보장의 의미를 표준화하려고 시도해 왔다. 예를 들어, 국제인권기관, 국제노동기구의 관련 자료, 국제노동기구가 채택한 사회보장 협약과 권고안에 근거해서, 국제노동기구(International Labor Organization, 2008)는 사회보장을 새로 정의한 바 있다. 따라서, 사회보장은 다음과 같은 경우에 소득을 제공해 빈곤(want)을 완화 · 예방하기 위해서, 보호할 필요가 있는 모든 사람에게 기본적 소득을 보장해 주기 위한 공적 조처를 취하는 것을 말한다.

① 일할 능력이 없기 때문에 소득이 없어지거나 줄어드는 경우가 있다.

② 여러 가지 사건이 발생한 탓에 유급 일자리를 찾지 못해서, 소득이 없어지거나 줄어드는 경우가 있다. 여러 가지 사건으로는 질병, 실업, 노령, 산업재해, 가족부양, 아동의 출산, 폐질(invalidity), 가장의 사망 등이 있다.

3) 우리나라의 사회보장기본법

1995년에 제정하고, 2013년에 개정한 우리나라 사회보장기본법의 경우, 그 목적은 "이 법은 사회보장에 관한 국민의 권리와 국가 및 지방자치단체의 책임을 정하고 사회보장정책의 수립 · 추진과 관련 제도에 관한 기본적인 사항을 규정함으로써 국민의 복지증진에 이바지하는 것"(제1조)이다. 또한 기본 이념으로는 "사회보장은 모든 국민이 다양한 사회적 위험으로부터 벗어나 행복하고 인간다운 생활을 향유할 수 있도록 자립을 지원하며, 사회참여 · 자아실현에 필요한 제도와 여건을 조성하여 사회통합과 행복한 복지사회를 실현하는 것"(제2조)이다.

사회보장의 법적 정의

사회보장기본법

제3조(정의) 이 법에서 사용하는 용어의 뜻은 다음과 같다.

1. "사회보장"이란 출산, 양육, 실업, 노령, 장애, 질병, 빈곤 및 사망 등의 사회적 위험으로부터 모든 국민을 보호하고 국민 삶의 질을 향상시키는 데 필요한 소득 · 서비스를 보장하는 사회보험, 공공부조, 사회서비스를 말한다.
2. "사회보험"이란 국민에게 발생하는 사회적 위험을 보험의 방식으로 대처함으로써 국민의 건강과 소득을 보장하는 제도를 말한다.
3. "공공부조"(公共扶助)란 국가와 지방자치단체의 책임 하에 생활 유지 능력이 없거나 생활이 어려운 국민의 최저생활을 보장하고 자립을 지원하는 제도를 말한다.
4. "사회서비스"란 국가 · 지방자치단체 및 민간부문의 도움이 필요한 모든 국민에게 복지, 보건의료, 교육, 고용, 주거, 문화, 환경 등의 분야에서 인간다운 생활을 보장하고 상담, 재활, 돌봄, 정보의 제공, 관련 시설의 이용, 역량 개발, 사회참여 지원 등을 통하여 국민의 삶의 질이 향상되도록 지원하는 제도를 말한다.
5. "평생사회안전망"이란 생애주기에 걸쳐 보편적으로 충족되어야 하는 기본욕구와 특정한 사회위험에 의하여 발생하는 특수욕구를 동시에 고려하여 소득 · 서비스를 보장하는 맞춤형 사회보장제도를 말한다.

4. 복지국가

1) 복지국가의 개념

20세기에 들어서 선진국이 이룩한 주요한 업적들 가운데 하나는, 경제적으로 안정된 생활을 해주는 제도를 많은 국민에게 제공한 것이었다. 특히, 선진국이 20세기 말에 이룩한 커다란 업적으로 꼽을 수 있는 것은, 복지에 관심을 가진 것이었다. 이 경우, 선진국이 복지에 대해 관심을 가진 이유는, 경제가 불안정한 것으로부터 국민을 보호하고, 또한 자본주의에서 나타나는 문제로부터 국민을 보호하고자 하였기 때문이다(Gilbert & Terrell, 1998). 이런 국가를 '복지국가(well state)'라고 부르는데, 이런 의미에서

20세기를 복지국가의 시대라고 부를 수 있다.

사회정책이 독일형이고, 사회보장이 미국형이라면, 복지국가는 영국형이라고 할 수 있다. 사회정책이 1880년대 독일 비스마르크(von Bismarck) 사회입법에, 사회보장이 1935년 루스벨트(Franklin Roosevelt) 사회보장법에 기원을 두고 있다면, 복지국가는 2차 세계대전 후 영국 노동당 정부가 세계 최초로 건설했다는 점에서 그렇다. '복지국가'라는 용어가 처음 등장한 것은 영국의 템플(Temple) 주교가 1941년에 간행한 『시민과 성직자』(*Citizen &Churman*)라는 팸플릿에서 독일 나치시대의 '권력국가(power state)'와 대비하여 전후 연합국의 재건설 야망과 약속을 의미하는 '복지국가(welfare state)'라는 용어를 사용하면서부터라고 알려져 있다(Temple, 1941, 1942).

비스마르크

(Otto Eduard Leopold von Bismarck, 1815~1898)

독일의 정치가. 프로이센 총리로 '철혈정책'으로 독일을 통일했다. 보호관세정책으로 독일의 자본주의 발전을 도왔으나, 전제적 제도를 그대로 남겨놓았다. 통일 후 유럽의 평화유지에 진력하였으며, 여러 동맹과 협상관계를 체결했다.

독일 제국의 초대 총리로 독일 통일과 국가발전에 큰 공적이 있다. 프로이센의 쇤하우젠에서 융커(지방 귀족)의 아들로 태어나, 괴팅겐과 베를린 두 대학에서 공부한 후 프로이센의 관리가 되었다(1836~1839). 호전적인 기질로 대학시절 친구들과 싸움이 잦았으나, 1847년 독실한 신자였던 여성과 결혼하면서 과거의 자신을 버리고 독실한 신도가 되었으며, 내면의 변화가 시작되었다. 이후 프로이센 연방의회 의원이 되어 정계에 입문하였다. 베를린의 3월 혁명(1848) 때는 반혁명파로 활약했고 보수당 창립 멤버의 한 사람이었다. 혁명 후 프랑크푸르트에서 열린 독일연방의회에 프로이센 대표(1851~1859)로 임명되어 프랑크푸르트에 부임하였다. 그는 처음에는 오스트리아와의 협조를 통한 독일의 통일을 주장하였지만, 결국 오스트리아가 프로이센을 동등하게 취급하지 않는다는 판단에 따라 후에는 오스트리아와 자주 대립하였다.

1848년 전후에 보수적인 정치가에 불과하였던 그는 러시아 주재대사(1859), 프랑스 주재대사(1862)가 되면서 안목을 넓혔고, 1862년 국왕 빌헬름 1세가 군비확장 문제로 의회와 충돌하던 시기에 프로이센 총리로 임명되었다. 그는 취임 첫 연설에서 "현재의 큰 문제는 언론이나 다수결에 의해서가 아니라 철과 피에 의해서 결정된다"라고 선언하며, 이른바 '철혈정책'의

의지를 밝혔다. 그는 의회와 대립하면서도 독단으로 군비확장을 강행하였고, '철의 수상'이라는 별명을 얻었다. 결국 그는 1864년, 1866년 두 차례의 전쟁에서 승리하여 북독일연방을 결성하였고, 나아가 1870~1871년 전쟁에서 승리함으로써 독일 통일을 이룩하였다. 1871년 독일제국 총리가 되어 1890년까지 이 지위를 독점하였다.

경제면에서 그는 보호관세 정책을 써서 독일의 자본주의 발전을 도왔으나, 정치면에서는 융커와 군부에 의한 전제적 제도를 그대로 남겨놓았다. 통일 후 외교 면에서 유럽의 평화유지에 진력하였으며, 3제동맹, 독일-오스트리아동맹, 3국동맹, 이중보호조약 등 동맹과 협상관계를 체결하여 숙적이었던 프랑스를 고립시키려 했고, 독일의 국력을 신장시켜 그 지위를 높이려 했다. 한편, 그는 러시아 · 투르크전쟁(1877) 후 베를린회의를 주재하여 '공정한 중재자'의 역할도 하였다.

그러나 국내에는 많은 반대 세력이 있었는데, 일례로 1872년부터 카톨릭교도들을 억압하기 위해 '문화투쟁(Kulturkampf)'을 시도했으나 실패하며 반발을 불러일으켰다. 특히, 사회주의 세력을 견제하기 위해 사회주의자 진압법(1878)을 제정하는 한편, 슈몰러 등의 강단 사회주의 사상을 도입하여 사고 · 질병 · 양로보험 등의 사회정책을 추진하여 사회주의 세력을 와해시키려 하였다. 그러나 이러한 노력에도 사회주의 세력은 증가하고 그는 목적을 충분히 달성하지 못했다.

그는 원래 현상유지론자였음에도 식민지를 확장하여 아프리카에 토고 · 카메룬(1884), 독일령 동아프리카(1885) 등을 경영하였다. 그의 집권 아래 독일 공업은 유럽에서 가장 발전했기 때문에, 비스마르크 집권 말기에는 그의 평화정책에 반대하는 제국주의자가 늘어갔다. 1888년 빌헬름 2세가 즉위한 후 정책의 주도권을 놓고 비스마르크와 충돌하였으며, 1890년 3월 사직서를 제출하도록 압박함으로써 28년간의 비스마르크의 정치가로서의 수명은 끝을 맺었다. 그의 『회상록』(*Gedanken und Erinnerungen* 3권, 1898~1919)은 귀중한 사료가 되고 있다.

복지국가는 서유럽 국가들이 영국 복지국가를 전후 복구사업의 모델로 삼으면서 서유럽 전역으로 퍼져나갔다. 베버리지 보고서(Beveridge Report)는 서유럽 복지국가 건설의 핵심 텍스트가 되었다. 즉, 영국 복지국가의 청사진이 서유럽 복지국가의 청사진이 된 것이다.

서유럽이 복지국가를 지향하면서 복지국가는 국제사회에서 널리 통용되는 용어가 되었다. 하지만 복지국가의 의미는 혼란스러워졌다. 왜냐하면 나라별로 사회복지제도를 둘러싼 정치적 상황, 발전과정, 문화적 배경뿐만 아니라, 재정 및 운영방식에 차이가 있었고, 복지국가의 본질과 목표에 대한 생각도 서로 달랐기 때문이다.

현재 복지국가에 관한 일치된 정의는 없다. 복지국가를 정부의 사회복지정책이라고 보는 사람도 있고, 정치체제 또는 사회체제(자본주의체제와 사회주의체제가 혼합된 국가)와 동일시하는 사람도 있다. 이를 감안하여 로위(Lowe, 1993)는 복지국가를 실용적으로 세 가지 측면에서 정의하였다.

첫째, 국가가 제공하는 사회복지의 범위로 정의한다. 복지국가는 좁게는 사회서비스를, 넓게는 시민의 복지를 위해 정부가 제공하는 모든 사회경제적 서비스를 포함한다.

둘째, 연대기적으로 정의한다. 복지국가를 1940년대의 산물로 본다. 2차 세계대전 후 산업국가들은 국가와 시민 간의 관계를 새로운 각도에서 보기 시작했다. 이는 베버리지 보고서에 가장 잘 나타나 있다. 베버리지 보고서는 역사상 처음으로 국가가 모든 시민을 '요람에서 무덤까지(from cradle to grave)' 보장한다는 것을 보여주었다. 요람에서 무덤까지라는 신문기사 제목은 국가가 부자들만의 특권이었던 자유를 모든 시민에게 부여하고, 또 가난의 공포로부터 해방시켜 준다는 것을 의미했다.

셋째, 복지국가의 기능으로 정의한다. 브리그스(A. Briggs)에 따르면, 복지국가가 시장의 힘을 교정하기 위해 시민에게 최저소득 이상을 보장해 주고, 시민이 질병, 노령, 실업 등과 같은 사회적 위험을 극복하도록 지원하며, 모든 시민에게 적정 수준의 복지서비스를 제공한다.

복지국가의 정의는 다음과 같다(원석조, 2018: 160).

① 복지국가는 좁게는 사회서비스를, 넓게는 시민의 복지를 위해 정부가 제공하는 모든 사회경제적 서비스를 포함한다.
② 복지국가는 2차 세계대전 직후 '요람에서 무덤까지'의 보장을 지향하며 탄생했다.
③ 복지국가는 최저소득의 보장, 사회적 위험의 감소, 적정수준의 보편적 서비스를 목적으로 한다.

2) 복지국가의 목표

복지국가의 목표를 세 가지로 나누었는데, 각각 그에 해당하는 사회복지정책을 지니고 있다(Briggs, 1961).

첫째 목표는, 실업, 이혼, 노령 등과 같은 우발적 사건이 일어났을 때, 그들의 경제적 안정을 유지시켜 주는 것이다. 이 목적은 복지국가에서 가장 큰 부분을 차지하고 있는데, 여기에 해당하는 정책으로는 소득상실을 보상해 줌으로써 경제적 불안정을 예방해 주는 사회보험정책이 있다. 사회보험정책의 대상이 되기 위한 주요 자격요건은 빈곤상태에 있다는 사실이 아니다. 즉, 사회보험정책은 자신들이 통제할 수 없는 사건들에 의해 빈민이 된 사람들만을 대상으로 하는 것은 아니다. 오히려 사회보험정책의 주요 목표는 빈곤 여부에 관계없이 모든 사람의 소득상실에 대처하는 것이다. 예를 들면, 실업자는 빈민이 아니더라도 고용보험의 실업급여 수급자격이 주어진다. 퇴직노인은 다른 유형의 소득이 있을 수 있지만 퇴직급여 수급자격이 주어진다. 이러한 제도들은 모든 계층의 사람을 대상으로 하는 보편적 성격을 지니고 있기 때문에, 복지국가의 예산 가운데 가장 많은 부분을 차지한다.

둘째 목표는, 개인과 가족에게 최저한의 소득을 보장함으로써 그들이 적어도 최저수준의 물질적 충족을 얻을 수 있도록 하는 것이다. 이것은 복지국가가 목표로 하는 빈곤극복이다. 여기에 해당하는 사회복지정책으로는 공공부조가 있다. 공공부조정책은 기술과 자립심의 조장과 불우한 사람들이 주류사회로 들어갈 수 있도록 하는 서비스를 제공하며, 주로 현금을 제공한다. 첫째 목표인 사회보장제도와는 달리 빈곤극복정책은 어떤 수준 이하의 소득이 있는 개인이나 가족을 대상으로 한다. 그래서 이러한 정책들은 모든 인구계층을 대상으로 하기보다는 특정 욕구를 지니고 있는 특정 계층을 대상으로 한다. 이러한 프로그램의 대상이 되는 사람들을 선택하는 방법은 '자산조사'이다. 이는 상대적으로 수가 적은 빈민을 대상으로 하는 것이기 때문에 여기에 소요되는 국가예산의 규모도 사회보험정책과 비교하면 적은 편이다.

셋째 목표는, 모든 시민이 그들의 지위나 속해 있는 계층과 관계없이 사회에서 매우 필요한 기본상품과 서비스를 받는 것이다. 이 목표는 최저수준(minimum)의 개념보다는 적정수준(optimum)의 개념에 기초한다. 이러한 서비스 중에서 가장 중요한 것은 공교육이다. 초등학교와 중등학교의 무상교육은 모든 복지국가에서 시민권적 권리로서 제공된다. 고등학교 이상은 대부분 무상교육은 아니나 정부에서 여러 가지 형태로 보조해준다. 공교육서비스 제공 외에 현대 복지국가는 영양 프로그램, 탁아 프로그램, 주택 프로그램을 제공하며, 대부분의 복지국가에서는 보편적 건강보호가 시민적 권리로서 주어진다.

3) 복지국가의 유형

(1) 퍼니스와 틸톤의 유형

미국의 사회과학자들인 퍼니스와 틸톤(Fumiss and Tilton, I977)은 복지국가의 유형을 적극적 국가(positive state), 사회보장국가(social security state), 사회복지국가(social welfare state)의 세 가지 유형으로 나누었다. 그들은 정부의 역할이 일차적으로 경제적 안정과 재산소유의 이익보장에 있는 국가를 적극적 국가라고 규정했다. 적극적 국가의 일차목적은 재산소유자를 시장과 재분배적 수요의 가능성으로부터 보호하는 것이며, 그 정책방향은 경제성장을 위한 정부와 기업의 협조이다. 즉, 이들 국가의 가장 중요한 정책목표는 지속적 경제성장이며, 이를 위해 정부와 기업 간의 공생관계가 유지된다. 따라서, 적극적 국가에서는 사회복지의 잔여적 개념이 수용되며, 사회복지정책은 경제정책의 하위 개념에 속하게 되고, 빈곤계층에 대한 정부의 지원은 경제성장에 대한 장애요소로 인식되며, 사회복지제도 중에서 사회보험제도가 선호된다(이정서, 2018: 98~99).

사회보험제도가 선호되는 이유는 다음과 같다(박병현, 2015: 66 재인용).

첫째, 수급자가 보험료를 부담하는 보험원칙에 의해 정부지출이 최대한 억제될 수 있다.

둘째, 사회보험제도에 의한 재분배는 부자와 빈자 간의 수직적 재분배가 아닌 노년층과 청년층, 건강한 사람과 병약한 사람 간의 수평적 재분배이기 때문에, 정책시행에 있어 정치적 부담이 없다.

셋째, 사회보험에 가입되기 위한 전제조건으로서 보험료의 지불조건은 근로계층의 근로의식을 유인할 수 있다. 또한 정부는 사회복지정책에 대한 재정지출을 최소화하면서 사회보험제도를 시행함으로써, 근로계층의 복지에 많은 관심을 기울이고 있다는 것을 과시할 수도 있다.

이러한 관점을 종합하면, 적극적 국가에서 보호받을 수 있는 사람은 자본주의 체제에 가장 잘 순응할 수 있는 중산층 이상이라고 할 수 있다. 그래서 퍼니스와 틸톤은 적극적 국가는 진정한 복지국가가 아니라고 하면서 미국을 이 범주에 속하는 가장 대표적인 국가로 보았다.

퍼니스와 틸톤은 사회보장국가를 국민 최저수준의 복지를 보장하는 국가로 규정했다. 사회보장국가는 적극적 국가와는 달리, 사회복지정책을 통해 국민 누구에게나 최저수준을 보장하려 한다. 최저수준의 생활을 보장하는 것은 사회보험제도만으로는 불가능하기 때문에, 공공부조나 사회적 서비스를 확충하게 된다. 그러나 사회보장국가에서 추구하는 최저수준의 보장은 평등주의의 실현과는 다르다. 즉, 사회보장국가에서는 기회균등과 어느 수준까지의 평등만을 보장하며, 완전한 평등을 추구하지는 않으면서 개인이 자발적으로 자신의 복지향상에 기여할 수 있는 여지를 남겨 둔다. 여기에 속하는 대표적인 국가는 영국이다.

퍼니스와 틸톤은 사회복지국가를 광범위한 사회복지서비스의 제공뿐만 아니라, 평등과 정치활동에의 참여를 촉진함으로써, 모든 사람의 안녕을 보장하는 국가로 규정한다. 사회복지국가가 사회보장국가와 다른 점은 평등과 정부와 기업, 그리고 노동조합과의 협동을 강조한다는 점이다. 사회복지국가에서는 평등과 국민화합의 실현을 위해 정부와 기업, 그리고 상대적 취약계층 간의 협조관계를 강화한다. 이를 위해 정부는 노동조합과 긴밀히 협조하여 고용정책이나 임금정책을 실시하며, 사회복지제도는 최하계층의 요구를 우선적으로 수용하도록 고안되어 있다. 이러한 정책은 임금과 고용결정에 있어서 노동자의 적극적 참여를 의미한다. 그래서 이들 국가에서는 경제정책이 사회정책의 구속을 받게 된다. 사회복지국가에서는 국민화합에 방해가 되는 사유 재산은 규제되며 환경오염 및 국민의 삶의 질을 저하시키는 도시계획이나 재개발사업도 금지된다. 사회복지서비스는 취약계층에 대한 지원을 넘어서서 국가정책결정과정에 참여하는 수단으로 인식된다. 이런 의미에서 퍼니스와 틸톤은 스웨덴을 가장 대표적인 사회복지국가로 보았다.

〈표 4-4〉 퍼니스와 틸톤의 복지국가 유형

유 형	내 용	국가
적극적 국가	복지보다는 경제적 효율성과 시장을 중시하며, 복지는 단지 시장에서 배제된 사람들을 위한 시혜적 또는 통제적 장치일 뿐 복지국가라 볼 수 없음.	미국
사회보장국가	지방분권의 전통 아래 국민 최저만을 보장하는 국가	영국
사회복지국가	유럽의 강력한 중앙집권의 전통을 유지하면서 소득, 재산 및 권력의 불평등을 제거하기 위해 정부가 적극적으로 나서는 국가	스웨덴

자료: 원석조(2018: 161).

(2) 미쉬라의 유형

캐나다 사회과학자인 미쉬라(Mishra, 1984)에 따르면, 복지국가는 '분화된 복지국가(differentiated welfare state)'와 '통합된 복지국가(integrated welfare state)'로 나눌 수 있다. 여기서 분화와 통합은 사회복지와 경제의 분화 또는 통합을 의미한다.

미쉬라는 영국의 사회복지와 미국의 사회복지는 상당한 차이가 있다는 티트머스의 주장을 반박하면서, 영국과 미국 모두 분화된 복지국가로 보았다. 그는 양국 모두 자유시장경제의 지배를 받고 있고, 이익집단이 정치적 의사결정과정에 영향을 미치기 위해 서로 경쟁하는 다원주의 정치체제를 지니고 있다고 보면서, 이들 국가에서는 경제와 복지는 구분되어 있다고 보았다.

그러나 미쉬라는 영국 외의 유럽 국가들은 조합주의(corporatism)라고 알려져 있는 정치·경제 체제를 지니고 있다고 보았다. 이러한 국가에서는 정부, 사용자, 노동자의 세 세력이 협력하여 경제를 규제하고 사회복지급여를 종합적인 경제 및 사회정책으로 통합한다. 따라서, 사회복지정책은 계층 간의 경쟁과 갈등보다는 협력과 합의를 바탕으로 한다. 또한 사회복지는 경제와 분리되는 것이 아니라, 경제정책과 밀접하게 조화된다. 통합된 복지국가의 가장 독특한 특징은 사회복지와 경제의 통합이다. 미쉬라는 오스트리아와 스웨덴과 같은 국가를 가장 대표적인 통합된 복지국가라고 보았다.

미쉬라는 1980년대 복지국가가 위기에 봉착하는 것을 바라보면서 이 위기를 극복하기 위한 대안으로 조합주의를 생각했다. 즉, 미쉬라는 복지국가의 위기를 해결하기 위한 방안으로 우파에서 주장하는 자유방임주의로의 회귀나 좌파에서 주장하는 자본주의의 철폐 모두 해결책이 되지 못하며, 조합주의에 입각한 새로운 형태의 사회복지와 경제가 통합된 복지국가만 이 복지국가의 위기를 해결할 수 있다고 보았다.

또한 복지국가는 권력의 불평등을 제거하기 위해 정부가 적극적으로 나서는 국가이다. 이 경우 대표적인 사회복지국가는 스웨덴이다.

(3) 에스핑-앤더슨의 유형

가장 유명한 복지국가 유형은 에스핑-앤더슨(Esping-Andersen, 1990)이 주장하는 복지자본주의의 세 가지 형태(three worlds of welfare capitalism)이다. 그는 탈상품화점수(decommodification score)와 복지지출을 기준으로 복지국가를 분류했다. 탈상품화점수는 연금, 건강보험, 실업보험과 같은 3대 사회보험에 있어서 ① 최저급여액의 평균 임금에 대한 비율, ② 평균 급여액의 평균 임금에 대한 비율소득대체율을 의미, ③ 급여 수급 자격요건(가입기간), ④ 전체 재정 중 수급자 부담의 비율, ⑤ 전체 인구 중 실제 수급자의 비율을 점수로 매긴 것이다. 이를 근거로 그는 복지국가를 자유주의 복지체제(the liberal welfare regime), 협동조합주의자 복지국가(the corporatist welfare state), 사회민주주의 복지국가(the social democratic welfare state)로 유형화했다.

자유주의 복지체제는 시장과 민간부문에 기초해 있다. 국가는 자산조사를 통한 빈곤제거와 기본적인 욕구충족에만 개입한다. 사회보장 수준은 낮고 사회적 불평등도는 높다. 미국, 호주, 캐나다, 스위스, 일본 등이다.

협동조합주의자 복지국가는 직업범주에 따른 소득보장에 기초해 있다. 사회보험의 역할이 가장 크다. 중간 수준의 복지를 보장하며, 사회적 불평등을 어느 정도 용인한다. 독일, 오스트리아, 벨기에, 프랑스, 스페인, 이탈리아가 협동조합주의자 복지국가이다.

사회민주주의 복지국가는 보편주의 원칙에 기초해 있다. 시민권에 의거해 사회복지 급여와 서비스를 제공한다. 사회복지에 있어서 가족과 시장의 역할은 제한적이다. 사회복지정책은 시장에 대항하는 정책으로 인식된다. 스웨덴, 덴마크, 핀란드, 노르웨이 등 노르딕 국가와 네덜란드가 이에 속한다.

〈표 4-5〉 에스핑-앤더슨의 복지국가 유형

유 형	내 용	국 가
자유주의 복지체제	복지국가는 시장과 민간부문에 기초해 있다. 국가는 자산조사를 통한 빈곤제거와 기본적인 욕구충족에만 개입한다. 사회보장 수준은 낮고 사회적 불평등 수준은 높다.	미국, 호주, 캐나다, 스위스, 일본
협동조합주의자 복지국가	복지국가는 직업범주에 따른 소득보장에 기초해 있다. 사회보험의 역할이 가장 크다. 중간 수준의 복지를 보장하며 사회적 불평등을 어느 정도 용인한다.	독일, 오스트리아, 벨기에, 프랑스, 스페인, 이탈리아
사회민주주의 복지국가	복지국가는 보편주의 원칙에 기초해 있다. 사회복지급여와 서비스는 시민의 권리이다. 사회복지에 있어서 가족과 시장의 역할은 제한적이다. 사회정책은 시장에 대항하는 정책으로 인식된다.	스웨덴, 덴마크, 핀란드, 노르웨이, 네덜란드

자료: 원석조(2018: 162).

결론적으로 복지국가는 전형적인 세 가지 거시적 원칙으로 ① 모든 시민에게 구 권리 성격의 급여제공, ② 경제에 대한 정부의 통제, ③ 완전고용 등을 가진다. 이러한 원칙에 힘입어서 복지국가들은 보호가 필요한 사람을 위한 경제적 보호수준을 대폭 향상시켰을 뿐만 아니라, 광범위한 건강서비스와 교육서비스도 제공한다. 따라서, 복지국가는 ① 이념적으로 사회민주주의를 추구하고, ② 정치적으로 의회민주주의를 신봉하며, ③ 경제적으로 혼합경제를 지향하고, ④ 사회적으로 완전고용과 사회보장제도가 실현된 국가를 말한다.

연 습 문 제

1. 사회복지정책의 역사에 관한 설명으로 옳지 않은 것은?

① 1883년 독일의 질병(건강)보험은 최초의 사회보험이다.
② 우리나라의 건강보험과 국민연금 중 적용범위가 농어민으로까지 먼저 확대된 것은 국민연금이다.
③ 1980년대 미국에서는 의료부조(Medicaid), 요보호아동가족부조(AFDC) 등의 공공부조 급여 수준이 삭감되었다.
④ 우리나라의 최저임금제도는 1986년에 최저임금법이 제정되어 1988년에 시행되었다.
⑤ 영국의 베버리지 보고서(Beveridge Report)에서는 아동수당, 포괄적 보건의료서비스뿐만 아니라, 완전고용도 강조하였다.

2. 사회복지 이념에 관한 설명으로 옳지 않은 것은?

① 제3의 길 : 근로와 복지가 연계될 필요가 있다.
② 케인즈주의 : 시장실패에 대해 국가가 적절히 개입해야 한다.
③ 페이비언사회주의 : 가족 등 비공식 부문의 역할이 상대적으로 중요하다.
④ 마르크스주의 : 복지국가는 자본과 노동계급 간 갈등이 결과이다.
⑤ 반집합주의 : 사회복지는 개인의 자유와 선택을 제한한다.

3. 정책대안을 비교분석하는 기준에 관한 설명으로 옳은 것은?

① 사회적 효과성은 정책대안이 가진 사회통합 기능에 주안점을 둔다.
② 정치적 실현 가능성은 정책대안이 사회계층 간 불평등을 얼마나 시정할 수 있는지와 관련된다.
③ 효율성은 정책대안이 가진 기술적 문제와 집행 가능성 모두와 관련된다.
④ 사회적 형평성은 정책대안이 가진 정치적 수용 가능성을 중요시한다.
⑤ 기술적 실현 가능성은 정책대안이 문제해결을 위한 복지서비스를 최대한으로 창출해 낼 수 있는지를 중요시한다.

정답 1. ② 2. ③ 3. ①

CHAPTER 5

사회복지행정

학습목표

1. 행정에 대한 기본적 이해
2. 전달체계에 대한 이해
3. 관리체계의 업무분담 학습

학습내용

1. 사회복지행정의 개념
2. 사회복지의 조직구조
3. 사회복지 전달체계
4. 사회복지행정의 관리

개 요

사회복지행정은 사회복지정책을 서비스로 전환시키는 사회복지조직의 목표달성을 위한 조직구성원의 협력적인 활동의 체계와 과정이다. 사회복지행정은 하나의 정책전환과정의 특성을 강조하기도 하고, 사회복지실천이 한 방법으로 보기도 하며, 전문적인 개입활동 또는 실천활동의 특성을 가진다고 파악하기도 한다. 또한 행정의 특성을 강조하여 사회복지행정이 관리기술 또는 관리과정으로 제시되기도 한다. 본 장에서는 사회복지행정의 전반적인 이해를 돕고자 한다.

5 CHAPTER

사 회 복 지 행 정

1. 사회복지행정의 개념

1) 사회복지행정의 정의

사회복지행정(social welfare administration)이란, 사회복지를 행정 또는 관리한다는 뜻이다. 여기에서 행정이란, 정부조직의 활동을 지칭하는 것이 아니라, 보다 폭넓게 공공이나 민간조직의 경영이나 관리를 포괄하는 용어이다. 여기서 행정(administration)과 관리(management)라는 용어는 유사한 성격의 개념이다. 다만, 행정은 공공의 사무를 지칭하는 것으로 많이 쓰였고, 관리는 보다 일반적인 용어로 쓰이는 경향이 있다. 우리나라에서 '경영'이라는 용어는 보다 상급 차원의 관리를 의미하는 것처럼 쓰인다. 따라서, 사회복지행정이라고 할 때, 행정, 관리, 경영의 의미를 포괄한다고 볼 수 있다.

사회복지행정이란, 사회복지(social welfare)와 행정(administration)의 개념이므로 우선 두 용어에 대한 개별적인 이해가 필요하다. 사회복지 협의의 개념은 사회복지서비스 대상을 약자 또는 요보호대상자로 한정시킨 소극적 개념으로 가족이나 시장으로부터 소외된 자들에게 공공복지정책이 개입하여 보호, 육성, 지도, 치료, 예방하는 서비스이다.

광의의 개념은 모든 계층을 대상으로 사회적 욕구를 충족시키기 위한 사회복지서비스 방법으로 프로그램 급부 및 서비스 체계와 최소한의 욕구를 제공한다. 즉, 의식주, 보건, 의료, 교육, 훈련, 경제활동 등 국민생활에 대한 최저수준을 확보해 주는 사회적 서비스를 총칭한다. 종합적인 사회복지 개념은 모든 국민의 인간다운 생활을 보장하고 삶의 질을 향상시키기 위하여 국가와 여러 단체들의 조직적이고 체계적인 노력을 통하여 이루어지는 제반활동을 말한다. 행정이란, 정치권력을 배경으로 공공정책을 형성하고 구체화를 이룩하려는 행정조직의 집단행동이라 할 수 있다. 대개 강제성을 지닌 정치권력으로 권력과 관리능력을 동시에 가지고 있으며, 행정조직을 중심으로 공익을 추구하는 일련의 집단행동이다. 따라서, 사회복지행정은 사회복지 조직의 운영과 목표달성을 위하여 관리자의 가치, 지식, 기술, 리더십을 반영하여 조직의 목표를 기획(planning)하여 실천(doing)하고 성과를 평가(seeing)하는 체계적인 관리활동이다.

협의의 사회복지행정이 관리자에 의한 체계적인 개입의 관리활동이라면, 광의의 사회복지행정은 조직의 운영과 목표달성을 위하여 조직의 모든 구성원들이 참여하고 기여하는 사회과학적 지식으로 접근하는 것이다. 물론 협의의 관점과 광의의 관점이 중첩되어 있지만, 협의의 사회복지행정인 개별사회사업(casework), 집단사회사업(group work), 지역사회조직사업(community organization)만으로는 사회의 욕구와 문제를 해결할 수 없어, 현대에는 사회복지조직의 운영과 목표달성을 위해 사회과학적 지식과 기술을 접목시키고 있으며(Patti, 1983), 사회복지행정의 이 두 개념을 엄격하게 구별하기보다는 지식과 기술을 연속적으로 활용한다. 그리하여 사회복지행정이란, 사회복지정책을 사회복지서비스로 전환시키는 데 필요한 사회복지조직의 총체적인 관리활동이므로, 사회복지가 하나의 제도로 발전되어 공적 · 사적 조직을 통해 전달되므로 협의의 개념을 포함한 광의의 개념으로 보는 것이 바람직하다(전해황 외, 2016: 9~10).

사회복지행정의 정의에 대한 학설에서 알 수 있듯이 하나의 정책전환과정의 특성을 강조하기도 하고, 사회복지실천의 한 방법으로 보기도 하며, 전문적인 개입활동 또는 실천활동의 특성을 가진다고 파악하기도 한다. 또한 행정의 특성을 강조하여 사회복지행정이 관리기술 또는 관리과정으로 제시되기도 한다. 따라서, 사회복지행정이란 사회복지정책을 서비스로 전환시키는 사회복지조직의 목표달성을 위한 조직구성원의 협력적인 활동의 체계와 과정이라고 정의할 수 있다.

2) 사회복지행정의 필요성

오늘날 사회복지행정가의 전문적인 역할에 대한 관심이 증가하고 있다. 사회복지현장에서는 사회복지행정에 대한 지식, 능력 및 기술을 갖추어야 유능한 사회복지행정가가 될 수 있음을 강조하고 있다(Skidmore, 1994). 이에 학교현장의 교육자와 학생들도 재학 중에 사회복지행정에 대한 기본적인 지식과 기술을 습득하기 위해서 노력하고 있다.

사회복지행정의 필요성은 복지행정의 개념을 보다 명확하게 이해하는 지름길이다. 그 필요성은 사회복지 거시적 환경의 변화와 현대 사회복지의 특성을 바탕으로 나타난다. 사회복지환경의 변화로 나타나는 다양한 복지욕구 충족을 위해서는 조직적 활동을 통해 목적달성에 기여할 수 있도록 노력해야 한다. 또한 현대사회의 복지서비스는 대부분 공식적인 복지기관이나 단체에 의해 수행되므로, 복지활동 과정에서 행정이 없을 경우 발생하는 문제를 극복하지 못하면 효과적인 사회복지서비스는 불가능하다. 사회복지행정은 복지서비스의 충실한 이용을 위해서 필수적이다(신복기 외, 2017: 15).

미국사회복지교육협의회(CSWE)는 사회복지행정에 대한 학교교육은 다음의 3가지 목표를 지향해야 한다고 규정하고 있다(Gummer, 1975).

① 사회복지학과 학생은 일선 사회복지사로서의 실무에 필요한 행정에 대한 지식을 갖추어야 한다.

② 사회복지학과 학생은 일선 사회복지사에서 관리행정직으로 이동할 때 활용할 수 있도록 관리행정가에게 필요한 행정에 대한 지식을 충분히 갖추어야 한다.

③ 사회복지행정을 실무적으로 전공하려는 사회복지학과 학생은 실제 행정을 담당할 수 있도록 충분한 지식과 기술을 갖추어야 한다.

그렇다면 사회복지행정이 필요한 이유는 무엇인가? 사회복지행정의 필요성을 좀 더

쉽게 이해하기 위해 사회복지행정이 없다면 기관에서 무슨 일이 일어날지 상상해 볼 필요가 있다(Weinbach, 1993).

① 클라이언트와 직원들은 즉흥적으로 행동할 것이다.
② 직원들은 무계획적으로 업무를 시작하고, 각자의 업무는 다른 직원들의 활동과는 유기적인 관련이 없을 것이다.
③ 자신의 업무나 다른 사람의 업무에 대해 책임을 지지 않을 것이다.
④ 다른 사람의 업무, 프로그램 및 서비스를 평가하지 않을 것이다.
⑤ 지역사회에서의 조직의 현재 역할에 대해 알지 못할 것이고, 조직의 미래에 대한 관심도 없을 것이다.
⑥ 다른 직원과 정보를 공유하려 하지 않을 것이다.
⑦ 확실한 지도자가 없고 직원들에 대한 분명한 역할기대도 없을 것이다. 각자가 자신의 업무에 대해 일방적으로 결정할 것이다.
⑧ 직원들의 활동을 지도할 목표나 사명이 없을 것이다. 직원들은 각자 판단해 활동할 것이다.
⑨ 조직에는 직원들의 지식과 기술 향상을 지원할 수단이 없을 것이다.
⑩ 과업의 위임이 이루어지지 않을 것이다.

위와 같은 10가지 사례들은 사회복지조직에서 사회복지행정의 역할이 실종되면 나타날 수 있는 상황을 예로 든 것이다. 사회복지조직에서는 사회복지행정의 역할이 존재하지 않을 때 일대 혼란이 발생할 것이고, 사실상 조직의 목표 달성과 관련된 기본적인 과업조차 착수하지 못하게 될 것이다. ①, ②, ⑦, ⑧ 및 ⑩의 현상은 목적과 목표의 설정, 그에 따른 조직활동의 기획 및 업무할당의 조직화가 결여되면 발생할 수 있다. ③, ④ 및 ⑨는 사회복지기관의 인적자원관리가 잘못될 때 대표적으로 나타날 수 있는 책임과 평가의 부재현상이다. 또한 ②와 ⑥은 사회복지행정가의 조정역량이 결여되면 나타나는 협조체제의 부족현상이다. ⑤는 사회복지조직의 지역사회에서의 역할을 설정하고, 조직의 미래에 대한 비전을 제시하는 전략적 기획과 리더십의 필요성을 암시한다(심상용, 2017: 18).

사회복지행정의 필요성이 대두된 이유는 다음과 같다(고재욱 외, 2016: 22).

첫째, 복잡한 현대사회와 사회문제의 대두이다. 산업화로 인한 사회변동은 빈곤, 의료, 주택 등의 다양한 사회문제를 야기하였고, 이에 따라 사회 전체에 사회복지제도와 정책적 개입이 필요하게 되었다.

둘째, 사회체계와 인간의 상관성이다. 인간은 사회적 체계와 관계 속에서 존재하고 있으며, 혼자 존재할 수 없다는 점에 따라 지역사회 내 인적·물적 자원의 효율적인 활용은 합리적 행정과정을 통해서 달성될 수 있다.

셋째, 사회복지행정의 효과성과 효율성 활용이다. 사회복지조직에 있어 무엇보다도 인적·물적 자원의 적절한 획득과 활용이 매우 중요하다.

이러한 사회복지의 유한한 인적·물적 자원을 효과적·효율적으로 활용하여 클라이언트에게 필요한 서비스를 적절히 제공하고, 서비스의 효율성과 효과성을 높이는데, 사회복지행정 과정과 기술은 필수적이다.

사회복지행정의 일반적인 필요성은 다음과 같이 정리할 수 있다.

첫째, 사회복지행정은 사회복지조직이 사회로부터 위임받은 역할을 책임 있게 수행하기 위해 필요하다. 사회는 사회복지기관이 사회가 위임한 대로 클라이언트의 복지를 보호하고 향상시키는 역할기대의 충족을 바라고 있다(Hasenfeld, 1983). 그런데 조직은 하나의 유기체이고, 체계적인 활동을 통해 과업을 달성하기 때문에, 사회복지기관의 책임성은 사회복지행정의 기능을 통해 나타난다. 사회는 개별구성원이 아니라, 기관 자체의 역할과 책임성에 대한 기대를 바탕으로 권한을 위임해 준 것이다. 이처럼 사회복지행정의 필요성의 원천은 사회복지조직이 사회로부터 권한을 위임받고 있다는 데에 있다.

둘째, 사회복지행정은 전문화된 분업체제에 의존하는 사회복지조직을 관리해 사회복지서비스의 질을 제고하기 위해 필요하다. 상의하달식의 명령과 통제체제에 의해 운영되는 일반 관료제와는 달리, 사회복지기관은 일선 사회복지사들의 전문화된 분업체계에 의존하고 표준적인 업무통제가 어려운 측면이 있다. 따라서, 사회복지조직이 목적과 목표를 달성하기 위해서는 사회복지행정이 업무의 조정, 협조체제 유지, 상호작용 등의 적극적인 역할을 수행해야 한다(Patti, 1983). 전문화된 분업체계에 의존하는 사회복지조직의 특징에 부합하는 사회복지행정의 역할은 사회복지서비스의 질을 개선하는 효과로 나타난다. 사회복지조직의 운영과 기능을 개선하면 서비스의 효과성과 효율성이 증진될 수 있기 때문이다.

3) 사회복지행정의 특성

행정활동이나 관리방법은 조직에서 이루어지므로 조직의 성격과 추구하는 목표에 따라 다르게 적용된다. 특히, 사회복지조직은 행정활동 수행의 주요 대상이 요보호 인간이기 때문에, 기업행정, 정부행정, 교육행정 등의 공공행정조직에서 추구하는 목표, 가치, 평가척도를 다르게 해야 하는 고유한 특성이 있다.

사회복지행정의 특성은 다음과 같다(전해황 외, 2016: 11).

첫째, 대상의 차별성이다. 주요 적용대상이 문제나 욕구를 지닌 클라이언트이고 도덕적 가치를 지닌 인간이기 때문에, 도덕적으로 정당화되어야 하므로 기술과 활동의 적용에 있어서 제한적이다. 또한 변화와 개선을 위한 서비스 결과에 대하여 효과성 검증의 표준척도가 애매할 뿐만 아니라, 평가에 대한 논란도 많이 제기된다.

둘째, 재정원천의 차별성이다. 공익성을 추구하는 지역사회의 물적 · 인적 자원을 후원받아 운영되기 때문에 가치와 이해관계에서 정당화되어야 한다.

셋째, 서비스의 차별성이다.

사회복지행정의 유형을 사회복지행정, 사회사업기관행정, 공공사회복지행정으로 구분하여 보면 다음과 같다.

첫째, 사회복지행정으로 사회복지행정의 주체와 객체에 관계없이 사회복지기관에서 나타나는 행정현상에 초점을 두고 관리하는 일련의 기술적 과정 내지 협동적 집단활동으로 파악하는 견해이다.

둘째, 사회사업기관(시설)행정이다. 사회복지행정의 주체를 민간복지기관으로 간주하고, 객체를 클라이언트로 한정시켜 클라이언트에 대한 복지기관의 서비스 제공에 필요한 전문적인 과정으로 이해하는 개념이다. 시설이용방법에 따라 요보호대상자를 수용하여 24시간 보호하는 수용시설(생활시설)과 보호대상자를 통원하게 하여 서비스를 제공하는 이용시설이 있다. 수용시설은 기능에 따라서 보호, 양육, 치료, 요양, 훈련, 상담 등의 시설로 구분된다. 이용시설은 사회복지관, 장애인복지관, 노인복지회관 등을 말하며, 일반적으로 수용시설을 '시설'이라 하고, 이용시설을 '기관'이라고 부르며, 수용시설이 이용시설을 겸하는 경우도 있다. 이용자 요금수납에 따라 이용자 또는 그 부양의무자로부터 요금을 수납하여 운영하는 유료시설과, 이용자로부터 요금을 수납하지 않고 무료로 서비스를 제공하는 시설 또는 실비의 요금을 수납하는 무료시설로 분류할 수 있다.

셋째, 공공사회복지행정이다. 사회복지행정의 주체는 공공복지기관으로 간주하고, 객체는 클라이언트를 포함한 전 국민을 대상으로 하여 사회 전체적인 입장에서 문제해결을 하는 과정이나 기술로 이해하는 개념이다.

2. 사회복지 조직구조

1) 사회복지 조직구조의 개념

조직은 복수의 직원이 모여서 목적달성을 위해 협동하는 구조이며, 조직기능을 다할 수 있도록 팀워크가 이루어져야 한다. 관리자는 조직 이념과 방침을 주지시키고, 분명한 커뮤니케이션과 역할분담, 적절한 인재배치, 작업 사이의 상호연계가 가능한 체제를 만들어야 한다. 특히, 클라이언트 욕구에 맞는 서비스개선이 신속히 이루어지도록 현장의 사회복지사에게 적절하게 권한이 위임될 필요가 있다.

조직구조란, 구성요소들 사이에 상호작용이 이루어지는 객관적인 유형으로서 조직을 구성하는 틀을 의미한다. 일반적으로 공식적 조직은 업무분화와 위계질서, 통제범위 같은 조직의 요소를 고려하여 틀을 구성하게 된다.

현대적 조직은 권한이 분산된 형태를 유지하므로, 행정가와 직원 사이에 책임을 분담하고 협동적으로 일을 하며, 창의성과 동기를 유발하려고 한다. 권한 분산의 정도가 높을수록 조직 효과성은 높아질 것이다. 조직구조에 대한 개념을 명확히 함으로써 조직의 내부적 운영 과정을 보다 깊이 이해하게 될 것이다.

오늘날 조직이 대규모화되어 감에 따라, 관리비용이 증가하고, 조직의 경직성이 커지는 등 조직실패 현상이 심각해지고 있다. 따라서, 조직의 유연성과 활력의 부족, 고위직 증대 등의 문제를 해결하기 위해 학습하는 수평조직으로서 팀제조직의 도입이 가속화되고 있다. 수직적 계층조직을 팀 중심의 수평적 조직으로 전환함으로써 경직적인 고층구조인 부 · 과의 개념을 떠나 우연한 평면구조로의 전환이 이루어지며, 직급 중심이 아니라 업무중심의 의사결정이 이루어지게 된다.

사회복지조직의 구조적 특성은 다음과 같다(김경우 외, 2013: 110).

① 사회복지조직의 목표가 인간의 복지로서 추상적이고, 유동적이기 때문에, 조직구조 자체가 보다 탄력성을 지니고 있다.

② 사회복지조직은 그의 목표 수행을 전문적인 지식과 기술에 의존하고 있다.

③ 사회복지행정은 사회 평균적 수요를 충족 받지 못하고 있는 특정 클라이언트에 대한 서비스를 내용으로 하기 때문에 클라이언트 지향성이 강한 조직이다.

사회복지조직의 특징은 다음과 같다.

첫째, 탄력성이다. 사회복지조직은 보통의 일반 기업들이나 관공서 등의 조직들보다 탄력성이 있어서 향후 발전에 긍정적일 것 같다. 급변하는 21세기임에도 아직까지 관료주의적인 구조를 고수하는 조직들도 많이 있다. 이는 시대에 뒤떨어지는 제도이다. 하지만 조직의 특징상 사회복지조직은 빠르게 적응하고 발전할 것이다.

둘째, 전문성이다. 하지만 정부주도 사업 등의 경우 관료제 속에서 전문성을 발휘하기 힘들다. 관리중심제로 지속되거나 나아가게 되면 사회복지가 아니라, 그냥 일반행정으로 전락하기 쉽다. 사회복지가 가지는 전문성에 대한 제도적인 장치가 마련되어야 한다.

셋째, 클라이언트 지향성을 띠고 있기 때문에 접근성, 통합성, 지속성이 유지되어야 한다. 이런 면에 대해 기존에 나와 있는 방안들을 현장에서 잘 적용할 수 있는 이차적인 방안 또한 개발되어야 할 것이다.

오늘날 모든 조직은 개방체계로 보고 부단히 환경과 상호작용 속에서 성장하고 발달한다는 시각에 거의 모든 학자들이 동의하듯이, 개방체계적 시각을 갖는 이론의 중요성이 점차 강조되고 있다. 특히, 사회복지조직인 경우 환경에 대한 의존성이 다른 조직보다 매우 크기 때문에 개방체계적 시각에 속하는 이론을 자세히 이해하는 것이 매우 중요하다.

2) 사회복지 조직구조의 형태

조직은 조직을 구성할 수 있는 기본 골격이 있는데, 이를 조직구조라고 한다. 조직의 구조를 만드는 것은 조직의 목표를 보다 효과적이고 효율적으로 달성하기 위한 것이다. 조직구조의 유형은 매우 다양하다. 조직구조의 형태는 다음과 같다(고재욱 외, 114~120 ; 고수현 외, 2016: 95~120).

(1) 공식조직

공식조직(formal organization)이란, 기관장(director), 부기관장(assistant director), 슈퍼바이저(supervisor), 실무자(practitioner)가 있는 조직이다. 여기에는 직원관계에서의 위계질서의 조직과 위원회, 이사회의 배열을 포함한다. 공식조직의 구조적 요소는 조직이 갖추어야 할 기본적인 요소를 말한다. 이것은 네 가지로 설명된다.

첫째, 분업이다. 과업을 수행할 때 구성원들 간에 업무를 분담한다는 것이다. 여기에는 특정한 업무를 수행하기 위해 기능을 분담하는 것(differentiation)과 어떤 특정한 기능을 한 사람이나 한 부문이 담당하고, 다른 사람이나 부문은 그 기능을 담당하지 않는 전문화(specialization)가 있을 수 있다.

둘째, 위계적 과정이다. 위계적 과정이란, 명령(지휘) 계통, 권한의 위임, 명령의 통일성을 포함하는 것이다. 기본적으로 권력, 권한, 의사결정, 책임의 비중과 관련된 아래로부터 위까지의 계층적 조직이 명령 계통이 존재한다.

셋째, 구조이다. 조직구조는 그 기능을 수행하기 위해 권한 및 책임과 관련된 조직의 배열을 갖는다. 즉, 정책 및 기능과 관련된 부서가 설정되며, 기관에 따라 사회복지기관의 부서는 상당히 다양하다.

넷째, 통제의 범위이다. 통제의 범위란, 한 행정책임자 밑에 하위부서의 수를 얼마나 두며 이들 간의 관계를 어떻게 규정할 것이냐에 관한 것이다. 통제의 범위를 일률적으로 규정하는 것은 어렵지만, 사회복지 분야에서는 슈퍼바이저 한 명당 6~7명 이하의 하급자를 두는 것이 일반적이다.

조직의 공식적 구조는 크게 두 가지 차원을 고려한다. 조직의 업무들이 분화된 정도를 나타내는 수평적 세분화와 권한이나 명령 계통을 나타내는 수직적 위계화의 차원이다.

(2) 비공식조직

비공식조직(informal organization)은 말 그대로 어떤 공식적인 절차를 통해서 형성된 조직이 아니다. 조직 내 빈번하게 접촉하는 구성원들 사이에서 자연적으로 발생하는 소규모 집단(자생집단)을 말한다. 공식조직을 제도적인 조직이라고 한다면 비공식조직은 현실상의 조직이라고 할 수 있다. 비공식조직은 다음과 같은 효과적이고 적극적인 측면이 있다.

① 비공식조직은 의사소통의 통로(communication channel)로서 생각과 감정을 나눌 수 있는 기회를 제공한다.

② 행정가는 비공식적인 자리에서 직원들과 대화하고 그들의 제안과 건의를 받아들임으로써 조직의 응집력(cohensiveness)과 통합을 향상시킬 수 있다.

③ 비공식적인 자리에서 구성원들을 지지하고 인정함으로써 직원의 자아존중(self-esteem)을 향상시킬 수 있다.

비공식조직은 다음과 같은 면에서 공식조직에 도움이 될 수 있다.

① 비공식조직은 공식조직의 결함이나 약점을 보완함으로써 그것을 유지하는 데 도움이 될 수 있다.
② 비공식조직은 공식조직 내의 약점을 평가하는 데 도움을 주며, 새로운 욕구에 대한 주의를 환기시킨다.
③ 비공식조직은 공식조직에서 야기되는 긴장이나 압박감의 배출구를 마련해 준다.
④ 비공식집단은 가끔 변화의 대행자가 되어 변화를 가져오는 데 기여한다.

그러나 비공식조직은 그 비중이 너무 클 경우 목적 도치의 현상이 초래되기 쉽고, 비합리적인 의사결정의 원인이 될 수 있으며, 공식조직의 분열을 초래할 수도 있는 역기능을 가져오기도 한다. 공식조직과 비공식조직 사이의 불협화음을 해결하기 위한 방법으로는 첫째, 소외의 원인 제거, 둘째, 관계자의 설득, 셋째, 공식조직으로의 유인, 넷째, 전보나 해고가 있다(Skidmore, 1994).

3) 사회복지조직의 모형

사회복지조직은 조직활동의 성격에 맞게 조직모형을 선택할 필요가 있다(Weinbach, 1993). 사회복지조직의 모형에는 생산일선조직모형, 연계조직모형 및 고객서비스조직모형이 있다.

생산일선조직모형은 조직 효과성을 추구하기 위해 조직과정을 고도로 합리화하는 방안이다. 이 모형은 표준화된 서비스를 전달하는 조직에 적용된다. 여기에서는 업무단위는 중첩되지 않도록 세분화되고, 조직의 주요 기능은 업무단위별로 병렬 나열돼 수행된다. 사회보험관리조직을 예로 들 수 있다. 그러나 이 모델은 일선 조직구성원들의 전문적인 활동에 의존하는 대부분의 사회복지조직에 적용하기에는 한계가 있다.

사회복지조직들은 주로 적용하는 이론의 효과성을 측정하기 어렵고, 서비스 제공에 윤리 및 가치 판단이 개입되기 때문에, 서비스 전달 과정을 표준화할 여지가 크지 않다. 게다가 개입 결과의 바람직한 상태인 목표에 대한 합의 가능성이 높지 않기 때문에 조직활동의 합리성 수준을 판단할 기준을 마련하기 어렵다.

연계조직모형은 조직의 일차적 기능이 중계자의 역할인 조직에 적용되는 모형이다. 연계조직은 사람과 서비스를 연결지어 주는 활동을 주된 업무로 삼는다. 입양기관과 사회복지서비스 안내 및 의뢰 기관을 예로 들 수 있다. 이 조직의 세부적인 역할은 지역사회 자원에 대한 자료수집, 타 기관의 접수담당요원과의 연결 체계의 구축, 개인과 서비스가 잘 연계되도록 하는 계약관계의 주선 등이다.

고객서비스조직모형은 서비스의 비표준화가 특징인 조직에 적용되는 모형이다. 많은 사회복지조직에 적용되는 모형으로 전문직관료제모형과 유사하다. 이 모형에서는 조직의 목표 달성과 기능수행에 있어서 일선 조직구성원들의 개별화된 서비스의 비중이 절대적이다. 일선 조직구성원들의 전문적인 서비스 제공 활동에 크게 의존하기 때문에, 이들은 전문적인 업무수행에 관해 상당한 자율성을 갖는다(심상용, 2017: 207~208).

4) 사회복지조직과 환경

사회복지조직의 환경은 사회복지조직의 기능에 영향을 주는 내 · 외적 요소와 각종 인적 · 물적 · 문화적 · 사회적 자원 활용, 상호 관계, 행정조치 및 사회복지서비스 이용과 욕구충족 정도 등에 따라 구분할 수 있다. 그리고 현대 우리 사회의 고령화에 따른 노인복지의 질적 · 양적 향상과 장애인 · 부녀자 · 청소년 · 소외계층의 사회복지서비스를 효율적으로 추진할 수 있는 사회복지조직이 필요하다.

사회복지조직의 환경을 잘 조성하기 위해서는 사회복지조직의 재정적 안전성, 사회복지 전문가 육성과 사회복지조직원의 처우개선이 이루어져야 하고, 지역사회와 각종 유관기관 및 시민단체의 자율적 참여와 네트워크가 형성되어야 하며, 주민과 수요자가

질 높은 사회복지서비스를 받을 수 있는 인프라 구축과 프로그램 개발 그리고 정부와 지방자치단체장의 높은 관심이 요구된다.

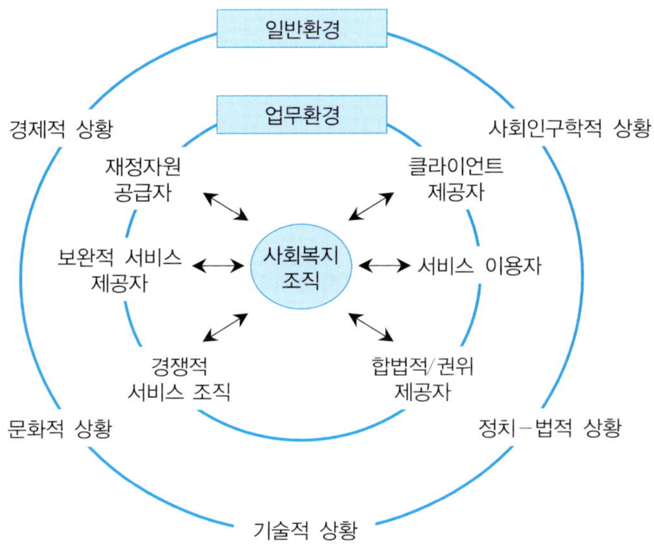

자료: 김영종(2017: 128).

[그림 5-1] 사회복지조직의 환경

사회복지조직은 공공성을 지니며, 그 목적을 달성하기 위한 인적·물적 변수의 효율적 조직이나 관리라는 점에서 공통의 일반조직과 같은 특성을 가진다. 특히, 인간을 대상으로 하는 고유의 특성이 있는 조직이므로, 도덕적 가치, 목표가 모호하며, 환경과의 관계에 어려움이 예상되고, 사회복지조직의 지식과 기술이 불완전하며, 핵심활동이 사회복지 요원과 클라이언트의 관계로 구성되고, 조직을 측정할 표준척도가 부재하다.

구체적 내용은 다음과 같다(김형수 외, 2014: 85).

첫째, 조직의 구성원이 도덕적 가치를 부여받은 인간이며, 조직활동에 대부분 영향을 미친다. 사회복지서비스 기술이 도덕적으로 정당화되어야 하는 이유는, 클라이언트와 관련된 모든 활동은 중대한 도덕적 결과를 초래하기 때문이다.

둘째, 사회복지조직의 목표가 모호하고 문제점을 가지며, 그 이유는 모든 사람이 갖는 가치관과 규범의 상호 합의가 어렵기 때문이다.

셋째, 사회복지조직은 환경과의 관계에서 많은 불확실성과 어려움이 있다. 사회복지조직의 운영과정에서 운영자금의 부족으로 인하여 조직 주변의 환경변화에 쉽게 영향을 받기 때문이다.

넷째, 사회복지조직은 바람직한 결과를 얻기 위한 지식과 기술이 불완전하다. 그 이유는 인간의 속성이 변동적이고 불안정하기 때문이며, 사람이 기능하는 기술과 변화방법의 지식이 단편적이고 불안하고, 사회복지관이 변화하고자 하는 속성의 관찰과 측정이 어렵기 때문이다.

다섯째, 사회복지조직의 효과성을 확실하고 타당하게 측정할 표준척도가 없다. 이는 조직목표의 다양성과 모호성, 서비스 기술의 불완전성, 인간 속성의 관찰과 측정의 어려움 때문이다.

그러므로 사회복지조직의 환경적 특성은 사회의 일반조직에 비하여 대부분의 업무와 서비스가 지역주민과 클라이언트를 대상으로 하기 때문에 사회복지조직의 요원이 도덕적으로 정당화되어야 하며, 사회복지조직의 목표를 좀 더 구체적이고 뚜렷하게 정하기 위한 조직환경을 개선해 나가야 하고, 사회복지환경을 원활히 하고 바람직한 결과를 얻기 위하여 복지자원을 많이 확보할 수 있는 방법과 함께 사회복지 전문요원의 지식, 기술, 방법, 프로그램을 개발하여 현장에 적용함을 게을리 해서는 안 된다. 그리고 사회복지조직의 효과성을 높이기 위하여 사회복지조직의 다양성과 뚜렷한 목표설정, 복지서비스 기술의 완전성 확보와 클라이언트와 주민의 만족도 측정과 점검을 통하여, 언제나 서비스의 질을 향상시키는 데 주력하여야 한다.

3. 사회복지서비스 전달체계

1) 사회복지서비스 전달체계의 개념

사회복지행정에 있어 전달체계란, 급여 또는 서비스를 효율적으로 클라이언트에게 전달하기 위하여 어떠한 조직을 통해서 실천할 것인가의 전략을 선택하는 것이다. 공급자는 전달체계를 통하여 수요자에게 사회복지 급여나 서비스를 제공하고, 수요자는 전달체계를 통하여 원하는 급여나 서비스를 제공받는다. 따라서, 사회복지서비스 전달체계(delivery system)란 지역사회 안에서 복지서비스 공급자들 사이에 그리고 복지서비스 공급자와 소비자들 사이에 존재하는 조직의 배열을 지칭하는 것이다. 다시 말해서, 사회복지서비스의 전달체계는 사회복지서비스의 공급자와 클라이언트 간을 연결시키기 위한 '조직적 장치(organizational arrangements)'이자 조직적 체계라고 할 수 있다(Terrell, 2012). 즉, 사회복지서비스를 공급하는 자들 간의 조직적인 연계 및 공급자와 소비자 간의 조직적 연결이다. 사회복지서비스 전달체계는 공급자의 수요자 욕구 조사→공급자에게서 전달체계로→전달체계에서 수요자로→수요자의 피드백이 공급자로 이르는 과정을 반복하면서 전달체계의 사이클을 만들어 나가고, 전달체계가 수정되거나 보완되기도 한다(김형수 외, 2014: 285).

사회복지서비스가 원활히 제공되기 위해서는 사회복지정책에 의해 할당된 자원을 서비스로 전환해 제공할 때, 전국 및 지역사회 차원에서 어떤 조직적인 관계를 활용할 것인가에 대해 합리적인 선택이 이루어져야 한다. 사회복지서비스 전달체계에 대한 선택은 서비스가 효과적·효율적으로 제공되는 데 영향을 줄 수밖에 없다. 따라서, 전달체계는 자원할당 시 수립된 사회적 목표를 달성하기 위해서비스 공급자로부터 소비자에 이르는 서비스 전달 과정에 대해 최적의 선택을 하도록 고안되어야 한다. 이때 서비스 전달의 전략(delivery strategy)은 서비스 전달체계의 전체적인 구조, 서비스를 전달하는 각 단계 단위들 간의 연결, 공급자의 지리적 위치, 서비스 전달을 담당할 인력의 자질과 능력 등에 대한 선택을 포함한다(Terrell, 2012).

그러므로 사회복지 전달체계란, 사회복지서비스의 공급자와 소비자를 연결시키기 위한 조직적 장치로 정의할 수 있으며, 지역사회 내에 존재하는 사회복지서비스의 공급자 간을 연결시키기 위하여 또는 사회복지서비스의 공급자와 소비자를 연결시키기 위하여 만들어진 조직적 체계인 것이다.

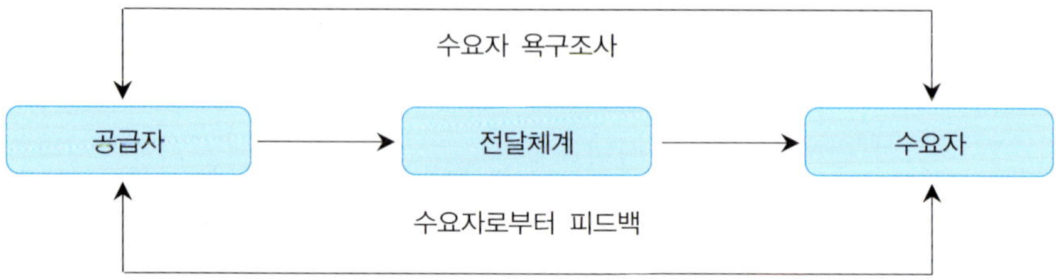

자료: 이종복 외(2015: 270).

[그림 5-2] 사회복지전달체계의 모형도

2) 공공사회복지서비스 전달체계

공공사회복지서비스 전달체계는 국가 또는 지방자치단체에 의해 수립 · 운영되고 있는 체계를 말한다. 중앙집권국가에서 지방은 지방행정기관에 불과하지만 지방자치를 실시하는 국가에서 지방은 자치권을 갖는다. 지방이 자치권을 가지면 중앙과 새로운 관계설정이 필요하고, 관계설정 향방에 따라 공공분야의 사회복지서비스 전달체계도 달라질 수밖에 없다. 따라서, 공적 사회복지서비스 전달체계에서도 달라질 수밖에 없다. 이는 중앙과 지방의 관계를 정부 간 관계(intergovernmental relation, IBR)이론으로 정리할 수 있다.

현행 공공복지전달체계는 크게 사회보험, 공공부조 그리고 사회복지서비스로 구분하여 살펴볼 수 있다. 중앙정부 차원에서의 전달되고 있는 5대 사회보험 가운데 산업재해보상보험과 고용보험은 고용노동부 소관으로 되어 있는데, 실제적인 업무는 근로복지공단에 위탁하여, 각 지역단위별로 설치된 지부를 통해 체계적으로 운영되고 있다. 국민연금과 국민건강보험, 노인장기요양보험 등의 사회보험 주무부서는 보건복지부인데 역시, 산하에 지역단위별로 각각 국민연금 관리공단, 국민건강보험공단 지부가 설치되어 있어 관련 업무를 독자적으로 전달하고 있다.

공공부조와 사회복지서비스 전달체계는 중앙 및 지방자치단체에서 분담하는 형태를 취하고 있다. 소관 중앙부서는 보건복지부이지만, 지방에는 보건복지부 지부나 사무소가 별도로 설치되어 있지 않고, 행정자치부 소속의 지방조직에 의해 전달되고 있어, 사회복지를 위한 별도의 전담기구를 갖추고 있지 않은 우리나라에서 지방정부는 공공사회복지서비스 전달체계로서 주요한 역할을 담당한다.

그러나 독자적인 사회복지 전달체계를 갖고 있지 않은 상황에서 나타난 문제점들, 즉 공공부문과 민간부문이 모두 공급자중심으로 운영되고 있어, 상호 간 연계 · 협력체계 및 정보공유 없이 개별적인 서비스를 제공하면서 나타나는 비효율성 등에 대한 개선의 필요성이 꾸준히 제기되기 시작하였다. 특히, 1980년대 이후 사회복지서비스 종류가 급격히 증가함에 따라 사회복지 전달체계의 모형이 여러 가지 제시되었는데, 이 중 2가지 모형을 정리해 보면 다음과 같다(전해황 외, 2016: 87).

① 행정자치부에서 독립하여 보건복지 산하에 사회복지사무소 등 별도의 사업소형태로 독자적 조직을 갖추는 모형

② 현재와 같이 행정자치부 행정체제를 유지하면서 시 · 군 · 구 단위에서 사회복지 행정기관을 그대로 두고 사회복지전문요원을 보건소에 배치하여 보건업무와 사회복지업무를 접목시키는 보건복지사무소 모형

3) 민간사회복지서비스 전달체계

사회복지서비스 전달체계는 공식적으로 조직된 정부의 공적 전달체계 외에도 민간 전달체계가 있다. 그러나 국가의 기능으로 제도화된 오늘날에도 여전히 사적 사회복지서비스 전달체계에 의해 이루어지고 있다.

민간전달체계는 사회복지시설을 비롯해서 기업의 복지재단, 종교기관의 사회복지

담당자, 공익을 추구하는 시민사회단체 등을 포함한다. 각각의 기관 및 단체는 특성에 따라 기업의 이미지 제고나 사회의 환원 차원에서, 종교적 실천활동 차원에서, 복지의 여론화, 사회복지운동 차원에서 사회복지서비스를 전달하고 있다.

사회복지서비스 중 공식적으로 조직된 활동 주체로서의 전달 주체 또는 운영 주체는 정부의 공적전달체계 이외에도 민간사회복지서비스 전달체제도 있다.

민간사회복지서비스 전달체계의 필요성을 살펴보면 다음과 같다(이종복 외, 2015: 300).

① 정부제공서비스 담당자에 대한 서비스 제공
② 정부가 제공할 수 없는 서비스 제공
③ 동일한 종류의 서비스에 대한 선택의 기회 제공
④ 사회복지서비스의 선도적 개발 및 보급
⑤ 민간의 사회복지참여 욕구 수렴
⑥ 정부의 사회복지활동에 대한 압력단체 역할
⑦ 국가의 사회복지비용 절약

사회복지 기관은 여러 가지 기준에 의하여 분류될 수 있다.

① 조직에서 제공하는 서비스의 대상자에 따른 분류
② 제공하는 서비스가 클라이언트나 소비자에게 직접적으로 전달되느냐 아니면 서비스의 기획과 감독 등의 업무를 수행하여 간접적으로 전달하느냐에 따른 분류
③ 서비스를 제공하는 장소 이외의 다른 장소에 거주하면서 서비스를 제공하는 분류
④ 해결해야 할 문제나 욕구별 또는 문제나 욕구를 가지고 있는 대상인구집단에 따른 분류
⑤ 조직 설립 주체의 성격에 따른 분류

이상에서 살펴본 바와 같이 민간사회복지서비스 전달체계는 다양하게 분류될 수 있고, 또한 다루는 사회적 서비스도 다양하기 때문에, 민간사회복지서비스 전달체계를

공공사회복지서비스 전달체계처럼 일률적으로 취급하기란 쉽지 않다. 공적전달체계는 보건복지부가 중심이지만, 민간전달체계는 사회복지협의회 또는 사회복지공동모금회 등이 중심을 이루고 있다.

4. 사회복지행정의 관리

1) 인적자원관리

인적자원관리(Human Resource Management)는 조직의 성장과 유지라는 목적을 달성하기 위하여 필요한 자원 중 인적자원(HR)에 대한 관리(Management)라는 의미가 있다. 즉, '인적자원'과 '관리'라는 두 용어의 합성어로서 인적자원은 사회 · 경제적 가치를 생산 · 분배하는 투입요소를 뜻하고, 관리는 하나의 제도(institution)나 방식(rule)으로 볼 수 있다. 따라서, 인적자원관리의 의미는 조직에 필요한 인적자원(인력)의 수요와 공급을 계획하는 인적자원계획(Human Resource Planning)에서부터 일단 충원된 인적자원이 조직 내에서 업무수행을 개선할 수 있도록 지식, 기술, 역량을 증진시키는 인적자원개발(Human Resource Development), 그리고 배치, 이동, 평가관리 등의 인적자원활용(Human Resource Utilization)에 이르기까지의 다양한 측면의 활동이라고 정의할 수 있다. 이렇게 볼 때, 공공조직이나 민간조직에서의 인적자원관리는 종래의 '인사관리'나 '인사행정'의 개념에 비하여 확대된 개념이다. 왜냐하면 인적자원관리는 조직의 목적달성을 위한 자원활용 차원에서 인적자원을 대상으로 획득 · 개발 · 평가에 관한 전반적 활동이기 때문이다(고수현 외, 2016: 156).

그러므로 인적자원관리는 인사관리라고도 하며, 개인과 조직의 목표를 달성하기 위해 장 · 단기적인 인적자원을 계획(Planning)하고, 조직화(Organizing)하면서, 지도(Leading)하고 통제(controlling)하는 총체적 관리행위로써 정의될 수 있다. 즉, 조직의 운영목적을 달성하기 위하여 인적자원을 최대로 활용하기 위한 관리활동이라고 할 수 있다.

인적자원관리는 조직에서 가장 중요한 요소로 인식되고 있는 사람에 관계되는 문제를 다루고 있으며, 조직의 관리일반과 유기적인 관련을 맺고 있다. 따라서, 인적자원관리를 인력의 조달과 유지, 활용, 개발에 관한 계획적이고 조직적인 관리활동의 체계라고 정의할 수 있다.

첫째, 인적자원관리는 조직체의 인적자원을 관리하는 경영의 한 부분 또는 하위과정이다.

둘째, 인적자원관리는 조직의 목표를 달성하기 위하여 모든 조직구성원을 대상으로 경영 각 계층에서 발휘되는 필수기능이므로, 조직체의 최고관리층에서 하부의 일선관리자에 이르기까지 모든 실무관리자들이 수행해야 하는 기본적인 일반관리기능이다.

인사관리의 기능은 인력계획, 경력관리, 보수 및 퇴직금, 보건, 안전 및 복지후생, 사기와 인간관계관리, 복무와 근무규율, 노사협조, 인사관리정보체계이다. 인사관리의 핵심요소는 업무분석 및 업무성과에 대한 평가, 직원개발 및 보상 등을 들 수 있다.

인사관리의 과정은 충원계획수립에 의해 모집하고 선발하며 임용한다. 그리고 오리엔테이션을 통해 평가하고 승진하며 해임하는 과정을 거치고 있다. 인적자원관리의 변화방향은 다음과 같다.

첫째, 전통적인 인적자원관리는 승진중심의 수직적 이동, 조직 간 이동성이 낮다.

둘째, 지시 통제의 관리방식과 직급중심의 인사체계이다.

오늘날의 인적자원관리는 전문성 위주의 수평 · 수직이동으로 조직 간 이동성이 높으며, 임파워먼트형 관리방식, 그리고 직무와 역량중심의 인사체계로의 변화가 요구된다.

2) 재정관리

재정관리란, 수입에 대한 지출을 합리적으로 관리하는 것으로, 할당 받은 자원을 어떻게 유효적절하게 사용할 것인가를 계획해서 합리적으로 관리하는 것이다. 다시 말해서, 조직이 목표달성을 위해 필요한 재정자원을 합리적이고, 계획적으로 동원, 배분하고, 이를 효율적으로 사용, 관리하는 과정이다.

재정관리 자체로서 한 조직이 추구하는 목표나 실행 방식에 관한 대부분의 의사결정을 대변한다. 재정관리의 출발은 예산의 편성과 책정에 있다. 예산이란, 특정 기간 동안 특정 목표를 성취하는 데 수반되는 수입과 지출에 관한 예상 계획이다. 예산은 의사결정의 도구로서, 조직의 목적을 현실적 서비스로 전환하는 도구로서 예산과정에 필요한 자질을 갖추지 못하면 관리자는 예산에 종속되는 부작용이 나타날 수 있다. 예산과정(budgeting)은 조직이나 프로그램에 필요한 예산을 편성하고 책정되는 과정으로, 의사소통과 그 결과로서의 의사결정을 수반한다. 예산과정에서 의사소통의 주된 도구는 '예산양식'이다.

예산양식(budget form)은 예산에 관한 의사소통 방식을 규정하는 것으로, 예산양식은 품목 예산, 기능 또는 수행 예산, 프로그램 예산, PPBS, ZBB, PPB 등으로 전통적으로 품목예산이 많이 사용되었으나, 점차 프로그램 예산에 대한 강조가 높아지고 있다.

사회복지조직에서 재정관리의 특징은 다음과 같다(김경우 외, 2013: 230~231).

첫째, 사회복지조직은 재원의 지속적인 조달을 직접적으로 통제하기 어려움이 있다. 그것은 법적으로 위임된 서비스에 소요되는 재원도 입법기관에 의해 재원이 할당되고 영업부문과 달리 소비자에게 접근할 수 있는 통로가 제한(홍보, 마케팅, 상품개발 등)되기 때문이다.

둘째, 사회복지조직은 매우 다양한 재원을 갖고 있으며, 정부보조금, 재단지원금, 후원금, 개별기부 등의 기부금, 그리고 서비스 요금, 대여, 상품판매 등의 수익사업에 의한 이용료, 기타 특별행사나 기증, 투자 등의 수입이 있다.

셋째, 다양한 원천으로부터 재원을 확보하기 위해 특별한 업무를 수행한다. 사업제안서(proposal), 정부와의 계약, 기부자에게 후원금을 요청, 공동모금회 등의 모금행사에 공동으로 참가, 클라이언트에게 요금을 지불하도록 마케팅한다.

사회복지서비스 프로그램의 예산안에 다음 사항들이 기본적으로 포함된다. 즉, 프로그램 목적에 대한 개요, 서비스에 대한 정의, 대상 인구의 규모와 서비스 활용 수준에 관한 추정, 프로그램의 비용 예상과 요구 자금의 액수 등이 포함된다.

비영리 사회복지조직은 그 특성상 다수의 자원제공처를 가지며, 각 자원제공처는 조직에 대해 자신들만의 예산안 양식과 의사소통의 절차를 요구한다. 사회복지조직으로서는 각 자원제공처가 제시하는 목적과 의도가 조직활동을 통해 실현될 수 있도록 할 책임을 지니고 있으며, 사회복지조직의 관리자들은 다양한 예산 양식에 대해 폭넓은 이해가 필요하다.

3) 정보관리의 정의

정보(information)란, 자료를 기반으로 한 개인이나 조직이 의사결정을 내리는 데 실질적인 가치가 있거나, 유용하게 쓰이도록 전환되는 것을 의미한다. 따라서, 자료(원료)가 정보로서의 가치를 발휘하기까지는 여러 단계를 거쳐 특정한 목적에 맞는 정보를 생산하게 되는 것이다.

어느 시대에나 사람들은 정보를 필요로 했고, 이를 만들어서 사용해 왔다. 그러나 정보 자체를 중요한 관리의 대상으로 삼은 것은 불과 최근의 일이다. 정보통신기술(ICT)의 발달에 힘입은 탓도 크지만, 보다 근원적인 동인은 현대 조직사회의 대규모화와 복잡성 때문이다. 수많은 사람 사이에서 복잡한 의사소통이 확대되는 사회에서는 정보를 관리하는 일이 필수적으로 될 수밖에 없다. 사회복지조직의 경우도 이러한 동일한 사회적 맥락의 영향 아래 있다.

정보관리는 문서와 문서보관, 그리고 종이로 된 문서, 매체와 기록들의 수명관리로 크게 제한되었으나, 1970년에 시작된 정보기술의 확산으로 데이터 보관 분야를 포함한 정보관리 직업은 새로운 빛이 되었다. 1990년대 말 정보가 컴퓨터 네트워크와 다른 전자기기들 간에 정식으로 확산되었을 때, 네트워크 관리자들은 정보 관리자들이 되었다. 따라서, 정보관리는 가장 최근에 사용가능한 도구로 강력한 자원이 되었다.

정보가 의사결정에 도움이 되기 위해서는 정확성 · 신속성 · 적시성 · 대량성 등의 조건이 충족되어야 한다. 그러기 위해서는 우선 수집의 시스템이 완비되어야 함은 물론, 그것이 처리 · 전달 · 저장의 각 시스템과 유기적으로 결합되어 있지 않으면 안 된다.

이러한 일은 종래 사무관리 분야에서 문제되었던 것이나, 정보과학의 발달과 응용,

컴퓨터에 의한 정보의 처리 · 전달 · 저장의 응용 등과 함께 사무관리와는 별도로 정보관리(Information Management)라는 말이 쓰이게 되었다. 정보화 사회인 현대산업사회는 지식과 직무의 전문화(Specialization of knowledge and tasks)가 기본적으로 요구되고 있다. 사회복지조직에 있어서도 확대되고 포괄적인 사회복지서비스를 제공하기 위해서 많은 정보들을 체계적으로 보관하고, 또 효과적으로 관리하는 것이 절대적으로 필요하다.

오늘날의 모든 조직들은 막대한 정보를 수용하는 정보망을 형성하고 있으며, 이러한 제반 정보의 효율적인 관리를 위해 정보관리를 필요로 하고 있다. 정보관리란, 각종의 정보를 가장 능률적이며 합리적으로 정확하게 수집 · 분류 · 정리 · 분석 · 전달하고 이용해서 처분하는 일련의 과정이며, 정보를 그 목표달성의 수단으로 이용하는 관리방식이다(권육상 외, 2012: 198 재인용).

사회복지조직도 정보관리의 필요성을 인식하여 최근 다양한 정보관리시스템이 개발 · 운용되고 있다. 정보관리시스템은 조직의 목적과 프로그램 목표를 달성하는 데 크게 기여하고 있으며, 사회복지행정가의 전문성 확보를 위해서나 사회복지조직의 합리적 평가를 위해서 활용되고 있다. 사회복지서비스 및 유지활동에 관한 막대한 양의 정보를 획득하고 보관해서 필요할 때 즉시 활용하는 능력을 갖춰주는 이 정보관리는, 인간이 가지는 인지능력과 시간적 한계성을 극복하도록 도와주며, 대량의 복잡한 정보를 신속히 효율적으로 활용하도록 해 줌으로써 효과적인 관리를 가능하게 한다. 최근 사회복지조직에서 활용되는 정보관리시스템은 공공부문의 경우 사회보장 정보시스템(행복e음)이 운용되고 있으며, 민간부문은 정보관리 등 시설 운영 전반에 대한 사회복지시설 정보시스템이 운영 중에 있다(김현진 외, 2017: 263~264).

그러므로 정보관리는 조직의 행정가가 조직의 목적과 프로그램의 목표를 효과적 · 효율적으로 달성하기 위하여 정보를 수집하고, 이를 처리하여 조직화하고, 활용하기 위한 관리활동이다.

연 습 문 제

1. 사회복지행정의 특성으로 옳지 않은 것은?

① 인적 · 물적 자원을 활용하여 조직 목적과 목표를 달성한다.

② 지역사회의 욕구를 충족시키기 위한 활동이다.

③ 사회복지 행정가는 대안선택 시 가치중립적이어야 한다.

④ 사회복지조직이 제공하는 서비스는 전문적인 성격을 가지고 있다.

⑤ 사회복지행정가는 조직운영에서 지역사회 협력의 중요성을 인식해야 한다.

2. 조직 구조에 관한 설명으로 옳지 않은 것은?

① 수평적 분화세서는 통제의 범위를, 수직적 분화에서는 조정과 의사소통의 수준을 고려하여 설계한다.

② 업무의 표준화는 조직 운영의 경제성과 예측성을 높이기 위한 활동이다.

③ 정보가 과다하게 집중되어 있는 상황에서 의사결정의 집권화는 실패 가능성을 줄일 수 있다.

④ 공식적 권한의 집중·분산은 조직관리의 효과성 · 효율성과 연관되어 있다.

⑤ 공식화는 구성원들의 업무 편차를 줄이는 데 효과적이다.

3. 우리나라 사회복지전달체계에 관한 설명으로 옳지 않은 것은?

① 최근 민관 통합사례관리의 중요성이 높아지고 있다.

② 희망복지지원단을 시 · 군 · 구에 설치하였다.

③ 2016년에 맞춤형 통합서비스를 목적으로 읍면동 복지허브화사업을 시작했다.

④ 국민기초생활 보장법상 생계급여의 집행체계는 읍·면·동이다.

⑤ 희망복지지원단 설치 후 사회복지통합관리망(행복e음)을 구축하였다.

정답 1. ③ 2. ③ 3. ⑤

CHAPTER 6

사회복지조사

학습목표

1. 용어에 대한 정확한 이해
2. 조사방법에 대한 실제적 지식 습득
3. 이론과 실제의 접목

학습내용

1. 사회조사방법의 기본 개념
2. 변수
3. 사회복지조사방법의 유형

개 요

사회복지조사방법은 이론과 실제를 종합적으로 판단하여 결정해야 한다. 또한 통계적 연구방법이 요청되므로 통계에 대한 기본적 지식이 선행되어야 한다. 사회복지조사에 대한 연구는 기존의 사회복지 주제와는 전혀 다른 요소를 지니고 있기 때문에 사회과학방법론에 대한 숙고를 통해 올바른 조사방법을 선택하고 이를 분석하여야 한다. 본 장에서는 사회복지조사방법론의 용어적 정의를 서술하고 이를 실제에 접목시키는 학습방법을 택하고자 한다.

CHAPTER 6

사 회 복 지 조 사

1. 사회복지조사의 개념

1) 사회조사

실증주의는 경험적으로 관찰된 자료를 수량화하여 간결한 공식으로 이론을 구성함으로써 자연현상 또는 인간현상을 설명한다. 실증주의에 따르면, 자연이 아닌 인간을 연구하는 사회과학도 자연과학과 마찬가지로 사실을 있는 그대로 관찰하여 설명하는 방법을 따른다.

사회조사(social research)는 이러한 실증주의에 입각한 관찰방법의 하나로서 과학적 지식을 얻기 위한 절차와 방법이다. 우리가 사회조사를 하는 이유는 새로운 지식을 얻기 위해, 잘못된 지식을 부정하고 반증하기 위해, 기존 지식의 부족한 부분을 보완하기 위해서이다.

사회조사의 목적은 사회현상을 탐색(exploration), 기술(description), 설명(explanation)하는 데 있다. 탐색이란, 본격적인 연구 이전에 연구대상의 상태를 탐색하는 것이다. 탐색을 위한 조사를 사전조사 또는 탐색적 조사라고 한다. 기술은 조사대상의 상태를 있는 그대로 묘사하는 것이다. 조사대상의 상태에 관한 정보를 알려준다. 기술을 목적으로 하는 조사를 기술적 조사라고 한다. 설명은 사회현상의 원인과 결과, 즉 인과관계를 규명하는 것이다. 보통 가설을 설정하고 그 가설의 진위 여부를 판단한다. 이를 목적으로 하는 조사를 설명적 조사라고 한다(원석조, 2012: 18~19).

〈표 6-1〉 사회조사의 목적

구분	내용	비고
탐색(exploration)	본격적인 연구 이전에 연구대상의 상태를 탐색하는 것이다.	사전조사 또는 탐색적 조사
기술(description)	조사대상의 상태를 있는 그대로 묘사하는 것이다. 조사대상의 상태에 관한 정보를 알려준다.	기술적 조사
설명(explanation)	사회현상의 원인과 결과, 즉 인과관계를 규명하는 것이다. 보통 가설을 설정하고, 그 가설의 진위 여부를 판단한다.	설명적 조사

자료: 원석조(2012: 19).

2) 사회복지조사의 필요성

사회복지를 포함한 모든 종류의 (사회)과학이 추구하는 것은 다음과 같은 세 가지이다(강영걸 외, 2018: 45).

첫째, 어떤 현상이나 사실이 존재 또는 발생하고 있다는 점을 파악하고 인식한다.

둘째, 그 현상과 사실이 존재하고 발생하는 이유를 규명한다. 즉, 현상과 사실이라는 결과가 존재하고 발생하도록 만든 원인에 대한 인과관계를 파악한다.

셋째, 현상과 사실이 존재하고 발생하는 원인을 알았으면 앞으로 어떻게 될 것인가를 예측하고, 현상과 사실을 변화 또는 통제하기 위해서 어떻게 할 것인가를 천착한다.

사회과학인 사회복지의 조사연구를 진행하는 이유도 위에 적은 세 가지 이유와 밀접하게 관련되어 있다. 예를 들어, 노숙자 문제에 관심이 있는 사회사업가는 먼저 노숙자의 증가가 사회문제로 대두되고 있다는 사실을 파악하고 인식해야 한다. 노숙자가 사회적 이슈라는 사실을 파악하고 인식했다면, 그 다음 단계는 왜 노숙자가 증가하는가에 대한 이유 규명, 즉 인과관계를 파악해야 할 것이다. 경제적 또는 가정적 이유 같은 개인차원의 문제를 제기할 수도 있고, 경제구조와 사회구조의 변동 때문이라는 주장도 가능할 수 있다. 여러 가지 주장 · 가설 · 논리 등을 종합하여 노숙자가 증가하는 이유가 개인차원의 문제보다는 국가경제와 사회의 구조적 모순 때문에 발생하기 쉽다는 사실이 파악되었다고 하자. 이제 남은 일은 인과관계에 근거한 실증적 논리에 따라 노숙자 수를 줄일 수 있는 방안을 모색해야 할 것이다. 예를 들어, 국가경제를 회생시키는 방안, 빈부격차와 같은 사회구조적 모순을 해결할 수 있는 방안 등에 대한 논의가 뒤따라야 할 것이다. 이러한 이유 외에도 사회복지 조사연구가 필요한 이유로 전문직의 책임성과 현장지식 개발의 필요성을 언급하기도 한다(강영걸 외, 2018: 47~48).

(1) 전문직의 책임성

사회복지 실천가들은 정부와 사회단체로부터 예산이나 자원을 할당받아서 활동하며, 정부나 사회단체들은 자신들이 제공하는 예산이나 자원을 사회복지 실천가나 학자들이 어떻게 활용하는지 알고 싶어 하고, 사용한 내용에 대해서 합리적인 책임을 질 것을 요구한다. 사회복지 실천가와 학자의 활동에 대한 사회적 책임을 묻는 과정에서 객관적이고 과학적인 방법을 통한 평가나 검증이 필요하게 된다. 즉, 사회복지활동에 대한 평가와 검증을 경험이나 상식 같은 일상적 방법이 아니라, 과학적 방법에 근거해서 시행하도록 요구한다는 것이다. 조사방법론은 사회복지활동에 대한 이론과 조사를 연역과 귀납의 순환을 통해 연결시킴으로써 사회복지 실천가나 학자들의 사회적 책임감을 제고시키는 역할을 하게 된다.

(2) 현장지식 개발의 필요성

사회복지에서 과학적인 조사방법론이 대두하게 된 또 다른 이유는, 사회복지실천현장에서 바로 쓰일 수 있는 현장지식 개발의 필요성과 관련이 있다. 사회복지는 인간과 인간이 모여 있는 사회를 대상으로 한 학문이기 때문에 지식체계가 불완전할 수밖에 없다. 과학적 조사방법론은 실천가들이 현장에서 겪고 있는 불완전한 지식의 문제를 어느 정도 해소할 수 있게 해준다. 앞에서도 언급한 대로 조사방법론은 실천적 가설이 현장에서 형성되는 데 기여하며, 그 가설을 학문적으로 검증할 수 있게 한다. 이런 실천적 가설들이 조사방법론을 통해서 경험적 검증과정을 거쳐 축적되면, 그것은 궁극적으로 사회복지의 지식을 확대하게 된다.

과학적인 조사방법론에 입각한 조사연구가 왜 필요한가에 대한 지금까지의 논의 외에도 과학적인 방법론에 대한 필요성을 사회복지 실천현장의 어느 곳에서나 쉽게 발견할 수 있다. 예를 들어, 어떤 사회복지사가 새로 개발된 수도권의 신도시에 소재한 지역사회복지관에 취업했다고 가정해 보자. 사회복지서비스를 제공하려면 복지관은 지역주민이 어떤 사람이고, 어떤 사회복지 욕구를 가지고 있는지를 정확하게 파악해야 할 필요가 있는데, 이 사회복지사는 누구를 대상으로, 어떤 방법과 어떤 도구를 사용해서 욕구를 파악해야 하는지 고민하게 될 것이다. 욕구조사는 주로 설문조사법으로 진행되기 때문에 조사에 필요한 측정도구는 인터넷이나 다른 복지관의 도움으로 구할 수 있을 것이다. 그러나 인터넷에 떠돌아다니는 표준화된 욕구조사 도구가 해당 지역에 적합한지 여부가 확실하지 않은 상황에서는 그것을 바로 사용할 수는 없을 것이다. 만약 그 사람이 이런 상황에 처해 있다면 그 사람은 상당한 수준의 조사방법론에 대한 지식과 경험을 필요로 하게 된다. 누구를 대상으로 할 것인가와 관련된 문제는 표본설계와 관련된 이론을 통해서, 어떤 방법을 쓸 것인가와 관련된 문제는 설문조사 · 면접조사 · 전화조사 · 방문조사 등에 대한 논의와 자료수집 방법에 대한 논의를 통해서, 어떤 도구를 사용할 것인가와 관련된 문제는 신뢰도 · 타당도 · 측정도구 · 척도 등에 대한 논의를 통해서 선정된 도구가 해당지역에 적합한지 여부를 파악할 수가 있을 것이다.

이런 예에서 보는 바와 같이 과학적인 사회복지 조사방법론은 실천현장에서도 항상 필요하다는 사실을 알 수 있다.

3) 사회복지조사의 특성

사회복지 조사연구는 앞에서 이미 논의된 사회과학 연구가 일반적으로 가지고 있는 여러 가지 특징을 공유하고 있다. 그러나 방법론적 입장에서 보면 사회복지조사는 다른 사회과학 연구와 구별되는 다음과 같은 특징을 가지고 있다(강영걸 외, 2018: 48~50).

(1) 사회복지의 과학성과 관련된 특징

사회복지도 사회과학이기 때문에 앞에서 논의한 바와 같은 여러 가지 과학적 특징을 지니고 있다. 그러나 사회복지가 과학성과 과학적 인식을 추구한다는 점에서는 다른 학문과 같지만, 사회복지가 연구하고 실천하는 대상이 전적으로 인간이라는 점에서 큰 차이가 있다.

논리실증주의에 입각한 과학적 방법론이 사회과학의 모든 영역에 강한 영향을 미치고 있는 것은 사실이지만, 객관성과 가치중립성을 근간으로 하고 있는 논리실증주의적인 과학성은 사회복지에서 일정한 한계를 가지고 적용할 수밖에 없고, 사회복지에서는 논리실증주의적 과학적 인식을 맹목적으로 추구할 수도 없다. 즉, 가난하고, 소외되고, 억압받는 사람을 다루는 사회복지라는 학문의 연구대상을 가치관 · 규범 · 윤리 등에 대한 고려가 철저하게 배제된 객관적이고 가치중립적인 상태에서 관찰하고 연구할 수 없으며, 즉각적인 사회복지서비스를 필요로 하는 사람에게 '따뜻한' 도움이 아니라, '차가운' 객관적인 기준을 적용할 수 없다는 것이다. 따라서, 사회복지에서는 냉철한 이성과 객관에 근거한 엄밀한 과학적 방법론을 다른 학문에서와 같이 일률적으로 적용할 수는 없을 것이다.

(2) 사회개량적 특징

사회복지의 연구대상이 사회적으로 '열등한' 계층이기 때문에 사회복지는 사회개량적 특징을 지닐 수밖에 없다. 과학이 추구하는 것은 어떤 현상의 존재 사실에 대한 인식, 현상의 존재 이유에 대한 규명, 그 현상에 대해서 앞으로 어떻게 할 것인가에 대한 논의라고 할 수 있다. 그렇다면 노숙자 문제를 조사할 때, 사회복지 실천가들이 해야 할 첫 번째 일은 노숙자 문제에 대한 사실의 파악이고, 두 번째로 해야 할 일은 노숙 문제의 원인에 대한 규명이며, 마지막으로 해야 할 일은 그 원인을 해소할 수 있는 방법을 제시하는 것이 될 것이다. 그런데 사회복지의 목적이 그런 사람들에게 사회적인 서비스를 제공해서 정상적인 상태로 환원시키는 것이기 때문에 사회복지에서 가장 중요한 일은 위의 세 가지 가운데 해결책을 제시하는 것이 될 수밖에 없다. 따라서, 사회복지조사는 사회개량적 측면을 가질 수밖에 없고, 그런 측면을 가지지 못한 조사는 '사회복지적'이라고 할 수 없을 것이다. 물론 다른 사회과학 분야에서도 사실의 파악이나 원인의 규명보다 흔히 함의(implication)라고 부르는 세 번째 것에 관심을 더 가지고 있는 것이 사실이지만, 사회복지는 다른 분야에 비해서 유독 함의에 대한 관심이 강하다고 할 수 있다.

(3) 실천적 응용성과 학문적 순수성

앞의 사회복지의 사회개량적 특징에 대한 논의에서 짐작할 수 있는 대로 사회복지 분야에서는 실천으로서의 사회복지와 학문으로서의 사회복지를 구분하는 경향이 매우 농후하다. 사회복지를 포함한 모든 사회과학에서는 실천과 학문이 구분되어 있다. 정치학 · 경제학 · 사회학 · 심리학 · 경영학 · 행정학 등 사회과학의 큰 줄기를 형성하고 있는 분야를 보더라도 실천과 학문이 구분되어 있음을 알 수 있다. 정치를 학문적으로 접근하면 정치학이 될 것이고, 신문의 정치면을 요란하게 장식하는 모든 것은 실천으로서의 정치현상이 될 것이다. 정치학 박사라고 해서 정치를 잘 할 수 있는 것도 아니고, 경영학 박사라고 해서 기업을 잘 경영한다고 볼 수 없는 것처럼 대부분의 사회과학 분야에서 실천과 학문은 구분되어 있다. 그런데도 사회복지 분야에서 실천과 학문에 대한 구분이 심한 이유는, 사회복지가 학문과 실천 분야로 형성되는 과정이 다른 분야와 다른 이유도 있을 것이다.

사회복지를 실천적 의미로 접근하는 사람 가운데 과학적 방법론이 중심이 된 조사방법론을 배울 필요가 없다고 생각하는 사람이 있고, 이 사람들은 인간에 대한 따뜻한 관심으로 대표되는 '사회복지적' 관점과 객관성 · 보편성 · 가치중립성 등으로 대표되는 '과학적' 관점은 서로 어울리지 않는다고 생각할 것이다. 그러나 과학적인 사회복지 조사연구를 통해서 실천현장에서 습득한 경험과 직관을 가설과 이론으로 격상시킨다면 그것은 실천현장에 도움을 줄 수 있음은 물론 학문적 외연의 확대에도 기여할 수 있기 때문에 두 분야를 엄격히 구분하는 것은 사회복지의 발전을 위해서도 바람직하지 않다고 할 수 있다.

2. 개념화와 조작화

1) 개념화

개념(concept)이란 사물이나 사회현상의 공통적 속성을 묶어 사람들이 이해할 수 있는 추상적 언어로 표현해 이를 설명하는 것이다. 개념은 이론을 구성하는 요소로서 현상을 대변하는 이미지의 표현으로, 외관상으로 관찰된 기록과 경험에서 도출된 의사소통 용도의 용어라고 할 수 있다. 예를 들어, 교육을 통하여 얻은 지식이나 기술 따위의 능력을 추상적 언어로 표현한 것이 학력이라는 개념이다. 이러한 개념은 사회과학적 연구에서 그 의미가 정확해야 하고 타인에게 정보를 전달할 수 있어야 한다. 또한 이해방법과 연구방향을 제시하며, 지식의 축적이나 확장을 가능하도록 해야 한다.

개념은 학문 분야나 연구자에 따라 다양하게 정의될 수 있기 때문에, 어떤 사물이나 현상의 속성을 조사하기 위해서는 개념화를 거쳐야 한다. 개념화(conceptualization)는 이론적 개념을 차원(dimension)과 지표(indication) 등으로 세분화하는 과정으로, 연구자가 탐구하고자 하는 속성을 용어를 통해서 정확하고 구체적으로 설명하는 과정이다. 예를 들어, 연구에서 자살생각을 개념으로 사용한다면, 자살생각이란, '자살행동에 대한 생각과 계획을 포함하는 자기보고적인 포괄적 개념'이라고 구체화하는 과정이 필요하다. 또 다른 예로, 학업스트레스란 '학업으로 인해 유발되는 긴장상태로 개개인이 느끼는 갈등이나 불안'이라고 정의하는 개념화가 필요하다. 이러한 개념화를 통해 모호한 개념을 보다 구체화하여 연구자 상호 간에 혼동을 피할 수 있지만, 여전히 추상적이고 주관적인 성격을 가지고 있는 점을 배제해서는 안 된다.

2) 조작화

개념화의 추상적 · 주관적 성격을 보완하고 좀 더 경험적인 구체화를 하기 위해서 우리는 조작화(operationalization)를 거쳐야 한다. 조작화란, 개념을 조사과정에서 관찰 가능한 지표로 변환시키는 과정을 말한다. 즉, 조사에 사용되는 변수를 관찰하고 측정할 수 있도록 횟수, 여부, 시간, 점수 등으로 계량화시키는 것이다.

조작적 정의의 예를 살펴보자. 청소년의 자살생각에 대한 연구에서, "부모-자녀 간 역기능적 의사소통이 높을수록 청소년의 자살생각은 높을 것이다."라는 가설을 설정했다고 하자. 이 경우 독립변수인 역기능적 의사소통과 종속변수인 자살생각은 추상적인 개념으로 이를 조사하기 위해서는 관찰 및 측정 가능한 개념으로 조작되어야 한다. 부모-자녀 간의 역기능적 의사소통을 측정하기 위해서는 부모가 화를 내거나 비난하는 횟수, 청소년이 부모와의 대화 단절 여부 등을 확인함으로써 부모-자녀 간의 역기능적 의사소통이 높은지를 측정할 수 있다. 또한 자살생각의 경우 자살에 대한 생각, 계획, 시도 등의 횟수, 여부 등으로 개념을 조작적으로 정의할 수 있다.

추상적 개념을 완전히 대변하면서 경험적 조사가 가능한 개념 또는 지표로 변환시키는 것은 쉽지 않다. 특정 개념을 조작화시키는 과정으로 이러한 대체개념이 원래의 추상적 개념을 완전히 대변할 수 있는지는 의문이다. 그러나 이러한 조작화의 한계점에도 불구하고, 현재 사회과학연구에서는 개념을 측정하는 방법으로 조작화보다 더 좋은 방법은 없다. 따라서, 변수를 조작화할 때는 매우 신중하고 타당성 있는 정의를 만들어 내어 연구를 진행하여야 한다(김동기 외, 2014: 49~50).

3. 변수

변수(variable)는 개념을 측정 가능한 면으로 본 것으로, 개념이 가설의 진술에 사용될 때 그것을 변수라 부른다. 즉, 개념을 관찰하거나 측정하는 의미로 사용하면 개념은 변수로 바뀌게 된다. 따라서, 변수란 개념의 경험적 속성을 나타내며, 그 속성에 계량적 수치를 부여하여 측정 가능한 개념을 나타내는 점이 개념과 구분되는 점이다.

변수는 한 연속선상에서 둘 이상의 값(value)이나 범주(category)를 가지는 점이 중요한 특징이다. 예를 들어, 성별이라는 변수는 남성과 여성이라는 변수값을 가지고, 학력은 초등학교, 중학교, 고등학교, 대학교, 대학원, 기타로 분류되는 여섯 가지의 값을 가진다. 또한 우울이라는 변수는 우울의 정도에 따라 1~5 사이의 값을 가질 수 있고, 연령은 1~100세 이상까지의 다양한 값을 가질 수 있다.

변수는 연속성 여부에 따라 이산변수(discrete variable)와 연속변수(continuous variable)로 구분되며, 기능에 따라 독립변수(independent variable), 종속변수(dependent variable), 통제변수(rantrol variable), 매개변수(intervening variable), 외생변수(extraneous variable), 억압변수(suppressor variable)로 구분된다. 여기에서는 연구방법에서 흔히 쓰이는 독립변수, 종속변수, 통제변수, 매개변수에 대해 논의하고자 한다(김동기 외, 2014: 50~54).

1) 독립변수와 종속변수

인과관계에서 원인(cause)을 가져오는 변수를 독립변수라 하고, 결과(effect)를 나타내는 변수를 종속변수라고 한다. 독립변수는 설명변수, 원인변수, 예측변수라고도 하며, 종속변수는 결과변수, 피설명변수, 피예측변수라고도 한다. 독립변수는 종속변수의 논리적인 선행조건으로 종속변수에 영향을 미치는 원인으로 작용하며, 종속변수는 다른 변수에 영향을 받는 변수다. 예를 들어, '부모-자녀 간 역기능적 의사소통이 높을수록 청소년의 자살생각은 높을 것이다'라는 가설에서 역기능적 의사소통은 자살생각의 원인이 되기 때문에 독립변수가 되고, 자살생각은 역기능적 의사소통이 나타난 후에 생기는 관계이기 때문에 종속변수가 된다.

하지만 독립변수와 종속변수의 관계는 정해져 있는 것이 아니라, 경우에 따라서 독립변수가 종속변수로, 종속변수가 독립변수로 되기도 한다. 예를 들어, 공격성과 자존감이라는 변수관계에서 공격성과 자존감은 상호 원인과 결과가 될 수 있다. 즉, 공격성이 높아서 자존감이 낮을 수도 있고, 자존감이 낮아서 공격성이 높을 수도 있다.

사회현상은 인과관계를 규명하기 어려운데, 일반적으로 변수 간의 관계에서 독립변수와 종속변수는 공변관계, 시간선행, 허위관계의 배제라는 세 가지 요건을 충족시켜야 한다. 공변관계란, 두 변수가 상관관계에 있는 것을 의미한다. 시간선행이란, 독립변수가 종속변수의 변화에 선행하여야 함을 의미한다. 허위관계의 배제란, 두 변수 간의 관계가 다른 변수의 영향으로 인하여 결과가 나타나서는 안 된다는 것이다.

2) 통제변수

통제변수(control variable)란, 독립변수와 종속변수 간의 인과관계에 영향을 주는 제3의 변수를 말한다. 조사연구에서는 독립변수와 종속변수 간의 관계에 영향을 주는 다양한 요인이 있는데, 이러한 요인을 통제하지 않으면 인과관계가 정확히 규명될 수 없다. 외생변수, 매개변수, 억압변수 등이 조사연구에서 고려되어 통제되면 이를 통제변수라 칭한다. 예를 들어, 한 중학교에서 학생의 키와 몸무게를 증진시키기 위해서 A영양제를 1년 동안 의무적으로 먹게 했다고 하자. 1년 후 이 학교 학생의 키와 몸무게를 측정했을 때 비약적으로 성장하는 효과가 있었다고 해서, 과연 학생의 성장이 이 A영양제의 효과라고만 할 수 있는지에 대한 의문이 발생한다. 성장기에 있는 학생은 자연적으로 몸무게와 키가 늘어나는 경향이 있기 때문이다. 그렇다면 A 영양제가 학생의 키와 몸무게에 미치는 영향 사이에 자연적 성장이라는 외생변수가 작용하여 왜곡된 결과를 가져올 수 있다. 이러한 외생변수를 잘 통제하지 못하면 독립변수와 종속변수 간의 정확한 인과관계를 설명할 수 없다. 따라서, 이러한 요인은 통계적으로 제거하여 연구를 진행하여야 한다.

3) 매개변수

매개변수(intervening variable)란, 독립변수와 종속변수 간의 관계를 더 명백하게 설명해주는 변수로 독립변수의 결과인 동시에 종속변수의 원인이 되는 변수다(Baron & Kenny, 1986). 즉, 매개변수는 독립변수가 매개변수를 통해 종속변수에 간접적인 영향을 미치게 한다. 예를 들어, 우울감이라는 매개변수는 독립변수가 매개변수를 통해서 종속변수에 영향을 미치게 하는 역할을 한다. 이러한 매개변수는 독립변수와 종속변수 간의 시간적 선후관계, 논리과정에 대한 이해를 도모하여 인과관계에 대한 정확한 규명을 가능하게 한다.

4) 귀납법과 연역법

(1) 귀납법

귀납법은 소크라테스가 시작해 아리스토텔레스가 완성하였으며, 베이컨(F. Bacon)과 밀(J. S. Mill)이 근대적으로 발전시켰다. 귀납(induction)은 개별적인 특수한 사실이나 현상에서 일반적인 결론을 이끌어내는 추리방법이다. 예를 들어, A도 사망하고, B도 사망하며, C도 사망한다는 사실을 보고 "모든 사람은 죽는다."는 일반적인 원리를 이끌어내는 것이다.

귀납적 추리(inductive inference)는 몇 가지 방법이 있다. 가장 대표적인 것이 통계적 추리이다. 통계적 추리(statistical inference)란, 여론조사에서 보듯이 모든 조사대상을 관찰하는 것이 아니라, 표본을 추출한 다음 그 표본에 대한 관찰을 통해 일반적인 결론을 이끌어내는 것이다. 그리고 유비적 추리(analogical inference)가 있는데, 사물이나 사태의 유사성에 근거하여 결론을 이끌어내는 것이다. 또한 과거에 발생했던 일에 근거해 미래의 일을 예측하기도 하고, 현재의 사실에 근거하여 과거의 사실들에 대한 결론을 유도해내기도 한다. 이와 같이 귀납은 주어진 사실이나 현상들에 근거해 새로운 정보와 지식을 얻을 수 있게 해준다.

그러나 귀납법에는 한계가 있다. 귀납적 추리는 관찰이나 실험에서 얻은 부분적이거나 특수한 사례를 전체에 적용하는 일반화(이를 '귀납적 비약'이라고 한다)를 거치기 때문에 언제든지 예외가 발생할 가능성이 있고, 그렇게 되면 귀납적 추리의 결론이 무너진다. 다시 말해서, 귀납에서 얻어진 결론은 필연적인 것이 아니라, 단지 일정한 개연성을 지닌 일반적 명제 내지는 가설에 지나지 않는다는 것이다. 예를 들어, 주변의 관찰을 통해 얻은 모든 인간은 죽는다는 원리는 죽지 않는 사람이 나오면 부정된다.

이것은 완전귀납(perfect or complete induction)과 불완전귀납(imperfect or incomplete induction)

으로 설명될 수 있다. '인간은 죽는다'라는 명제는 모든 인간이 아닌 일부 인간에 대한 관찰에서 나온 불완전귀납의 결론이다. 사실 모든 사례에 대한 관찰을 토대로 하는 완전한 귀납은 불가능하다.

저명한 실증주의자 밀(J. S. Mill)은 인과관계를 파악하는 귀납적 방법을 다음과 같은 다섯 가지로 정리한다(원석조, 2012: 29 재인용).

① 일치법

동일한 현상이 나타난 둘 또는 그 이상의 사례에서 단 하나의 요소만이 공통으로 나타나고 있다면, 그 공통의 요소는 그 현상의 원인 또는 결과라고 판단할 수 있다.

② 차이법

어떤 현상이 나타난 사례와 그렇지 않은 사례를 비교해서 다른 모든 조건이나 요소가 공통으로 나타나고 하나의 요소가 다르게 나타난다면, 그 요소를 현상의 결과 또는 원인 내지는 원인의 중요한 일부로 판단할 수 있다.

③ 일치차이병용법

어떤 현상이 나타난 둘 또는 그 이상의 사례에 한 가지 공통된 요소가 있는데 비해, 그 현상이 나타나지 않는 둘 또는 그 이상의 사례에서는 그러한 요소가 없다면, 차이가 나는 그 요소가 그 현상의 결과 원인 또는 원인의 중요한 일부라고 판단할 수 있다.

④ 잉여법

어떤 현상에서 이미 귀납법으로 앞선 사건의 결과로 알게 된 부분을 차례로 제거해 갈 때, 그 현상에 남은 부분을 나머지 부분의 원인이나 결과로 판단할 수 있다.

⑤ 공변법

어떤 현상이 변화하면 다른 현상도 변화할 때, 다시 말해서 어떤 사실의 변화에 따라 현상의 변화가 일어날 때, 전자의 변화가 후자의 변화의 원인 또는 결과이거나 혹은 그 현상을 공통의 원인의 결과라고 판단할 수 있다.

귀납법은 과학의 발전에서 중요한 역할을 해왔으며, 확률이나 통계학의 발달과 함께 발전해왔다. 개별 사실들에 관한 정보처리를 더욱 쉽고 빠르게 해주는 컴퓨터 등의 기술적 도구들의 발전에 따라 귀납적 연구방법은 더욱 발전하고 있다. 사회조사는 이러한 귀납적 연구방법의 중요한 부분을 차지하고 있다.

(2) 연역법

연역법은 이미 알고 있는 판단을 근거로 새로운 판단을 유도하는 추론방법이다. 다시 말해서, 이미 알고 있는 하나 또는 둘 이상의 명제를 전제로 하여 형식적 논리에 근거해 새로운 명제를 결론으로 이끌어내는 추리의 방법인 것이다.

귀납법이 진리일 가능성을 따지는 것인 것과 달리, 연역법은 전제들로부터 절대적 필연성을 가진 결론을 이끌어낸다. 말하자면 귀납적 추론은 전술한 대로 근본적으로 관찰과 실험에서 얻은 부분적이고, 특수한 사례를 근거로 전체에 적용시키는 귀납적 비약을 통해 이루어지기 때문에, 귀납에서 얻어진 결론은 일정한 개연성을 지닐 뿐 절대적인 진리가 아니지만, 연역적 결론은 논리적 형식의 타당성을 갖추고 있는 한 필연성을 가진다. 명제를 전제로 한 연역은 전제가 결론을 뒷받침하는 결정적 근거가 된다. 즉, 전제가 진실일 경우 그것에 근거한 결론 역시 반드시 진실이 된다는 것이다. 그리고 전제와 결론 사이의 이러한 필연적 관계는 논리적 형식과 규칙의 타당성에 근거해 있다.

연역적 추리는 기존의 명제들로부터 도출된 것이기 때문에 전제가 된 명제를 벗어난 새로운 명제를 만들지는 못한다. 모든 연역의 출발점이 되는 최초의 명제는 연역에 의해 도출될 수 없다는 것이다. 출발점이 되는 명제는 귀납법, 즉 인간의 다양한 경험이나 실천 등의 결과를 일반화하는 과정을 통해서 만들어진다. 이것은 학문연구에서는 연역과 귀납 모두가 필요하다는 것을 의미한다. 그리고 사회조사와 같은 관찰이 학문연구에 매우 중요하다는 것을 뜻한다.

연역적 추리는 논리적 일관성과 체계성을 갖추고 있으며, 일상생활 속에 널리 적용되고 있다. 대표적인 것이 윤리적 판단이다. 인간행위의 옳고 그름을 따지는 윤리적 판단은 보편적인 윤리규범으로부터 도출된 것인데, 이러한 윤리적 판단은 대부분 연역적 방법에 의해 도출된 것이다. 수학도 상당부분 연역적 추리에 의존한다.

연역적 추리의 대표적인 것이 삼단논법이다. 삼단논법의 형식은 잘 알려진 대로 아리스토텔레스가 완성했다. 연역적 추리는 하나의 전제에서 결론이 도출되는 직접추리와 두 개 이상의 전제에서 결론이 나타나는 간접추리가 있다. 간접추리는 대전제－소전제－결론의 형식을 취한다. 다음과 같은 유명한 예가 그것이다.

[대전제] 모든 사람은 죽는다.
[소전제] 소크라테스는 사람이다.
[결　론] 소크라테스는 죽는다.

〈표 6-2〉 귀납법과 연역법의 비교

귀납법	연역법
－개별적인 특수한 사실이나 현상에서 일반적인 결론을 이끌어내는 추리방법 －통계적 추리: 여론조사에서 보듯이 모든 조사대상을 관찰하는 것이 아니라, 표본을 추출한 다음 그 표본에 대한 관찰을 통해 일반적인 결론을 이끌어내는 것 －유비적 추리: 사물이나 사태의 유사성에 근거하여 결론을 이끌어내는 것 －한계: 관찰이나 실험에서 얻은 부분적이거나 특수한 사례를 근거로 전체에 적용하는 일반화(귀납적 비약)를 거치므로, 언제든지 예외가 발생할 가능성이 있고, 그렇게 되면 귀납적 추리의 결론은 무너짐. －사회조사는 이러한 귀납적 연구방법의 중요한 부분을 차지	－이미 알고 있는 판단을 근거로 새로운 판단을 유도하는 추론방법. 즉, 이미 알려져 있는 하나 또는 둘 이상의 명제를 전제로 하여 형식적 논리에 근거해 새로운 명제를 결론으로 이끌어내는 추리방법 －전제가 진실일 경우, 그것에 근거한 결론 역시 반드시 진실 －모든 연역의 출발점이 되는 최초의 명제는 연역에 의해 도출될 수 없음. 출발점이 되는 명제는 귀납법, 즉 인간의 다양한 경험이나 실천 등의 결과를 일반화하는 과정을 통해서 만들어짐. －연역적 추리의 대표적인 것이 삼단논법

자료: 원석조(2012: 32).

(3) 연역법과 귀납법의 관계

일반적으로 과학적 지식은 연역적 과정과 귀납적 과정의 순환을 통하여 축적되며, 이를 그림으로 나타내면 아래 그림과 같다. 그림에서 보듯이 연역적 과정과 귀납적 과정은 서로 분리되어 있다기보다는 과학적 이론을 구축하는 과정에서 서토 연관되어 순환적으로 작용한다고 볼 수 있다. 따라서, 현상에 대한 이해와 이를 바탕으로 하는 지식을 이러한 연역과 귀납의 2가지 과정이 순환적으로 되풀이 되면서 축적되어가는 것으로 보는 것이 타당하다. 즉, 관찰로부터 시작해서 이론을 만들어 가는 귀납적 과정과 개발된 이론을 검증하기 위해 관찰을 시도하는 연역적 과정이 순환적으로 되풀이되면서 현상에 대해 설명하는 새로운 이론들이 개발되어 축적된다.

그림에서 제시된 것처럼 이론은 가설을 창출하고, 가설은 관찰을 제안하며, 관찰은 일반화를 산출하고, 그런 일반화는 이론의 수정을 야기한다. 그러면 수정된 이론은 다소 수정된 가설과 새로운 관찰을 제안하며, 이들은 다소 개정된 일반화를 산출하고 나아가 이론을 수정하게 된다. 이 모형은 분명하게 시작도 없고 끝나는 시점도 존재하지 않는다.

그러므로 이론의 축적은 처음에 논리로부터 시작하였는지 아니면 경험(자료)으로부터 시작하였는지에 대한 구분은 크게 중요하지 않을 수도 있다. 다만 조사와 연구를 수행하기 위한 방법을 설정하는 과정에서 연구자는 먼저 이론을 세우고 후에, 조사하는 연

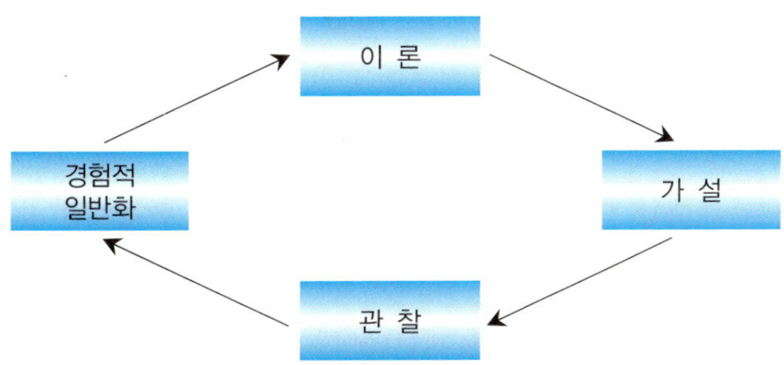

자료: 김석용(2012: 39).

[그림 6-1] 과학의 수레바퀴

역적 논리전개 과정을 택할 것인지 아니면 먼저 조사하고 나중에 이론을 도출하는 귀납적 논리전개 과정을 택할 것인지를 결정할 필요가 있다.

5) 이론 및 가설

(1) 이론

이론(theory)은 사물에 관한 지식을 논리적으로 체계화시킨 것이다. 이론의 목적은 사물을 통일적으로 설명(explanation)하는 데 있다. 이론은 과학의 본질을 이루고 있으며, 모든 학문은 반드시 이론을 가지고 있다.

일반적으로 이론은 가설로부터 시작한다. 가설이 실천적으로 검증이 되면 이론이 된다. 객관적 진리임이 검증된 가설이 이론인 것이다. 가설이 이론의 지위를 얻었다하더라도 만고불변의 진리인 것은 아니다. 이론은 끊임없이 새로운 이론에 의해 도전받고 부정된다. 이론은 상대적인 진리란 것이다.

이론에는 몇 가지 형식이 있다. 법칙적 이론, 공리적 이론, 인과이론이 그것이다. 법칙적 이론은 수요와 공급의 법칙, 즉 수요가 증가하면 가격이 오르고, 공급이 증가하면 가격이 하락하며, 수요와 공급이 만나는 곳에서 가격이 결정된다는 것과 같이 법칙의 형식으로 나타낼 수 있는 이론이다.

공리적 이론이란, 수학적 이론으로서 공리로부터 명제를 이끌어내는 것이다. 만약 "X면, Y(공리 1), 만약 모면, Z(공리 2), 그러므로 만약 X면, Z(명제)다."라는 형식의 이론이다. 다음과 같은 예를 들 수 있다.

[공리 1] 한 집단 내에서 한 개인이 누리는 위세(prestige)가 클수록 그 집단활동에 대한 그의 지식이 더 많을 개연성이 크다.

[공리 2] 한 개인이 그가 속한 집단의 활동에 대한 지식을 더 많이 가질수록 다른 집단들과의 교섭에 자기 집단을 대표할 개연성이 더 크다.

[명 제] 한 집단 내에서 한 개인이 누리는 위세가 클수록 타 집단과의 교섭에 자기 집단을 대표하도록 위임받을 개연성이 크다.

인과적 이론은 원인과 결과를 진술한 논리적·도식적 이론을 말한다. 실제 조사연구 결과를 통계학적으로 분석하는 지침으로 자주 사용된다. 함수적 관계, 즉 y=f(X)와 같은 형식을 취한다(x는 y의 원인이다). 다음과 같은 예를 들 수 있다.

[경험적 사실] 어떤 개인이 둘 이상의 지위서열에서 서로 다른 위계서열에 속한 상황(a 학력은 높으나 소득이 낮다)에서는 지위긴장(status stress)을 겪는다.

[진술 1] 개인의 지위긴장은 그 사람의 정신 및 육체적 건강에 장애증후를 나타낸다. 이는 상기의 경험적 사실에 '스트레스는 건강에 장애를 준다'는 이론을 결합시켜 도출된다.

[진술 2] 부모의 지위긴장은 그 자녀의 정신 및 육체적 건강에 장애증후를 자아낸다. 이는 상기 [진술 1]에 '자녀는 부모를 동일시한다'는 이론을 결합시켜 도출된다.

〈표 6-3〉 이론의 형식

구분	내용
법칙적 이론	–법칙의 형식으로 나타낼 수 있는 이론 –예, 수요와 공급의 법칙, 즉 수요가 증가하면 가격이 오르고, 공급이 증가하면 가격이 하락하며, 수요와 공급이 만나는 곳에서 가격이 결정된다는 법칙
공리적 이론	–공리로부터 명제를 이끌어내는 수학적 이론 –만약 X면, Y(공리 1), 만약 Y면, Z(공리 2), 그러므로 만약 X면, Z(명 제)다라는 형식의 이론
인과적 이론	–원인과 결과를 진술한 논리적·도식적 이론 –실제 조사연구 결과를 통계학적으로 분석하는 지침으로 자주 사용

자료: 원석조(2012: 34).

(2) 가설

가설(hypothesis)이란, 일련의 현상을 설명하기 위해 어떤 학설을 논리적으로 구성하는 명제(proposition)를 말한다. 표현을 달리하면, 두 개 이상의 변수들 간에 추정된 관계 또는 이론적 관계에 관한 진술이다. 명제는 판단을 언어로 표현한 것이다. "개는 동물이다."와 같은 진술문이 명제이다.

가설이 실험이나 관찰을 통해 사실인 것으로 규명되면 이론이 된다. 검증되지 않았다면 가설은 가설로 남는다. 종교적 교리나 철학에는 가설단계에 있는 명제가 적지 않다. 가설은 기존의 이론이나 경험적 사실로부터 새로운 개념이나 명제를 만들어내는 것이므로 창조적인 경우가 많다. 사회조사와 같은 경험적 연구에서 가설은 매우 중요하다. 연구자는 어떤 현상에 대해 연구하고자 할 때, 관찰 · 실험 · 조사 등을 통해 생산된 자료를 검토하여 새로운 가정을 세운다. 이 과정에서 연구자의 직관적 판단이 개입되는 경우가 많다.

실험이나 사회조사와 같은 경험적 연구에서 가설이 갖는 위치를 정리하면, 가설의 설정→가설로부터 검증 가능한 여러 명제의 연역→이러한 명제에 대한 검증→가설의 수용 여부 판단→가설의 검증=이론의 성립, 아니면 가설의 부정=이론의 불성립의 과정을 거친다. 이를 '가설연역법(hypothetic-deductive method)'이라고 한다.

4. 사회복지조사방법의 유형

사회복지조사방법의 유형은 다양한 분류기준에 따라 구분할 수 있다(Nemnan, 1991). 개별연구에서 활용되는 사회복지조사는 다양한 조사방법의 유형으로서 특징을 지니고 있다. 사회조사방법의 유형은 다음과 같다.

1) 조사목적에 따른 분류

조사자가 조사를 통해 무엇을 얻으려고 하는가에 따라 조사연구의 유형을 탐색적 조사, 기술적 조사, 설명적 조사로 나눌 수 있다.

(1) 탐색적 조사(exploratory research)

탐색적 조사는 연구하고자 하는 주제가 새로운 것이거나, 그 주제에 대한 자료가 축적되어 있지 않은 경우, 향후 진행할 조사에 앞서 사전에 실시하는 예비조사를 말한다. 탐색적 조사를 실시하는 이유는 더욱 체계적으로 정확하게 조사를 설계하고, 조사를 실시하기 위해 본 조사에 앞서 필요한 정보를 얻는 데 있다. 따라서, 탐색적 조사는 사전조사 할 수 있으며 융통성 있게 운영될 수 있고 수정이 가능하다.

탐색적 조사는 개념규정 및 가설구성 등을 명확히 할 수 있고 본 조사의 수행을 위한 준비를 할 수 있으며 해당 연구 분야에서 중요하다고 인정되는 문제에 대한 실태를 파악하기 위해서 실시된다. 탐색적 조사를 수행하는 경우에는 어떠한 지침이나 가이드가 없기 때문에 질문지를 만들고 조사를 실시하는 것 자체도 어려울 수도 있으나, 연구자는 창의적이고 유연한 사고를 가지고 유용한 정보를 최대한 얻어내기 위해서 노력해야 한다. 특히, 연구를 본격적으로 수행함에 있어서 파악하고자 하는 현상에 대하여 사전지식이 없거나, 선행연구가 없는 경우에 탐색을 목적으로 하는 조사연구를 실시하게 된다.

탐색적 조사의 활용방법에는 문헌조사, 경험자 조사, 특례조사 등 세 가지가 있다.
이를 구체적으로 살펴보면 다음과 같다.

① 문헌조사

조사대상이나 조사 분야에 대한 지식이 부족한 경우에 행하는 최초의 조사로 관련 분야의 학술지나 통계자료집 등 2차 자료를 실시하는 방법으로, 문헌조사는 문제를 규명하고, 가설을 정립하기 위한 방법으로, 가장 경제적이고 신속하게 수행할 수 있는 방법이다.

② 경험자 조사 · 전문가 의견조사

조사 분야에 대한 경험이나 전문지식을 가지고 있는 사람으로부터 정보를 획득하는 방법을 의미하며, 문헌조사의 보완적 방법으로 연구를 처음으로 수행하는 초보자에게 큰 도움이 되는 방법이다. 그러나 이는 전문가의 의견으로 해결책을 찾아내기 위한 것이 아니라, 전문가의 의견을 참고하기 위해 실시하는 방법이다.

③ 특례조사

연구문제가 불완전하거나 기존의 연구자료가 부족할 경우 사용되는 조사방법의 하나로, 본 조사의 상황과 유사한 상황을 찾아내어 분석함으로써 현 상황에 대해서 논리적으로 유추하는 것이다. 이 조사방법은 문제의 규명과 관련된 변수들의 관계를 명확히 하는 데 효과적이지만, 사후적 조사방법이므로 그 결과가 결정적인 것이 아니라, 시사적인 의미만을 가질 뿐이다.

(2) 기술적 조사(descriptive research)

기술적 조사는 특정한 상황, 사회현상 혹은 사회관계의 구체적 사실을 묘사한다. 예를 들어, 기술적 연구는 주어진 상황에서 특정 사회현상이 어떻게 발생했는가 또는 그 사회현상에 누가 관련되어 있는가 등에 주목하고 그에 관하여 정확히 서술한다. 상당수의 사회조사연구가 기술적인 형태를 지닌다. 단적으로 기술을 목적으로 하는 연구자는 사회현상에 대한 실태를 있는 그대로 기술하기 위하여 조사연구를 실시한다.

기술적 조사의 특징을 살펴보면 다음과 같다.

① 발생빈도나 비율 등 파악

기술적 조사는 어떤 사건의 발생빈도나 비율 등을 파악한다. 특정 개인이나 상황, 집단이나 지역 등의 특성에 대해 정확하게 기술하는 조사이다. 예를 들어, 클라이언트의 욕구와 문제, 서비스 내용과 방법, 서비스 수혜자의 만족도 등에 대해 파악하려 할 때 기술적 조사가 활용된다.

② 상관성 파악

기술적 조사는 관련 변수 간의 상호 관련성(긍정적·부정적 관계)을 파악한다. 둘 또는 그 이상의 변수들 간의 관계를 파악하는 조사 등이 포함된다. 기술적 조사에서는 상관관계를 기술하는 것이지, 인과관계를 기술하는 것이 아니다. 즉, 둘 이상의 변수 간의 일정한 관계에 대한 강도를 기술할 수 있지만, 특정 변수가 다른 특정 변수에 영향을 미친다는 영향의 방향에 대해서는 기술할 수 없다. 기술적 조사는 상관성까지는 설명할 수 있지만, 인과성은 설명할 수 없으며, 인과성 내지 인과관계는 설명적 조사에서 파악할 수 있다.

③ 예측성

기술적 조사는 기존의 자료에 나타난 정보를 근거로 하여 미래의 일정 시점의 구체적인 상황을 예측하는 데 사용된다. 즉, 관심의 대상인 변수의 미래상황을 이와 관련이 있는 변수의 변화를 통해 개략적으로 예측한다. 그러나 보다 정확한 예측은 설명적 조사에서 회귀분석 등을 활용한 인관관계 조사를 통해 이루어진다.

(3) 설명적 조사(explanatory research)

설명적 조사는 사회적 행위, 신념, 혹은 사건의 요인을 규명한다. 설명조사의 대부분은 이론이나 가설을 검증하는 과정에서 연구주제인 사회현상의 발생 원인을 파악해 나간다. 설명조사는 탐색적 그리고 기술적 조사에 기초해서 이루어진다. 결론적으로 설명적 조사는 사회현상을 단순히 기술하는 것을 넘어서 왜 그 현상이 발생했는지에 대하여 해답을 제시하려는 경우에 실시되는 조사연구이다.

2) 조사용도와 응용정도에 따른 분류

조사용도, 즉 연구자가 조사를 어디에 활용하기 위해서 실시하는가에 따라 기초조사, 응용조사, 평가조사로 분류할 수 있다.

(1) 기초조사(pure research)

순수조사 또는 기초조사는 사회현상에 대한 이해, 지식탐구 및 이론체계 구축 등 순수한 학문적 목적을 위한 조사방법이다. 조사결과를 어떤 상황에 활용하기 위한 것이 아니며, 사회문제의 해결에 직접적으로 기여하지 못할 수도 있다. 그러나 기초조사를 통해 얻어지는 기본 지식이나 원리, 이론 등은 다양한 상황이나 문제를 해결하는 데 적용될 수도 있다.

(2) 응용조사(applied research)

응용조사는 특수한 사회적 문제를 해결하기 위한 정보를 얻는 데 있다. 따라서, 기업체, 정부, 병원, 교육기관, 사회복지기관 등에서 정책수립을 위해 많이 사용하고 있다. 한편, 사회복지시설에서 많이 실시되고 있는 욕구조사도 응용조사의 한 형태이다.

(3) 평가조사(evaluation research)

평가조사는 어떠한 정책이나 프로그램이 시행되고 있는 경우 그것을 계속해서 실시해야 하는가, 수정해서 실시해야 하는가, 아니면 중단하고 새로운 방안을 모색해야 하는가를 판단하기 위한 근거를 마련하는 데 활용될 수 있는 조사를 말한다. 평가조사란, 사회복지실천현장에서 시행되고 있는 정책이나 프로그램, 제도 등을 대상으로 효과성과 기여도 등을 평가함으로써, 향후 이러한 정책이나 프로그램의 시행과 관련된 제언을 마련하기 위한 목적으로 수행되는 조사방법이다.

3) 시간차원에 따른 분류

조사연구의 유형을 시간적 차원을 기준으로 횡단적 조사, 종단적 조사 그리고 유사종단조사로 구분하면 다음과 같다.

(1) 횡단적 조사(cross-sectional study)

횡단적 조사는 일정 시점에서 인구의 횡단에 대한 다수의 분석단위에 대한 자료를 수집하는 조사방법이다. 횡단(cross-section)이라고 하는 것은 서로 다른 연령, 교육수준, 소득수준, 인종, 종교 등 광범위한 사람들의 표본추출을 의미한다. 다시 말해서, 횡단적 조사는 어떤 현상을 연구하려고 할 때 시점 조사를 통하여 여러 부분, 즉 연령, 계층, 성 등의 변화를 이해하려는 조사에 적용하는 방법으로 표본조사를 행한다.

주로 조사대상이 되는 모집단에서 추출된 표본으로부터 자료를 얻어 단 한 번의 측정으로 이루어지며, 상이한 특성을 가진 집단들 사이의 측정치를 비교함으로써 의미를 찾는 것이 그 목적이다. 가장 많이 행해지는 대표적인 것이 각종 여론조사이다.

횡단적 조사의 단점은 조사하려고 하는 현상들이 시간에 따라 변할 수 있다는 점이 간과된 것이다. 그래서 인과관계를 명확하게 확인하는 데는 일정한 한계가 있다.

(2) 종단적 조사(longitudinal study)

종단적 조사는 횡단적 조사의 단점을 해결하기 위하여 시간의 변화에 따른 조사로서 현상을 일정 기간에 걸쳐 반복 조사하는 것이다. 즉, 둘 이상의 시점에서 동일한 분석단위를 사용하여 측정을 되풀이 하는 방법이다. 종단적 조사는 장기간에 걸쳐 조사대상자의 상황의 변화 또는 특정한 경향을 조사할 수 있다는 점이 장점인 반면에, 장기간 여러 시점에서 조사가 이루어져야 하기 때문에 상대적으로 비용이 많이 드는 단점이 있다.

종단적 조사를 통해 수집된 자료는 주로 변화분석에 의해 분석된다. 이는 시간의 변화에 따라 연구문제와 관련된 각종 변수의 변화상황을 도표로 작성하여 변화가 일어난 원인을 분석하는 기법이다. 또한 종단적 조사는 시점을 달리하여 반복 측정함으로써 시계열 자료를 얻는 데 이용할 수 있다.

① 시계열(추이) 조사(time-series study)

시계열 조사는 특정 연구대상의 변화를 여러 시기를 두고 관찰, 비교하는 조사방법이다. 즉, 어떠한 광범위한 인구집단 속에서 시간에 따라 일어나는 변화를 조사하는 것이다. 이때 조사대상자는 매번 동일하지 않아도 된다.

② 코호트(동년배) 조사(cohort study)

코호트 조사는 특정한 기간 동안 유사한 생애경험을 공유하는 사람의 범주에 초점을 둔다. 보통 활용되는 범주는 동시대에 출생한 모든 사람(출생코호트), 동일한 시점에 고용된 모든 사람들, 특정 연도에 졸업한 모든 사람들과 같이 코호트조사는 공통된 생애사건을 경험한 사람들이나 동시대에 태어난 사람들을 대상으로 두 번 이상의 시점에서 조사연구를 실시하는 것이다.

③ 패널조사(panel study)

패널조사는 연구자가 다양한 시점을 통하여 정확히 똑같은 사람, 집단, 또는 조직을 관찰하는 것으로서 종단적 연구의 가장 강력한 형태이다. 단기간의 패널조사조차도 연구하고자 하는 현상의 인과적 관계의 규명을 심도 있게 할 수 있다. 이와 반면에,

패널조사는 시계열 조사보다 수행하기가 어렵고 비용이 매우 많이 든다. 또 패널조사는 동일한 표본을 대상으로 여러 차례에 걸쳐 반복적으로 조사하는 것이므로, 시간이 지남에 따라 조사대상을 추적하는 일이 종종 어려움에 직면하게 된다. 왜냐하면 어떤 조사대상자는 사망했거나 주소불명으로 찾을 수 없기 때문이다.

4) 자료수집방법에 따른 분류

연구자들은 한 가지 혹은 그 이상의 구체적 방법을 활용해서 자료를 수집한다. 어떤 방법들은 연구 질문 혹은 주제를 다루는 데에 효과적이다. 연구 질문에 보다 적합한 자료수집방법을 선택하는 일에는 기술, 훈련, 그리고 창조성을 요한다. 자료수집방법은 크게 양적 방법과 질적 방법으로 구분되며, 구체적인 내용을 살펴보면 다음과 같다.

(1) 양적 자료수집(quantitative research)

양적 자료수집방법에는 실험, 설문조사, 내용분석 그리고 기존 통계자료활용 등이 포함된다.

① 실험(experiment)

실험연구는 자연과학연구에서 발견되는 논리와 원칙을 따른다. 연구자는 상황조건을 만들어서 참여자들에 대한 그들의 영향을 조사한다. 연구자는 비교적 적은 수의 사람과 정교한 연구 질문으로 실험실이나 실제 삶의 현장에서 실험을 수행한다. 실험연구는 설명적 연구에 가장 효과적이다. 전형적인 실험에서 연구자는 사람들을 두 개 혹은 그 이상으로 나눈다. 이후 양 집단을 똑같이 하되 단지 한 집단에만 처치(치료)가 주어지고 다른 집단은 주어지지 않는다. 연구자는 양 집단의 반응을 정확히 측정한다. 양 집단의 환경을 통제하고 단지 한 집단에만 치료를 함으로써 연구자는 집단 반응에서 어떠한 차이가 치료만으로 기인한 것인가를 결론 내린다.

② 설문조사(survey)

설문조사 연구자는 설문지를 이용하여 조사대상자가 스스로 자신의 반응을 기입(우편 혹은 자기기입 조사)하거나 혹은 조사자(면접자)와 피조사자(응답자)와의 면담내용을 조사자가 직접 기록함으로써 자료를 얻어내는 방법이다. 연구자는 실험조사와는 달리 상황이나 조건을 조작하지 않는다. 질문에 대한 응답을 전형적으로 빈도수, 백분율, 표, 또는 그래프로 요약한다.

설문조사는 대부분 기술적 혹은 설명적 조사연구로 활용된다. 설문조사 연구자는 종종 선택된 조사대상(표본)을 활용하지만, 그 결과는 선택된 조사대상이 속한 더 큰 집단(모집단)에 일반화하려 한다. 현재 설문지조사연구는 다양한 분야에서 매우 광범위하게 활용된다.

③ 내용분석(content analysis)

내용분석은 문서나 상징적 자료(예: 그림, 영화, 노래가사 등)에서 연구목적과 관련된 정보나 내용을 조사하기 위한 방법이다. 연구자는 내용분석에서 먼저 분석할 일단의 자료(예: 책, 신문, 영화) 등을 찾아내고 그 이후 연구하고자 하는 내용을 기록하기 위한 체계(분석틀)를 만든다. 이 체계는 특정 단어나 주제가 얼마나 자주 등장하는지를 셈하여 수량화하는 것을 포함한다. 마지막으로 연구자는 자료에서 최종 확인된 것을 기록한다.

연구자는 종종 내용의 정보를 셈한 숫자로 측정하고, 그것을 표나 그래프로 제시한다. 이 방법은 연구자로 하여금 자칫 주목받지 못할 수 있는 방대한 양의 내용의 주요 특성을 일목요연하게 파악할 수 있도록 한다. 내용분석법은 기술적 조사연구에 주로 활용되고 있다.

④ 기존 통계자료 활용(existing statistics)

기존 통계자료 조사연구에서, 연구자는 종종 정부보고서 혹은 이전에 수행된 설문조사의 자료결과로 수집된 정보에 기초하여 연구자가 의도하는 연구목적을 달성하기 위하여 새로운 방식으로 정보를 재조직하거나 결합한다. 때때로 기존의 양적 정보는 연구자가 다양한 통계절차를 활용해서 재분석 한 후 연구 자료로 활용한다. 기본 통계자료 조사연구는 탐색적, 기술적, 또는 설명적 목적으로 모두 활용될 수 있지만, 기술적 조사형태로 가장 빈번하게 활용된다.

(2) 질적 자료수집(qualitative research)

질적 자료수집방법에는 현장조사연구와 역사비교조사연구가 있다.

① 현장연구(field research)

대부분의 현장조사 연구자는 일정 기간에 걸쳐서 소집단이나 그 구성원을 관찰하는 사례연구를 수행한다. 현장조사 연구자는 대략적으로 형성된 아이디어나 주제로 시작해서 연구를 위한 사회집단 혹은 자연환경을 선택하여 접근허락을 부여받고 주어진 집단이나 환경에서 특정한 사회적 역할을 가지고 조사대상을 자세히 관찰한다.

연구자는 연구대상자와 개인적인 친분이나 소개로 만나서 서로 알기 시작하여 이들의 협조로 개방형 질문과 비공식적 면담을 실시하며, 이들과의 면담내용을 매일매일 상세하게 기록한다. 조사현장에서 돌아온 후 연구자는 기록한 노트를 주의 깊게 다시 읽어보고 연구보고서의 작성을 준비한다. 현장조사는 대부분 탐색적 혹은 기술적 연구를 위해 활용되지만 설명적 연구를 위해서는 거의 사용되지 않는다.

② 비교역사연구(historical-comparative research)

비교역사조사연구는 과거 역사시대 혹은 상이한 문화에 걸쳐서 사회생활의 측면을 조사한다. 이 방법을 활용하는 연구자는 특정 역사시기나 여러 시기에 초점을 맞출 수 있고, 한 가지나 그 이상의 문화를 비교할 수 있으며 혹은 역사적 시기와 문화를 결합한 형태로 연구를 하기도 한다. 현장조사연구처럼 연구자는 대략적으로 형성된 질문으로 시작하여 연구과정을 거쳐 나가면서 점차 정교화시켜 간다. 연구자는 종종 연구를 위해 기존 통계자료와 각종 문서(예: 소설, 공식보고서, 책, 신문, 일기장, 사전 등)를 포함하여 일련의 광범위한 증거를 수집한다. 뿐만 아니라, 연구자는 직접 관찰을 하기도 하고 면담을 하기도 한다. 비교역사조사연구는 탐색적, 기술적 또는 설명적 조사형태일 수 있으며, 동시에 이러한 형태를 모두 취할 수도 있다.

5) 조사상황에 따른 분류

조사상황에 따른 분류는 실험실 실험조사, 현지실험조사, 현지조사가 있다. 구체적인 내용을 살펴보면 다음과 같다.

(1) 실험실 실험조사(experimental laboratory study)

실험실 실험조사는 자연적 상황 속에서 발생할 수 있는 외부의 영향과 다른 변수들의 영향이 의도적으로 통제된 실험실 내 상황에서 관찰조건을 형성하여, 독립변수의 조직에 따른 종속변수의 변화를 측정함으로써 독립변수의 효과를 측정하거나 인과관계에 대한 가설을 검증하는 조사를 말한다.

(2) 현지실험조사(local experimental study)

현지실험조사는 외부의 영향이나 다른 변수들의 영향을 의도적으로 통제하지 않은 실제의 자연적 상황 속에서 독립변수 조작에 따른 종속변수의 변화를 측정함으로써, 독립변수의 효과를 측정하거나, 인과관계에 대한 가설을 검증하는 조사이다.

(3) 현지조사(field study)

현지조사는 외부의 영향이나 다른 변수들의 영향을 의도적으로 통제하지 않은 실제의 자연적 상황 속에서 독립변수의 조작 등 실험적 방법을 활용하지 않고 있는 그대로의 상태에서 다양한 변수들의 변화를 관찰하는 조사를 말한다. 주로 관찰, 면접 등의 방법이 활용되면서 조사대상의 개인적 요인과 사회적 요인을 조사하여 이들 사이의 관계를 연구한다.

6) 조사대상의 규모와 범위에 따른 분류

조사대상의 규모와 범위에 따른 분류는 전수조사, 표본조사, 단일대상조사가 있다. 구체적인 내용을 살펴보면 다음과 같다(김갑용 외, 2011).

(1) 전수조사(complete enumeration)

전수조사는 모집단 전체를 대상으로 실시하는 조사로, 전수조사의 경우 모집단의 특성을 정확하게 파악할 수 있다는 장점이 있지만, 현실적으로 시간과 비용이 너무 많이 들고, 조사수행과정이 복잡하고, 지나치게 많은 노력이 필요하다는 단점이 있다.

(2) 표본조사(sampling study)

표본조사는 대표할 수 있는 표본을 모집단으로부터 선발하여 이들을 대상으로 조사하는 것을 말한다. 표본을 대상으로 얻어진 결과를 추론함으로써 모집단의 특성을 살피는 표본조사를 하기 위해서는, 선정된 표본이 모집단을 얼마나 대표할 수 있는가라는 점이 가장 중요하다. 그리고 표본을 어느 정도로 할 것인가 하는 점은 조사의 내용 및 분석방법에 따라 달라진다.

(3) 사례조사(case study)

사례조사는 소규모의 특정 사례를 집중적으로 조사하여 현상이나 문제를 파악하고 이를 실증적으로 분석하는 조사유형으로서 사회복지학, 심리학, 인류학 등에서 주로 활용된다. 사례조사의 장점은 소수를 대상으로 조사함으로써 조사대상의 독특한 성질을 구체적으로 서술하며 행동이나 특성의 변화와 영향을 미친 요인 사이의 관계를 파악하는 데 유용할 수 있으며, 처음부터 끝까지 조사대상의 동태적 변화나 흐름 등 자연적 상황이나 일상적 생활을 연구하는 데 용이하며, 구체적 조사가 가능하며, 조사대상에 대한 종합적 이해가 가능하다. 사례조사의 단점은 조사대상이 하나 또는 소규모이기 때문에 표본의 대표성 측면에서 한계를 지니며, 자료의 신뢰성을 검증할 방법이 없다는 것, 연구의 반복수행이 어렵고, 결과를 일반화하기가 어려우며, 다른 변수에 대한 관찰 및 다른 대상과의 비교가 불가능하며, 관찰이나 기록에 있어서 표준화가 요구되기 때문에 통계적 방법의 보완을 필요로 한다는 점이다.

7) 접근방법에 따른 분류

접근방법에 따라 포괄적 조사와 집중적 조사로 분류할 수 있다. 구체적인 내용을 살펴보면 다음과 같다.

(1) 포괄적 조사(extensive research)

포괄적 조사는 다수의 사회적 단위를 포함한 대규모 사회 내지 사회집단에 관하여 광범위하게 횡적으로 조사하는 것을 의미하며, 전수조사 또는 표본조사가 이에 해당한다.

(2) 집중적 조사(intensive research)

집중적 조사는 소규모의 사회적 단위에 대하여 다면적, 집약적으로 조사하는 것으로 사례조사가 이에 해당한다.

연 습 문 제

1. 사회복지사가 과학적 조사연구방법을 활용하는 일반적 상황이 아닌 것은?

① 사회복지 전문가로서 실제 조사를 수행할 때
② 지역주민의 복지적 욕구를 파악할 때
③ 학술논문에 있는 실천방법들의 효과성을 비교할 때
④ 새로운 통계적 분석기법을 개발할 때
⑤ 새로운 프로그램의 만족도를 평가할 때

2. 설문지 작성에 관한 설명으로 옳은 것은?

① 개방형 질문은 응답률을 높이기 위해 주로 설문지의 앞부분에 배치한다.
② 수반형 질문이 많아질수록 응답률은 높아진다.
③ 명확한 응답을 얻기 위해 이중질문을 사용한다.
④ 문항은 응답자의 특성과 무관하게 작성되어야 한다.
⑤ 신뢰도측정을 위해 짝(pair)으로 된 문항들은 가급적 떨어지게 배치한다.

3. 면접설문조사와 비교할 때 자기기입식 설문조사가 갖는 장점은?

① 복잡한 쟁점을 다룰 때 효과적이다.
② 설문의 응답률이 높다.
③ 혼동을 일으키는 질문에 대한 추가 설명이 가능하다.
④ 개인의 민감한 문제를 다루는 데 유리하다.
⑤ 일반적으로 시간이 덜 걸리지만, 비용 면에서는 별 차이가 없다.

4. 리커트(Likert) 척도에 관한 설명으로 옳은 것은?

① 비율 척도이다.
② 개별 문항의 중요도는 동등하지 않다.
③ 단일 문항으로 측정하는 장점이 있다.
④ 질적조사에서 보편적으로 사용된다.
⑤ 척도나 지수 개발에 용이하다.

정답 1. ④ 2. ⑤ 3. ④ 4. ⑤

CHAPTER 7

사회복지법제

학습목표

1. 법리적 이해 필요
2. 타법과의 상호이해를 통한 사회복지 관련법에 관한 이해 증진
3. 사회복지 관련법에 대한 상세한 지식 습득

학습내용

1. 사회복지법의 개념
2. 사회복지법의 법률관계
3. 사회복지법 해설

개 요

사회복지 관련법은 자본주의의 발전과 동시에, 자본주의 자체의 체제 모순으로 인하여 발생하는 사회적 낙오자, 불행자, 약자를 보호하려는 것에 일차적인 관심이 있다. 나아가 각종 사회문제로 인하여 국민의 생활을 위협하는 사회적 사고와 예방정책에도 관심을 기울여 전 국민의 삶의 질을 향상시키려는 것이 입법의 취지다. 따라서, 사회복지 관련법을 학습함에 있어서 헌법에 보장된 인간다운 생활을 할 권리를 우선으로 하여, 사회현상을 분석하고 법체계에 맞게 운용할 필요가 있다. 본 장에서는 사회복지 관련법에 대한 이론적 기초와 구체적 내용을 학습하고자 한다.

7 CHAPTER

사회복지법제

1. 사회복지법의 개념

1) 법의 체계

법의 체계는 다음과 같다(최정일, 2017: 7~15).

(1) 자연법

자연법(natural law)은 인위적이 아닌 자연적 성질에 바탕을 둔 보편적이고 항구적인 법률 및 규범을 말한다. 자연법이란, 실정법에 대비되는 법 개념이다. 실정법이 민족이나 사회에 따라 내용이 달라지는 것에 비해, 민족 · 사회 · 시대를 초월해 영구불변의 보편타당성을 지니는 것이 특징이다.

(2) 실정법

실정법(positives Recht)은 현실적으로 제정하거나 경험적 사실에 의거하여 형성된 법을 말한다. 실증법이라고도 하며, 초경험적인 성격을 지닌 자연법과 대립된 개념이다. '실정법'이라는 용어는 근대부터 사용했으며, 역사적으로 인식이 가능한 창조행위(주권자의 의사, 국가 의사)가 법의 실정성으로 강조되었다. 성문법, 관습법, 판례법 등이 이에 속한다.

(3) 국내법과 국제법

① 국내법

국내법(municipal law)은 국가의 법제정권에 의하여 국내의 사항에 관하여 제정한 법을 말한다. 국내법은 국제법에 대응하는 말이다. 국가의 공권력의 발동 · 태양(양태) · 기관 등에 관하여 규정한 것을 '공법'이라고 하며, 국민 사이의 관계를 규율한 것을 '사법'이라고 한다. 국내법으로는 공법, 사법, 사회법 등이 있다.

공법(public law)은 국가적 · 공익적 · 윤리적 · 타율적 · 권력적 · 비대등적 관계를 규율하는 법을 말한다. 공법은 사법에 상대되는 개념이다. 헌법 · 형법 · 소송법 · 행정법 · 국제법 등은 공법에 속하며, 민법 · 상법 등은 사법에 속한다.

사법(private law)은 개인적, 사익적, 경제적, 자율적, 비권력적, 대등적 관계를 규율하는 법을 말한다. 사법은 공법에 상대되는 개념이다. 민법은 일반사법, 상법은 특별사법의 성격을 가지며, 그에 관한 많은 특별법이 사법에 속한다.

사회법(social law)은 사회공공적 이익을 실현하기 위한 법을 말한다. 사회법은 구체적 인간을 전제로 한 사회주의, 단체주의, 적극국가, 실질적 평등을 원리로 한다. 경제법, 노동법, 사회보장법으로 분류되는 사회정책적 입법들이 사회법의 범주에 속한다. 공공복리의 이념을 달성하기 위한 국가의 노력이 확대 · 강화되어감에 따라 점차 사회법의 영역은 광범위해지며 대상은 다양해지고 있다.

② 국제법

국제법(international law)은 국가 간에 명시(明示)되거나 묵시(默示)된 합의를 기초로 하여 형성된 법을 말한다. 국제법은 국제공법이라고도 한다. 주로 국가 상호간의 관계를 규정하는 것으로서 최근에는 개인이나 국제조직(국제연합 등)도 국제법상의 법률관계의 당사자(국제법 주체)로서의 지위를 인정하는 사례가 많아졌다. 국제법은 국가 상호간에 명시된 합의에 바탕을 둔 조약과 여러 국가의 관행을 기초로 하여 성립되는 관습국제법으로 성립되고 있다. 국제법에는 조약, 국제법규, 국제관습법 등이 있다.

(4) 실체법과 절차법

① 실체법

실체법(substantial law)은 법률관계의 실체에 관한 법을 말한다. 주법이라고도 하며, 권리 · 의무의 존부를 규율함으로써, 법률관계의 실현과정 내지 권리 · 의무의 실현절차를 규율하는 절차법 또는 조법에 대립한다. 법률관계의 실체란, 권리 · 의무의 내용, 귀속자, 범위 등을 말한다. 민법 · 상법 · 형법 등이 이에 속하며, 민사소송법 · 형사소송법은 그에 대한 절차법이다.

헌법(constitution)은 국가의 통치조직과 통치작용의 기본 원리 및 국민의 기본권을 보장하는 근본 규범을 말한다. 형식적 의미의 헌법은 규정되어 있는 내용과 관계없이 헌법이라는 이름을 가진 규범으로서 곧 성문헌법을 말한다. 그러므로 불문헌법 국가에는 형식적 의미의 헌법이 존재하지 않으며, '영국에는 헌법이 없다'는 표현은 이를 나타낸다.

행정법(administrative law)은 행정에 특유한 국내법을 말한다. 한국에서는 대륙행정법의 영향을 받아 전통적으로 이와 같이 불려왔는데, 이에는 행정의 조직 · 작용 및 행정구제에 관한 법이 포함된다. 즉, 헌법 · 사법(私法) · 형사소송법 · 행형법 · 국제법 등을 제외하고, 행정소송법 · 행정형벌을 편의상 포함시키고 있다.

형법(criminal law)은 무엇이 범죄이고, 그것에 어떠한 형벌을 과할 것인가를 규정한 법률(1953.9.18. 법률 293호)을 말한다.

② 절차법

절차법(adjective law)은 권리의 실질적 내용을 실현하기 위하여 취해야 할 방법을 규율하는 법을 말한다. 절차법은 실체법에 대립되는 개념이며, 보통 소송 또는 재판절차를 규율하는 법을 실체법에 대하여 절차법이라고 말한다. 이 절차법은 형식법이라고도 하며, 특히 민사의 무수한 소송사건을 적정 공평하게 심판하고, 신속 · 경제적으로 처리하기 위해 어떤 방법이 합리적인가 하는 기술적인 고려가 중심문제가 된다.

넓은 의미의 절차법에서는 행정적인 절차규정(예컨대, 국세징수법 중의 절차규정), 민사상의 절차법(호적법 · 부동산등기법 등)도 포함되지만, 그 경우 같은 법전 속에 실체적 규정과 함께 포함되는 일도 있다.

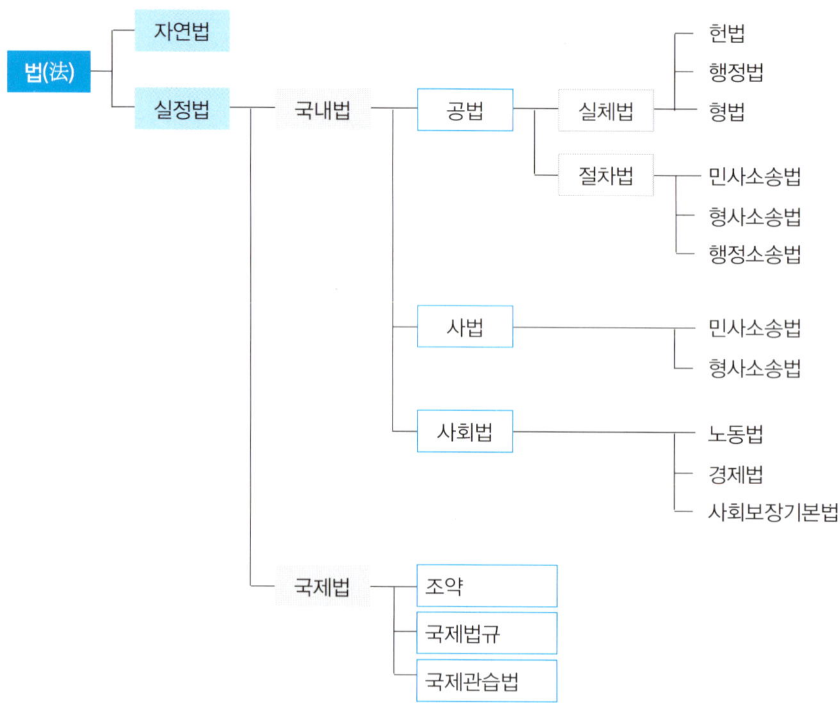

[그림 7-1] 법의 분류

2) 사회복지법의 정의

'사회복지법'은 '사회복지와 '법'이란 단어의 합성어이다. 즉, 사회복지법은 '사회복지에 관한 법'으로서 법의 일반적인 성격과 틀을 지니고 있으되, 그 내용은 사회복지를 다루는 법이라고 말할 수 있다(김훈, 2012: 59). 즉, 사회복지법은 사회복지와 법의 합성어로 사회복지에 관한 법을 총칭하는 것으로, 사회복지정책 또는 사회정책의 실현과 관련된 각종 법률을 의미한다. 또한 모든 사회구성원들의 욕구를 충족시키고, 그들의 인간다운 생활을 보장하며, 사회적 정의를 실현하기 위한 공적 · 사적 제도와 정책들을 규율하기 위한 제반 법규를 의미하는 것이다(문수열, 2014: 27).

'사회복지'는 사회적 관계 속에 있는 인간의 인간다운 삶을 달성시키기 위한 모든 사회적 노력을 말하며, '법'은 도덕, 윤리, 관습과 같은 하나의 규범으로서 사회 속의 인간의 행위를 안내하는 행위규범이다. 따라서, 사회복지법은 사회적 관계 속에 있는 인간의 인간다운 삶을 달성시키기 위한 모든 사회적 노력에 관한 인간의 행위규범이다. 그러나 사회복지법을 보다 명확히 이해하기 위해서 연구대상으로서 사회복지법의 개념과 범위를 정할 필요가 있다. 여기서 사회복지 개념의 규정이 중요한데, 그 이유는 그것에 따라 사회복지법의 개념과 범위가 달라지기 때문이다.

사회복지란 용어가 요즈음처럼 보편적으로 사용되었던 시기는 없었던 것 같다. 그러나 그 이해는 매우 다양하게 나타나고 있다. 그러나 사회복지법의 학습에서는 그 사회복지의 정의는 합의된 것으로 받아들이고 '법'이라고 하는 특성에 초점을 두고 논의된다.

사회복지법의 개념은 형식적 의미와 실질적 의미로 구분하여 이해할 수 있으며, 형식적 의미의 사회복지법은 외적 형식을 갖춘 사회복지와 관련된 모든 법의 형태인 각국의 모든 법이며, 실질적 의미의 사회복지법은 법의 형식과 관계없이 사회복지에 관한 목적과 내용 등을 법규범에 명시하고 있는 경우, 실질적 의미의 사회복지법으로 정의한다.

사회복지법의 포괄 범위에 따라, 넓은 의미의 사회복지법과 좁은 의미의 사회복지법으로 구분할 수 있다. 그 내용은 다음과 같다(황미경, 2012: 10).

넓은 의미의 사회복지법은 모든 국민의 인간다운 생활을 누릴 수 있게 하는 공공과 민간의 모든 사회적 서비스와 관련된 법률이다. 따라서, 사회정책 및 사회복지정책 관련 법률이 모두 포함된다. 즉, 사회복지의 넓은 의미와 관련된 사회복지 법규범이며, 국가는 국민의 인간다운 생활을 보장하는 구체적 정책적 표현으로서 사회복지입법을 발전시켜 왔다. 사회복지법은 자본주의 사회에서 발생하는 실업, 질병, 노령, 장애, 사망, 결혼, 사망 등의 사회적 위험과 사회문제를 해결하려는 과정에서 발전되어 왔다. 또한 후기 현대 산업사회의 복지국가들에서 나타나는 저출산 · 고령화 현상, 인구구조 및 성역할 변화, 아동양육과 노인부양 문제, 일과 가사노동 양립, 저숙련 노동자 문제 등 신사회적 위험(New Social Risks)에 대처하기 위하여 자본주의하에 경제성장과 분배를 보완하려는 사회적 노력들은 새로운 사회복지 입법 활동을 촉진하고 있으며, 우리나라도 이러한 현상에서 예외가 아니다. 따라서, 넓은 의미의 사회복지법은 소득 · 보건 · 교육 · 주택 문제에서 문화, 환경 및 심리사회적 문제에 이르는 보편적인 사회복지관련 서비스와 광의의 사회보장제도 모두를 포함한다.

좁은 의미의 사회복지법은 좁은 의미의 사회복지 개념인 보완적, 잔여적 복지개념이 중심이 되므로, 좁은 의미의 복지 정책과 제도를 시행하기 위한 법률이다. 즉, 사회적 약자들에 대해서 제한적으로 도움을 제공하는 노력과 관련된 법규범이다. 따라서, 복지개입이 필요한 개인, 가족, 지역사회 내 문제에 대하여 각각 대처하려는 노력으로 나타난다. 좁은 의미의 사회복지법에서는 모든 국민이 아닌 사회복지 개별 법률로 정의한 사회복지수급자에게 해당하는 법제로, 긴급복지지원법, 한부모가족지원법 등 정해진 범위 내 사회복지정책 및 관련 서비스를 규정하고 있다.

사회복지법의 목적은 인간다운 생활(생존권)의 보장이다. 사회복지법은 생존권을 중심으로 발달하여 왔고, 사회법의 영역에서 노동법, 경제법, 사회보장법, 사회복지서비스법 등의 형태로 발달하거나 이에 포함되어 발달하여 왔다. 이러한 법들은 그 법이 정한 대상자 층의 사회복지 차원의 권리(생존권)를 중심으로 서술되어 있다.

시민사회에서 보장되는 법적권리는 자유권, 참정권, 청구권이 핵심이었다. 그러나 자본주의가 발달하고 산업화를 겪으면서 그 시대의 다수를 차지하는 생산노동계층의 인간다운 생활이 보장되어야 한다는 관점에서 정치적인 노력과 함께 노동법을 중심으로 한 사회법이 발달하였다. 이 법이 보호하는 권리가 사회권이고 생존권이다. 이 사회권은 녹일 바이마르 헌법에서 최초로 규정된 이래로 현대사회의 모든 국가에서 인정하는 권리다.

바이마르 헌법(Weimarer Verfassung)

1919년 8월 11일 제정된 독일공화국헌법이다. 제1차 세계대전 뒤 독일혁명으로 독일 제정이 붕괴된 후, 보통 · 평등 · 비례선거에 의하여 선출된 국민의회가 7월 31일에 의결하고, 8월 11일 공포한 헌법이다. 국민의회가 바이마르에서 열렸다 하여 이렇게 부른다.

이 헌법은 종래의 비스마르크 헌법과는 달리, 민주주의 원리의 바탕 위에서 독일국민의 통일을 지도이념으로 하고, 다시 사회국가적 이념을 가미한 특색 있는 헌법이다. 즉, 국민주권주의에 입각하여 보통 · 평등 · 직접 · 비밀 · 비례대표의 원리에 의거한 선거에서 의원내각제를 채택하고, 동시에 약간의 직접민주제도를 인정하였다.

한편, 19세기적인 자유민주주의를 기본으로 하면서 20세기적 사회국가의 이념을 취하여 근대 헌법상 처음으로 소유권의 의무성(사회성)과 재산권행사의 공공복리 적합성을 규정하고, 인간다운 생존(생존권)을 보장하면서 경제조항을 규정함으로써 20세기 현대 헌법의 전형이 되었다.

1933년의 히틀러 정권에 의한 수권법을 비롯한 일련의 입법에 의하여 사실상 폐지되었으나, 그 후 세계의 민주주의 여러 나라에 많은 영향을 끼쳤다.

3) 사회복지법의 법적 성격

사회복지법은 사회복지 현상에 관한 법이다. 현실적으로 사회복지의 이념과 가치를 구체화하는 법이며, 이 구체화를 위한 급부내용, 전달체계, 재정조달, 권리구제 등에 관한 법이다. 사회복지법의 성격을 규정하는 일은 한 국가의 법체계 속에서 사회복지법의 독자적인 존립근거를 규명하는 일이다. 이것은 사회복지법이 다른 법들과의 관계 속에서 독특하고 고유한 기능을 가지고 있는가에 관한 문제와 직결된다.

일반적으로 법은 다음과 같은 면에서 독자적인 성격을 규명할 수 있다.

① 법이 예정하고 다루려고 하는 사회현상

② 법이 추구하는 이념

③ 법의 적용범위

사회복지법이란 사회복지에 특유한 국내법이다. 이 법의 실체는 세 가지 요소를 갖는다. 그 내용은 다음과 같다(김훈, 2012: 66~68).

첫째, 사회복지법은 사회복지에 관한 법이다. 사회복지법은 국가(지방자치단체 포함)와 민간이 주체가 되어 국민의 요구와 각종 사회문제를 해결함으로써, 국민에게 인간다운 생활을 보장하려는 생존권적 기본권을 중심관념으로 한다. 이 법은 사회복지의 조직과 작용, 즉 제급여 및 재정에 관한 법, 권리구제에 관한 법이다.

사회복지법은 사회복지현상을 다루는 법이다. 사회복지현상이란, 사회현상의 한 부분으로 현재 또는 미래의 인간다운 삶을 저해하는 여러 문제들과 그 문제로 고통을 당하는 인간들과 그 문제를 완화하거나 제거하려는 모든 사회적 노력들로 이루어진 인간사회의 현상이다. 그러므로 사회복지현상은 해결의 대상이 되는 문제, 문제해결의 방법, 문제해결의 주체, 문제해결의 재원 및 권리구제 등 다양한 측면과 관련된 사회적 현상을 말한다. 물론 이것은 '사회복지를 무엇으로 규정하느냐'에 따라 그 범위가 달라지겠지만, 어떻게 규정하든 우리의 건강한 삶의 질의 보장과 밀접한 관련이 있음을 부정할 수는 없다.

둘째, 사회복지법은 사회법이다. 다시 말해서, 사회복지법은 생존권 보장을 이념으로 하는 사회법이다. 사회법은 시민사회의 자유권 중심적 원리와 자본주의의 결합으로 인한 사회적 모순을 해결하는 과정에서 발달한 법의 영역이다. 사회법이 보장하려는 권리인 생존권은 국민이 문화적 수준의 인간다운 생활을 보장받기 위하여 국가에게 일정한 조치를 취해 주도록 요구할 수 있는 헌법적 권리다.

사회법은 시민의 자유권의 보장을 기본으로 하는 공법 또는 사법의 영역과 다른 성격을 지닌다. 사회법은 시민의 자유를 보장하는 사법의 원리인 소유권절대의 원칙과 계약자유의 원칙에 공법적인 제한을 가할 수 있도록 한 것이다. 사법이 공법화되어 가는 과정에서 중간적인 법 영역인 사회법이 발달하였다. 이러한 예로, 국가의 강제적 간섭은 사회보험관계법에 나타나는 강제가입의 규정(산업재해보상보험법제9조), 국민기초생활보장법 수급권의 압류의 제한(동법 제35조), 아동복지법의 아동의 공중전시를 통한 약취행위에 대한 처벌규정(동법 제29조, 제40조) 등을 들 수 있다. 이러한 공법적 요소는 바로 국민의 생존권보장을 국가가 책임진다는 것을 의미한다.

사회복지법은 자본주의의 발전과 동시에 자본주의 자체의 체제 모순으로 인하여 발생하는 사회적 낙오자, 불행자, 약자를 보호하려는 것에 일차적인 관심이 있으며, 나아가 각종 사회문제로 인하여 국민의 생활을 위협하는 사회적 사고와 예방정책에도 관심을 기울여 전 국민의 삶의 질을 향상시키려는 것이 입법의 취지이다. 특히, 자본주의의 폐단을 시정하기 위하여 사권(특히 소유권과 계약의 자유)에 대해서 공법적 제한(가입의 강제, 권리의 포기나 압류 및 양도의 제한)을 부가한다. 그러므로 이 법은 사적소유와 계약의 자유원칙을 존중하여 평등한 법률관계를 중심으로 하는 사법적 성격과, 주로 불평등한 법률관계를 중심 관념으로 하는 공법적 성격을 함께 가지고 있다.

셋째, 사회복지법은 사회복지에 관한 국내법이다. 국내법이란, 한 나라의 통일적 법체계에 속하는 법규범의 총체를 말하고, 국제법은 자신의 영역에 한하여 법적 관할권을 갖는 주권국가들을 기본적인 구성원으로 하여 성립되고 있는 국제사회의 법규범의 총체를 말한다. 결국 국내법은 한 국가의 법이며, 국제법은 국제사회의 법이다. 국내법은 국적을 기본으로 하여 대한민국 국민을 대상으로 하며, 지리적으로는 대한민국 영토 내에서 적용되는 법이다. 대한민국의 영토는 한반도와 그 부속도서이고, 경우에 따라서는 해외에 나가 있는 대한민국 국적의 선박 또는 비행기도 해당된다. 국내법이라 함은, 현재 대한민국이라는 시간적 · 공간적 한계를 갖는 법이다. 다시 말하면, 사회복지법은 대한민국의 통일적 법체계 속에서 사회복지 현상을 다루는 국내 법규범의 총체다. 그러나 경우에 따라서 국제사회의 일원으로서의 대한민국은 국제 간의 약속에 의한 국제법규도 국내법으로서의 효력을 갖도록 한다. 헌법 제6조에 의하면, "체결, 공포된 조약과 일반적으로 승인된 국제법규는 국내법과 동일한 효력을 가진다."라고 규정함으로써 사회복지에 관한 사항을 내용으로 하는 국제조약이나 국제법규는 국내법과 동일한 지위를 갖는다. 이러한 법규범에는 우리나라와 각국 간에 체결된 사회보장협정과 우리나라가 회원국으로 있는 국제기구인 UN, ILO, OECD 등의 각종 선언문이나 권고안이 있다.

4) 사회복지법의 구성요소

사회복지법의 구성요소는 사회복지법의 내용을 구성하는 요소들로서 사회복지법의 분석적 차원이 될 뿐만 아니라, 사회복지법을 내용적인 면에서 다른 법과 구별해 주는 특징을 말한다. 사회복지법은 주체, 객체, 개입대상 또는 문제, 목적, 방법 등으로 그 내용을 구별할 수 있다(고수현, 2015: 35~38).

(1) 주체

사회복지법상의 행위 주체는 국민의 인간다운 생활을 보장하는 급여를 제공하는 것으로 예정된 주체를 말한다. 이 급여는 실체적 의미의 급여뿐만 아니라, 그 급여를 가능하게 하는 급여구조(제도, 시설, 재정, 인적 자원 등)도 포함한다. 이런 의미의 행위 주체는 국가와 민간으로서 전 국민이다.

오늘날 모든 국가들이 복지국가를 표방하는 것처럼 사회복지의 실현에서 국가의 책임은 매우 막대하다. 그러나 실제로 국민의 복지실현은 국가(정부)의 단독 능력으로는 가능하지 않다. 오히려 민간의 다양한 참여에 의해서 사회복지는 보다 효과적으로 달성될 수 있다. 그러므로 사회복지의 실현에는 국가와 민간, 양자의 책임이 존재하고, 결과적으로 공적 사회복지와 민간사회복지의 영역으로 구별된다. 이 두 영역의 역할을 구별한다면, 국가는 예방적, 제도적, 재정적 책임을 다하고, 민간은 자발적, 전문적, 개입적 책임을 다한다. 국가는 국민의 복지실현을 위한 정책을 세우고, 법제도를 만들며, 필요한 재정적 지원을 제공하는 책임을 갖는다. 민간은 시설기관의 운영이나 심리적 · 사회적 개입 등 전문적 실천의 역할을 하는데, 이는 국가의 위임을 받아 주로 사회복지의 법령 안에서 행하게 된다.

(2) 적용대상

사회복지법상의 법의 적용대상(객체)은 작게는 요보호성의 미자립자들이며, 크게는 일반 국민이다. 요보호성의 미자립자는 전형적인 복지의 대상자들인데, 이들은 연령, 건강, 소득, 장애 등으로 인한 비복지적 문제를 지니고 있는, 도움이 필요한 사람들이다.

이들은 사회의 도움이 없으면, 이 사회에서 독자적인 삶을 영위할 수 없는 사람들이다. 이들을 위한 사회복지법의 영역이 국민기초생활보장사업이나 사회복지사업이다.

현대사회는 자본주의적 시장경제로 인해 매우 복잡한 사회환경을 갖고 있다. 이러한 시대의 국민은 언제 어떠한 문제로 비복지적 상황에 처해지게 될지 모르는 일이다. 사회복지법은 국민이 겪게 될 수 있는 미래의 사고를 사회공동체 속에서 분산시키는 사회보험제도를 갖고 있다. 이 보험제도는 미래의 사고로 인해 발생하는 예상지출을 미리 축적해 놓는다는 의미가 있다.

미래의 위험에 처할 가능성이 있는 일반 국민도 사회복지의 대상이다. 여기에는 국민연금, 건강보험, 산재보험, 고용보험 등이 해당한다. 기본적으로 사회복지사업에는 미자립자를 위한 내용이 주류를 이루지만, 현대사회에서 일반 국민의 보다 나은 생활을 위한 서비스도 포함하므로 사회복지의 대상은 전 국민일 만큼 포괄적이다.

(3) 개입의 문제

사회복지법이 다루려는 현상은 국민의 복지를 저해시키는 문제현상이다. 이러한 문제는 현대사회에서 다양하다. 사회복지법이 관련되는 문제현상은 사망, 장애, 질병, 실업, 저소득, 매춘, 범죄, 정신질환 등 인간다운 생활을 저해하는 모든 것이 해당된다.

사회복지가 개입하려는 문제들은 시대환경에 따라 변화하기도 한다. 과거에는 저소득, 장애, 질병, 노년 등이 주요한 개입의 대상이었다면, 가정폭력, 마약, 학대 등 변화되어 추가되는 문제들이다.

법은 사회현상을 반영하는 것이고, 사회현상은 변화되므로 사회복지의 법도 변화되어 간다. 최근에 제정된 성매매방지 및 피해자 보호 등에 관한 법률, 가정폭력방지 및 피해자 보호 등에 관한 법률, 일제강점기 일본군 위안부에 대한 생활안정지원법 등은 한국사회의 새로운 현상을 반영한 것이다.

(4) 개입방법

사회복지의 개입의 필요성은 사회문제로 인한 욕구의 결핍에서 출발한다. 인간의 욕구는 다양하며, 기본적으로 화폐적 욕구와 비화폐적 욕구로 구별된다. 화폐적 욕구는 소득적 지원에 의해서 해결될 수 있다. 그러나 비화폐적 욕구는 비금전적이며, 심리적 · 사회적이며, 의존적 성격을 갖고 있기 때문에 해결이 쉽지 않다.

사회복지의 개입방법은 소득적 차원에서는 화폐적 접근, 비화폐적 접근, 개입대상의 단위에 따라 개별사회사업, 집단사회사업, 지역사회조직사업, 통합적 방법이 있다. 개입대상에 따라 아동, 여성, 장애인, 노인 등의 복지사업이 있으며, 서비스의 직접성에 따라 직접적 서비스, 간접적 서비스, 지원적 서비스 등이 있다. 사회복지법에서는 이처럼 다양한 접근을 구현하고 있다.

2. 사회복지법의 법률관계

사회복지법의 법률관계란, 사회복지법상의 당사자가 가지는 권리와 의무의 관계를 말한다. 사회복지법의 실행과정에서 구현하려는 권리의 핵심은 각 사회복지법상의 대상자가 향유하는 사회복지수급권이므로, 이를 중심으로 사회복지법의 법률관계를 논하여야 한다.

1) 사회복지수급권

사회복지수급권이란, 사회복지법상 사회복지서비스를 받을 권리를 말한다. 사회복지서비스를 받을 권리란, 금전적 · 비금전적 방법에 의하여 최저한도의 생활보장, 자립을 목적으로 하는 생활보호, 재활, 생활안정과 복지의 증진을 목적으로 하는 사회복지서비스에 대한 급여청구권을 말한다.

사회복지서비스가 단순히 국가 행정행위의 반사적 이익이거나 구빈의 관점에서 시혜적인 것이라고 한다면 사회복지수급권은 인정되지 않을 것이다. 그러나 자유권을 중심으로 하는 시민법체계에 대한 수정의 원리로, 시민의 권리로서 생존권이 중요시되는 상황에서 사회복지서비스의 권리적 성격은 명백해졌다.

이 사회복지수급권은 헌법에서 생존권적 기본권의 법적 성격을 무엇이라고 규정하느냐에 따라 그 보장의 정도가 달라진다. 여기에는 프로그램 규정설과 법적 권리설이 있으며, 법적 권리설은 추상적 권리설, 구체적 권리설로 구별된다. 지금은 법적 효과에는 차이가 있을지언정 권리로서 인정되는 것에는 이의가 없다.

2) 사회복지법의 해석

사회복지법의 해석은 법의 실정법적인 성격에 따라 달라진다. 사회복지법은 실정법 차원에서 상위법과 하위법, 일반법과 특별법, 강행법과 임의법, 원칙법과 예외법, 신법과 구법으로 분류할 수 있다. 적용하려는 법이 어느 분류에 속하느냐에 따라 적용과 해석의 차이가 있다. 그 내용은 다음과 같다(최정일, 2017: 36~40).

(1) 상위법과 하위법

법은 수직적 체계를 이루고 있다. 우리나라의 법체계를 보면 헌법, 법률, 시행령, 시행규칙, 자치법규의 순서로 법제정형식에 따른 위계를 갖고 있다. 그러므로 법들은 상위법과 하위법의 관계에 있다.

사회복지법들도 수직적 체계 속에 있다. 상위법 · 하위법 체계에 의한 법해석의 예를 들면, 헌법은 국가의 기본법으로서 다른 법들의 상위법이다. 그러므로 헌법의 규정을 위반한 하위의 법률은 위헌법률이 되며, 그 효력이 상실된다. 법의 해석에서 해당 규정이 상위법에 근거하는가, 상위법의 위임을 받은 것인가, 상위법의 허용범위 내에 있는 것인가를 판단해야 한다.

(2) 일반법과 특별법

법은 법적용 및 효력의 범위에 따라서 일반법(보통법)과 특별법으로 구별된다. 법적용 및 효력의 범위가 넓은 법을 일반법이라고 하며, 제한된 영역에서 적용되는 법을 특별법이라고 한다.

첫째, 법이 적용되는 '사람'을 기준으로 일반국민에게 적용되는 법(국민건강보험법)과 특정 신분에 적용되는 법(의료급여법)

둘째, 법이 적용되는 '사항의 범위'를 기준으로 일반적 사항에 적용하는 법(사회복지사업법)과 특별한 사항에 적용하는 법(노인복지법)

셋째, 법이 적용되는 '지역적 범위'를 기준으로 전국적 지역에 적용되는 법과 특정지역에만 적용되는 법 등 세 가지 형태로 구별된다.

일반법과 특별법의 관계는 법률(또는 법전)들 간에 적용될 뿐만 아니라, 같은 법률 속에서도 조문과 조문 사이에도 존재한다. 일반법과 특별법의 구분의 실익은 "특별법은 일반법을 우선한다."라는 원칙에 의해서 우선 특별법을 적용하고, 그 보충으로 일반법을 적용한다는 점에 있다. 예를 들어, 아동의 입양에 관해서는 아동복지법이 일반법이고, 입양촉진 및 절차에 특례법이 특별법이 된다. 따라서, 아동입양에 관해서는 아동복지법보다 입양촉진 및 절차에 관한 특례법이 우선 적용된다.

(3) 강행법과 임의법

법은 법률 또는 법조문의 적용이 '강제적이냐 임의적이냐'에 따라 강행법 또는 임의법으로 구별된다. 강행법은 법률행위 당사자의 의사 여하에 관계없이 적용되는 법이며, 임의법은 법률행위 당사자의 의사로 적용이 배제될 수 있는 법이다. 임의법을 인정하는 이유는, 원래 법은 권력관계를 근거로 강행되는 것이지만, 공적 질서와 무관한 개인적 관계에 대해서는 당사자의 의사를 존중하여, 그 자치를 허용하는 것이 오히려 사익과 사회질서 유지에 적합하고, 법의 목적에도 합치되기 때문이다. 보통 공법(헌법, 행정법, 형법 등)이 강행법에 해당하고, 사법(민법, 상법 등)은 임의법에 해당한다. 사회복지에 관한 법의 경우 사회법의 영역이므로 사회법의 성격에 따라 구별된다.

그런데 강행법과 임의법의 구별기준으로 법률의 공 · 사 법적 성격도 중요하지만, 법문의 표현, 기타 법규가 가지는 가치 등을 고려하여 구체적으로 판단할 필요가 있다. 사회복지에 관한 법에서 규정하고 있는 각종 사회복지급여규정에 있어서, 수급자의 권리성을 인정한다는 면에서 보면 강행규정적 성격을 지니고 있지만, 만약 해석상

수급권의 반사적 이익을 인정한다면 그 점에서는 사회복지급여규정의 임의성을 인정하게 되는 것이다. 현실적으로 사회복지법의 경우 임의법이 많은 것 또한 현실이다. 임의법적 조항이 많을수록 수급자의 권리 청구는 어려워질 수 있다.

(4) 원칙법과 예외법

원칙법이란, 일정한 사항에 대해서 일반적으로 적용되는 법을 말하고, 예외법이란, 그 일정한 사항에 관하여 특별한 사정이 있는 경우, 그 예외를 인정하는 법을 말한다. 일반법과 특별법의 관계와 달리, 예외법은 원칙법의 적용을 완전히 배제하므로 원칙법이 예외법에 대해서 보충관계에 있지 않다.

보통 여러 가지의 법령에서 보이는 단서규정은 대체로 예외법이라고 할 수 있다. 사회복지사업법 제34조 제2항의 "국가 또는 지방자치단체 외의 자가 시설을 설치 · 운영하려는 경우에는 보건복지부령으로 정하는 바에 따라 시장 · 군수 · 구청장에게 신고하여야 한다. 다만, 다음 각 호의 어느 하나에 해당하는 자는 시설의 설치 · 운영 신고를 할 수 없다."라는 부문은 사회복지시설의 설치 주체에 관한 원칙법에 해당하고, "시설의 설치 · 운영 신고를 할 수 없다."라는 단서부문은 예외법에 해당한다.

이 구별의 필요성은 법해석의 원칙으로서 예외법은 원칙법과 달리 특히 엄격하게 해석하여야 하고, 이를 함부로 확장하여 해석하여서는 안 된다는 점에 있다. 이 원칙은 "예외법은 엄격히 해석하여야 한다."라는 법원칙에서 표현되고 있다.

(5) 신법과 구법

신법은 새로 제정된 법을 말하고, 구법은 신법에 의해 폐지되는 법을 말한다. 그러므로 신법은 구법을 폐지하고 적용되는 것이다.

우리의 사회현상은 항상 진행과정에 있으므로 어느 순간에 완벽하게 새로운 법이 적용될 수 있는 변화된 모습으로 나타나는 것은 아니다. 따라서, 신법의 시행시기와 구법의 종료시기에서는 상호 불일치가 존재할 수 있다. 이러한 불일치를 해결하기 위하여 신법에 경과규정 또는 부칙을 둔다. 예를 들어, 사회복지사업법에는 사회복지사

1급 자격취득에 관한 경과규정이 있다. 이 경과규정은 구법을 준수한 준수자의 권리를 보호할 뿐만 아니라 법의 보수성을 유지하는 데에 도움이 된다.

3. 사회복지법 해설

1) 사회보장법

사회보장법은 사회보장제도의 실시와 관련된 법적 규정 혹은 법률이라고 한다면, 사회보장은 무엇인가. 흔히 사회보장은 "국민이 그의 생활을 영위해 나감에 있어 봉착하는바 소득의 중단 또는 영구적 상실 및 질병과 부상 등의 생활상의 모든 곤란에 대하여 국가가 국민의 생존권의 실현을 위해 소득의 재분배를 통하여 국민의 최저생활의 확보를 전제로, 그의 소득보장을 도모하는 총체적인 국가정책"이라고 한다. 물론 학자나 국가 및 시대적 변화에 따라 사회보장제도의 개념과 방법 그리고 형태도 변화, 발전해 왔다. 따라서, 사회보장에 관한 다양한 정의가 존재한다.

한국의 사회보장에 관한 기본법이라고 불리어지는 사회보장기본법 제3조 1항에 "사회보장이란 출산, 양육, 실업, 노령, 장애, 질병, 빈곤 및 사망 등의 사회적 위험으로부터 모든 국민을 보호하고 국민 삶의 질을 향상시키는 데 필요한 소득 · 서비스를 보장하는 사회보험, 공공부조, 사회서비스를 말한다."고 규정하고 있다. 따라서, 사회보장법은 이러한 사회보장제도를 실시, 운영하는 데 연관되는 법률이다.

여기서 중요한 점은, 모든 사람들이 살아가는 가운데 봉착할 수 있는 사회적 위험을 미리 예견하고, 여기에 대비하여 각종의 제도를 시행하는 점이다. 현대사회에서 불가피한 질병 · 장애 · 노령 · 실업 · 사망 등에 특별하게 대응하는 것인데, 이는 공동으로 대처하고 위험을 분산시키는 원리와 방법을 통해서 만들어진다. 또한 여기에 대응하는 사회보장제도의 다양한 장치는 사회보장제도의 내용으로, 결국 사람들이 직면하게 되는 사회적 위험의 특수성에 따른 대응으로 볼 수 있다(현외성, 2016: 178~179).

2) 사회보험법

사회보험법은 사회보험제도의 운영과 실시에 관한 법률이다. 이 경우 사회보험이란, 사회보장제도의 하나로서 생활상에 직면하는 제반 사회적 위험을 민간보험 원리를 적용하여 국가가 시행하는 강제보험을 총칭한다. 사회보장기본법 제3조 2항에 "사회보험이란 국민에게 발생하는 사회적 위험을 보험의 방식으로 대처함으로써 국민의 건강과 소득을 보장하는 제도를 말한다."고 규정하고 있다. 즉, 사회보험은 민간보험의 원리를 채택하지만 사회적 위험을 보장한다는 점에서, 민간보험과는 여러 가지 점에서 다른 특성을 가지고 있다. 그중 가장 특징적인 점은 가입의 강제성과 운영주체가 국가의 독점이라는 점 등이다. 그리고 사회보험의 목적으로 국민건강과 소득보장이라는 2가지를 지칭하고 있음을 알 수 있다.

사회보험이 사보험과 관련하여 유사점과 상이점을 가지고 있는데, 먼저 유사점으로는 다음과 같다(현외성, 2016: 206).

첫째, 사회보험과 사보험은 사회적 위험을 이전하고 정해진 위험을 광범위하게 공동으로 분담한다.

둘째, 사회보험과 사보험은 적용범위, 급여, 재정과 관련된 모든 조건을 구체적으로 명시한다.

셋째, 사회보험과 사보험에서 급여를 받을 자격과 급여량을 정하기 위해서는 명확한 계산이 필요하다.

넷째, 사회보험과 사보험은 운용에 필요한 비용을 충당할 충분한 기여금과 보험료가 필요하다.

다섯째, 사회보험과 사보험은 급여를 받을 때 증명된 욕구에 근거하지 않는다.

여섯째, 사회보험과 사보험은 사회구성원에게 경제적 안정을 제공함으로써 사회 전체에 유익하게 된다.

사회보험과 사보험이 서로 다른 점은 다음과 같다.

첫째, 사회보험은 강제적 가입이 원칙이나 사보험은 자발적 가입이 원칙이다.

둘째, 사회보험은 최저소득만을 보호하나, 사보험은 개인 희망과 개인 지불능력에 따라 더 많은 양의 보호를 받을 수 있다.

셋째, 사회보험은 사회적 적절성을 강조하여 결국 복지 요소에 초점을 두나, 사보험은 개인적 적절성을 강조하여 결국 보험요소에 초점을 둔다.

넷째, 사회보험급여를 제공하는 근거는 법에 명시되어 있으나, 사보험급여를 제공하는 근거는 계약에 있다. 즉, 사회보험이 법적 권리에 근거하는 데 비해, 사보험은 계약적 권리에 근거한다. 따라서, 사보험의 경우 보험업자가 망하지 않고 재정적으로 튼튼해야만 경제적 보장이 가능하다. 즉, 사보험업자가 망하면 계약의 효력이 상실된다.

다섯째, 사회보험은 정부가 독점하고 있으나, 사보험은 경쟁에 맡겨져 있다.

여섯째, 사회보험은 비용 예측이 어렵다. 예를 들어, 실업보험에서 실업자의 수를 예측할 수 없다. 그러나 사보험은 사회보험에 비해 비용을 비교적 예측하기가 쉽다.

일곱째, 사회보험은 재정을 완전하게 준비할 필요가 없다. 새로운 가입자로부터 기여금이 반드시 들어오고(강제가입이므로), 또한 사회보험 프로그램은 영원히 계속될 것으로 간주되기 때문이다. 그러나 사보험은 완전한 재정을 준비할 필요가 있다.

여덟째, 사회보험의 목적 · 결과에 대해서는 대체로 의견이 통일되어 있다.

아홉째, 사회보험 기금은 대개 정부 업무에 투자되나, 사보험 기금은 민간 부문에 주로 투자된다.

열째, 사회보험은 정부의 과세력(taxing power)을 통해서 인플레이션 때문에 생긴 손실을 보상해 줄 수 있으나, 사보험은 그렇지 못하므로 인플레이션에 약할 수밖에 없다.

사회보험법에는 흔히 4대보험이라고 일컬어지는 국민연금, 건강보험, 산재보험, 고용보험에 해당하는 법률을 비롯하여 노인장기요양법 등이 있다.

3) 공공부조법

사회보장기본법 제3조 2항에 "공공부조란 국가와 지방자치단체의 책임 하에 생활 유지 능력이 없거나 생활이 어려운 국민의 최저생활을 보장하고 자립을 지원하는 제도를 말한다."고 규정하고 있다. 또한 국민기초생활법의 목적은 생활이 어려운 자에게 필요한 급여를 행하여 이들의 최저생활을 보장하고 자활을 조성하는 것이다. 공공부조제도는 잔여적 개념의 선별주의 제도로 그 재원을 일반 조세로 충당하면서 소득이전을 통한 소득의 재분배 기능을 수행한다. 우리나라 공공부조법은 헌법상의 인간다운 생활 보장을 목적으로 한 생존권 보장을 핵심으로 자립지원과 병행하여 지원이 실시되고 있는바, 공공부조법으로서 국민기초생활보장법은 빈곤에 대한 사회적 대책으로 공공부조제도의 실시에 관한 법이다.

공공부조법은 국민의 사회적 위험 및 빈곤에 대한 최후의 국가적 대책으로 공공부조제도의 특성은 공공부조법 규정으로 실현되며 사회보험제도와는 대별된다. 공공부조법제는 사회보장제도로서 생활이 어려운 자에 대하여 가족을 중심으로 하는 사후적 대응책으로써 기능하는 한편, 사회보험은 미래에 직면할 수 있는 사회적 위험을 정형화하여 보험기술을 통해 미리 대비하는 제도적 장치이다.

공공부조제도의 시행은 생활이 어려운 사람을 선정기준에 따라 선별하는 과정을 통하여 개입하므로 선별주의(선택주의) 채택으로 구분되며, 모든 국민을 대상으로 하는 사회보험의 보편주의 채택과는 상이한 사회복지급여 전달체계를 통하여 시행되고 있다. 그리고 무차별 평등주의의 원칙으로 빈곤에 처한 국민들을 위하여 전국적으로 동일한 복지급여를 제공한다는 점과 소수의 저소득층 국민이 주 대상이 되므로, 전 국민을 대상으로 하여 가입한 자의 기여와 가입기간에 비례하여 급여를 실시하는 사회보험제도와 대별되고 있어 각 대상에 따라 권리의 종류가 상이하다. 즉, 국민기초생활보장법에서 사회보험법과는 달리, 국가에 의해 수급자에게 일방적으로 급여를 제공할 수 있으며, 국민의 기초생활보장수급권에 대하여 국가는 기초생활보장급여를 통한 생존권적 기본권을 보장함으로써 궁극적으로 국민의 사회복지의 권리를 보장함을 목적으로 한다(황미경, 2012: 147).

공공부조의 일반적 특징을 살펴보면 첫째, 최후의 사회적 안전망, 둘째, 선별주의 방식, 셋째, 조세에 의한 재원조달, 넷째, 소득재분배에 기여한다. 공공부조법은 공공부조제도의 특색이 있으며 다른 사회보장제도와 특히 다르며 사회보험과는 여러 가지 면에서 차이가 있다(김윤재·허은희, 2009: 165).

공공부조법에는 국민기초생활보장법, 의료급여법 등이 있다.

4) 사회복지서비스법

사회복지서비스란, 국가·지방자치단체 및 민간부문의 도움이 필요한 모든 국민에게 상담, 재활, 직업의 소개 및 지도, 사회복지시설의 이용 등을 제공하여 정상적인 사회생활이 가능하도록 지원하는 제도이다. 사회복지 서비스관련 법률은 헌법－사회보장기본법－사회복지사업법－사회복지서비스관련 개별 법률로 이어지는 입법 원칙에 따라 복지대상자별, 욕구별 사회복지서비스 실행에 관한 목적과 주체, 구체적 방법을 규정하고 있다. 따라서, 아동, 가족, 노인, 장애인, 여성, 청소년, 노숙인, 교정, 정신보건, 지역복지 분야 등의 사회복지서비스 관련 법률들은 사회보험과 공공부조제도의 시행과 별도 혹은 병행하여 국민의 사회복지서비스에 대한 공·사의 개입에 관한 내용들을 명시하고 있다.

사회복지서비스에 관한 기본법 입법의 필요성이 1960년대부터 제기되고, 1970년 사회복지사업법이 입법된 이후, 사회복지서비스 관련 개별 법률들의 입법과 제·개정의 과정은 사회복지사업법상의 원칙에 의거 각 법의 목적에 의한 사업 범위, 주체, 사회복지전달체계, 지원과 보호, 재정, 권리의 구제에 관한 사항을 규정하고 있다. 2000년대에 들어 공공과 민간의 사회서비스제도 확대 실시와 병행하여 사회복지서비스 관련 개별 법률의 시행은 아동, 노인, 장애인 등 대상자별 전 국민의 생애주기에 개입하는 서비스로 변화해 나가고 있다. 또한 최근 보편적인 국민의 복지와 결부된 정책이 사회복지서비스로 전환되고 실행되는 과정에서, 사회복지서비스 관련 개별 법률의 입법과 제·개정에서는 사후적 서비스 및 예방적 기능을 모두 고려하여 가족기능을 강화하면서, 복지사각지대에 처한 국민들에 대한 사회복지서비스 접근성의 강화 전략이 요구된다(황미경, 2012: 206).

사회복지서비스법에는 사회복지사업법, 영유아보육법, 아동복지법, 노인복지법, 장애인복지법 등 다수의 법률이 있다.

연습문제

1. 다음 중 가장 최근에 제정된 법률은?

① 장애인복지법 ② 사회복지사업법
③ 고용보험법 ④ 노인장기요양보험법
⑤ 산업재해보상보험법

2. 법률의 제정에 관한 헌법의 내용으로 옳은 것은?

① 법률은 국무회의의 의결을 거쳐 대통령이 제정한다.
② 대통령은 법률안의 일부에 대하여 재의를 요구할 수 있다.
③ 국무회의에서 의결된 법률안은 지체 없이 대통령이 공포한다.
④ 대통령이 15일 이내에 재의 요구를 하지 아니한 때에는 그 법률안은 폐기된다.
⑤ 법률은 특별한 규정이 없는 한 공포한 날로부터 20일을 경과함으로써 효력을 발생한다.

3. 사회복지사업법상 사회복지의 날은?

① 4월 10일 ② 5월 5일
③ 7월 17일 ④ 9월 7일
⑤ 10월 3일

4. 사회복지사업법상 사회복지법인에 관한 설명으로 옳지 않은 것은?

① 사회복지법인의 이사 중에 결원이 생겼을 때에는 3개월 이내에 보충하여야 한다.
② 사회복지법인의 이사는 해당 법인이 설치한 사회복지시설의 장을 제외한 그 시설의 직원을 겸할 수 없다.
③ 시·도지사는 임시이사가 선임되었음에도 불구하고 해당 사회복지법인이 정당한 사유 없이 이사회 소집을 기피할 경우 이사회 소집을 권고할 수 있다.
④ 해산한 사회복지법인의 남은 재산은 정관으로 정하는 바에 따라 국가 또는 지방자치단체에 귀속된다.
⑤ 사회복지법인을 설립하려는 자는 시·도지사의 허가를 받아야 한다.

정답 1. ④ 2. ⑤ 3. ④ 4. ①

CHAPTER 8

사회복지실천

학습목표

1. 클라이언트에 대한 예방적 대처방안 강구
2. 사회복지실천의 목표에 대한 뚜렷한 성취감
3. 현장에 대한 구체적 접근

학습내용

1. 사회복지실천의 개념
2. 사회복지실천의 이념과 실천
3. 사회복지실천현장
4. 한국 사회복지실천의 쟁점

개 요

사회복지실천이란, 전통적인 사회복지방법, 개별사회사업, 집단사회사업, 지역사회조직 등을 중심으로 한 실제적인 서비스체계의 전문적 영역을 말한다. 사회복지실천이라는 용어는 협의적으로 사회사업의 의미를 담고 있다. 사회복지실천은 계획된 목표를 성취하기 위해 그 자체의 가치, 원칙, 기술들을 전문적으로 적용하며, 인간발달과 행동에 관한 지식, 사회적, 경제적, 문화적 제도들에 관한 지식, 그리고 모든 요소의 상호작용에 관한 지식 등을 활용하고 있다. 본 장에서는 사회복지실천에 대한 구체적인 내용을 중심으로 학습하고자 한다.

8 CHAPTER

사회복지실천

1. 사회복지실천의 개념

1) 사회복지실천의 정의

사회복지실천(theories of social work practice)이란, 전통적인 사회복지방법, 개별사회사업, 집단사회사업, 지역사회조직 등을 중심으로 한 실제적인 서비스체계의 전문적 영역을 말한다. 사회복지실천이라는 용어는 협의적으로 사회사업의 의미를 담고 있다. 미국사회사업가협회(National Association of Social Workers, NASW)에서는 사회사업을 개인이나 집단 그리고 지역사회가 사회적 기능성에 관한 그들의 능력을 회복 또는 강화하고, 그들의 목표에 바람직한 사회적 상황을 창출하도록 돕는 전문적인 활동으로 정의하고 있다(Zastrow, 1992). 사회복지실천은 가치, 목적, 지식, 개입기법 등을 포함하는 하나의 성좌(constellation)로 인식되고 있다(Bartlett, 1970).

사회복지실천은 계획된 목표를 성취하기 위해 그 자체의 가치, 원칙, 기술들을 전문적으로 적용하며, 인간발달과 행동에 관한 지식, 사회적, 경제적, 문화적 제도들에 관한 지식, 그리고 모든 요소의 상호작용에 관한 지식 등을 활용하고 있다. 이에 미국사회사업가협회의 사회복지실천위원회에서는 사회복지실천을 다음과 같이 규정하고 있다.

① 사회복지실천은 개인이나 집단을 원조하여 그들 자신과 환경 간의 불균형에서 발생하는 문제를 극소화한다.

② 사회복지실천은 불균형의 문제를 예방하기 위해 개인 또는 집단과 환경 간의 잠재적인 문제영역을 파악한다.

사회복지실천은 문제에 대해 치료하고 예방하는 데 목적을 두되, 개인이나 집단에 대해 최대한 잠재력을 찾아내어 강화하는 데 있다. 사회복지실천의 의미는 다음과 같다(Pincus & Minahan, 1990).

① 사회복지실천은 클라이언트에게 문제해결과 대처능력을 강화한다.

② 사회복지실천은 자원과 서비스기회 등을 제공하며 연결한다.

③ 사회복지실천은 서비스가 가능하도록 다양한 체계를 활용한다.

④ 사회복지실천은 문제해결을 위해 사회정책의 발전과 증진에 기여한다.

그러므로 사회복지실천의 개념은 개인과 집단의 당면문제를 경감시키고 그들이 원하는 것과 가치들을 실현하도록 동기를 부여하며, 이에 대처할 수 있는 능력을 강화하도록 돕는 일련의 서비스과정이라고 할 수 있다. 사회복지실천은 전문적 활동임을 강조하지만 사회복지사의 독단적이고 일방적인 활동에 의해 이루어지는 것은 아니다. 즉, 사회복지실천은 클라이언트의 주도적인 역할을 전제로 하며, 사회복지사는 클라이언트가 문제해결능력을 강화할 수 있도록 돕고 목표달성을 위해 지원한다. 특히, 사회복지사는 적절한 자원을 연결시켜 주는 역할을 수행하되, 그가 지닌 전문지식과 기술들을 구사해야 한다. 이에 따라 사회복지실천은 다른 전문직 활동과는 달리 사회복지사와 클라이언트에 의해 이루어지는 공동작업이라고 할 수 있다.

2) 사회복지실천의 목표

사회복지실천의 목표는 어디에 두고 나아가야 할까? 이에 관한 답을 구하는 중에 사회복지실천에 관한 이해를 더욱 꾀할 수 있겠다. 기존 문헌에서는 사회복지실천의 목표를 대체로 개인, 집단, 지역사회를 바탕으로 개인의 욕구나 문제를 해결하는 데 두고 있다. 이는 좁은 의미에서의 사회복지실천 목표로 임상에 중점을 둔 것이라고 할 수 있다. 여기에서는 사회복지실천을 한층 더 넓은 의미로 이해하여 시민의 변화와 사회복지 관련 제도의 변화를 포함한다. 이들 사회복지실천의 목표는 다음과 같다(최옥채, 2017: 22~23).

(1) 개인의 변화

사회복지실천의 궁극적 목표는 사회복지서비스를 받는 개인의 변화를 시도하는 데 있다. 사회복지실천이 집단이나 지역사회를 대상으로 실행되기도 하지만 사회복지실천의 목표는 철저히 집단의 성원과 지역사회 주민의 대처능력 향상에 있다. 이와 같은 입장을 국내외 연구자들의 여러 문헌을 통해 찾아볼 수 있다. 이들 연구자는 사회복지실천의 주요 가치로서 개인에게의 관심을 강조하는가 하면, 사회복지서비스에서 개별화의 원리를 중시하고 있다. 아울러 사회복지의 확대와 함께 개인의 경제활동에도 깊은 관심을 두어 접근하고 있다.

(2) 집단의 변화

사회복지실천은 개인의 변화 이외에 가족을 포함한 집단의 변화에도 목표를 둔다. 이 같은 목표는 파펠과 로스만(Papell & Rothman, 1981)이 제시하는 집단사회사업의 상호작용 모델에서 확인할 수 있다. 즉, 집단 관련 사회복지실천은 집단성원의 변화에 중점을 두지만, 종종 집단을 구성하고 있는 성원들 간에 원활한 상호작용을 조성함으로써 성원들의 생산적이고 능동적인 측면에 중점을 두어 집단의 목적을 달성하게 하고, 아울러 자활사업단운영과 같이 집단을 이루는 사업단의 경제활동에 관여하기도 한다.

(3) 지역사회의 변화

사회복지실천은 지역사회의 변화에도 목표를 둔다. 특히, 지역사회를 클라이언트 삼는 지역사회실천과 같은 중범위적 사회복지실천은 조직이나 지역사회의 계획된 변화를 위한 전문적 개입을 의미한다(Netting et al., 1993). 뿐만 아니라, 여러 형태의 자생단체가 참여하는 공동체 짓기 같은 사업에도 적극 참여하고 있다. 물론 이러한 중범위적 사회복지실천은 조직이나 지역사회와 같이 활동 영역이 광범위하나 주요 관심사는 개인과 집단으로부터 확인된 것이다.

(4) 시민으로의 변화

사회복지실천은 개인과 집단과 지역사회의 변화를 촉진할 뿐만 아니라, 모든 국민이 시민으로 변화하는 데도 중점을 두어야 한다. 국민은 가장 작은 체계인 개인으로 존재함과 동시에 가족과 주민을 거쳐 가장 큰 국가나 세계의 구성원으로 존재한다. 이때 구성원이 시민의식을 갖춘 개인으로 존재할 때, 그가 속한 가정, 지역사회, 국가는 복지사회로 가는 밑거름이 될 것이다. 이와 같은 목표를 강조할 때, 사회복지운동과 같은 프로그램의 정당성을 확보할 수 있다.

(5) 사회복지 관련제도의 개선

사회복지실천은 사회복지 관련제도의 개선에 기여해야 한다. 사회복지실천은 사회복지사의 임의대로 이루어지는 것이 아니고, 사회복지 관련제도의 테두리 안에서 합법적으로 수행하는 과업이며, 사회복지 관련제도 역시 사회변화에 따라 새롭게 마련되어야 한다. 따라서, 합당한 사회복지 관련제도의 개선을 위해 정책 결정자들은 사회복지 실천현장의 경험에서 나오는 자료와 제언을 중시해야 한다. 이런 맥락에서 사회복지 관련제도의 올바른 변화를 위해 사회복지실천에 임하는 사회복지사나 참여자는 자신의 활동 경험을 토대로 사회복지 관련제도 입안자들에게 귀중한 자료를 제공하거나 건의해야 하고, 잘못된 사회복지 관련제도에 대해서는 이의 개혁을 위해 적극적으로 나서야 한다.

3) 사회복지실천의 기본 원리

사회복지실천의 기본 원리는 다음과 같다(이경준 외, 2018: 89~93).

(1) 환경 속의 인간에서의 관점

사회복지실천의 기본적인 시각은 한마디로 '환경 속의 인간(person in environment)'이라고 말할 수 있다. 환경 속의 인간의 개념은 사회복지실천 방법이 시작되고 정형화되는 과정에서 실천의 기본 원리로 작용해 왔다. 사회복지실천의 목적이 개인과 환경간의 상호작용의 증진을 통해서 사회구성원 모두의 삶의 질을 향상시키는 것이라고 할 때, 개입의 초점을 개인에게 맞출 것인가 또는 환경에 맞출 것인가에 따라 개입 방향이 달라질 수 있다. 사회복지실천을 개인에게 맞춘다는 것은 개인–환경 간의 상호작용에 대한 증진의 책임을 개인에게 둔다는 것을 의미하고, 사회복지실천을 환경에 맞춘다는 것은 개인–환경 간의 상호작용의 증진을 위해 환경을 변화시킨다는 것을 의미한다.

하지만 환경 속의 인간이란 관점은 개인과 환경 간 상호작용에 대한 증진의 책임을 개인과 환경 모두에게 두는 것을 의미한다. 인간이 경험하는 각종 문제의 원인을 개인 또는 환경 중 어느 한 쪽의 결함으로 책임지우기보다는 개인적 요소와 환경적 요소가 상호작용을 통해 나타난 결과로 보는 것이다. 사회복지사는 개인, 가족 또는 집단체계

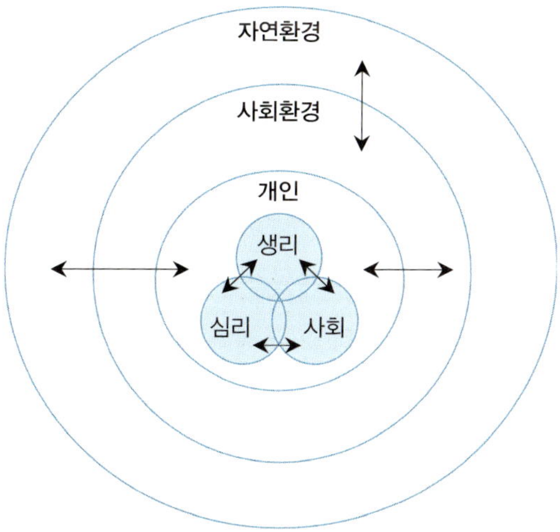

자료: 이경준 외(2018: 90).

[그림 8-1] 인간과 환경의 관계

의 사회적 기능을 향상시키기 위해서 이들 체계들이 그들 주변의 다른 사람들 그리고 그들의 생활에 영향을 미치는 사회체계들과 어떻게 상호작용 하는가를 주시하면서 활동한다. 문제의 원인을 사정하고 문제해결을 시도하려 할 때, 문제해결방안을 개인의 변화에서만 찾을 것이 아니라 그 개인의 문제 또는 역기능에 영향을 미치는 주변 사회적 환경의 변화 또는 개선에서도 찾아야 한다.

사회복지사는 개인, 가족 또는 집단체계의 사회적 기능을 향상시키기 위해서 이러한 체계들이 그들 주변의 다른 사람들 그리고 그들의 생활에 영향을 미치는 사회체계들과 어떻게 상호작용하는가를 주시하면서 활동한다. 즉, 문제의 원인을 조사하고 문제해결을 시도하려 할 때 문제해결방안을 개인의 변화에서만 찾을 것이 아니라, 그 개인의 문제 또는 역기능에 영향을 미치는 주변 사회환경의 변화 또는 개선에서도 찾아야 한다. 또한 개인과 환경 사이의 상호작용 내용과 양상이 어떠한가에 대해서도 관심을 가져야 한다.

(2) 개인에 대한 관점

사회복지실천에서는 인간을 '전체로서의 인간'으로 이해하고 접근한다. '전체로서의 인간'이란, 인간을 하나의 부분만이 아닌 신체적인 측면, 정서적인 측면, 지능적인 측면, 영적인 상태와 사회성을 모두 총합하여 전체적으로 보는 인간이해를 해야 한다.

인간의 행동은 생물체가 동기에 의해서 규정된 선행조건에 반응하는 모든 과정을 의미한다. 즉, 생물체의 기질과 사회적인 영향력이라는 것이 작용하여 사회행동이라는 결과가 나타난다고 보고 있다. 따라서, 인간의 행동을 이해하고 올바른 실천을 하기 위해서는 인간발달단계의 발달적 특징을 이해하고, 개인의 성격을 이해하며, 나아가 사회의 적응과 부적응으로 인한 정상행동과 이상행동을 모두 이해해서 사회복지실천에 적용을 해야 한다. 인간의 문제는 생물학적 또는 신체적 · 지적 · 정서적 · 사회적 · 영적 특성, 경제적 상황, 가족 상황, 문화적 배경 등의 특성이 혼합되어 하나의 전체적인 인간의 문제로 표출된다.

환경 속의 인간이라는 의미 속에 '인간'은 개인의 '성격'과는 다른 의미이다. 성격은 전체 인간의 한 구성부분에 불과하며, 인간의 의미를 개인의 성격으로 국한하려 할 경우, 사회복지실천활동은 사회복지 영역보다는 오히려 심리학의 영역으로 치우칠 수 있다. 이러한 전체로서의 인간에 대한 관심은 사회복지 전문직이 관여해야 할 업무의 폭을 결정하게 된다. 예를 들어, 음식, 주거, 위생 및 건강유지 등의 기초 용구를 충족시키는 데 어려움을 겪고 있는 클라이언트의 경우, 클라이언트의 결핍된 욕구충족행위를 원조하기 위해서 사회복지사는 클라이언트의 신체기능 상태, 지식 및 기술의 수준, 정서적 안정 상태, 자신 또는 타인을 지각하는 상태, 생에 대한 동기 수준, 생의 목적 또는 야망의 유무와 그 내용 등을 진단한 후 진단결과에 따라 다양한 활동을 여러 차원에서 전개할 수 있다.

(3) 환경에 대한 관점

인간의 생존과 번영은 환경과의 상호작용의 질, 즉 환경의 요구에 얼마나 효과적으로 순응하고, 개인의 요구에 맞게 환경을 얼마나 적절하게 변화시킬 수 있는가에 의해 결정된다. 환경 속의 인간을 이해하기 위해 환경의 세부적인 차원을 이해해야 한다.

환경은 인간을 둘러싸고 있는 내부환경, 즉 사회환경과 외부환경, 즉 물리적 환경을 모두 포함한다. 물리적 환경은 다시 ① 기후와 지리적 조건 등의 자연적 환경, ② 건축물, 대중매체, 교통체계 등과 같이 자연적 환경 내에 인간이 만들어 낸 구조나 대상들을 모두 포함하는 인위적 환경으로 구분된다.

인간은 자연적 환경과 인위적 환경의 요구에 순응하거나 자연적 환경을 자신이 생활하기에 적합하게 바꿈으로써 환경에 적응해 간다. 물리적 환경이 인간의 생존을 좌우하는 필요조건이라고 한다면, 물리적 환경의 기초 위에 형성된 사회환경은 다양한 인간의 삶과 행동에 직접 혹은 간접적인 영향을 미치는 조건, 상황 그리고 인간 존재 간의 상호관계를 의미한다. 이러한 사회환경에는 미시체계인 개인이 접촉하는 타인, 가족, 집단, 조직, 이웃 등의 중간체계와 국가, 문화 등의 거시체계가 포함된다. 개인을 둘러싸고 있는 사회환경, 즉 다양한 수준의 사회체계는 인간의 삶과 행동에 직접 또는 간접적 영향을 미치며, 인간으로부터 영향을 받기도 한다.

〈표 8-1〉 인간과 환경과의 관계

<table>
<tr><td rowspan="6">생태체계적 관점</td><td rowspan="3">내부환경
(사회환경)</td><td rowspan="3">인간의 삶과 행동에 직접 또는 간접적인 영향을 미치는 조건, 상황 그리고 인간 존재 간의 상호관계를 의미)</td><td>미시체계</td><td>개인</td></tr>
<tr><td>중간체계</td><td>개인이 접촉하고 관계를 맺고 있는 타인, 가족, 집단, 조직, 이웃 등</td></tr>
<tr><td>거시체계</td><td>지역사회, 조직, 사회제도, 문화 등</td></tr>
<tr><td rowspan="2">외부환경
(물리적 환경)</td><td rowspan="2">인간의 생존을 좌우하는 필요조건</td><td>자연적 환경</td><td>기후와 지리적 조건</td></tr>
<tr><td>인위적 환경</td><td>건축물, 대중매체, 교통체계 등과 같이 자연적 환경 내에 인간이 만들어 낸 구조, 대상</td></tr>
</table>

자료: 이경준 외(2018: 93).

2. 사회복지실천의 이념과 철학

사회복지실천의 이념적 배경은 사회통제와 사회변화라는 이중적인 목적을 가진 특성을 지니고 있으며, 이를 근거로 다양한 서비스와 프로그램을 개발해 왔다. 사회복지실천의 가장 많은 영향을 준 이념과 철학은 다음과 같다(최은희 외, 2017: 18~21 ; 윤선오 외, 2016: 18~21).

1) 이념

(1) 인도주의

사회복지는 타인을 위한 봉사, 특히 빈곤한 사람을 위한 구호활동에서 출발하였으며, 이후 사회복지실천의 기본 정신이 되었다. 인도주의란, 모든 인간은 동등하다고 생각하며 공존을 꾀하고 복지를 실현하려는 사상이다. 사회복지실천은 인간의 삶의 질 증진을 위해 모든 인간의 존엄성을 최고 가치로 여기고, 복지증진을 위한 전문적인 원조활동으로 인도주의 이념을 담고 있다. 실천과정에서 이타주의, 박애정신은 근본적으로 추동력을 제공한다.

(2) 민주주의 및 사회주의

민주주의(democracy)는 모든 인간은 평등함을 인정하면서 클라이언트도 평등한 대우를 받을 권리가 있음을 말한다. 민주주의는 인도주의와 사회진화론에 입각한 우월한 자원봉사 제공자가 열등자인 클라이언트에게 봉사 및 시혜를 무조건 받도록 강요하던 것에서 주는 자와 받는 자의 평등한 권리를 인정하여 받는 자인 클라이언트가 시혜 여부를 결정하는 데 적극 참여하도록 하는 사회적 움직임이었다. 민주주의 이념은 클라이언트의 자기결정권의 가치적 측면에도 많은 영향을 미치게 되어 클라이언트에게도 사회복지사와 같은 동등한 권리를 주면서 모든 결정에 대한 선택권을 주게 된다.

평등의 변화를 추구하는 사회복지실천은 인보관운동에서 두드러지게 나타난다. 인보관운동은 당시 사회문제(빈곤, 산업화, 도시화 등)에 대처하기 위해 자선조직협회보다 약 15년 뒤에 시작되었는데, 문제에 접근하는 관점은 매우 달랐다. 인보관운동에서는 당시의 자유주의와 급진주의 사상을 기반으로 하여 환경적인 요소가 바로 사회문제의 근원이며, 따라서, 문제를 해결하는 접근방식은 빈민을 개조하는 것이 아니라, 기존의 사회질서를 바꿔야 한다는 사회개혁적인 측면을 강조하였다.

사회주의(socialism)는 생산수단의 사회적 소유와 사회적 관리의 수단에 의하여 자유·평등·사회정의 실현을 목적으로 하는 사상 또는 운동으로 사회복지실천에의 정부의 개입을 강조하는 사상이다. 이는 후에 사회복지실천에 정부의 책임을 강조하는 사상으로 발전하였다. 특히, 정부 책임의 증가는 빈곤계층에 대한 관심과 서비스의 증가로 나타났다(Reamer, 1988).

민주주의는 평등과 개인의 선택권을 존중한다. 따라서, 모든 대상자가 빈곤, 차별, 억압으로부터 벗어날 수 있는 동등한 기회를 가질 권리가 있으며, 시민으로서 복지를 수급할 권리를 가진다. 더 나아가 자신의 복지 수혜에 대해 결정할 권리가 있으며, 자신의 문제에 관여하고 자신이 원하는 방향으로 결정할 수 있는 권리가 있다. 즉, 수동적인 존재가 아니라, 적극적이고 능동적인 존재로서 자신의 권리를 실현할 수 있다.

(3) 개인주의

개인주의(individualism)는 사회복지를 자유시장에 맡기는 자유방임주의로 나타났다. 개인주의 사상에서는 개인의 의무와 권리가 강조되면서 빈곤의 문제도 다시 빈곤한 자의 책임으로 돌아갔다. 빈곤한 사회복지 수혜자는 빈곤하게 살 수밖에 없어야 한다는 '최소한의 수혜자격 원칙'에 따라 저임금 노동자보다도 더 낮은 보조를 받도록 하는 정책을 펼쳤다. 또한 개인주의는 클라이언트의 개인적 특성을 고려하는 개별화를 중시하는 데 기여하였다.

(4) 사회진화론

사회진화론은 19세기에 나타난 사회발전 및 사회변동 이론에 관한 주된 사상의 하나로 다윈(Charles Robert Darwin, 1809~1882)이 주장한 자연도태와 적자생존의 법칙이 추가된 생물학적 진화론을 스펜서(Herbert Spencer, 1820~1903)가 사회발전을 설명하려고 한 데서 시작되었다. 즉, 생물학적 진화론을 사회학적 진화론에 적용시킨 것이라고 볼 수 있다.

영국의 자선조직협회의 우애방문자들은 그 당시 사회의 열등계층인 극빈자와 장애인을 방문하여 자신이 신봉하는 중산층의 기독교적 도덕을 강조하고, 그에 맞추어 생활하도록 하여 빈민의 가치관이나 도덕성을 완전히 무시하였으며, 지금까지의 생활신념이나 가치관을 버리고 새로운 도덕, 윤리를 따르도록 강요하였다. 그러지 않을 경우에는 현 상태를 겨우 유지할 수 있을 정도의 도움만을 제공하는 것에 그쳤다. 또한 20세기 초에 영국의 거대한 사회변화의 주요한 원인이 되기도 했다. 영국의 정치가인 조지(George)와 처칠(Churchill)은 라운트리(Rowntree)의 빈민조사 보고서에 근거하여 사회개혁을 추진하게 된다. 이 보고서는 요크 지방의 빈곤층을 중심으로 왜 빈곤층은 아무리 노력해도 가난에서 벗어나는 것이 불가능한지를 설명하였다. 이러한 견해는 기존의 빈곤층이 가난한 원인이 개인의 성격 결함 때문이 아니라, 사회적 원인이라는 시각을 확대하였고 나아가 영국의 정치를 빈곤층들의 복지에 중점을 두게 하였다.

그러므로 환경에 가장 잘 적응하는 생물이 집단에서 살아남는 적자생존의 원리가 사회에서도 반영된다. 즉, 부자들은 우월하고 빈민들은 열등하기 때문에 가난하게 산다. 사회진화론은 사회통제적 성격을 띠는데, 정부가 제공하는 원조의 수혜자격을 조사하면서 빈민을 통제한다. 사회복지실천은 인도주의의 영향도 있으나, 기본적으로는 사회진화론의 영향을 많이 받았다.

(5) 다양화

세계화를 통한 문화교류는 체제, 인종 등 다양함을 수용하는 사회로 변화하는 데 영향을 주었다. 이에 따라 사회복지실천은 다양한 계층, 인종, 사회문제와 접근방식을 포용하면서 독특성 및 개인차를 인정하는 실천 방식을 추구한다. 이는 클라이언트 안에 내재된 가능성을 존중하고, 강점과 변화의지를 최대화하여 권한을 부여하며 관계를 갖는 것과 연결된다.

(6) 실증주의 및 경험주의

사회복지실천에서는 경험주의에 기반한 과학성을 중요하게 여긴다. 경험주의는 인식, 지식의 근원을 오직 경험에서 찾는 철학적 경향이며, 과학성이란 논리적이고 체계적인 탐구를 통해 확실성이 입증된 지식과 이론, 방법 등에 의해 사회복지실천이 이루어지는 것을 의미한다. 사회복지사는 선의 또는 자신의 주관적인 선호에 의해 실천하는 것이 아니라, 전문원조자로서 과학적 또는 경험적으로 입증된 자료에 근거하여 실천한다(김혜란 외, 2013). 따라서, 사회복지실천에서 사례연구, 단일사례설계, 프로그램평가는 효과성과 효율성을 평가하는 근거가 된다.

(7) 미학

사회복지실천은 예술적 요소 및 미학적 요소가 포함된 실천으로 인식되어 왔다(Reamer, 1993). 예술성이란, 실천을 위한 지식, 가치, 기술을 실천대상이나 상황, 영역 등에 맞추어 직관적이고 창의적으로 실천이 이루어지는 것을 의미한다. 사회복지실천이 변화하는 인간상황의 양상을 특수하게 받아들이고, 개인적이며, 독특하고, 다양한 시각으로 의미를 드러낸다는 점에서 예술적 작업과 유사하다고 인정되는 것이다. 사회복지사는 클라이언트와 협력적 관계를 형성하고, 그 관계를 종결할 때까지 창의적이고 역동적으로 문제해결방법을 도출해나간다.

2) 철학

(1) 클라이언트의 권익 옹호

클라이언트들은 상대적으로 사회 내에서 약자층이기 때문에 자신의 주장을 논리적으로 설명하고 주장하는 데 미흡할 뿐 아니라, 사회적 자원동원능력이 약할 수 있다. 사회복지사는 클라이언트에게 제공되지 않는 자원과 서비스를 얻을 수 있도록 하고, 클라이언트에게 불리한 영향을 미칠 실천, 절차, 정책들을 수정하는 등 클라이언트와 함께 클라이언트를 대표하여 옹호활동을 전개한다. 옹호활동을 하는 데 사회복지사는 문제나 욕구를 조사해서 문제의 심각성을 논리적으로 설명할 수 있어야 하고, 활동의 타당성을 확보하도록 노력해야 한다.

(2) 클라이언트의 자기결정 존중

모든 사람은 자신의 삶에 대한 의무와 책임이 있다. 전문적 관계 안에서 클라이언트도 예외는 아니다. 사회복지실천 과정에서 사회복지사는 클라이언트가 드러내는 욕구를 최선의 대안을 통해 해결할 수 있도록 원조하는 전문가이다. 이는 인간의 잠재능력에 대한 믿음 그리고 클라이언트의 자기결정권은 누구도 대신할 수 없는 인간의 권리라는 것에 기반한다.

(3) 강점 접근

강점 접근은 클라이언트를 문제 중심, 병리적으로 바라보는 것이 아니라, 변화와 성장을 위한 힘을 가진 인간으로 바라보는 것이다. 따라서, 클라이언트가 갖고 있는 역량과 자원에 초점을 두고 지원을 하며, 그들이 갖고 있는 고통과 상처를 도전과 기회로 활용하는 것이다. 이는 사회복지사가 클라이언트를 자신의 비전을 제시할 수 있는 능력을 가진 존재로 보고 귀 기울일 때 가능하다.

(4) 변화 지향

사회복지실천은 클라이언트를 포함하여 클라이언트가 주변 환경과 어떤 영향을 주고받는지에 관심을 가진다. 상황적 · 환경적 맥락에서 클라이언트의 문제에 개입하며, 개인과 주변환경의 변화를 통해 더 나은 삶으로 이동을 꾀한다. 현재의 상황에 집중하나 클라이언트가 성장 또는 향상될 수 있는 가능성을 신뢰하고 존중하는 긍정적인 시각을 갖고 있다.

3. 사회복지실천현장

사회복지실천현장이란, 사회복지사들이 사회복지서비스를 직접 또는 간접적으로 제공하는 분야나 장소를 의미한다. 사회복지실천현장은 매우 넓고 다양하기 때문에 이러한 현장에서 이루어지는 사회복지사의 역할 또한 폭넓다. 사회복지실천현장은 실천과정에 중요한 영향을 미치기 때문에 사회복지사로서 활동하기 위해서는 실천현장에 대한 이해가 선행되어야 한다.

1) 사회복지실천현장의 개념

사회복지실천현장은 사회복지실천이 행해지는 장과 문제 및 대상집단을 모두 포괄하는 개념이며, 사회복지의 다양한 기관과 그러한 기관에서 활동하는 데 필요한 특별한 능력까지를 포함하는 복합적인 개념이다. 사회복지실천현장은 1920년대부터 형성되기 시작하였다. 초기 분야로는 가족복지(family welfare), 아동복지(child welfare), 정신의료사회복지(psychiatric social work), 의료사회복지(medical social work), 학교사회복지(school social work) 등이 포함된다(Barker, 1987). 이후 각 분야의 초점도 변화되고 새로운 분야도 대두되었는데, 산업복지(industrial social work), 노인복지(gerontological social work), 농촌복지(rural social work), 경찰복지(police social work) 등이 그것들이다(Barker, 1987). 이러한 실천현장들은 실천의 장인 동시에 대상문제와 집단을 지칭하면서 활동하는 데 필요한 지식이나 기술의 의미도 내포하고 있다.

사회복지실천현장은 사회변화와 더불어 변화한다. 우리나라의 경우에도 사회복지서비스의 초점이 사회복지대상자에 대한 수용보호 위주의 정책이 주를 이루던 시절에는 생활시설(수용시설)이 사회복지사들의 주요 실천현장이었지만, 지역사회 중심의 사회복지서비스가 확대되면서 지역사회복지관, 노인복지관, 장애인복지관 등이 활동의 장이 되었다. 최근에는 학교 내에서의 부적응, 왕따 등의 문제나 북한이탈주민이나 이주노동자들의 문제가 사회적인 이슈로 부각되면서 학교, 북한이탈주민(새터민)을 위한 복지기관, 이주노동자 대상의 복지기관 등도 사회복지사들의 새로운 실천활동의 장으로 등장하였다.

이와 같이 사회복지실천현장은 광범위할 뿐만 아니라, 매우 다양하기 때문에 개념을 정의하기가 용이하지 않다. 사회복지실천현장을 넓은 의미의 현장과 좁은 의미의 현장으로 구분할 수 있는데, 넓은 의미로 전자는 사회복지실천 분야(세팅 또는 장, setting)를 의미한다. 즉, 말하면 넓은 의미의 현장은 아동, 노인, 청소년, 여성복지 분야와 같은 대상별 분야와 약물남용, 의료정신보건, 교정 등의 문제영역별 분야를 의미하고, 장소란 클라이언트에게 사회복지서비스를 직접 또는 간접적으로 제공하는 사회복지기관을 의미한다. 즉, 교도소, 병원, 학교, 기업과 같은 현장에서 교정복지서비스, 의료복지서비스, 학교사회복지서비스, 산업복지서비스가 제공된다는 점에서 이들을 세팅이라고 간주할 수 있다.

2) 사회복지실천현장의 분류기준

사회복지실천현장은 광범위하고 다양하기 때문에 실천현장을 개념적으로 명확하게 분류하는 데에는 한계가 있다. 이와 관련하여 바틀렛(Bartlett, 1970)은 실천현장의 기준을 정의하기 어려운 이유 중의 하나로 사회복지가 수행하는 장과 프로그램 및 사회서비스가 본질적으로 변화되는 특성을 갖고 있기 때문이라고 하였다. 즉, 사회문제와 프로그램은 다양한 형태로 등장하여 통합되거나 때때로 사라진다. 어떤 현장은 통합되며, 어떤 현장은 새롭게 등장할 것인데, 예를 들어 보건과 정신의료사회복지는 결합되며, 아동복지와 가족복지의 영역은 통합될 수 있다.

이와 같이 다양한 사회복지현장을 카머만(Kamerman, 1999)은 사회복지사가 실천하는 범주, 개입하는 문제, 지원하는 클라이언트집단을 기준으로 분류하면서 사회복지의 지식, 가치, 기술에는 모든 사회복지실천에 적용되는 공통된 핵심토대가 존재한다. 그러나 사회복지사들이 활동하는 영역은 너무 방대하고 다양해서 사회복지사가 활동하는 특정 영역에서의 실천에서 고려해야 할 특유의 변수들, 즉 사용되는 지식, 가치, 기술의 형태가 있음을 언급하고 있다.

카머만이 제시한 사회복지실천현장은 다음과 같다.

① 사회복지사의 실천 범주 : 공공 또는 민간 사회기관, 정부 또는 비정부기관, 작업현장, 병원, 군사기지와 같은 특수기관

② 사회복지사가 개입하는 사회문제 : 아동 · 노인 · 배우자 학대, 물질 남용, 노숙, 만성정신질환, 빈곤문제 등

③ 사회복지사가 지원하는 클라이언트집단 : 아동, 청소년, 가족, 노인, 인종 및 민족, 난민 등 사회복지사가 실천하는 장에 대응하여 형성 · 발전된 실천 범주, 사회복지사가 개입하는 사회문제, 사회복지사가 지원하는 클라이언트집단

3) 사회복지실천현장의 특성

(1) 실천 분야의 특성

① 개입의 초점(대상, 문제, 현장)

실천현장은 아동, 청소년, 노인, 여성과 같은 특정 인구집단이나 약물남용, 노숙, 비행, 가정폭력과 같은 특정 문제 또는 병원, 학교, 군대, 농촌/도시, 직장과 같은 현장을 중심으로 구성된다.

② 관련 법규와 정책

법규는 원조의 형태나 수준, 대상과 같은 실천의 범위를 규정짓는 역할을 하며, 정책은 서비스 전달과정과 내용을 결정짓는 제도이다.

③ 전달체계와 프로그램

서비스 전달체계의 특성과 전달체계 내 기관의 위치를 파악하는 일은 제공할 원조의 종류와 지원 가능한 대상을 결정하는 데 직접적인 관련이 있다. 또한 프로그램의 자격요건과 서비스의 접근성, 이용방법과 내용에 관한 정보도 실천 분야를 이해하는 데 유용하다.

④ 개입방법과 실무자의 유형

개입방법은 전문 지식을 통해 적절한 방법을 선택하게 된다. 실천 분야에 따라 서비스를 제공하는 실무자의 유형과 역할이 달라지게 된다.

⑤ 연구, 평가 및 성과

프로그램에 관한 연구와 평가를 통해 개입의 효과성을 파악하는 일은 특정 실천분야의 전문지식과 기술을 이해하는 데 도움을 준다.

(2) 개입현장의 재분류

바틀렛(Bartlett, 1971)이 제시한 서비스체계를 기초로 사회복지실천현장의 분석틀을 제시하면, 먼저 기관의 목적에 따라 1차, 2차 현장으로 구분하고, 사회복지서비스를 제공하는 것이 주목적인 1차 현장을 중심으로 사회복지현장을 재분류하는 방식을 취하고 있다. 그 내용은 다음과 같다.

① 1차 현장과 2차 현장

기관의 목적에 따른 분류로, 사회복지사업 제공이 그 기관의 1차적인 목적일 경우 1차 현장으로 지칭한다(사회복지관, 노인복지관 등). 2차 현장이란, 교육서비스나 의료서비스 등을 제공하는 것이 1차적인 목적인 기관에서 사회복지서비스가 기관 운영과 서비스의 효과성에 미칠 긍정적 영향을 고려하여 사회복지사의 개입이 부분적으로 허용되는 현장을 의미한다. 학교, 병원, 교정시설, 보건소, 보육시설 등이 그 예이다.

② 공공기관과 민간기관

기관의 설립주체와 재원의 조달방식에 따른 분류로, 정부의 지원에 의해 운영되며, 사회복지사의 업무도 정부의 규정이나 지침에 의해 지도 감독되는 기관을 공공기관이라고 하고, 사회복지 관련 사업을 목적으로 사회복지법인이나 재단법인, 사단법인, 종교단체, 시민사회단체에서 운영하는 비영리기관을 총칭하는 개념이 민간기관이다.

③ 서비스기관과 행정기관

사회복지서비스 대상자들을 직접 접촉하면 서비스를 제공하는 것에 주된 목적이 있는지, 아니면 이러한 기관들을 지원하는 것에 목적이 있는지에 따라 서비스기관과 행정기관으로 분류할 수 있고, 행정기관은 다시 공공행정기관과 민간행정기관으로 구분할 수 있다.

행정기관은 사회복지기관 혹은 시설의 운영을 지원하고, 이를 통해 사회복지서비스 대상자들을 간접적으로 지원하는 역할을 담당한다. 그러나 민간행정기관이 사회복지시설을 설립하거나 정부로부터 위탁받아 운영하는 경우도 있어, 이때에는 직접적 서비스기관의 역할도 담당한다고 보아야 하기 때문에 엄밀한 구분은 힘들다. 서비스를 제공하는 기관들의 협의체인 사회복지관협의회, 장애인복지관협회, 노인복지관협회 등이 이에 해당된다. 한편, 서비스기관은 거주서비스의 제공 여부에 따라 생활시설과 이용시설로 분류할 수 있다.

사회복지실천현장들은 상호 역동적으로 연계되어 있기 때문에 사회복지실천 분야는 다양하게 확대될 수 있으며, 사회환경의 변화와 새로운 요구 출현에 의해 점차 확대될 것이다.

4. 사회복지실천과 관계

1) 관계의 개념

사회복지실천은 사회복지사(social worker)와 클라이언트(client)의 관계(relation)를 통해서 이루어진다. 즉, 사회복지실천에서 '관계'의 의미는 사회복지사와 클라이언트의 관계로 한정된 개념이며, 본질적으로 도움을 요청하는 클라이언트와 도움을 제공하는 사회복지사 간의 통제적(혹은 제한적) 관계를 의미한다. 따라서, 두 사람의 관계 형성이 사회복지실천의 핵심적인 요인이 된다. 즉, 사회복지사와 클라이언트의 관계가 사회복지서비스의 결과에 매우 중요한 영향을 미치게 된다. 그러므로 사회복지사는 관계의 의미와 전문적인 관계의 특성을 잘 이해하고 이를 바탕으로 효과적인 관계형성을 할 수 있는 능력을 갖추어야 한다.

일반적으로 관계는 두 사람 사이의 상호작용을 의미하며, 상호작용을 통해서 정서적 교환이나 태도의 교환 혹은 지식이나 정보의 교환 등이 포함된다. 흔히 '관계를 맺고 관계를 유지한다'라는 표현의 의미는 지적인 정보를 교환하는 상호작용적 관계를 의미하기보다는 본질적으로 정서적인 관계성을 의미한다. 사회복지실천에서 관계는 일반적인 관계와 유사한 부분도 존재하지만 사회복지만의 독특성을 지니고 있다(김효선 외, 2018: 177~178).

2) 전문적 관계

전문적 관계는 클라이언트의 문제 해결 및 적용이라는 분명한 목적을 가지고 제한된 시간 동안 이뤄지는 특수한 관계이며, 클라이언트와의 상호작용에 의해 형성되고 유지될 수 있으나 일반적인 인간관계와는 달리 클라이언트는 도움을 요청하고 사회복지사는 전문가로서 도움을 주는 관계이다. 따라서, 전문적 관계는 언제나 클라이언트의 입장에서 출발해야 하며 사회복지사는 관계의 전반적인 과정에 있어서 전문적인 책임을 지게 되는데, 다음과 같은 성격을 가지게 된다.

첫째, 의도적인 목적성으로 전문적인 관계는 클라이언트의 좀 더 나은 적응 및 문제 해결을 위한 원조의 과정이다.

둘째, 시간제한적 관계로 사회복지실천 과정은 시작과 종결이 요구되는 과정으로 시간제한이 전제되며 목표가 달성되면 특별한 관계는 종결되는 특수한 관계로 사회복지사의 클라이언트에 대한 헌신, 즉 사회복지사 자신의 이익보다는 클라이언트의 이익을 위해 자신을 헌신하여 타인의 욕구에 민감할 수 있도록 하며, 객관성과 자기인식을 기초로 통제된 권위성을 가진다. 이와 같은 관계의 성격은 전문직 윤리강령에도 기본 관계에 대하여 제시되어 있다(곽미정 외, 2016: 203~204).

3) 관계형성의 원칙

비에스텍(F. P. Biestek)은 그의 저서 『사례 업무 관계』(*The Case Work Relationship*, 1957)에서 도움을 요청하는 모든 사람들에게는 공통적인 기본 감정 및 태도의 유형이 존재한다고 하였으며, 도움을 요청하는 사람들이 갖는 일곱 가지 욕구를 제안하였다. 그리고 일곱 가지 욕구를 충족시키고 효과적으로 문제를 해결하기 위해 필요한 7대 원칙을 제시하였다. 즉, 클라이언트의 문제를 효과적으로 해결하기 위한 사회복지사와 클라이언트의 관계형성에 필요한 일곱 가지 원칙을 제안하였다. 그 내용은 다음과 같다.

(1) 개별화(individualization)

개별화란, 사회복지사가 클라이언트를 만났을 때 클라이언트의 독특성을 인정하는 것을 의미한다. 즉, 클라이언트는 자신만의 고유한 역사, 능력 및 성격을 지닌 독특한 존재로 인정하는 것을 말한다. 따라서, 고유한 특성을 지닌 독특한 인격체로 클라이언트를 인정하고 개별화되고 차별적 존재로 인식하고 원조하는 내용이나 방법을 적용해야 한다.

사회복지사는 클라이언트가 개별화된 존재란 인식을 바탕으로 개인의 삶의 역사, 개인의 성격 등과 관련된 정보를 수집하여 이를 바탕으로 개인의 특성에 맞는 원리나

방법을 찾아서 이를 활용하여 해결방법을 찾고 이를 바탕으로 개별화된 접근을 하여야 한다.

(2) 의도적 감정표현

의도적 감정표현이란, 자신의 감정을 표현하고 싶은 클라이언트의 욕구를 인식하고 클라이언트가 자신의 감정을 자유롭게 표현할 수 있도록 해주는 것을 의미한다. 특히, 클라이언트는 자신의 부정적 감정을 표현하는 것에 부담을 갖기 때문에 클라이언트가 부담스러워하거나 비난 받을까 두려워하는 감정을 자유롭게 표현할 수 있도록 도움을 주어야 한다.

관계형성에서 의도적인 감정표현이 중요한 이유는, 먼저 클라이언트가 자신의 감정을 의도적으로 표현하게 되면 억압적인 감정표현이 완화되면서 자신의 문제를 방어하기보다는 분명하고 객관적으로 바라볼 수 있게 된다. 그리고 클라이언트의 감정표현을 진지하게 경청하는 관계를 통해서 클라이언트를 지지하게 된다. 감정표현을 자유롭게 할 수 있도록 관계를 형성하기 위해서는 안정된 환경을 제공하는 것도 중요하다. 즉, 클라이언트가 자유롭고 안정된 분위기 속에서 자신의 감정을 표현할 수 있기 때문에 편안하고 안정된 환경을 제공하여야 한다.

감정표현을 어렵게 하는 조건은 초기에 성급하게 감정을 노출하도록 유도하거나 무리하게 해석을 하는 것, 감정표현을 비난하거나 성급하게 조언하거나 충고를 하는 것은 클라이언트의 감정 표현의 방해요소가 되므로 이 점을 유의하여야 한다.

(3) 통제된 정서적 관여

통제된 정서적 관여(controlled emotional response)란, 사회복지사가 클라이언트의 감정에 민감성을 갖고 감정의 의미를 제대로 이해하고 나아가 감정에 적절히 반응하는 관계형성을 의미한다. 클라이언트의 감정을 상대의 입장에서 이해하고 받아들이는 것을 공감(empathy)이라고 하는데, 사회복지사에게 가장 필요라고도 중요한 능력 중의 하나가 공감능력이다. 공감을 통한 클라이언트의 감정 이해를 바탕으로 적절한 반응이 이루어져야 하며 또한 원조목적에 맞도록 통제되고 조정되어야 한다.

정서적 관여가 중요한 이유는 클라이언트는 자신의 문제에 대해 공감을 얻고 싶은 욕구를 갖기 때문이다. 사회복지사의 공감적 반응을 통해서 클라이언트는 자신의 감정이 수용된다는 느낌을 갖게 되고 이를 통해서 심리적 안정을 얻는다.

(4) 수용

수용(acceptance)은 사회복지사가 클라이언트를 있는 그대로 인식하고 받아들이는 것을 말한다. 즉, 클라이언트의 어떤 처지나 모습을 지녔다 하더라도 차별적 시각이나 관점으로 바라보고 반응하지 않는다는 의미이다. 클라이언트가 지니고 있는 강점 혹은 한계, 바람직한 성격 혹은 반대의 성격, 긍정 혹은 부정적 감정, 건설적 혹은 파괴적 태도 등과 같이 다양한 측면의 클라이언트의 특성들에 대해서 편견 없이 있는 그대로 인정하고 존중하는 것이다. 사회복지사는 항상 클라이언트를 인간적인 존엄성을 바탕으로 존중하여야 한다.

수용의 중요성은 클라이언트를 수용함으로써 클라이언트가 현재 있는 그대로의 자신을 나타낼 수 있고 나아가 자신에 대해 안도하고 자신을 긍정하는 바탕이 된다. 그러나 클라이언트가 비정상적인 행동을 하거나 부정적인 어떤 모습을 보이더라도 무조건 용서하거나 인정한다는 의미는 아니다. 즉, 어떤 부분이 문제이고 어떻게 개선하거나 고쳐야 한다는 사실은 분명하며 이는 적절한 지도나 개선이 필요하다. 그러나 현재 보여주고 있는 문제행동이나 그릇된 모습 때문에 클라이언트를 '문제아' 혹은 '범죄자'와 같은 낙인을 통해서 차별적으로 이해하거나 관계형성을 해서는 안 된다는 의미이다.

(5) 비심판적 태도

비심판적 태도(nonjudgmental attitude)란 클라이언트가 지닌 문제의 원인에 대해서 클라이언트가 무엇을 잘못했는지, 유죄인지 혹은 무죄인지, 결백한 것인지 아니면 책임이 무거운지, 클라이언트의 특성상의 문제인지 혹은 가치관의 문제인지 등의 원인에 관한 판단을 하지 않고 책임의 정도를 따지지 않은 것을 말한다. 비심판적 태도를 지녀야 하는 이유는 클라이언트는 심판받지 않으려는 욕구를 지니고 있으며 원인을 따지고 추궁하는 것은 사회복지사와 클라이언트의 관계 형성을 방해하기 때문이다.

그러나 사회복지사가 문제상황의 원인이나 클라이언트의 잘못에 대해 판단을 하지 말라는 것은 아니다. 즉, 원인을 판단한다 하더라도 문제파악과 해결책을 찾는 방안이 되어야 하며, 상담관계에서 심판을 하거나 강요하는 수단으로 이용되어서는 관계형성이 제대로 이루어질 수 없다는 의미이다.

(6) 클라이언트의 자기결정권

클라이언트의 자기결정권(client self-determination)이란, 클라이언트는 자신의 삶에 대해 스스로 결정할 수 있는 욕구와 능력을 지니고 있다는 원리에 바탕을 둔 원칙이다. 즉, 클라이언트의 권리와 욕구를 인정하는 것을 바탕으로 모든 의사결정 과정에 스스로 참여하고 선택하도록 하는 권리를 보장하는 것이다. 예를 들어, 치매대상자에게 장기요양서비스를 제공하는 경우라도 중증도 이상의 치매질환자가 아니라면 가장 우선적으로 대상자의 권리와 선택을 바탕으로 적절한 서비스를 제공하는 것이 원칙이다.

자기결정권의 중요성은 인간은 누구나 자신의 삶에 대해서 스스로 선택하고 결정하고 싶어 하기 때문이다. 그러므로 스스로 결정하도록 하고 클라이언트의 잠재력을 자극하고 지지하면 클라이언트는 자신의 내재적 잠재력을 발견하고 이를 실현함으로써 문제해결에 적극적으로 참여하고 자신의 삶을 변화시킬 수 있다.

자기결정권을 행사하도록 하면서 유의할 사항은 결정의 모든 것을 클라이언트에게 맡기는 것이 아니라 문제해결에 필요한 다양한 해결책을 제시하고 이들 대안들 중에서 효과적인 해결책을 스스로 선택할 수 있도록 도움을 제공하여야 한다.

자기결정권이 제한받을 수도 있다. 즉, 자신의 능력, 법적 · 윤리적 측면, 사회기관의 기능 등의 조건에 따라서 제한을 받을 수도 있다. 가능한 한 클라이언트의 자기결정권을 최대한 존중하여야 하지만 지적 · 정신적 · 신체적 장애 등의 문제로 스스로 결정할 능력이 없는 경우는 자기결정의 기회를 제한받을 수도 있다.

(7) 비밀보장

비밀보장(confidentiality)이란, 사회복지사가 클라이언트와의 전문적인 관계에서 알게 된 정보를 치료목적 외에는 클라이언트의 동의 없이는 제3자에게 누설하지 않아야 한다는 원칙이다. 이는 사회복지실천에서 가장 기본적인 원칙이며, 사회복지사의 윤리적 의무에 해당한다. 비밀이 보장된다는 전제하에 클라이언트가 사회복지사나 상담자를 믿고 자신의 문제나 감정 등을 노출하였지만 상담내용이 타인에게 알려지게 되면 클라이언트가 갖는 신뢰에 문제가 생길 뿐만 아니라 분노심이 생길 수도 있다.

비밀보장 원칙의 중요성은 비밀보장을 통해서 클라이언트가 신뢰감을 갖게 되고 이를 바탕으로 적극적인 관계형성이 가능해지기 때문이다. 신뢰감을 바탕으로 자신을 노출하게 되고 적극적인 의사소통이 가능해지기 때문에 비밀보장은 매우 중요한 원칙이다.

비밀보장의 원칙에 예외적인 경우도 있을 수 있다. 즉, 비밀보장이 클라이언트를 위험에 빠트리거나 제3자의 보호나 안전에 위협을 가져오는 경우에는 비밀보장의 원칙을 유보한다. 예를 들어, 자살의 위험이 있거나 혹은 방화 등의 행위를 통해 공공의 이익이나 제3자를 위험에 빠트리게 할 경우에는 유보할 수 있다. 이때는 비밀보장을 지킬 수 없다는 사실을 클라이언트에게 신속하게 알리고 필요한 조치를 취할 수 있도록 해야 한다. 또한 예외적인 경우로 법적으로 클라이언트의 정보를 공개하라는 법원의 명령이 있을 경우에는 정보공개를 거부할 권리를 갖지 않는다. 즉, 법원의 정보공개 요구 명령에는 따라야 한다.

4. 한국 사회복지실천의 쟁점

사회복지실천 영역의 확장으로 그 경계가 모호한 지경에 이르고 있다. 이런 상황은 사회복지실천의 정체성에도 영향을 미치고 있다. 우리나라 사회복지실천에서 부각되고 있는 쟁점은 다음과 같다(최옥채, 2017: 101~104).

1) 제도로부터의 압박

사회복지실천을 이끌어가는 그간의 사회복지제도는 매우 빠른 속도로 만들어져 시행되었고, 이에 따른 준비가 절대 부족했음을 인정해야 한다. 이와 관련하여 좀 더 상세히 살펴보면 다음과 같다.

(1) 조급한 제도화

사회서비스, 전자바우처사업, 문화복지들의 제도화는 사회복지실천 현장의 혼란을 빚어온 것이 사실이다. 이는 당시의 정부가 사회복지를 지나치게 시장주의 노선으로 몰았기 때문인데, 이는 사회복지의 본질에 벗어난 제도화라고 할 수 있다.

(2) 급속한 확장

급속한 확장이 무분별하게 대체케 한 점도 없지 않다. 예컨대, 공동체나 사회경제를 기반으로 하는 사업이 유행처럼 확장되는 과정에서 사회복지실천 쪽에서 대처할 수 있는 여유가 없었다. 즉, 사회복지실천 현장에서 충분한 준비가 없이 진행되었던 것이다.

(3) 부족한 시민의식

시민의식은 사회복지실천의 중요한 기반 중 하나이다. 이는 사회복지제도가 재화의 재분배에 근거를 두고 있기 때문이다. 따라서, 한국에서 스웨덴과 같은 나라의 사회복지제도를 매우 자연스럽게 언급하지만, 그 나라의 시민의식과 우리나라의 시민의식이 다르다면 제도만을 두고 비교하기에는 무리가 있다.

2) 기관의 운영

쟁점으로 기관의 운영을 거론하는 것은 기관이 사회복지실천의 기반을 이루고 있기 때문이다. 특히, 정부로부터 위임받아 사업을 시행하고 있는 민간기관의 운영 실태가 다양함은 물론 부실한 점도 못지않게 드러나고 있음을 주목해야 한다. 이를 비판적으로 살펴보면 다음과 같다.

(1) 상업화 대 가치 지향

사회복지기관의 운영에서 상업화와 가치 지향의 두 방향으로 나아가는 경향을 보이고 있다. 기관이 상업화로 치닫는 것은 물론 국가의 사회복지제도가 시장화 논리로 매진하기 때문이다. 예컨대, 노인을 상대로 하는 시니어클럽, 장애인의 보호작업장, 자활센터의 사업단이 비록 이윤을 추구하지 않는다고 하지만 사업인 만큼 기관의 상업화에 빠지지 않을 수 없을 것이다. 이와 같은 사회복지기관의 분위기는 결국 사회복지의 가치를 지향하는 기관의 입장에 반하는 것으로 때로는 혼란을 불러일으키고, 나아가 사회복지의 본질을 훼손하는 것이라고 하겠다.

(2) 무분별한 경쟁

사회복지기관이 분별하지 못하고 서로 경쟁하고 있음을 지적할 수 있다. 특히, 정부의 기관에 대한 평가는 기관들 간 무분별한 경쟁을 부채질하고 있다. 예컨대, 하나라도 더 좋은 평가를 받기 위해 먼저 기관장들이 경쟁심을 품어 직원을 압박하고, 이것이 과열되면 사업결과를 과장 및 위장하는 사례가 벌어진다. 실제로 기관의 사회복지사 대부분은 기관이 평가를 받는 시기가 되면 평가와 관련된 문서작업에 묻혀 본 업무에 게을리 할 수밖에 없는 현실이다.

(3) 기관들 간 편차

사회복지기관들 간 편차가 적지 않게 나타나고 있다. 이는 같은 종류의 기관이라 할지라도 기관이 위치하는 지역, 기관을 운영하는 법인의 성향, 기관장을 비롯한 구성원의 능력, 기관이 형성하고 있는 사회복지직공무원 및 정부와 관계의 질에 따라 편차를 보이고 있다. 예컨대, 정신보건법에 의한 사회복귀시설이 대도시에서는 속도감 있게 운영되는데, 농촌에서의 운영은 느슨하여 주변 사람들에게 자칫 사회복지는 대충해도 된다는 오해를 불러올 수도 있다. 이는 전적으로 기관장의 능력이 좌우하는 것이지만, 이외에도 지방마다 사회복지학과를 설치한 대학교를 비롯하여 사회복지 관련 사회기반의 수준에 따라 사회복지기관의 편차가 나타나고 있다.

3) 교육

사회복지사를 위한 교육은 여러 각도에서 바라보아 그 실상을 드러내야 할 것이다. 사회복지사를 양성하는 대학교뿐만 아니라, 활동하고 있는 사회복지사를 대상으로 하는 보수교육과 사회복지사를 대상으로 하는 학습까지 살펴보아야 한다. 이와 관련하여 대학교에 중점을 두어 살펴보면 다음과 같다.

(1) 교육기관

1990년대 이후 대학교에 사회복지학과뿐만 아니라, 2년제 대학에서도 사회복지과가 급증하였다. 이때 사회복지사를 충실히 양성하는 것보다는 영리추구가 더 앞섰던 교육기관들이 우후죽순으로 세워졌다. 이러한 현상은 교육현장에서 매우 보기 드문 예라고 할 수 있다. 그렇다고 사회복지사의 전문성이나 정체성을 확고히 교육시켰느냐는 질문에 대한 답은 누구도 쉽사리 내놓지 못하고 있다.

그만큼 부실하게 운영된 경우가 적지 않다는 것인데, 여기에 사이버 교육기관까지 가세하여 사태를 더욱 악화시키고 있다. 그래도 보수교육이 시행되면서 현장에서 활동하는 사회복지사의 '교육 갈증'을 해소하고 있다.

(2) 교과목

사회복지사로서 합당한 사회복지실천을 익히기 위해서는 대학교에서 이에 걸맞은 교과목을 개설해야 한다. 그럼에도 만약 사회복지사의 자격을 규정하는 교과목에서부터 교수 개인의 욕망이 작용하고, 나아가 대학교의 교과목 운영에서도 이와 비슷한 현상이 일어나고 있다면 사회복지사를 온전히 교육하는 데는 한계가 있을 수밖에 없다.

더 나아가 교과목의 내용을 보더라도 우리의 실정에 들어맞는 것이 드물 뿐만 아니라, 다양하지도 않다. 이는 사회복지사의 국가고시에 대비한 교과목 지침의 영향이라고 할 수 있다. 그런 중에 '사회복지(학)개론'이나 '사회복지실천론' 같은 동일한 제목의 교과서가 2017년 현재 각기 100여 종에 달하고 있어, 대학에서의 사회복지교육에 대한 혼란이 가중되고 있다.

(3) 현장실습

사회복지학 교육에서 현장실습의 비중이나 내용이 갈수록 약화되고 있다. 기본적으로 사회복지학이 실천학문이라는 것이 무색할 정도이다. 사회복지사를 길러내기 위해서는 현장실습에 중점을 두어야 할 것인데, 그렇지 않는 것은 사회복지사뿐만 아니라, 사회복지학의 정체성 상실이라고 할 수 있다. 뿐만 아니라, 국적이 있는 사회복지실천의 시점이 바로 현장실습이라는 것을 들어 알 수 있다면, 현장실습에 대한 전면적인 재검토가 필요하다.

연 습 문 제

1. 사회복지실천의 목적으로 옳지 않은 것은?

① 개인의 문제해결능력과 대처능력을 향상시킨다.
② 개인과 환경 간 불균형 발생 시 문제를 감소하도록 돕는다.
③ 개인과 환경 간의 상호작용에 초점을 두고 사회정책을 개발한다.
④ 개인의 욕구 충족을 위해 전적인 책임을 갖고 지속적으로 지원한다.
⑤ 개인과 환경 간의 상호 유익한 관계를 증진시킨다.

2. 사회복지 실천현장 중 생활시설로만 구성된 것은?

① 재가노인복지시설, 장애인지역사회 재활시설
② 장애인직업재활시설, 아동보호치료시설
③ 노인의료복지시설, 자립지원시설
④ 정신요양시설, 자활지원센터
⑤ 장애인주간보호시설, 성폭력피해자보호시설

3. 사회복지 전문직에 관한 설명으로 옳지 않은 것은?

① 서구에서 전문직 교육과정이 시작된 것은 19세기 후반이다.
② 실천의 가치와 지식은 방법(methods)을 통해 현장에서 구현된다.
③ 플렉스너(A. Flexner)는 체계적 이론과 전문적 권위, 윤리강령 등을 전문직의 속성으로 꼽았다.
④ 한국사회복지사의 자격 및 처우에 관한 사항은 사회복지사업법에 근거한다.
⑤ 밀포드(Mflford)회의에서 사회복지실천의 공통요소를 제시하였다.

4. 민주주의 사회복지실천에 미친 영향으로 옳지 않은 것은?

① 서비스 제공자와 소비자의 동등한 관계 강조
② 최소한의 수혜자격 강조
③ 빈곤에 대한 사회적 책임 중시
④ 대상자의 서비스 선택권 강조
⑤ 서비스 이용자의 정책결정 참여

정답 1. ④ 2. ③ 3. ③ 4. ②

CHAPTER 9

사회복지실천기술

학습목표

1. 주요 기술의 효과적 사용
2. 상담과의 연계방법 강구
3. 사회복지사의 역할에 관한 성찰

학습내용

1. 사회복지실천기술의 개념
2. 사회복지실천기술의 주요 기술
3. 사회복지실천기술의 내용과 사회복지사의 역할

개 요

사회복지실천기술은 클라이언트와의 관계에서 사회복지실천의 가치와 지식에 기초하여 클라이언트와 관련된 특별한 상황의 변화를 위하여 심리사회적 개입을 할 수 있는 사회복지사의 능력이다. 따라서, 사회복지사의 역할에 대한 성패는 사회복지실천기술을 얼마나 숙지하고 있으며, 이를 현장에서 활용하는가에 달려 있다. 본 장에서는 사회복지실천기술을 현장에서 구체적으로 적용하는 방법을 학습하고자 한다.

9 CHAPTER

사회복지실천기술

1. 사회복지실천기술의 개념

사회복지실천기술은 사회복지(social welfare)와 사회복지실천(social work practice) 그리고 사회복지실천기술기법(social work practice skill and techniques)이다. 사회복지는 혼자서는 해결할 수 없는 어려운 문제로 도움을 요청하는 이들에게 전문적 조직에 종사하는 이들이 제공하는 원조활동이라고 정의할 수 있다. 또한 사회복지실천은 사람의 질 향상을 위해 개인, 가족, 집단, 지역사회의 문제와 욕구를 해결하기 위해 종합적인 서비스 접근방법을 찾아 적용하는 종합적인 전문활동으로 정의할 수 있다. 사회복지실천기술은 클라이언트와의 관계에서 사회복지실천의 가치와 지식에 기초하여 클라이언트와 관련된 특별한 상황의 변화를 위하여 심리사회적 개입을 할 수 있는 사회복지사의 능력이라고 정의한다(박귀영 외, 2017: 39).

사회복지는 사회구성원의 일정한 생활수준, 보건상태를 확보하기 위한 사회정책 및 제도의 조직적인 체계이다. 사회복지의 개념을 좁은 의미로 사용할 때는 노인 · 신체장애자와 같이 평균적 생활수준에서 낙오된 사회적 약자에 대한 특수한 사회적 보호의 방책이라고 규정할 수 있다. 더 넓은 의미로는 사회적 약자뿐만 아니라, 사회의 모든 구성원에게 그들이 속해 있는 사회와 적절한 관계를 확보할 수 있는 수단을 제공하는 계획적인 사회적 서비스 또는 시설의 체계로 규정할 수 있다.

사회복지실천은 사회복지를 보다 기술적이고 미시적인 측면에서 규정하거나 전문적인 실천기술을 강조하고자 할 때 주로 사용되어 왔다. 따라서, 사회복지실천은 전문사회복지사가 클라이언트를 직접, 일대일로 만나서, 친밀한 상호작용을 통해 사회복지의 가치와 전문지식을 최대한 활용하여 개입함으로써 클라이언트의 욕구와 문제를 해결하고, 적절하게 사회적 기능을 수행할 수 있도록 원조하는 것이다.

사회복지실천기술을 정의하기 전에 '기술'의 정의를 살펴보면, 기술(skills)은 학습을 통해서 발달되는 신체적 · 인어적 행동의 복합적 조직이며, 특별한 목표를 지향하거나 특별한 활동을 집중하는 것으로 사회복지사가 실천상황에서 사용하는 지식, 기술적 전문성, 판단 및 경험의 정도를 의미하며, 행동과 중재의 과정을 의미한다.

사회복지실천기술의 정의를 살펴보면, 존슨(Johnson, 1995)은 "관심과 욕구에 맞추어 지식과 가치를 행동으로 전환하는 사회실천의 구성요소는 특정 목표나 활동을 향한 복잡한 행위체계"라고 하였고, 모라레스와 시포(Morales & Shefor, 1998)는 "지식과 개입기법을 효과적으로 사용할 수 있는 능력"이라고 하였다.

그러므로 사회복지실천기술은 클라이언트의 변화와 사회적 기능 향상을 위해 사회복지사가 사회복지실천의 가치와 지식에 기초한 기술을 사용하는 능력을 말한다. 한편, 사회복지실천기술(social work practice skill and techniques)의 특성은 일련의 인지적이고 행동적인 행위를 말하는데 ① 사회복지실천의 지식, 가치, 윤리, 의무에서 나와야 하고, ② 사회복지사에게 필요한 핵심적 자질과 일치해야 하며, ③ 전문적 통합성의 특징을 반영해야 하며, ④ 실천의 단계나 과정의 맥락을 고려할 때 사회복지실천 목적과 일치하는 것이어야 한다(Coumoyer, 2002).

그렇다면 사회복지현장에서의 기술은 사회복지의 가치와 전문적인 지식을 최대한 활용하여 클라이언트의 욕구에 적절하게 개입하는 능력이 바로 기술(skill and techniques)일 것이다. 바로 어떻게, 어떤 방식으로 접근 또는 개입할 것인가에 대한 것이다. 즉, 기술의 핵심은 언제, 어떤 방식으로 클라이언트의 문제가 해결되어 기능이 향상될 수 있도록 하느냐 하는 것이다. 따라서, 실천기술은 사회복지사의 능력에 따라 그 효과가 달라질 수 있으며, 클라이언트의 구체적 상황에 따라 적용기술이 다양하게 변화할 수 있고 그 효과도 달라질 수 있다.

이와 같은 실천기술은 고도의 숙련기술이다. 특별한 훈련과 다양한 현장경험을 필요로 하는 기술이고, 현장에서 오랫동안에 체득한 기술인 것이다. 사회복지실천기술은 로봇처럼 모든 클라이언트, 모든 문제, 모든 상황에 똑같은 방식으로 이루어지는 단순한 기법적(technical, 기업은 주어진 업무에 이용되는 도구나 특별한 절차로 볼 수 있음) 활동으로 보아서는 안 된다. 사람-문제-상황의 특성과 욕구에 적합한 기술들을 선택하고 조합하고 적용할 수 있어야 하고, 숙련을 요하는 기술이다(Coumoyer, 2002).

2. 사회복지실천기술의 주요 기술

사회복지실천기술에는 기초기술로서 의사소통기술과 상담면접기술로 구분할 수 있으며, 한편으로는 대상별로 개인대상 실천기술, 집단과 가족대상 실천기술, 사회복지실천 기록기술 등으로 나누어 볼 수 있다. 여기에서는 기초기술로서 의사소통기술과 상담면접기술을 중심으로 살펴보고자 한다.

1) 의사소통기술

의사소통기술이란, 사회복지사와 클라이언트의 대면관계 속에서 각종 의사소통을 통하여 클라이언트의 감정 및 사고체계에 개입함으로써 사회복지사와 클라이언트의 관계에 변화를 유도하는 기술이다. 다시 말해서, 클라이언트의 정서적 안정과 인지구조의 변화, 클라이언트 자신과 문제상황, 자원 등에 대한 상황인식능력의 향상을 위해 이 기술이 사용될 수 있다(서혜석 외, 2017: 49~88).

(1) 재보증 기술

재보증(reassurance) 기술은 자신의 상황이나 능력에 대해 회의하고 있는 클라이언트에게 사회복지사가 신뢰를 전달함으로써 클라이언트의 자신감을 회복, 향상시키는 기술이다. 예를 들어, 전처 딸의 반항으로 어려움을 겪고 있는 새어머니에게 "당신의 사랑을 깨달으면 그 아이는 조만간 좋아질 수 있을 겁니다."라고 하는 것은 그새 어머니에게 딸과의 관계개선을 위해 다시 도전할 수 있는 자신감을 불어넣어 줄 수 있다. 그렇지만 지나치게 많은 재보증이나 비현실적 재보증은 사회복지사에 대한 클라이언트의 신뢰를 감소시킬 수 있기 때문에 삼가야 한다.

(2) 격려기술

아동을 치료하는 데 있어서 중요한 방법일 뿐만 아니라, 어려운 과업에 직면해 있다든지 자신감이 결여되어 있고, 불안한 상황에 처해 있는 성인, 즉 위기에 처해 있는 클라이언트에게도 유용하게 활용할 수 있는 기술이다. 특히, 클라이언트가 위기에 직면하여 무력감과 절망감을 가지고 있을 때에 잘 활용될 수 있는 기술이다. 격려(encouragement)기술은 클라이언트의 행동이나 태도를 인정해 주고 칭찬해 주는 등의 방법을 주로 사용한다. 예를 들어, 좋지 않은 친구들과 거리에서 배회하며 말썽을 피우는 고등학생에게 "지난 면접 이후 한 번도 그 친구들을 만나지 않았다니 그 결단력이 대단해."라며 칭찬하는 것은 클라이언트인 그 학생에게 생활태도 개선을 위한 보다 큰 동기를 부여한다. 그러나 이 기술을 사용할 때에는 정직한 평가와 거짓된 칭찬이나 아첨 등을 구별하도록 유의해야 한다. 이 기술은 수용이나 재보증 등의 다른 지지적 기술과 함께 사용되는 경우가 많다.

(3) 일반화 기술

일반화(universalization) 기술은 자신의 문제를 지나치게 심각하게 생각하고 있는 클라이언트에게 비슷한 상황에 있는 경우라면 누구라도 그런 문제를 가질 수 있으므로 보편적 현상이라는 것을 지적해 줌으로써, 클라이언트의 죄의식이나 불안 또는 일탈감을 감소시켜 줄 수 있는 기술이다. 예를 들어, 폭력적 남편에 대해 살의를 느끼고 있는 반면, 이러한 살의에 대해 지나친 죄의식을 가지고 있는 클라이언트에게 "어떤 여자라도 그런 폭행을 당하는 순간에는 상대방에 대해 살의를 느낄 수 있지요. 남편이 아니라 아버지라 할지라도"라고 하는 것은, 마음속의 남편 살해에 대한 클라이언트의 지나친 죄의식올 감소시켜 줄 수 있다. 그러나 지나친 일반화는 클라이언트의 문제행동을 조장하는 결과를 초래할 수 있으므로 그 수위를 조절해야 한다.

(4) 환기법

환기법(ventilation)은 클라이언트의 억압되어 있는 감정, 특히 부정적 감정인 분노, 증오, 슬픔, 죄의식, 불안 등이 문제해결을 방해하거나 감정 자체가 문제가 되는 경우, 이를 표출하도록 함으로써 감정의 강도를 약화시키거나, 해소시키려는 기법이다. 정서적 정화는 위기를 적극적으로 처리하는 중요한 수단이 되므로, 사회복지사는 종종 억제된 감정을 환기하도록 클라이언트를 격려해야 한다. 자발적이든 격려를 해서든 이 표현은 그 자체가 안도감을 가져올 수 있다. 언어적 표현은 감정을 감소시키는 하나의 중요한 방법이다. 이 기술을 활용하는 주된 목적은 클라이언트가 내면적으로 강한 감정을 가지고 있는 경우, 그것에 관하여 이야기하도록 하고, 감정을 발산하도록 돕는 데 있다.

이 기술을 적용할 수 없는 경우는 자기통제가 불가능한 클라이언트이다. 이런 클라이언트는 감정표현을 너무 많이 함으로써, 그로 인해 더욱더 불안해지거나 불안정해질 수 있으므로 어느 정도 통제하는 것이 바람직하다.

(5) 관심의 구체적 표현기술

지지에 대한 클라이언트의 욕구가 강하거나 불신이나 불안이 심한 클라이언트의 경우, 사회복지사의 관심과 호의를 표시하기 위해서는 말보다는 어떤 구체적 서비스가 필요하다. 이 기술은 특히 아동에게 효과적이다. 작은 선물은 아동, 특히 유아와 사회복지사의 긍정적 관계를 맺는 수단이 된다. 어린이에게 과자를 주거나 무릎에 앉히며

안아 주는 것 등이 도움이 될 경우가 있다. 이와 비슷한 과정은 성인에게도 필요한 경우가 있다. 접근하기 어려운 클라이언트에게 적절한 호의를 베푸는 것, 예를 들어 병원에 함께 가주는 것, 면접시간을 연장하는 것 등과 같은 구체적인 일을 해줌으로써 클라이언트의 신뢰를 획득할 수 있다.

(6) 직면기술

직면(confrontation)기술은 자신의 문제를 부정하거나 회피하고 합리화하여 변화를 거부하고 개입을 피하려고 하는 클라이언트에게 주로 사용된다. 예를 들어, 자신의 성적이 나쁜 것은 다른 학생들이 모두 하고 있는 커닝을 하지 않았기 때문이라고 말하는 학생인 클라이언트에게 그가 하루 중 몇 시간을 공부하고 있는지, 영어 단어를 제대로 암기하고 있는지, 수업시간 중 무엇을 생각하고 있는지에 대해 이 직면기법을 이용할 수 있다. 직면기법은 주로 클라이언트의 행동이 자기에게도 도움이 되지 않으면서 타인에게 위협이 될 때, 이를 재인식하도록 하기 위해 사용된다.

(7) 조언기술

이 기술은 위에서 설명한 다른 기술들과 달리 지시적 기법에 속한다. 일반적으로 클라이언트는 자신의 문제 및 문제해결에 대해 사회복지사가 조언(advice)해 주기를 바란다. 자아력이 약한 클라이언트나 문제상황으로 혼란되어 있는 클라이언트에게는 조언이 효과적일 수도 있다. 그러나 이 기술을 너무 많이 사용하면 문제해결을 위한 클라이언트의 의지를 약화시킬 수도 있고, 클라이언트의 문제해결능력을 강화시키는 데 방해가 될 수 있다. 또 부적절한 조언은 결과에 대한 책임을 추궁당하거나 사회복지사에 대한 클라이언트의 신뢰를 약화시킬 수 있다.

2) 상담면접기술

상담면접은 클라이언트로부터 필요한 정보를 얻고, 클라이언트에게 필요한 정보를 제공하는 목적을 지닌바, 이를 보다 효과적으로 진행하기 위해서는 의사소통이 매우 중요하다. 효과적 면접을 위한 기술은 관찰기술, 경청기술, 질문기술, 초점 · 안내 · 해석기술, 분위기 조성 기술로 나뉜다(Johnson, 1989). 면접의 목적이나 대상, 행해지는 장에 따라 다소 차이가 있겠지만, 여기서는 존슨의 분류를 토대로 해서 관찰기술, 경청기술, 질문기술, 요약 · 해석기술, 분위기 조성 기술의 다섯 가지에 관해 논의하고자 한다.

(1) 관찰기술

클라이언트는 물론 대부분의 사람들은 비언어적 방식으로 많은 정보를 전달한다. 특히, 호감, 불쾌감, 혐오감, 초조함, 불안, 두려움, 기쁨 및 슬픔 등 정서적인 면과 관련된 정보는 표정, 손놀림, 눈 마주침, 안색, 몸짓, 어조, 억양 등의 비언어적 의사소통을 통하여 표현되는 경우가 많다. 사실 비언어적 의사소통은 언어적 방식으로 표현된 것보다 더 많은 내용과 더 많은 진실을 드러낸다. 자신이 가진 문제에 대해 죄의식이나 수치심, 밝히고 싶지 않은 사실이나 정보를 마음속에 담고 있거나, 앞으로 직면하게 될 장래에 대해 불안을 가진 클라이언트의 경우 이런 경향이 더욱 두드러지는바, 면접에 임하는 사회복지사는 클라이언트의 언어적 표현뿐 아니라 비언어적 표현에도 민감해야 한다.

사회복지사는 클라이언트를 면접할 때 다음과 같은 단서에 대해 그것이 의미하는 바가 무엇인지를 바로 간파할 수 있는 관찰기술을 익혀야 한다.

① 클라이언트의 언어적 표현과 비언어적 표현이 일치하지 않을 경우

예를 들어, 경제적 상황을 물을 때 "괜찮다."라고 말을 하지만 낯이 붉어진다든지, 얼굴을 찌푸린다든지, 옷차림이 지나치게 남루하다든지, 또는 신체의 일정 부위를 계속 흔들어 대는 경우 특별히 다른 불쾌한 자극이 존재하지 않는다면 그것은 그 클라이언트의 경제적 상황이 매우 악화되어 있음을 의미할 수도 있다.

② 대화 도중 어떤 주제가 나올 때 화제를 다른 것으로 돌려 버리는 경우

이것은 특정 주제가 그 클라이언트에게 있어 고통스럽거나 그것에 대해 얘기를 나누기 싫다는 것을 의미한다. 사회복지사는 나중에라도 그 이유를 알아낼 필요가 있다.

③ 특이한 몸짓이나 표정, 음성의 변화가 있을 경우

클라이언트의 행동이나 그 변화가 무엇을 전달하고 있는가를 파악해야 한다. 클라이언트는 현재 다루고 있는 주제에 대해 불편해 하거나 분노하고 있는 것은 아닌가, 현재의 면접실 환경이 클라이언트에게 불편함을 주고 있는 것은 아닌가, 좋지 않은 경험을 했던 과거의 인물에 대한 감정을 사회복지사에게 전이하고 있는 것은 아닌가 등에 관해 깊이 생각해 볼 필요가 있다.

④ 어떤 주제를 반복적으로 제시하는 경우

클라이언트가 계속해서 한 가지 주제만을 제시한다면, 이것은 클라이언트에게 매우 중요한 문제이거나 클라이언트가 도움을 받고자 하는 문제일 수 있다.

⑤ 어떤 한 가지 문제에 대해 클라이언트가 앞에 한 말과 뒤에 한 말이 일치하지 않을 경우

면접 중 클라이언트가 한 진술들이 일치하지 않는다면 그것은 면접내용이 클라이언트 자신에게 매우 위협적인 것이거나 밝히기를 꺼리고 있는 부분일 수도 있고, 또 그가 비자발적으로 의뢰된 클라이언트라면 거짓된 진술을 하고 있는 것일 수도 있다.

(2) 경청기술

면접상황에서 클라이언트가 말하는 것과 질문에 대해 응답하는 것을 듣는 것은 가장 중요한 기술이다. 경청이란 단순한 듣기가 아니라, 상대방의 말을 귀 기울여 들음으로써 그가 가진 생각, 사고방식, 감정 등을 이해하고, 이에 공감하며, 적절한 반응을 해가는 적극적 청취활동이라 할 수 있다.

이러한 경청을 통하여 클라이언트가 지금 무엇을 표현하고 있는지, 그가 어떤 감정을 가지고 있고 어떤 생각을 하고 있는지 감정이입적 이해를 통하여 파악해 가는 것이 중요하다. 사회복지사가 자신의 말을 경청하고 있다는 것을 확인하는 것만으로도 클라이언트는 안도감을 느끼며, '감정의 정화(catharsis)'를 경험할 수 있다.

경험이 적은 사회복지사는 클라이언트의 문제에 보다 빨리 다가서기 위해 성급하게 해석을 내리거나 조언을 하는 경향이 있다. 또 클라이언트가 충분히 얘기를 하기 전에

다른 주제로 옮겨 가는 경우도 있다. 이것은 사회복지실천에서의 전문적 관계인 사회복지사-클라이언트 관계를 공고히 하는 데 방해가 되며, 사회복지사에 대한 클라이언트의 신뢰감을 감소시킬 수 있다.

사회복지사는 자신이 경청하고 있다는 것을 클라이언트에게 전달하기 위해서, 또 클라이언트의 진술이 주제에서 벗어나지 않도록 하여 보다 많은, 그리고 정확한 정보를 얻기 위해 클라이언트가 한 얘기를 다시 반복해 주는 기술(paraphrasing)이나 간단히 요약해 주는 기술(summarizing)을 사용하기도 한다. 또 클라이언트가 표현한 감정에 대해 반응하는 기술(reflection)은 클라이언트가 자신의 감정을 더 표현하도록 고무시킬 수도 있다. 간단히 고개를 끄덕이거나 눈을 마주치고, 앞쪽으로 다가서는 비언어적 행동도 사회복지사의 관심과 수용을 클라이언트에게 전달할 수 있다.

경청에서 주의해야 할 것은 침묵을 다루는 방법이다. 면접에 서툰 사회복지사일수록 침묵을 부담스러워 한다. 클라이언트의 침묵이 사회복지사 자신의 잘못 때문인 것으로 받아들여서 클라이언트를 재촉하거나 자신이 서둘러서 얘기를 해버리는 경우가 종종 있다. 그러나 면접에서의 침묵은 클라이언트가 할 말이 없어서일 수도 있지만, 격해진 감정을 추스르기 위해서일 수도 있고, 생각을 정리하기 위해서일 수도 있다.

클라이언트가 말하는 것을 제대로 경청하고 있었다면, 대부분의 경우 그 침묵의 의미를 파악할 수 있다. 클라이언트가 침묵할 때 그것이 의미하는 바가 무엇인지 제대로 파악하여, 이에 대해 적절히 대응하는 것이야말로 경청기술의 가장 중요한 부분이라고 할 수 있을 것이다.

(3) 질문기술

이 기술은 클라이언트로부터 필요한 정보를 끌어내기 위해 사용되는 경우가 많다. 또 질문은 말하기 곤란한 주제에 대해 머뭇거리는 클라이언트를 돕기 위해, 산만해진 대화의 초점을 바로잡기 위해, 토론의 주제를 좁혀 나가기 위해서도 행해질 수 있다.

적절한 시점에서 적절한 양의 질문을 적절한 형태를 통해 행하는 것은 면접의 질을 최대한 높이는 데 있어 매우 중요한 일이 된다. 질문은 클라이언트의 속도에 맞춰 행해져야 한다. 너무 많은 질문을 하면 클라이언트는 혼란을 느끼며, 질문을 너무 적게 할 경우에는 클라이언트가 면접의 부담을 느낀다.

질문에는 개방형 및 폐쇄형이 있다. 개방형 질문이 보다 많은 사실을 알게 해주므로 사회복지실천의 장에서는 이것을 일반적으로 권장한다. 예를 들어, 가족으로부터 떨어져 나와서 혼자 살아 보려는 신체장애인에게 "가정봉사원을 파견해 달라는 것인가요?"(폐쇄형 질문: 예, 아니요)라고 하기보다는 "어떤 도움이 필요하십니까?"(개방형 질문)라고 질문함으로써 그가 가진 문제와 욕구를 훨씬 더 많이, 정확하게 파악할 수 있다.

질문을 할 때 힐난하는 듯한 뉘앙스를 주는 추궁형 질문이나(예를 들어, "왜 아이들을 학교에 보내지 않았나요?") 클라이언트의 응답을 사회복지사가 원하는 방향으로 이끄는 유도형 질문(예를 들어, "집으로 들어가는 것이 훨씬 낫지 않았을까요?"), 그리고 한꺼번에 여러 가지 답을 해야 하는 중첩형 질문(예를 들어, 집에서 나와 있는 동안 자고 먹는 건 어떻게 했고, 기분은 어땠나요?") 등은 클라이언트로 하여금 방어적 태도를 갖게 하거나 질문의 초점을 흐려서 건성으로 대답하게 하는 부정적 결과를 가져올 수 있으므로 주의해야 한다. 또 질문을 한 후에는 클라이언트가 대답할 시간을 충분히 준다. 너무 서두르는 것은 위협적 인상을 주며, 무조건 사회복지사가 좋아하는 대답을 해버리는 상황을 낳는다.

(4) 요약·해석 기술

이 기술은 클라이언트가 얘기한 것을 사회복지사의 언어로 간단히 정리해 주며, 클라이언트가 미처 깨닫지 못한 사실을 지적해주는 것이다.

요약은 클라이언트의 생각, 행동 및 감정을 사회복지사가 몇 마디 말로 정확하게 정리해 줌으로써 클라이언트가 하는 말을 사회복지사가 경청하고 있었음을 보여주는 동시에, 사회복지사가 잘못 이해하고 있는 부분이 없는지를 확인하는 수단이 된다.

해석은 클라이언트가 제대로 인지하지 못했던 부분을 클라이언트로 하여금 이해할 수 있도록 도와주는 방법이다. 이를 위해 사회복지사는 클라이언트의 행동과 대화를 통해 제시된 다양한 실마리를 가지고 해석을 해야 한다. 클라이언트는 자신의 문제를 제대로 파악하지 못하고 있거나 그 문제의 근본원인에 대해 직접적 정보를 주지 못하는 경우가 많다. 사회복지사는 클라이언트 문제의 근원을 발견하기 위해 지속적으로 다양한 가설을 구성하고 재구성해야 하지만 자신이 세운 초기 가설에 대해서는 가능한 한 클라이언트에게 섣불리 얘기하지 않는 것이 좋다. 왜냐하면 클라이언트로부터 계속해서 쏟아지는 정보들은 초기 가설에 대해 상당한 수정을 요하는 경우가 많으므로, 빈번한 가설의 수정으로 자칫하면 사회복지사에 대한 클라이언트의 신뢰를 감소시킬 우려가 있기 때문이다.

예를 들면, 최근 들어 오줌을 싸는 퇴행행동을 보이는 아동에 대해 대부분의 사회복지사는 "동생을 보게 되어서 그런 건 아닐까?"라는 생각을 먼저 하게 된다. 그러나 계속된 정보에 의하면 현재 이 아동의 부모는 냉전 중으로 서로 별다른 대화를 하지 않고 지내지만, 아이가 오줌을 쌀 때에 한해서만 의기투합해서 야단을 쳤으므로, 이 아동의 퇴행행동은 부모의 갈등을 우회시키기 위한 방편이었음을 깨닫게 되었다. 물론 그 어머니가 임신을 하고 있었지만, 매우 초기단계이므로 어머니의 임신은 이 아동의 행동에 그다지 영향을 미치지 않은 것으로 고려되어, 사회복지사는 초기 가설을 수정해야 했다.

일반적으로 해석은 신뢰관계가 충분히 수립된 후에 해야 하며, 너무 많은 해석이나 노련하지 못한 해석은 오히려 하지 않은 것보다 못한 결과를 초래할 수 있으므로 주의를 요한다.

(5) 분위기 조성 기술

이 기술은 원활한 면접을 위해 심리적으로 편안한 분위기를 만드는 기술이다. 크게 보면 사회복지사가 면접을 위해 행하는 다양한 준비도 이에 속할 수 있다. 조용하고 집중이 가능한 면접실의 환경이나 클라이언트의 심리적 부담을 줄여 줄 수 있도록 신경을 쓴 면접실의 집기 배치, 안온한 분위기를 연출하는 조명 등에 대한 배려는 분위기 조성을 위한 간접적 기술이라고 할 수 있다.

성공적 면접을 위해서는 무엇보다도 클라이언트가 편하고 자연스럽게 자신의 관심사를 이야기할 수 있는 분위기를 조성하는 것이 중요하다. 특히, 초기면접의 경우 클라이언트가 처음 보는 사회복지사에게 자신의 문제를 부담 없이 얘기할 수 있을 것이라고는 아무도 생각하지 않는다. 이 경우 사회복지사도 부담스럽기는 역시 마찬가지이다. 이런 부담을 덜기 위해서 자기소개를 통해 인사를 나눈 후 날씨나 교통 등 일상과 관련한 가벼운 대화를 나누는 것은 면접의 분위기 조성을 위해 사회복지사들이 많이 활용하고 있는 방법이다. 예를 들어, "요즘 많이 따뜻해졌지요? 나들이하기에 좋은 날씨라서 그런지 가는 곳마다 차가 밀리더군요. 오시는 데 어려움은 없었는지요?"라고 물으면서 클라이언트에게 앉기를 권하는 것이 좋다. 클라이언트가 지쳐 있거나 더워하는 것 같으면 간단한 음료를 권한 후 잠시 클라이언트가 숨을 돌릴 수 있는 시간적 여유를 갖도록 한다. 이것은 클라이언트로 하여금 일상적 대화에서 점차 자신의 문제로 대화의 초점을 변화시키도록 하는 데 시간이 필요하기 때문이다.

대화의 초점을 이동시켜서 클라이언트의 관심과 문제에 관해 들어갈 때 특히 첫마디를 주의해야 하는바, '문제'라든가 '도움'이라는 용어의 사용은 가급적 피하는 것이 좋다. 왜냐하면 "무슨 문제로 오셨습니까?"라며 첫마디를 꺼냈을 때, 자칫하면 클라이언트에게 "이 사회복지사는 나를 문제인물로 보고 있구나."라는 느낌을 가지게 해서 방어적 태도를 유발할 수 있기 때문이다. 또 "무엇을 도와드릴까요?"라고 한다면, 이는 문제해결의 책임이 자칫 사회복지사에게 있다는 느낌을 받아 클라이언트의 지나친 의존성을 초래할 수도 있으므로 주의하는 것이 좋다.

면접을 마치는 것과 관련해서도 이 기술이 요구되는데, 면접진행시간을 미리 알려줌으로써 클라이언트로 하여금 시간을 효과적으로 사용할 수 있게 해준다든지, 정해진 면접시간이 다 되기 전에 남은 시간을 알려 줘서 클라이언트로 하여금 마무리를 위한 준비를 시킨다. 그리고 이번 면접에서 다룬 내용을 요약해 주고 다음 면접에서 다룰 주제를 미리 정하면서 면접을 끝내는 것은 클라이언트로 하여금 보다 적극적으로 참여할 수 있는 동기를 부여할 수 있다. 면접을 끝낼 때에도 역시 가벼운 대화를 도입하여 클라이언트가 다시 면접의 주제에서 벗어나 일상으로 돌아올 수 있도록 도와주는 것도 좋다. 예를 들어, "이제 교통이 좀 한산할 시간이네요. 오실 때보다는 시간이 덜 걸릴 것 같아요"라고 하면, 클라이언트는 면접 시의 무거운 주제에서 벗어나서 귀갓길의 거리나 귀가해서 할 일에 대해 생각하는 등 일상으로 돌아가는 데 보다 수월해질 것이다.

3. 사회복지실천기술의 내용과 사회복지사의 역할

사회복지실천의 본질적인 3대 요소는 사회복지 전문직의 가치, 전문적 활동에 필요한 지식, 그리고 이러한 가치와 지식을 현장에 옮기는 과정에서 필요한 기술 또는 기법이다. 이러한 3대 요소를 갖추기 위해 노력하는 것이 사회복지 전문직의 교육 및 훈련과정이라고 할 수 있다.

가치는 어떤 사회현상이나 사물이 어떻다고 생각하는 것이다. 예를 들어, 모든 인간은 국적, 지위, 인종 등에 상관없이 인간 그 자체로서 존엄하다는 것이 가치에 대한 표현이 될 수 있다. 이러한 점에서 가치는 좋고(Good) 나쁜(Bad)가와 관련되며, 윤리는 무엇이 옳고(Right) 그른(Wrong)가와 관련된다. 사회복지실천에서 가치는 "추구해야 하는 이상적인 것"과 관련된 것이고, 윤리는 "가치를 실현하는 실천적인 것"과 관련된다. 그러므로 가치는 신념이고 과학적 근거도 없으며 객관적으로 증명할 수 없고 주관적으로 선호하는 것이며, 윤리는 실질적 결정을 내릴 때 필수적인 것으로 옳고 그른 행동에 대한 사회적 태도를 지칭하는 도덕철학이라 할 수 있다.

가치는 하나의 가정적 개념으로 인간의 내면 속에서 그치지만, 윤리는 행동으로 나타나는 것으로 윤리적 판단에 따른 행동수행에 있어 규범적 어떤 기준이 필요하게 된

〈표 9-1〉 지식, 가치, 윤리의 관계

지식	증명할 수 있는 세계와 인간을 관찰한 결과를 객관화시킨 사실
가치	객관적으로 증명할 수 없고, 주관적으로 선호하는 것으로 인간의 적절한 행동을 선택하는 데 있어서의 지침이나 기준
윤리	가치에서 비롯되나 무엇이 옳고 그른가를 판단하여 주는 도덕적 지침

자료: 김현호 외(2017: 18~19).

다. 이러한 점에서 사회복지실천에서 윤리는 가치에서 비롯되고 실천적 원칙을 준수하게 되는데, 원칙은 옳고 그른 것을 추구하게 하는 윤리기준을 제공하게 된다.

1) 기초적 기술

미국사회복지교육협의회(CSWE)는 실천기술을 다음과 같이 분류하고 있다.

첫째, 인지적 기술 : 상황 속의 사람을 생각하고, 사람과 상황에 관한 이해를 개발하고, 활용해야 할 지식을 명백히 하고, 중재를 위한 계획을 수립하고 평가를 수행하는 데 사용되는 기술이다.

둘째, 상호작용적 기술(관계적 기술) : 개인, 가족, 집단 및 지역사회와 함께 일하는 데, 이해를 전달하고 개발하는 데, 함께 계획을 수립하는 데, 행동계획을 평가하는 데 사용되는 기술이다.

이러한 의미에서 기초적인 사회복지실천기술은 다음 표와 같다.

〈표 9-2〉 기초적인 사회복지실천기술

구 분	내 용
면담기술	의사소통 및 관여기술(Engagement Skills)
사정기술	개인과 환경의 상호작용 맥락에서 문제나 어려움을 발견하는 기술
개입기술	문제나 어려움을 해결하는 기술
팀워크기술	다른 전문기관과 협동으로 문제를 해결하는 기술
지지망 구축기술	개입효과의 지속성을 유지함으로써 클라이언트의 자립 유도기술
협상기술	클라이언트의 복지와 관련된 주변 체계화의 협상기술
평가 및 종결기술	클라이언트와 사회복지사의 협력적 노력결과를 평가하고 클라이언트의 자립생활을 위해 종결하는 기술

자료: 김현호 외(2017: 13).

이러한 기술들은 사회복지실천 상황에 따라 각각 세분화하여 사용되기도 하지만, 통합적으로 사용되는 경우가 많다. 또한 이러한 기술들은 사회복지사가 종합적으로 잘 활용할 때 긍정적인 원조관계가 형성되며, 긍정적인 원조관계는 사회복지실천결과에 많은 영향을 줄 수 있다.

2) 전문적 지식

사회복지실천의 전문가인 사회복지사에게 필요한 전문지식은 클라이언트에 대한 이해부터 실천과정 및 사회정책에 이르기까지 다양하다. 이러한 내용을 구체적으로 살펴보면 다음과 같다(Jonhnson et al., 1997).

① 인간행동과 발달에 관한 지식

인간의 행동적 특성을 이해하고 환경의 상호적 영향력을 파악하기 위한 인간의 정서적 · 심리적 · 사회적 발달단계와 환경의 물리적 · 사회적 · 문화적 특성 등과 관련된 지식이다.

② 인간관계와 상호작용에 관한 지식

개인, 가족, 집단, 지역사회 내의 조직이나 기관들 간의 관계와 상호작용을 촉진시키며 효과적인 의사소통에 필요한 지식이다.

③ 사회복지실천이론과 모델에 관한 지식

다양한 실천상황에 적합한 전문적 원조관계 및 실천과정의 개입방법과 전략 등을 선택하는 데 필요한 지식이다. 예를 들어, 아동의 비적응적 행동을 수정하려고 개입하는 경우 행동수정모델을 적용하고, 적응의 어려움을 겪는 여성결혼이민자, 새터민, 조손가정 등에서 생활의 안정을 지속적으로 원조할 때는 사례관리모델을 적용하고, 그리고 알코올중독을 앓고 있는 부모와 자녀 간의 갈등을 해결하고 가정의 안정을 원조할 때는 심리사회모델을 적용하여 개입할 수 있을 것이다.

④ 특정 분야나 대상자집단에 관한 지식

특정 클라이언트 집단이나 실천상황, 기관 등에 관해 알고 있는 지식이다. 이러한 지식은 사회복지사가 특정 분야(군사회사업, 새터민 지원사업, 학교 사회사업, 다문화가정 지원사업 등)의 대상자에 대한 이해와 실천현장의 실무에 도움이 되어 보다 효율적으로 원조할 수 있다.

⑤ 사회정책과 서비스에 관한 지식

도움이 필요한 대상자에게 서비스를 제공하는 전문가와 기관을 포함하여 사회복지 서비스 전달체계에 관한 지식이다. 또한 사회정책이 변화해 온 역사적 맥락과 개인의 기능에 대한 사회정책의 영향력, 사회복지정책을 발전시키기 위한 사회복지사의 역할 등에 관한 지식도 필요한 경우가 있다.

⑥ 사회복지사 자신에 관한 지식

사회복지실천에서 전문가인 사회복지사의 감정이나 가치, 태도, 행동 등은 클라이언트 체계를 변화시킬 수 있으므로 책임감을 갖고 스스로의 역량을 강화할 수 있어야 한다.

미국사회복지사협회(NASW, 1981)에서는 사회복지실천에 필요한 구체적인 이론과 기술을 포괄적으로 포함하는 사회복지전문지식을 다음과 같이 제시하고 있다.

〈표 9-3〉 사회복지 전문지식

1) 인간의 성장과 발달, 가족과 사회의 상호작용이론에 관한 지식
2) 클라이언트에게 영향을 미치는 사회적·환경적 요인에 관한 지식
3) 인종, 민족, 기타 사회의 문화집단에 관한 지식
4) 기본적인 사회경제 및 정치이론에 관한 지식
5) 윤리적 원칙과 실무에 관한 지식
6) 사회심리 사정과 개입에 관한 이론과 기술에 관한 지식
7) 개별지도와 집단지도의 이론과 기술에 관한 지식
8) 소집단이론과 행동역동에 관한 지식
9) 집단 상호작용과 치료적 개입에 관한 지식
10) 위기개입 이론과 기법에 관한 지식
11) 지역사회조직이론과 전략에 관한 지식
12) 조직과 사회체계에 관한 이론과 행동 및 변화 등에 관련된 지식
13) 옹호 이론과 기법에 관한 지식
14) 지역사회조직이론과 보건 및 복지서비스 개발에 관한 지식

15) 사회계획의 개념과 기법에 관한 지식
16) 지역사회자원과 서비스에 관한 지식
17) 공적사회서비스에 관한 지식
18) 사회복지 및 보건서비스와 관련된 복지법규와 규정에 관한 지식
19) 사회복지 경향과 정책에 관한 지식
20) 사회복지행정 이론과 개념에 관한 지식
21) 사회학 및 심리학의 통계연구방법과 기법에 관한 지식
22) 실무와 관련된 전문적이며 과학적인 연구에 관한 지식
23) 교육 및 훈련에 관한 이론과 기법에 관한 지식
24) 전문적 슈퍼비전의 개념과 이론을 포함한 지식

자료: NASW(1981).

우리나라 현실에서 사회복지실천에 필요한 전문지식은 다음과 같다(김현호 외, 2017: 15).

① 인간 발달과 행동에 관한 지식

인간은 각기 다른 유전적인 요인과 각자가 속한 환경과 사회적 상호작용에 의해 행동을 결정한다. 따라서, 인간은 어떻게 신체와 정신이 발달하고 어떻게 주위 사회체계와 상호작용하면서 기능이 발달하는지에 대한 지식을 습득해야 한다.

② 다양한 의사소통에 관한 지식

인간은 의사소통을 할 때 언어적 · 비언어적 의사소통 방법들을 사용하는데, 이때 외적인 표현에 대해서 가슴 속에 있는 내적 감정 상태를 이해하는 것이 중요하다. 이러한 상태를 파악하고 클라이언트와 의사소통을 원활하게 하기 위해서는 의사소통기술이 필요하다.

③ 조직 및 집단형성 과정에 대한 이해

인간은 사회체계에서 조직 및 집단을 형성하면서 발달하게 된다. 조직 및 집단을 구성할 때 일어나는 개인의 역할과 조직 및 집단의 상호작용으로 발생하는 역할 등을 이해해야 한다.

④ 문화적 요인에 대한 이해

개인, 집단, 지역사회는 그들이 가지고 있는 종교적 신념 또는 영적인 가치관에 의해 많은 영향을 받고 있으며, 또한 그들이 준수하는 법률이나 사회적 제도 내에서 행동이 결정되는 경우가 많다. 따라서, 이러한 문화적 요인에 대한 이해가 필요하다.

⑤ 인간관계에 대한 이해

인간은 삶 속에서 부단히 상호작용을 하면서 생활하고 있기 때문에, 개인 상호 간의 관계, 개인과 집단 간의 관계, 그리고 집단과 집단 간의 관계에서 어떤 형태로 상호작용하는지 이해할 필요가 있다.

⑥ 지역사회 본질에 대한 이해

특정 지역사회의 내적인 구조와 과정, 발달과 변화의 형태, 지역사회의 자원과 사회서비스의 현황 등을 이해해야 한다.

⑦ 자기 자신에 관한 지식

사회복지실천은 자신을 도구로 활용해서 클라이언트를 돕는 활동이기 때문에, 자기 자신의 강점과 약점을 객관적으로 파악하려는 노력이 필요하다. 또한 클라이언트에 대해서 이해하는 것도 자신의 성격을 정확히 파악하려는 노력을 통해서 효과적으로 이해할 수 있다.

⑧ 개입과정에 관한 지식

사회복지실천을 위한 관계형성 및 면접기술은 상호작용에 중요한 기술이다. 실천모델에 대한 지식은 물론 사정이나 개입방법 등에 대한 지식도 필요하다.

⑨ 조직 행동과 기관의 행정적 과정에 관한 지식

조직과 기관, 정부 및 정치적 과정을 알아야 할 필요성이 있고, 정치적 과정의 변화를 가져오기 위해 어떻게 개입해야 되는지에 대해서도 알아야 할 필요가 있다.

⑩ 조사 및 평가방법에 관한 지식

조사방법에 근거한 사회복지프로그램 및 서비스를 개발하여 실천하는 지식이 필요하고, 이러한 프로그램 및 서비스에 대한 평가방법에 관한 지식도 필요하다.

미국사회복지사협회(NASW, 1981)는 사회복지실천에 필요한 사회복지사의 능력 14가지를 다음과 같이 제시한다.

〈표 9-4〉 사회복지사의 능력

1) 명확하게 말하고 기록하는 능력
2) 다른 사람을 교육할 수 있는 능력
3) 정서적 괴로움이나 위기상황에서도 지지적으로 반응하는 능력
4) 전문적 관계에서 역할모델이 되는 능력
5) 복잡한 심리사회적 현상을 해석하는 능력
6) 주어진 책임에 따른 업무량을 적절히 조정하고 조직적으로 관리하는 능력
7) 타인을 돕는 데 필요한 자원을 파악하고 동원하는 능력
8) 타인의 능력이나 정서상태를 파악하고 도움이나 자문을 주는 능력
9) 집단활동에 참여하고 집단을 지도하는 능력
10) 스트레스를 받은 상황에서도 객관성을 유지하며 업무를 수행하는 능력
11) 갈등상황이나 논쟁적인 상황을 잘 다루는 능력
12) 사회이론이나 심리이론을 실천상황에 적용하는 능력
13) 문제해결에 필요한 정보를 파악하는 능력
14) 기관이나 자신의 실무에 관해 조사연구를 수행하는 능력

자료: NASW(1981).

사회복지실천을 효과적으로 실천하기 위해 사회복지사는 위에서 언급한 전문지식 및 능력과 더불어 미국사회복지사협회(NASW, 1981)는 사회복지실천을 위한 사회복지사의 필수적인 실천기술 12가지를 다음과 같이 제시한다.

〈표 9-5〉 사회복지사의 실천기술

1) 전문가로서 이해와 목적을 가지고 경청하는 기술
2) 사정 및 보고서를 준비하기 위해 관련된 사실과 정보를 수집하는 기술
3) 전문적 원조관계를 형성·발전시키며, 그 관계에서 자신을 활용하는 기술
4) 언어적·비언어적 행동을 관찰하고 해석하며 성격심리학과 사정방법에 대한 지식을 활용하는 기술

5) 클라이언트가 스스로 자신의 문제를 해결하고 신뢰를 얻을 수 있도록 도와주는 기술
6) 민감한 정서적 주제를 지지적 방법으로 다루는 기술
7) 클라이언트의 요구에 대해서 창의적으로 해결책을 찾는 기술
8) 치료적 관계의 종결 여부를 결정하고 실행하는 기술
9) 조사연구의 수행 및 결과, 전문적 자료를 해석하는 기술
10) 갈등관계에 놓인 양측을 화해시키거나 협상하는 기술
11) 조직 간의 연계와 협조 서비스를 제공하는 기술
12) 후원자, 시민, 그리고 입법관계자 등에게 사회적 욕구를 해석하고 전달하는 기술

자료: NASW(1981).

3) 사회복지 전문직의 가치

(1) 개인의 존엄성과 독특성에 대한 존중

인간은 어떤 조건과 위치에서 태어났든지 상관없이 인간 그 자체로서 존엄한 존재다. 어떤 독특한 특성을 갖고 있고, 독특하게 행동을 한다고 하더라도, 그것이 타인이나 전체 사회에 해를 끼치지 않는다면 사람은 있는 그대로 인정하고 받아들여져야 한다. '사회복지 윤리강령'에서도 모든 사회성원들이 인간의 존엄성을 유지하면서 자기실현을 할 수 있도록 사회 전체가 공동으로 책임지며, 사회복지사는 복지대상자의 권익을 최우선으로 한다고 명시되어 있다. 사회복지사는 개인과 개인이 처한 환경의 폭넓은 다양성을 인정하면서, 인간적이고 개인적이며 개성적인 클라이언트의 삶의 방식을 수용·격려·고무해야 할 의무를 진다. 이러한 가치를 실현하기 위해서는 다음의 세부사항을 실천해야 한다.

① 클라이언트를 대할 때 클라이언트에 대한 존엄성을 의식적으로 전달하도록 노력한다.

② 클라이언트를 어떤 정해진 틀 속에서 이해하려 하거나, 정해진 틀 속에 넣어 분류하려고 하지 않는다.

③ 클라이언트의 장점을 찾아내어 그것을 활용하도록 돕는다.

④ 문제해결과정에 클라이언트가 참여할 것을 기대하고 또 참여시킨다.

⑤ 클라이언트가 필요로 하는 것을 사회복지사가 판단하여 결정하지 말고 클라이언트가 원하는 것을 주의 깊게 살펴 알아낸다.

(2) 자기결정의 원리

한국사회복지사협회의 '사회복지 윤리강령' 제2장 제1절 3)항에 "사회복지사는 클라이언트가 자기결정권을 최대한 행사할 수 있도록 도와야 한다."고 명시되어 있다. 자기결정권이라 함은, 클라이언트가 자신과 관계된 일에 대한 결정은 자신이 스스로 내려야 한다는 것을 의미한다. 이를 실현하기 위해서는 다음의 세부사항이 실천되어야 한다.

① 선택의 대안들이 존재하는 가운데 클라이언트가 여러 대안들 중 하나를 선택할 수 있도록 사회복지사는 클라이언트와 합동으로 선택 대안들을 충분히 발굴해 내야 한다.

② 선택의 대안들이 존재한다 하더라도 클라이언트가 선택을 통해 주어진 기회를 활용할 능력이 없으면 아무런 의미가 없다(예: 중증의 정신지체, 치매노인 등). 따라서, 클라이언트의 기회활용능력이 갖춰진 상황어서 자기결정권이 행사되도록 해야 한다.

③ 직 · 간접적으로 클라이언트를 대신해서 의사결정을 내리지 않도록 조심한다. "내가 당신(입장)이라면 … 하겠다"라는 표현은 간접적인 대리 의사결정이다. 누구도 다른 사람의 입장을 완벽히 이해할 수는 없다.

④ 사회복지사는 자신의 의견을 제시할 수는 있으나, 어디까지나 여러 대안들 중 하나의 대안으로 고려하도록 중립적으로 조심스럽게 제시한다.

⑤ 클라이언트가 클라이언트 자신과 다른 사람에게 해를 끼칠 수 있다는 생각을 갖고 있을 때는, 클라이언트의 생각과 결정을 수정하기 위해서 적극적인 노력을 기울일 필요가 있다. 사회복지사의 의무는 클라이언트가 자신과 타인을 해치지 않는 범위 내에서 자신들의 문제를 스스로 해결할 수 있는 능력을 향상시킬 수 있도록 문제해결과정에 관여하는 것이다.

(3) 사회적 형평성의 원리

사회복지사는 개인의 잠재력을 최대한 실현하기 위해 필요한 자원과 기회에 동등한 접근을 보장해야 한다. 모든 개인은 자신의 신분, 지위, 계층, 배경 등에 관계없이 개인의 잠재력을 최대한 실현하기 위해 필요하다고 생각되는 모든 기회와 자원에 접근할 수 있는 기회를 동등하게 가질 수 있어야 한다. 이 원리가 보장되는 사회는 기회의 균등 또는 형평성의 원리가 지배하는 사회이다.

'사회복지 윤리강령' 제1장 제1절 2)항에 "사회복지사는 클라이언트의 종교, 인종, 성, 연령, 국적, 결혼상태, 성 취향, 경제적 지위, 정치적 신념, 정신 · 신체적 장애, 기타 개인적 선호, 특징, 조건, 지위를 이유로 차별대우를 하지 않는다."라고 규정하고 있다. 사회복지사는 자신의 실천활동과정 중 클라이언트에 대한 사회적 형평성의 원리를 실천할 뿐만 아니라, 클라이언트가 사회 속에서 사회적 · 경제적으로 성장, 발달해 가는 과정에서도 이 원리가 구현될 수 있도록 노력해야 한다. 특정 종교를 갖고 있는 클라이언트가 서비스 대상에서 제외되는 일이나, 취직 또는 입학 등에서 여성 또는 남성이라는 이유만으로 차별을 받는 일, 특정지역 출신이라는 이유만으로 따돌림을 받는 일 등은 사회적 형평성에 어긋나는 경우들이다.

(4) 개인의 복지에 대한 사회와 개인 공동의 책임

앞서 살펴본 세 가지의 사회복지 전문직 가치체계들은 사회구성원 개인 하나하나가 그 자신은 물론, 타인 그리고 전체 사회에 대한 책임을 전제로 하는 것이다. 즉, 각 개인은 전체 사회의 요구와 개인과 사회의 균형 속에서 자신의 복지 향상을 위해 최대한 노력할 책임을 갖고 있다. 이것은 개인문제에 대한 책임이 오로지 개인에게 있다는 것을 의미하지는 않는다. 문제의 성질에 따라서는 개인이 이무리 노력을 하더라도 사회구조의 문제 때문에 어쩔 수 없는 경우도 많다.

하지만 이 경우라도 개인은 자신의 이익과 복지 향상을 위해 적극적으로 행동하도록 요구되어야 한다는 것이다. 다만, 스스로 판단하고 행동하기가 불가능한 사회적 약자 계층에 대한 복지는 사회가 책임져야 하는 사항이다.

4) 사회복지사의 자기결정

사회복지사들은 자신과 다른 가치체계를 갖고 있는 동료 사회복지사들에게도 사회복지사가 클라이언트에게 하는 것과 동등한 존경, 존엄, 자기결정의 원리 등을 적용해야 할 것이다. 사회복지 윤리강령, 제3장 제1절 1)항은 "사회복지사는 존중과 신뢰로서 동료를 대하며, 전문가로서의 지위와 인격을 훼손하는 언행을 하지 않는다."고 명시하고 있다. 사회복지 실천활동에서 가장 중요한 것은 클라이언트는 물론, 동료들 그리고 사회복지 실천과정에서 접촉하게 되는 많은 체계들을 대할 때 유연하고 개방적이며 비심판적 태도를 항상 견지하는 것이다. 이렇게 되기 위해서는 다양한 분야의 다양한 사람들과 접해 보고 그들의 다양한 생활방식, 가치관, 인생을 이해하고 존중할 수 있는 훈련이 필요하다.

사회복지사는 다양한 가치관과 인생의 형상들 가운데서 자기 자신의 가치관을 명료하게 인식하고, 자신의 가치관이 형성된 배경, 자신의 가치관에서 비롯된 행동과 결정, 자신의 가치관이 다른 사람에게 미치는 영향 등을 지속적으로 검토하고 확인해야 할 것이다. 때로는 어떤 개인이 고백하는 가치체계와 자신이 몸소 실천하고 있는 가치체계가 다른 경우도 있음을 주의해야 한다. 이 두 개의 가치체계 사이의 차이를 인식할 수 있는 사람은 고백하는 가치체계를 바꾸든, 실천하는 가치체계를 바꾸든, 자신의 가치를 변화시킬 수 있으며, 또 변화시킨다. 하지만 이 둘 사이의 차이를 인식하지 못하는 사람은 변화의 가능성이 매우 희박하다. 자신의 가치체계를 확인한다 함은 생각과 행동이 일치된 상태의 가치체계를 의미한다(엄명용 외, 2015: 59~60).

연습문제

1. 정신역동모델에 관한 설명으로 옳지 않은 것은?

① 클라이언트의 무의식적 충동을 강조한다.
② 자기분석이 가능한 클라이언트에게 적합하다.
③ 저항, 방어기제, 전이에 대한 이해가 필요하다.
④ 훈습, 꿈 분석의 기술을 사용한다.
⑤ 사회구성주의적 관점에 근거한다.

2. 현대사회 가족의 변화에 해당하지 않는 것은?

① 규모의 축소 ② 권력구조의 불평등 심화
③ 생활주기의 변화 ④ 기능의 축소
⑤ 형태의 다양화

3. 좋은 기록의 특징으로 옳은 것은?

① 서비스의 결정과 실행에 초점을 둔다.
② 상황묘사와 사회복지사의 견해를 구분하지 않는다.
③ 비밀보장을 위해 정보를 쉽게 분류할 수 없게 한다.
④ 모든 문제나 상황을 가능한 자세하고 풍부하게 기술한다.
⑤ 클라이언트의 관점은 배제하고 전문적 견해를 강조한다.

4. 집단역학(group dynamics)의 구성요소가 아닌 것은?

① 긴장과 갈등 ② 가치와 규범
③ 집단목적 ④ 의사소통유형
⑤ 지식 및 정보습득

5. 면접 중 침묵을 다루는 사회복지사의 태도로 적절하지 않은 것은?

① 침묵하는 이유를 파악한다.
② 침묵을 기다리는 배려가 필요하다.
③ 침묵의 이유를 알 때까지 질문한다.
④ 침묵은 저항의 유형으로 볼 수 있다.
⑤ 침묵이 계속되면 면접을 중단할 수 있다.

정답 1. ⑤ 2. ② 3. ① 4. ⑤ 5. ③

CHAPTER 10

지역사회복지

학습목표

1. 지역사회복지의 목적에 대한 숙지
2. 지역사회복지실천의 가치에 대한 충분한 이해
3. 실천영역에 대한 항목별 이해

학습내용

1. 지역사회복지의 개념
2. 지역사회복지실천의 이해
3. 지역사회복지의 실천영역

개 요

지역사회복지는 지역사회주민의 복지향상을 목적으로, 전문 또는 비전문가들이 지역사회수준에 개입하여 지역사회에 존재하는 각종 제도에 영향을 주고 지역사회의 문제를 예방하고 해결하고자 하는 일체의 조직적·비조직적 사회적 노력을 말한다. 궁극적으로 지역사회주민의 의식변화와 자발적 조직화를 통해 지역사회를 통합하여 그들의 복지를 향상시키는 데 있다. 결국 지역사회복지는 지역사회주민이 바라는 이상적 지역사회를 추구하는 것이다. 본 장에서는 지역사회복지의 목적을 효과적으로 달성하기 위한 이론적 논의를 하고자 한다.

CHAPTER 10

지역사회복지

1. 지역사회복지의 개념

1) 지역사회복지의 정의

지역사회복지(community welfare)는 일정한 공간에서 문화적 동질성과 공통된 가치체계를 갖는 사람들로 구성된 사회로서 지역사회와 사회복지의 합성어이다. 이러한 지역사회복지는 지역사회주민의 복지향상을 목적으로, 전문 또는 비전문가들이 지역사회 수준에 개입하여 지역사회에 존재하는 각종 제도에 영향을 주고 지역사회의 문제를 예방하고 해결하고자 하는 일체의 조직적 · 비조직적 사회적 노력을 의미한다(김현호 외, 2017: 41). 지역사회복지의 개념은 협의의 개념과 광의의 개념으로 분리할 수 있다.

협의의 개념을 살펴보면,

'지역사회복지'를 영국의 지역사회보호와 동일시하는 견해로서, 재가복지를 포함한 생활시설이 아닌 환경에서 서비스 대상자에게 각종 사회복지서비스를 제공하는 것으로 시설보호와 대치되는 개념이다. 따라서, 대인서비스와 밀접하게 관련된다. 지역사회 차원에서 복지 대상자에게 제공되는 사회복지서비스를 강조하면서도 지역사회 차원에서 제도 변화를 추구하는 사회복지운동과 같은 노력들도 지역사회복지에 포함한다. 그러므로 제도나 정책의 변화와 같은 거시적 활동체계를 도외시하는 측면이 한계로 지적되고 있다.

광의의 개념을 살펴보면,

첫째, 제도차원의 개념이다. 제도적인 차원에서 지역사회복지는 법제도에 의한 모든 공사의 사회적 노력을 포함한다. 우리나라의 사회복지사업법은 이에 대한 법적 근거를 제시하고 있으며, 지역사회복지 계획의 수립과 지역사회복지 협의체의 활성화로 지역사회복지 관련 제도와 실천현장은 민관협력의 제도적 지원체계로 나아가고 있다. 지역사회의 복지 향상을 위해 전문 혹은 비전문 인력이 지역사회 수준에 개입하여 지역사회에 존재하는 각종 제도에 영향을 주고, 지역사회의 문제를 예방하고 해결하고자 하는 일체의 사회적 노력을 의미한다.

둘째, 지역성이 강조되는 개념이다. 지역사회의 복지를 향상시키려고 하는 노력은 어느 특수 전문분야에 국한되는 것이 아니고, 사회복지사업, 공중보건, 평생교육, 공공행정, 도시행정, 도시계획, 정신건강 등의 전문가들과 민간단체나 정치단체의 자원봉사자들에 의해 광범위하게 수행된다. 따라서, 지역사회복지 활동은 반드시 전문적인 활동(professional activity)으로 규정할 수는 없으며, 자연발생적인 민간활동(예: 두레, 품앗이 등)에서부터 근대화를 위한 지역개발운동(새마을운동, 4H 클럽 등), 현대의 민간자선활동, 그리고 전문적인 지역사회조직 사업을 모두 포함하는 포괄적인 성격을 띤다. 또한 아동·청소년·노인복지라는 대상중심의 복지활동보다는 지역성이 강조된다는 점이 그 특성이라 할 수 있다.

셋째, 포괄적 개념이다. 지역사회복지란, 자립생활이 곤란한 개인과 가족이 지역에서 자립생활이 가능하도록 관계망을 만들고 필요한 서비스를 종합적으로 제공하는 것이다. 이에 필요한 물리적·정신적 환경조성을 도모하기 위하여 사회자원의 활용, 사회복지제도의 확립, 복지교육의 전개를 종합적으로 수행하는 활동으로 정의하고 있다.

이 정의는 복지교육을 통하여 주민의 주체형성과 참여를 촉구하고 이를 기반으로 지역조직화를 이루어 나가는 특성을 갖고 있다. 또한 지역사회복지는 복지욕구에 대하여 공공이나 민간을 불문하고 지역의 모든 자원을 동원하여 대응하는 '공사협동'의

이념을 기반으로 한다. 그 위에서 지역의 행정시책 · 시설기능 · 자원봉사활동 · 주민참여의 유기적인 협력과 그 시스템화를 중시하는 것으로 보고 있다. 이는 자원봉사활동론(voluntary action)으로 분류되기도 한다.

결론적으로 지역사회복지는 지역사회 내에서 사회복지를 필요로 하는 개인이나 가족 등의 삶의 질 향상을 위해 지역사회자원을 활용할 수 있도록 조직을 통합하고, 환경개선서비스 및 개별적 사회서비스 시스템 등을 확보하여 운영하고 개선하려는 전반적 지역사회활동을 총칭한다고 할 수 있다.

2) 지역사회복지의 목적

지역사회복지의 목적은, 궁극적으로 지역사회주민의 의식변화와 자발적 조직화를 통해 지역사회를 통합하여 그들의 복지를 향상시키는 데 있다. 이러한 지역사회복지의 목적을 지속적으로 추구하는 것은, 지역사회주민이 바라는 이상적 지역사회(ideal community)를 추구하는 것이다. 이상적 지역사회는 모든 사람이 공감할 수 있는 공통된 모습의 지역사회가 되어야 하고, 이러한 지역사회를 이루기 위하여 명확한 접근방법을 제시해야 할 것이다.

지역사회복지의 목적은 다음과 같다(Baldock, 1974).

① 경제발전을 추진하는 것 : 후진국가에 권장하는 목적으로 자조적 · 협동적 노력으로 협동조합이나 신용조합을 만들어서 지역사회주민을 위해 중간 착취를 배제하고 경제적 이익을 보장하는 목적이다.

② 합의를 촉진시키는 것 : 사회복지협의회와 같은 중간집단을 조직해서 이익을 대변하기 위한 투쟁보다는 화해 분위기를 조성해서 지역사회주민의 갈등을 조정하는 목적이다.

③ 대인적 사회봉사를 지원하는 것 : 대인적 사회봉사에 대한 지원서비스 대책으로 공중보건처럼 전문가(의사)를 봉사에 참여하도록 하고, 사회복지사로 하여금 경제적 재원을 조달하도록 하는 목적이다.

④ 현대 시민권을 행사할 수 있도록 교육시키는 것 : 지역사회조직가는 전문적 교육 배경을 지니고 있으므로, 지역사회주민에게 이러한 전문적 교육을 할 때 토론교육을 통해 행동을 공감하고 시민의 역량을 강화하여 권리를 찾도록 하는 목적이다.

⑤ 기존의 사회정치제도에서 급진적 변호를 조성하는 것 : 이것은 산업화 및 공업화로 인해 급변하는 사회변화에서 기존의 지역사회복지체계를 부정하기 때문에, 새로운 사회변화에 맞는 사회정치제도 변화의 목적이다.

3) 지역사회복지의 특성

지역사회복지의 특성은 예방성, 종합성, 전체성, 연대성, 공동성, 지역성으로 나눌 수 있는데, 그 내용은 다음과 같다(전남련 외, 2013: 28~30).

(1) 예방성

지역사회복지의 예방성이란, 지역사회 내의 사회복지욕구나 해결되지 못한 생활문제를 주민참가라는 구조를 통하여 이를 조기에 발견하고 대응할 수 있기 때문에, 예방적 효과를 거둘 수 있다. 예방적 특성에는 클라이언트의 인격파탄이나 생활파탄의 방지 등과 같은 소극적 예방에서부터 삶의 질 향상이나 생활구조의 안정, 강화 등의 복지증진이라는 적극적 예방까지도 포함된다.

복지욕구나 생활문제의 조기발견과 대응에는 주민참가와 네트워크 구축이 핵심이며, 생활문제의 심각화를 예방하기 위해서는 상담, 신청, 조치의 정보 네트워크와 기관의 연계, 제도의 체계화가 되어야 한다. 네트워크 형성은 지역사회복지의 예방적 특성을 살리는 데 있어서 중요한 부분이다.

(2) 종합성·전체성

지역사회복지는 공급자와 이용자 간의 분절된 서비스를 통합 제공하여 서비스 공급자 측면에서는 종합성의 특성을, 서비스 이용자 측면에서는 전체성의 특성을 갖게 해야 한다.

공급자 측면의 종합성은 서비스 제공기관 간의 연락, 조정, 협의 등의 네트워크 구축과 실질적 운용을 통하여 확보할 수 있는데, 이러한 일련의 노력을 원스톱서비스, 서비스의 패키지화 등으로 표현하고 있다.

이용자 측면의 전체성은 주민생활에 밀접하게 관련을 맺고 있는 다양한 분야를 포괄적으로 다루어야 하는 것을 의미하는 것으로, 협의의 사회복지서비스를 포함하여 보건 · 의료 · 고용 · 교육 · 문화 · 교통 · 안전 · 환경 등 주민생활의 전반적인 영역을 포괄하여 접근하는 것을 의미한다.

(3) 연대성 · 공동성

인간은 공동의 관심사에 따라 연대를 형성하고, 공동으로 이를 확대시켜 나가는 특성을 갖고 있다. 지역사회복지에서는 주민 개인의 사적 활동으로 해결이 곤란한 생활상의 과제를 주민들의 연대를 형성하고 공동의 행동을 통하여 해결하는 특성을 가지고 있다.

이러한 연대성과 공동적 행동은 대외적으로 주민운동으로 나타나게 되고, 대내적으로는 상호부조 활동으로 나타난다. 주민운동은 지역사회의 생활상의 문제해결이나 예방을 위해 필요한 제도의 마련이나 시설의 설치 등으로 나타나게 된다.

지역사회복지는 주민 개인의 사적 활동으로는 해결이 곤란한 생활상의 과제를 주민이 연대를 형성하고 공동의 행동을 통하여 해결하는 특성을 갖고 있다. 연대성과 공동성의 행동은 대외적으로 주민운동으로 나타나고, 대내적으로는 상호부조 활동으로 나타난다.

주민운동은 지역사회의 생활상의 문제해결이나 예방을 위해 필요한 제도 마련이나, 시설의 설치 등으로 나타나며, 상호부조활동은 주민 상호 간의 친목활동뿐 아니라, 클라이언트의 고립화를 방지하고, 대인관계의 왜곡화를 시정하는 등의 활동을 의미한다.

(4) 지역성

지역사회복지는 주민의 생활권역을 기초로 하여 전개되므로, 주민의 생활권역은 주민의 생활의 장과 동시에 사회참가의 장이 되기 때문에, 지역적 특성을 고려하지 않으면 안 된다. 주민의 기초적 생활권역은 물리적 거리뿐 아니라, 심리적 거리까지 포함하여 지역성을 파악해야 한다.

사회복지서비스의 이용측면에서 한정해서 보면, 지역적 권역은 가깝거나 작을수록 좋다. 그러나 서비스 제공체계의 효율성을 고려하지 않을 수 없으므로, 이용과 공급의 적절한 체계를 고려한 지역적 권역의 설정이 필요하다.

2. 지역사회복지실천의 이해

1) 지역사회복지실천의 개념

지역사회복지실천이란, 용어는 학자 간에 다양하게 정의하고 있어 명료하고 납득할 만한 개념규정을 찾기 힘들다. 기본적으로 '지역사회를 기반으로 하는 사회복지의 구체적 개입활동'이라는 의미를 바탕으로 하고 있다. 지역사회복지실천을 강조하게 된 이유는, 현대의 산업사회가 안고 있는 사회문제에 대해 과거의 자선적이고 비조직적인 노력으로는 대처하기 어려워서, 보다 과학적이고 조직적이고 계획적인 전문노력이 강조된 데서 비롯된 것이다. 최근 우리나라에서는 지역사회를 클라이언트로 보는 지역사회실천이 강조되고 있다.

사회복지실천은 사회복지사가 사회적 안녕상태를 이루기 위해 필요한 구체적 서비스가 요구되는 현장에서 실천에 옮기는 작업이라 할 수 있다. 사회복지사가 개인, 집단, 가족, 지역사회, 제도 및 사회적 수준에서 클라이언트가 스스로 문제와 욕구를 해결하도록 도와주어, 사회적 기능을 향상시키고 나아가서는 삶의 질을 높이는 데 목적을 둔 종합적 실천활동이다.

이러한 의미에서 지역사회복지실천은 사회복지실천을 기초로 지역사회 내에서 클라이언트의 의뢰, 지역사회자원의 사정, 클라이언트 지원체계의 개발, 클라이언트의 욕구충족을 위한 정책결정자에 대한 옹호활동 등 거시적 사회복지실천활동 및 직접적 서비스 제공과 관련된 모든 실천활동을 의미한다(김현호 외, 2017: 83).

지역사회복지실천의 개념은 지역사회에서의 삶의 기회와 선택의 기회를 제공하고, 인간으로서의 권리와 분배정의를 실현시키기 위해, 사회복지 전문영역에서 개입하는 활동들로, 이러한 개입의 내용은 기본적으로 개발(development), 조직화(organizing), 계획(planning), 진보적 변화(progressive change)로 구성될 수 있다(Weil, 2012).

지역사회복지실천의 개념 구성요소를 살펴보면 다음과 같다(전해황 외, 2016: 104~105).

① 지역사회를 대상으로 하는 사회복지실천을 의미한다.

② 지역사회수준의 지역사회집단, 조직과 제도, 지역주민 간의 관계 및 상호작용의 행동패턴을 변화시키는 실천기술의 적용이라고 할 수 있다.

③ 지역사회복지 달성이라는 목적을 위해 보다 구체적으로는 지역사회구성원이 공유하는 문제와 관련된 지역사회의 변화를 위해 요구되는 개입기술을 응용하고 활용한다.

④ 지역사회계획 및 서비스 통합, 지역주민의 조직화와 사회행동을 포괄하는 것으로서, 변화를 위한 직접적 개입활동에 초점을 두는 개념이다.

2) 지역사회복지실천의 가치

지역사회복지실천의 가치는 다양성 및 문화적 이해, 자기결정과 임파워먼트, 비판의식의 개발, 상호학습, 사회정의와 균등한 배분으로 설명할 수 있다. 그 내용은 다음과 같다(조추용 외, 2016: 103~105).

(1) 문화적 다양성의 이해

지역사회는 다양한 집단과 문화가 교류하면서 문화갈등과 문화변용을 겪는 장이다. 지역사회복지 활동에서는 전 지구적인 인구이동의 추세와 시대적 상황의 이해에 기반을 둔 문화적 역량을 모두 필요로 한다. 다양성에 대한 이해와 문화적 식견은 지역사회복지 실천가가 다양한 문화와 인간을 이해하고, 인간의 행동과 인간이 사회에 대해

행하는 기능을 파악하는 일과 관련을 맺는다.

문화적 다양성의 중요성을 인정하기 위하여 유네스코는 2001년 "세계문화다양성선언(문화적 표현의 다양성 보호와 증진을 위한 협약)"을 채택하였고, 2002년에는 5월 21일을 '세계문화다양성의 날'로 선포하였다. 문화다양성협약의 주요 내용은 문화상품의 독특한 성격을 인정하고, 각국이 문화정책을 수립할 자주권을 보장하고 있으며, 문화교류과정에서 일어날 수 있는 분쟁 해결절차를 제시하고 있고, 문화약소국에 대한 지원도 명시하고 있다.

(2) 자기결정과 임파워먼트

자기결정은 클라이언트가 전문가의 개입 여부를 결정하고, 개입의 방법과 그것이 가져올 결과 등에 대해서도 선택할 수 있도록 하는 것을 말하며, 임파워먼트는 대상자 집단이 의사결정에 참여하는 것을 매우 소중히 여기는 것을 말한다.

지역사회복지실천에서도 자기결정과 임파워먼트에 초점을 둔 실천은 지역사회 스스로가 환경을 이해하고 적절하게 선택하며, 그 선택에 대해 책임을 지고, 지역주민의 조직화와 옹호를 통해 자신의 삶의 위치에 영향을 줄 수 있도록 지역사회의 능력을 위해 노력한다.

지역사회복지활동에서 임파워먼트 실천의 활성화와 관련하여 교육, 실천, 연구를 연계한 상호보완, 유형의 다양성을 고려한 전문성 강화, 기존 사업과 임파워먼트 실천의 분별과 결합, 사업의 지속화와 수행기관의 다양화, 기관 및 사업제안서에 대한 합리적 평가, 가족형태 변화의 반영, 수행 기관의 안정화 노력 등을 제시하였다.

(3) 비판의식의 개발

비판의식의 개발은 억압을 조장하는 사회의 메커니즘을 인식하고, 그러한 사회구조 및 의사결정 과정을 주시하고 이해하는 것을 말한다. 나아가 서비스대상자들과 인식을 공유하여 그들의 비판의식을 제고하는 것을 말한다. 이는 지역사회현장의 조직과 집단에 대한 객관적 판단이나 평가, 관리능력에 관련되는 부분으로 이해할 수 있다.

(4) 상호학습

상호학습은 지역사회복지 실천가가 조직화 과정에서 파트너인 대상자 집단의 문화적 배경에 대해 적극적으로 배워야 한다는 것을 의미한다. 이것은 대상자 집단으로 하여금 클라이언트로서의 역할을 맡을 수 있도록 고무할 수 있어야 한다는 것을 말하는 것이다. 이 가치는 실천가와 대상자 집단이 사회변화의 과정에서 동등한 파트너라는 점을 시사하고 있다.

(5) 사회정의와 균등한 배분

정의는 모든 당사자의 이익을 공정하게 고려하여야 한다는 원칙이다. 사회정의와 균등한 배분의 가치는 사회복지의 핵심 가치로서, 사회정의와 균등한 자원분배에 대한 헌신은 지역사회복지 실천가가 억압적이거나 정의롭지 못한 사회현실을 변화시킬 책임을 포기하지 말아야 한다는 것을 의미한다.

지역사회에서 일어나는 문제나 갈등 해결과정에서 결과를 중시하는 실질적 정의는, 분배가 형평성 있고 공정하게 조정되는 수준을 의미하고, 형식에 관련된 절차적 정의는 대화와 협상을 통한 상호 간의 존중과 합의를 의미한다.

사회정의의 의미는 매우 상대적이지만, 여기에서는 공정성, 개인의 복지에 대한 집합적 책임의식, 이타심, 균등한 자원 · 기회 · 권리 · 혜택의 배분 등이 그 예가 될 수 있다.

3. 지역사회복지의 실천영역

1) 사회복지공동모금회

(1) 사회복지공동모금의 개념

사회복지공동모금이란, 지역사회주민의 복지욕구를 충족시키기 위하여 과학적이고 전문적인 모금캠페인을 통하여 사회복지에 필요한 자원을 공동으로 마련하여 모금액을 복지사업에 적절히 배분하는 활동이다. 사회복지 공동모금회법 제2조는 사회복지 공동모금을 사회복지사업, 기타 사회복지활동의 지원에 필요한 재원을 조성하기 위하여 기부금품을 모집하는 것으로 규정하고 있다.

사회복지공동모금은 공동모금을 통하여 사회복지에 대한 국민의식을 개선하고, 국민의 자발적인 성금으로 조성된 재원을 효율적이고 공정하게 관리 · 운용함으로써, 사회복지 증진에 이바지함을 목적으로 한다. 즉, 지역사회주민의 자발적인 참여를 통하여 지역사회주민의 자원봉사활동을 활성화하고, 개별 모금의 서비스가 상호 중복, 누락되는 것을 보완해 지역사회 자원배분의 합리성을 높이고, 창조적이고 수준 높은 사회복지 프로그램을 개발하는 데에 목적이 있다.

사회복지공동모금회(Community Chest of Korea)는 국민의 성금으로 마련된 재원을 효율적이고 공정하게 관리 · 운용하기 위해 설립된 사회복지법인을 말한다. 1994년 지방자치단체의 잘못된 성금모금과 사용을 막기 위하여 공무원의 모금행위 금지와 성금의 용도를 불우이웃사업에 한정하는 내용의 조례가 제정되고 「사회복지공동모금회법」이 개정됨에 따라, 1998년 11월 중앙과 전국 16개 시 · 도 지회의 통합 모금단체로 설립되었으며, 보건복지부장관의 지도 · 감독을 받는다.

공동모금회의 명칭은 시대마다, 국가마다 상이하게 사용되고 있다. 예를 들어, 미국, 캐나다, 호주에서는 'United Way'라는 명칭을 사용하고, 우리나라, 일본, 싱가포르는 'Community Chest'라고 호칭하고 있다. 기관연합모금회라는 폐쇄적인 멤버십 모델에 입각하여 모금이 이루어지는 미국의 United Way와는 달리, 우리나라의 사회복지공동모금회는 충족되지 않은 지역사회의 복지욕구에 대응하여, 복지수준 향상을 위해 민간자원을 동원하고, 배분하는 개방적인 모금과 배분체계를 가지고 있다(지은구 · 조성숙, 2012: 468).

(2) 사회복지공동모금회의 사업 내용

① 위기가정지원사업

위기가정이란, 실제 위기를 겪고 있지만 공공복지제도의 지원 기준에 부합하지 않

거나 여러 가지 이유로 복지서비스를 받지 못하는 가정을 말한다. 구체적으로,

가. 공과금 체납, 재해, 퇴거 위기로 주거가 불안한 가정
나. 실직, 질병, 재해 등으로 인한 소득중단 또는 급격한 감소로 생계가 곤란한 가정
다. 의료비 체납 또는 경제적 어려움으로 치료를 받지 못하는 가정
라. 제도적 지원을 받지 못하여 가족 해체 또는 생존의 위협에 노출된 가정
마. 기타 사례판정 결과 긴급지원이 필요하다고 인정한 가정

이러한 가정에 대하여 복지사각지대에 놓인 이웃을 보다 신속하고 정확하게 지원하기 위하여, 전국 415개 복지관에 위기가정지원센터를 설치하고, 이곳을 통해 급박한 도움을 필요로 하는 가정들에게 간단한 확인을 거쳐 신속한 지원을 받도록 하는 사업이다.

② 저소득층(재난적) 의료비 지원사업

중증질환이나 재난적 상황에 의한 질환으로 막대한 진료비로 인해 생계곤란의 위협에 놓여 있지만 소득·재산·부양자 등 지원기준에 부합하지 못해 정부지원을 받지 못하는 사람들을 지원하는 사업이다.

가. 대상 질환

– 중증질환 : 암, 심장, 뇌혈관, 중증화상
– 희귀난치성 질환 : 신부전증, 혈우병 등

나. 지원 대상

기본적으로 가구 소득이 기준중위소득의 100% 이하인 저소득 가구(의료급여 수급자·차상위 계층 당연 선정)를 지원대상으로 한다.

– 의료급여 수급자, 차상위 계층 : 선택진료비, 상급병실료(특실제외) 등 비급여를 포함한 1회 입원 진료비의 확정본인부담액이 '100만원 이상' 발생
– 기준중위소득 80% 이하 : 선택진료비, 상급병실료(특실제외) 등 비급여를 포함한 1회 입원 진료비의 확정본인부담액이 '200만원 이상' 발생
– 기준중위소득 80%초과 100% 이하 : 선택진료비, 상급병실료 등 비급여를 포함

한 환자 실제 본인부담액(지원금 등 제외)이 연간소득 대비 30% 이상인 경우 심의를 통해 지원여부 결정

③ 복지현안우선 지원사업

사회복지현장의 긴급한 문제 및 복지이슈에 신속하게 대응하기 위해 지원절차를 간소화하고 보다 바르게 복지사업을 지원하는 제도이다.

가. 사업 목적

−긴급한 사회문제 및 사회복지 이슈해결을 위한 민간복지영역 지원

−사회복지현장의 복지수요에 대한 신속한 대응체계 구축

−분절차 간소화와 적시적인 지원으로 배분사업의 효과성 제고

나. 사업 내용

사업 내용은 기관 또는 지역사회의 긴급하고 시급을 요하는 기능보강 및 단순프로그램 사업을 말한다.

다. 지원대상

지원대상은 복지사업 및 사회복지활동을 행하는 비영리 법인 · 기관 · 단체 및 시설이다. 사회복지공동모금회의 모금과 지원 내용은 다음과 같다.

〈표 10-1〉 사회복지공동모금회 모금과 지원

모금방법		지원사업	
개인모금 사업	아너 소사이어티, 직장인모금, 착한가게, 유산기부 캠페인, 희망자산나눔 등	신청사업	사회복지 증진을 위하여 자유주제 공모형태로 복지 사업을 신청 받아 배분하는 사업
기업모금 사업	맞춤형 기업 사회공헌, 공익연계 마케팅, 현물기부 등	기획사업	모금회가 그 주제를 정하여 배분하는 사업 또는 배분대상자로부터 제안 받은 내용 중에서 선정하여 배분하는 시범적이고 전문적인 사업
기타 모금사업	연합모금, 방송모금, 이벤트모금, 온라인모금, 모금함모금	긴급지원 사업	재난구호 및 긴급구호, 저소득층 응급지원 등 긴급히 지원해야 할 필요가 있는

모금방법		지원사업	
			경우에 배분하는 사업
		지정기탁 사업	사회복지 증진을 위하여 기부자가 기부금품의 배분지역 또는 사용용도를 지정한 경우 그 지정취지에 따라 배분하는 사업

2) 지역사회복지관

(1) 사회복지관의 개념

사회복지관(community welfare center)은 사회관(community center), 인보관(settlement house), 근린관(neighborhood center) 등으로 불린다. 그 기원은 영국의 사회복지법인 토인비 홀(Toynbee Hall), 미국의 헐 하우스(Hull House), 우리나라의 태화여자관이 개관된 데서 비롯된다.

사회복지관이란, 지역사회를 기반으로 일정한 시설과 전문 인력을 갖추고, 지역주민의 참여와 협력을 통하여 지역사회복지 문제를 예방하고 해결하기 위하여 종합적인 복지서비스를 제공하는 시설을 말한다. 여기서 지역사회복지란, 주민의 복지증진과 삶의 질 향상을 위하여 지역사회 차원에서 전개하는 사회복지를 말한다(보건복지부, 2017a: 7). 이 사회복지관의 기본적인 성격은 ① 자주성, ② 지역성, ③ 복지성, ④ 다목적성, ⑤ 전문적이다.

사회복지관은 사회복지서비스 욕구를 가지고 있는 모든 지역사회주민을 대상으로 보호서비스, 재가복지서비스, 자립능력 배양을 위한 교육훈련 등 그들이 필요로 하는 복지서비스를 제공하고, 가족기능 강화 및 주민 상호 간 연대감 조성을 통한 각종 지역사회문제를 예방 · 치료하는 종합적인 복지서비스 전달기구로서 지역사회주민의 복지증진을 위한 중심적 역할을 수행하여야 한다(보건복지부, 2017a: 7).

사회복지관의 정의는 다음과 같다(양정하 외, 2017: 204).

첫째, 지역을 근거로 하는 복지기관(community-based agency)이다. 즉, 사회복지관의 설립위치와 사업범위를 지역사회로 한정하고 있다는 것은, 지역적 근거에 기반을 두고 있어야 한다는 것이다.

둘째, 지역주민들의 욕구 및 문제를 파악하여 이에 필요한 서비스를 제공하는 직접 서비스 기관이다.

셋째, 사회복지사와 같은 전문인력의 확보를 통해 지역사회주민들의 복지 증진을 위한 전문적인 프로그램을 제공하는 복지시설이다.

(2) 사회복지관의 사업 내용

사회복지관에서는 저소득 취약계층과 지역주민에 대한 실질적인 사회복지서비스가 이루어질 수 있도록 각 사업을 유기적으로 연계하여 실시하여야 한다. 그 내용은 다음과 같다(보건복지부, 2017a: 13~15).

① 사회복지관 사업의 대상

사회복지관 사업의 대상은 사회복지서비스 욕구를 가지고 있는 모든 지역주민으로 한다. 다만, 다음 사항을 주민의 우선적인 사업대상으로 하여야 한다.

- 국민기초생활보장법에 따른 수급자 및 차상위계층
- 장애인, 노인, 한부모가족 및 다문화가족
- 직업 및 취업알선이 필요한 사람
- 보호와 교육이 필요한 유아 · 아동 및 청소년
- 그 밖에 사회복지관의 사회복지 서비스를 우선 제공할 필요가 있다고 인정되는 사람

② 사회복지관 사업의 내용

사회복지관은 지역사회의 특성과 지역주민의 복지욕구에 대한 조사결과를 바탕으로 사업내용을 자율적으로 결정하되, 다음 분야별 사업 및 내용 중에서 해당 사회복지관의 실정에 적합한 프로그램을 선정하여 수행한다. 다만, 관할 시장 · 군수 · 구청장이 지역적 특성을 감안하여 필요하다고 인정한 경우에는 예외사항을 두거나 별도의 사업

을 개발 · 추진할 수 있다. 사회복지관의 사업은 다음과 같다.

〈표 10-2〉 사회복지관 사업

기능	사업분야	사업 및 내용
사례관리 기능	사례발굴	지역 내 보호가 필요한 대상자 및 위기 개입대상자를 발굴하여 개입계획 수립
	사례개입	지역 내 보호가 필요한 대상자 및 위기 개입대상자의 문제와 욕구에 대한 맞춤형 서비스가 제공될 수 있도록 사례개입
	서비스 연계	사례개입에 필요한 지역 내 민간 및 공공의 가용자원과 서비스에 대한 정보제공 및 연계, 의뢰
서비스 제공 기능	가족기능 강화	1. 가족관계증진사업 : 가족원간의 의사소통을 원활히 하고 각자의 역할을 수행함으로써 이상적인 가족관계를 유지함과 동시에 가족의 능력을 개발 · 강화하는 사업 2. 가족기능보완사업 : 사회구조 변화로 부족한 가족기능, 특히 부모의 역할을 보완하기 위하여 주로 아동 · 청소년을 대상으로 실시되는 사업 3. 가정문제해결 · 치료사업 : 문제가 발생한 가족에 대한 진단 · 치료 · 사회복귀 지원사업 4. 부양가족지원사업 : 보호대상 가족을 돌보는 가족원의 부양부담을 줄여주고 관련 정보를 공유하는 등 부양가족 대상 지원사업 5. 다문화가정, 북한이탈주민 등 지역 내 이용자 특성을 반영한 사업
	지역사회 보호	1. 급식서비스 : 지역사회에 거주하는 요보호 노인이나 결식아동 등을 위한 식사제공 서비스 2. 보건의료서비스 : 노인, 장애인, 저소득층 등 재가복지사업대상자들을 위한 보건 · 의료 관련 서비스 3. 경제적 지원 : 경제적으로 어려운 지역사회 주민들을 대상으로 생활에 필요한 현금 및 물품 등을 지원하는 사업 4. 일상생활 지원 : 독립적인 생활능력이 떨어지는 요보호 대상자들이 시설이 아닌 지역사회에 거주하기 위해서 필요한 기초적인 일상생활 지원서비스 5. 정서서비스 : 지역사회에 거주하는 독거노인이나 소년소녀가장 등 부양가족이 없는 요보호대상자들을 위한 비물질적인 지원서비스 6. 일시보호서비스 : 독립적인 생활이 불가능한 노인이나 장애인 또는 일시적인 보호가 필요한 실직자 · 노숙자 등을 위한 보호서비스 7. 재가복지봉사서비스 : 가정에서 보호를 요하는 장애인, 노인, 소년 · 소녀가정, 한부모가족 등 가족기능이 취약한 저소득 소외계층과 국가유공자, 지역사회 내에서 재가복지봉사서비스를 원하는 사람에게 다양한 서비스 제공

기능	사업분야	사업 및 내용
	교육문화	1. 아동 · 청소년 사회교육 : 주거환경이 열악하여 가정에서 학습하기 곤란하거나 경제적 이유 등으로 학원 등 다른 기관의 활용이 어려운 아동 · 청소년에게 필요한 경우 학습 내용 등에 대하여 지도하거나 각종 기능 교육 2. 성인기능교실 : 기능습득을 목적으로 하는 성인사회교육사업사회복지관의 사업 3. 노인 여가 · 문화 : 노인은 대상으로 제공되는 각종 사회교육 및 취미교실 운영사업 4. 문화복지사업 : 일반주민을 위한 여가 · 오락프로그램, 문화 소외집단을 위한 문화프로그램, 그 밖에 각종 지역문화행사사업
	자활지원 등 기타	1. 직업기능훈련 : 소득층의 자립능력 배양과 가계소득에 기여할 수 있는 기능훈련을 실시하여 창업 또는 취업을 지원하는 사업 2. 취업알선 : 직업훈련 이수자 기타 취업희망자들을 대상으로 취업에 관한 정보제공 및 알선사업 3. 직업능력개발 : 근로의욕 및 동기가 낮은 주민의 취업욕구 증대와 재취업을 위한 심리 · 사회적인 지원프로그램 실시사업 4. 그 밖의 특화사업
지역 조직화 기능	복지 네트워크 구축	지역 내 복지기관 · 시설들과 네트워크를 구축함으로써 복지서비스 공급의 효율성을 제고하고, 사회복지관이 지역복지의 중심으로서의 역할을 강화하는 사업 -지역사회연계사업, 지역욕구조사, 실습지도
	주민조직화	주민이 지역사회 문제에 스스로 참여하고 공동체 의식을 갖도록 주민조직의 육성을 지원하고, 이러한 주민협력강화에 필요한 주민의식을 높이기 위한 교육을 실시하는 사업 -주민복지증진사업, 주민조직화 사업, 주민교육
	자원개발 및 관리	지역주민의 다양한 욕구 충족 및 문제해결을 위해 필요한 인력, 재원 등을 발굴하여 연계 및 지원하는 사업 -자원봉사자 개발 · 관리, 후원자 개발 · 관리

자료: 사회복지사업법 시행규칙 별표 3

3) 재가복지센터

(1) 재가복지서비스의 개념

재가복지서비스란, 사회복지관에서 교육이나 훈련을 받은 사람들이 클라이언트의 기능을 유지 · 강화 · 보호하기 위해 도움을 주는 것이며, 도움을 필요로 하는 사람들이 가정에서 도움을 받을 수 있도록 한 것으로, 가족기능의 약화된 부분을 보완하는 보충적인 서비스(supplementary service)를 말한다. 재가복지서비스는 노인, 장애인, 소년소녀가정, 한부모가정 등 도움이 필요한 클라이언트를 시설에 수용하지 않고 가정에 머물도록 하면서, 사회복지시설로 통원하게 하거나 가정봉사원을 가정으로 파견하여 서비스를 제공함으로써 이들의 기능을 유지 · 강화하고 나아가 자립을 돕는 방법이다(김수진 외, 2014: 346). 재가복지서비스는 시대적인 변천과 국민들의 사회복지 욕구의 변화에 따라 새로운 프로그램으로 대두되기 시작하였는데, 그 이유는 산업화와 핵가족화로 인해 가족부양에 한계가 왔기 때문이며, 종래의 시설복지서비스보다 비용이 적게 들고 많은 사람에게 혜택을 줄 수 있기 때문이다.

우리나라에서 사용되는 재가복지서비스의 개념은 지역사회보호와 재가보호의 개념이 혼합된 형태이면서 재가보호에 가까운 개념이다. 가족이라는 장을 중심으로 서비스를 제공한다는 점과 공공 및 민간 조직의 보호를 포함한다는 점에서, 지역사회보호와 재가보호의 개념이 일치하며, 우리나라의 재가복지서비스의 개념도 이러한 기준에 부합한다(오정수 · 류진석, 2017: 183).

그러면서도 우리나라의 재가복지서비스는 몇 가지 점에서 서구의 지역사회보호와 다른 점을 가진다.

첫째, 우리나라에서는 지금까지 공공조직에 의한 사회적 돌봄이 제공되지 않고 있다. 이것은 우리나라 재가복지서비스 전달체계가 공공복지서비스 전달체계의 부재 가운데 민간조직을 중심으로 형성되었기 때문이다.

둘째, 우리나라의 재가복지서비스는 가족주의의 전통에 따라 가족의 비공식 돌봄을 강조함으로써 앞서 분류한 사회적 돌봄의 형태 중 재가보호의 성격을 강하게 나타낸다.

셋째, 노인홈 또는 주간보호센터와 같은 가정과 유사한 환경의 조성과 이에 대한 지역사회 내에서 제공되는 다양한 서비스의 제공은 재가복지서비스의 개념에서 다루어지지 않고 있다. 이러한 점에서 다른 지역사회보호의 개념과 다소 차이를 두고 있다고 하겠다.

(2) 재가복지서비스의 사업 내용

2008년 7월 노인장기요양보험제도가 실시됨에 따라 기존의 노인재가복지시설로 되어 있던 가정봉사원파견시설, 주간보호시설, 단기보호시설의 명칭을 방문요양서비스, 방문목욕서비스, 주 · 야간보호서비스, 단기보호서비스 등 재가노인복지시설로 명칭을 통일하고 서비스 종류로 구분하는 것으로 변경되었다. 하지만 재가복지서비스의 3대 핵심 사업은 일부 명칭이 변경되었지만 노인 재가복지시설에서 제공하는 서비스라는 점은 변동되지 않았다.

전통적으로 재가복지서비스의 3대 핵심 사업은 주간보호사업, 단기보호사업, 가정봉사원 파견서비스로 분류하고 있다. 대체적으로 주간보호사업이나 단기보호사업의 서비스 내용은 비슷하다. 단지 단기보호사업이란, 단기간 동안 숙식을 제공하기 때문에 경우에 따라 24시간을 거주할 수 있는 시설과 인력이 필요하다.

① 주간보호사업

주간보호사업이란, 부득이한 사유로 가족의 보호를 받을 수 없는 노인을 낮 동안 시설에 입소시켜 필요한 서비스를 제공하는 사업을 말한다. 대표적 시설로는 일시보호시설, 탁노소 등이 있다. 영어로는 Day Care Center, Day Service Center라고 하며, 일본의 경우에도 비슷한 용어를 사용하고 있다. 우리말로 직역하면, 일시보호시설, 탁아소, 탁노소 등에 해당하나, 우리나라에서는 주간보호사업으로 사용하고 있다. '데이케어(day care)'라고 하는 용어는 사회복지 분야에서는 오래 전부터 사용되어왔다. 그 의미는 가정에서 통원을 중심으로 서비스를 제공받을 수 있는 시설을 말한다. 이에 해당하는 대표적인 시설이 보육시설, 즉 어린이집(탁아소)이라 할 수 있다.

우리나라의 주간보호사업은 1992년 서울의 한국노인복지회, 은천노인복지센터, 천사양로원 등에서 시작하였다. 1994년 부산의 남광사회복지재단, 애광원, 경기도의 신양원 등으로 확대 운영되고 있다. 현재는 노인 주야간보호서비스를 제공하는 시설만 전국적으로 800여 개소가 운영되고 있다.

주간보호사업의 목적은,

첫째, 가정에서만 생활하고 있는 허약한 노인 또는 장애노인에게 사회적으로 고립되어 있는 생활에서 벗어나, 자립생활과 심신의 기능이 저하되지 않도록 예방 및 원조하여 주는 데 있다.

둘째, 가정에서 노인을 부양하고 있는 보호자들의 수고와 노력을 덜어주는 데 있다.

② 단기보호사업

가. 단기보호서비스

단기보호서비스(short stay service)는 집에서 보호를 받고 있는 장애노인을 단기간 수용 · 보호하는 프로그램으로서, 부양 의무자가 병이나 여행 또는 개인적인 일로 보호를 할 수 없을 때 서비스를 제공하는 것을 말한다.

우리나라 단기보호는 1992년 대구, 인천, 광주, 충북, 전북, 전남 등의 실비양로시설이나 요양시설에서 시범적으로 운영되어 왔다. 현재는 단기보호사업을 노인입소시설에서 제공할 뿐만 아니라, 지역사회복지관, 노인복지관, 재가노인봉사센터 등 이용시설에서도 허약한 노인이나 심신장애노인을 대상으로 일시적으로 서비스를 제공하고 있다.

나. 서비스 내용

단기보호서비스의 내용은 다음과 같다.

- 안정과 휴양의 장소 제공
- 보호 · 감독의 서비스를 받을 수 있는 점
- 장애에 따른 사회적 고립을 예방할 수 있다는 점
- 각종 문제의 상담서비스
- 가벼운 질병이나 장애에 대한 의료재활서비스

③ 가정봉사원과 요양보호사 파견사업

가정봉사원 파견사업이란, 여러 가지로 도움이 필요한 노인, 장애인, 아동의 가정에 가정봉사원을 파견하여, 다양한 재가서비스를 제공하는 사업을 말한다. 가정봉사원은 영어의 home helper, home maker, home maker-home health aids 등이 번역 · 사용된 용어이다. 외국의 경우, 홈 헬퍼는 소정의 활동비를 지급받으면서 활동하는 유급을 의미하고 있다. 가정봉사원의 경우 유급과 무급으로 분류할 수 있다. 유급 가정봉사원이란, 가정봉사원에 참여한 시간에 대하여 활동비를 지급받으며 활동하는 자들을 말한다. 무급 가정봉사원이란, 무보수를 원칙으로 활동하는 자원봉사형 가정봉사원을 말한다.

우리나라의 가정봉사원 파견사업은 1987년 한국노인복지회에서 무의탁노인을 돕기 위해 처음으로 시작하였다. 1989년에는 서울시립노인종합복지관(북부와 남부 노인복지관)에서 무의탁노인을 위한 가정봉사원 파견사업을 실시하였다. 또한 같은 해에 노인복지법이 개정되어 가정봉사원 파견사업이 노인복지사업으로 규정되어 정부에서 보조금을 지원받을 수 있는 근거를 마련하였다. 1991년에는 한국사회복지협의회에서 지역복지봉사센터를 전국 15개 지부에 설치하면서, 자원봉사자를 모집하여 사회복지시설과 사회복지관에 육성 · 파견하는 사업을 시작하였다.

1992년에는 사회복지협의회 부설 지역복지봉사센터, 장애인복지관 부설과 종합사회복지관 부설에 141개소의 재가복지봉사센터가 설립되어, 가정봉사원 파견사업이 전국적으로 시작되었다. 1993년에는 노인복지법 개정으로 재가노인복지사업이 가정봉사원 파견사업과 주간보호사업 그리고 단기보호사업으로 확대되면서 노인복지사업의 핵심사업으로 발전되었다.

복지선진국의 경우, 그 나라의 사회복지서비스 수준은 가정봉사원의 수, 그리고 이에 투입되는 예산과 정비례한다고 해도 과언이 아닐 정도로 가정봉사원 파견사업의 중요성이 인식되고 있다.

2008년 7월부터 시작된 노인장기요양보험제도에 의해 시작된 요양보호사 제도는, 그동안 재가복지서비스 분야에서 활용되어오던 유급 가정봉사원 인력이 제도화된 것으로 볼 수 있다. 그러나 우리나라의 요양보호사 자격제도는 누구나가 너무나 쉽게 자격을 취득할 수 있도록 졸속으로 제도화하였다는 점에서 비판받아 마땅하다. 조금은 더 질적으로 전문성을 인정받을 수 있는 전문인력으로 제도화하였어야 했다. 최소한도 요양보호사 자격제도도 2급에서 1급 또는 3급에서 1급까지로 단계적으로 전문성을 인정받을 수 있는 자격제도로 제도화하지 못하고 있다. 즉, 전문 요양의 필요성 증대로 인해 전문가로서의 요양보호사를 양성할 필요가 있다.

4) 사회복지협의회

(1) 사회복지협의회의 개념

지방분권화 시대에 국가의 역할을 축소하고 민간의 역할을 강조하면서, 지역사회의 복지 증진과 서비스의 효율적인 전달을 위하여 지역사회를 중심으로 한 사회복지 관련 단체 및 시설들의 연합체가 중요해지고 있다. 사회복지 분야의 핵심적인 영역인 서비스의 연계 및 조정의 역할들이 하나의 단체 또는 하나의 기관을 넘어서서, 각 단체 및 기관들 간의 유기적인 협력 및 연계 그리고 조정의 범위로 확대되어, 지역주민들의 복지 향상을 위하여 효과적으로 운영되도록 하는 대표적인 지역사회조직이 사회복지협의회라고 볼 수 있다(양정하 외, 2017: 245).

사회복지협의회는 시대와 상황에 따라 다양하게 정의될 수 있다.

던햄(A. Dunham)에 따르면, 사회복지협의회는 보건과 복지에 관한 지역사회 문제 해결에 필요한 계획을 수립하고 사업을 실행함에 있어서 주민의 관심과 전문가의 기술을 결합시키는 지역주민과 사회기관들의 연합체(association)이다. 여기서 사회기관들의 연합체는 지역사회 내 사회복지시설, 사회복지에 관심을 가지는 민간단체나 개인의 연합체 또는 협회를 말한다. 이 협의회의 1차적 목적은 지역사회 주민의 욕구와 문제에 대응하며 복지, 보건 및 여가에 대한 계획과 조정을 하는 것으로 지역사회조직의 대표적인 기관이다(Dunham, 1970).

일반적으로 사회복지협의회는 지역사회조직이론에 의해 조직된 단체로서 지역사회 복지사업을 추진하는 기관이고, 직접적인 지원보다는 기획, 연구, 조사 등의 간접적인 서비스를 제공하는 지원기관이다. 즉, 지역사회 내의 자원 동원과 활용을 위해서 지역사회 내의 여러 기관 및 시설과 개인을 조정 · 협의해 나가는 민간단체의 협의체라고 개념을 설명하였다.

사회복지협의회의 특성을 살펴보면 다음과 같다(우수명 외, 2017: 229).

① 협의회는 지역주민과 지역 내 사회복지기관 및 여러 조직들에 의해 구성된다.

② 협의회는 지역사회의 복지 과제를 해결하기 위해 지역주민의 복지활동을 조직화

한다. 또한 합의된 복지사회 목표를 지향할 수 있도록 상호 간의 협의 · 조정을 통해 구체적인 사업계획 및 사회운동을 전개하는 기관이다.

③ 협의회는 민간사회복지의 대표성을 지닌 기관으로서 자율성과 독립성을 갖추어야 하며, 지역사회복지의 중간 집단으로서 정체성을 확보하고 지역 내의 문제 및 욕구를 충족시키기 위해 지역 내 인적 · 물적 자원을 동원하고 서비스를 조정하는 기관이다.

한국사회복지협의회는 사회복지사업법 제33조와 동법 시행령 제12조에 의거, 설립된 사회복지 공익법인으로서, 민간 사회복지 증진을 위한 협의조정, 정책개발, 조사연구 교육훈련, 자원봉사활동의 진흥, 정보화 사업, 사회적 취약계층을 위한 사업 수행을 통해 우리나라의 사회복지 증진과 발전에 기여하고 있다.

이러한 한국사회복지협의회의 설립목적은 사회복지에 관한 조사 · 연구와 각종 복지사업을 조성하고, 각종 사회복지 사업과 활동을 조직적으로 협의 · 조정하며, 사회복지에 대한 국민의 참여를 촉진시킴으로써 우리나라의 사회복지증진과 발전에 기여하는데 그 목적이 있다.

(2) 주요 사업

한국사회복지협의회의 주요 사업은 다음과 같다.

- 사회복지에 관한 조사 · 연구 및 정책 건의
- 사회복지 관련 기관 · 단체 간의 연계 · 협력 · 조정
- 사회복지 소외계층 발굴 및 민간사회복지자원과의 연계 · 협력
- 사회복지 종사자에 대한 교육훈련, 복지증진
- 사회복지에 관한 자료수집, 각종 간행물 발간 및 홍보
- 시 · 도 및 시 · 군 · 구 사회복지협의회 업무지원 및 협력증진
- 국제사회복지단체와의 교류협력
- 자원봉사활동의 진흥

–사회복지 자원개발 및 정보화사업의 진흥
–식품자원 기부촉진 기반조성
–사랑나눔실천 '1인1나눔계좌갖기운동' 전개
–소아암 · 백혈병 및 희귀난치성 질환 환아 진료비지원 사업
–사회공헌 문화 주도 및 종합정보 제공
–보건복지부장관이 위탁하는 사회복지에 관한 업무 등

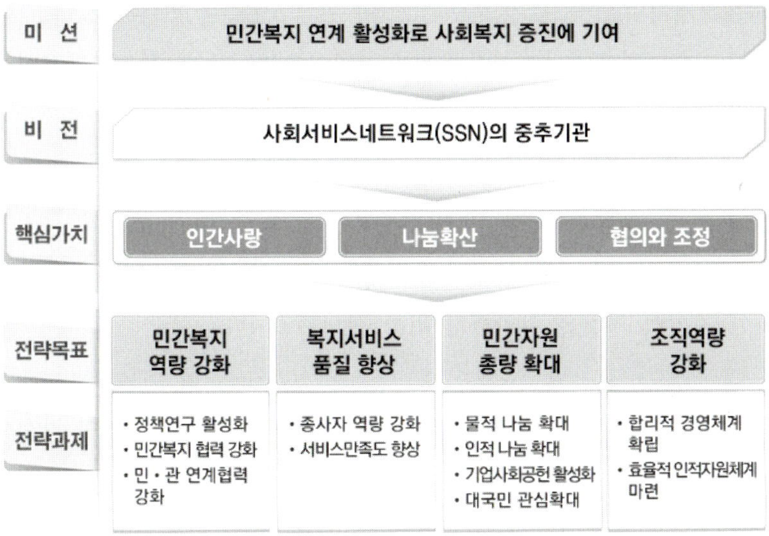

자료: http://kncsw.bokji.net

[그림 10-1] 한국사회복지협의회의 업무추진도

5) 지역사회보장협의체

(1) 지역사회보장협의체의 개념

지역사회보장협의체는 지역사회의 복지향상을 위해 구성 · 운영하는 공공과 민간, 그리고 주민과 학계 전문가가 참여하는 협의 구조이며, 지역사회의 강점을 살리면서 지역사회 복지를 현실화하는 토대이다. 지역사회복지와 관련하여 다양한 관계자들의

민주적 의견수렴 채널을 구조화하고, 이를 통하여 복지자원의 확충, 효율화, 서비스 간 연계를 도모하여, 서비스 대상자의 욕구 충족 및 문제해결을 위한 지역의 역량을 강화한다(유동철 · 홍재봉, 2017: 254).

이와 관련해서 보건복지부의 정의를 세 가지 측면에서 정리해보면 다음과 같다.

첫째, 지역사회보장협의체는 민 · 관 파트너십을 통하여 지방자치단체와 민간복지 관련기관, 단체와 주민이 함께 주체가 되어 지역의 주요한 복지사안에 대해 협의하는 기구이다.

둘째, 사회복지서비스 및 보건의료서비스의 연계 · 협력을 바탕으로 하는 이용자 중심의 서비스 전달체계 구축, 지역사회복지 자원의 개발 및 지역사회 보장계획을 심의하는 기구이다.

셋째, 지역사회 보장협의체는 지역사회의 복지향상을 위하여 구성 · 운영되는 것으로써, 공공과 민간 그리고 주민과 학계 전문가가 함께 참여하여 지역의 복지자원을 확충하고 효율화하며, 서비스 간 연계를 도모하여 서비스 대상자의 욕구 충족 및 문제해결을 위하여 지역의 역량을 강화하기 위한 협의구조이다.

지역사회보장협의체는 지역 내의 다양한 주체들이 참여하여, 지역의 강점을 살리고 지역의 역량을 모으고 연계하는 등의 활동을 전개하는 중요한 역할을 맡고 있다. 이에 대한 주도적 책임은 공공에서 맡고 있는데, 기초자치단체의 의지와 역량, 지역사회의 참여 정도에 따라 활동에 있어서는 상당한 차이를 보이고 있다.

(2) 사회보장협의체의 사업 내용

지역사회보장협의체의 주요사업은 지역사회보장계획 수립에 참여하고 심의하는 것과 지역별 복지시책을 개발하는 것, 그리고 사회복지 · 보건의료 등 관련부문 간 서비스 연계 사업을 주관하는 것에 있다.

지역사회보장계획 수립 · 진행 · 평가과정에 대한 참여(심의)는 지역사회보장협의체가 직접 실시할 경우는 지역사회보장계획 수립 전반에 관한 방향, 일정, 내용(복지욕구 및 자원조사 등)을 포함한 계획안 등을 작성한다. 그런데 시 · 군 · 구에서 용역기관에 의뢰할 경우는 지역사회보장계획 수립 등 과정에 적극적으로 참여하고, 용역기관 관계자와의 긴밀한 간담회를 통해 복지계획에 포함될 지역주민 욕구 등 참여자로 적극 참여하여 의견을 개진한다. 마지막으로, 각 시설 · 기관 및 관계전문가가 참여하는 지역복지분과(팀)를 구성하여 지역복지욕구 및 자원조사를 통해서 지역복지계획을 작성하고 집행 · 평가의 과정에 참여한다.

지역별 복지시책 개발사업에 있어서는 지역사회보장협의체가 지역복지의 욕구를 감안하여 가급적 지역사회 내 다수의 시설 · 단체의 참여가 필요한 사업을 기획사업으로 개발하되, 지역주민 참여기회가 부여되도록 한다. 그리고 지역사회보장협의체는 사회복지-보건의료 등 관련 부문 간 서비스 연계사업을 주관한다. 지역사회보장협의체의 주요 사업은 다음과 같다.

〈표 10-3〉 지역사회보장협의체의 주요 사업

구분	내용
복지정책 · 시책 개발 및 건의	복지정책과 관할지역 안의 사회복지에 관한 시책을 개발 · 건의함.
지역사회복지 계획 수립	지역사회보장계획 수립 및 평가와 관련한 전반적인 절차에 참여하며 실행과정을 모니터링함.
역량강화 및 서비스 연계, 조정	-연찬회, 정책토론회, 세미나, 워크숍, 교육사업, 지역사회 통합을 위한 각종 사업 및 역량강화 사업 등 -지역 내 잠재되어 있는 인적 · 물적 복지자원을 발굴하고, 서비스 제공 기관 간 연계 · 협력을 통해 서비스제공의 중복과 누락을 방지 -분과사업의 원칙 등을 세우고 사례관리 등 영역별 지원사업을 수행 -지역자원을 총괄정리하며 연계 가능 범주 등을 제시 -서비스 통합을 통한 지역사회 연대 기능을 활성화하고, 조직화시키기 위한 지역에 맞는 다양한 사업개발과 논의과정이 필요 -지역사회에 제공되는 복지서비스에 대한 주민만족도 조사에 관한 사업

자료: 유동철 · 홍재봉(2017: 258~259).

연 습 문 제

1. 일반적으로 지역사회복지라는 용어의 시작은?

① 고대 그리스 로마시대　② 중세시대
③ 종교개혁시대　④ 근세
⑤ 20세기 이후

2. 인보관에 관한 설명으로 옳지 않은 것은?

① 세계 최초 인보관은 영국의 토인비 홀이다.
② 일본의 인보관은 간다(神田)의 킹스레이관에서 시작되었다.
③ 우애방문 활동을 중심으로 전개하였다.
④ 주요 이념은 자유주의, 급진주의이다.
⑤ 빈곤문제 해결을 위하여 환경에 관심을 갖고 접근하였다.

3. 청소년 비행, 불량주택, 실업자 등과 같은 사회문제 해결에 역점을 두는 지역사회복지 실천모델은?

① 사회계획모델　② 지역사회개발모델
③ 사회행동모델　④ 사회운동모델
⑤ 지역사회연계모델

4. 학교 주변의 유흥업소의 이전을 바라는 서명운동을 할 경우 사회복지사의 역할은?

① 옹호자　② 조직가
③ 조력가　④ 행동가
⑤ 협상가

5. 지역사회복지 전달체계의 기능이 아닌 것은?

① 초입기능　② 책임기능
③ 조정기능　④ 서비스 제공기능
⑤ 계획 및 통제기능

정답　1. ⑤　2. ③　3. ①　4. ⑤　5. ③

PART 3

사회복지학의 응용

CHAPTER 11

생애주기복지

학습목표

1. 생애주기 내용 숙지
2. 생애주기와 복지의 연관성 파악
3. 복지 case study

학습내용

1. 아동복지
2. 청소년복지
3. 노인복지

개 요

일반적으로 생애주기는 8단계로 구분할 수 있다. 생애주기는 태내기, 영아기, 유아기, 아동기, 청소년기, 성인기, 중년기, 노년기로 구분할 수 있다. 따라서, 각 단계별로 차별화된 복지가 필요하며, 이를 위해서는 사례연구가 선행되어야 한다. 본 장에서는 아동기, 청소년기, 노년기를 중심으로 각 단계별 복지 내용을 학습하고자 한다.

11 CHAPTER

생 애 주 기 복 지

1. 아동복지

1) 아동복지의 개념

아동복지는 '아동'과 '복지'라는 두 용어의 합성어로서, 영어로는 'child welfare'로 표기된다. 어원적인 측면에서 아동복지란, '아동이 편안히 잘 지내는 상태'를 뜻한다. 그러나 아동이 편안히 잘 지내는 상태가 어떤 것이냐에 대한 정의, 즉 아동복지에 대한 정의는 학자마다 다르다.

미국의 대표적인 아동복지학자인 카두신(Kadushin, 1974)은 미국아동연맹의 정의를 기초로 아동복지를 잔여적 의미의 사회적 서비스의 한 형태로 정의한다. 즉, 아동복지는 부모가 아동양육의 책임을 충족시킬 수 없거나, 또는 그 지역사회가 아동과 가족이 요구하는 보호와 자원을 제공할 수 없을 때, 아동이나 청소년에 대하여 제공되는 사회적 서비스와 관련 있다고 하였다. 따라서, 아동복지서비스는 부모가 그 역할 수행에 어려움을 겪고 있는 기능들을 지지 · 보조 또는 대리하거나, 현존의 사회제도를 수정하거나, 새로운 제도를 조직함으로써, 아동과 그 가족의 조건을 향상시키는 것을 목표로 한다는 것이다.

사회적 · 경제적 활동으로서의 아동복지를 강조한 프리들랜더와 앱트(Friedlander & Apte, 1974)는 "아동복지는 빈곤, 방치, 유기, 질병, 결함 등을 지닌 아동 또는 환경에 적응하지 못하는 비행아동에게만 관심을 두는 것이 아니라, 모든 아동이 신체적 · 지적 · 정서적 발달에서 안전하며 행복할 수 있도록 위험으로부터 보호하기 위하여 공공과 민간의 기관에서 실시하는 사회적 · 경제적 · 보건적 제반활동을 의미한다."고 정의하고 있다.

미국 『사회사업연감』(*Social Year Work Book*, 1960)에서는 아동복지의 행동이나 활동 분야에 초점을 둔 정의를 제시한다. 즉, 행동 분야로서의 아동복지는 아동이 행복하게 살며, 그들의 생활에서 잠재력을 최대한 발휘할 수 있는 건강하고 건전한 개인으로 성장 · 발달할 수 있도록 함을 목적으로 하는 광범위한 활동을 포함한다. 또한 아동복지는 가정생활을 유지 · 강화하면서 건전한 아동발달을 가져올 수 있는 지역사회생활을 영위하게 하는 데 관심이 있다.

마이어(Meyer, 1985)는 아동복지를 지속적인 사회체계의 하나로, 아동의 복지를 증진시키기 위한 사회제도이자 하나의 전문직으로서 사회사업의 한 분야로 정의하면서, 사회사업 전문직의 한 분야로 아동복지를 강조한다.

이와 같은 아동복지에 관한 정의들은 가족의 기능을 보충하는 잔여적 의미의 개념(카두신의 정의), 서비스의 개념(프리들랜더와 앱트의 정의), 활동분야의 개념(『사회사업연감』의 정의), 사회체계 및 독립된 사회제도로서의 개념(마이어와 우리나라 사회복지사전의 정의)을 내포하고 있음을 알 수 있다. 현대사회에서 복지는 가족이나 시장경제의 역할에 부수적인 잔여적 개념이 아니라, 다른 사회제도와 동등한 위치의 독립된 사회제도적 의미로 받아들이는 것이 일반적인 추세다. 따라서, 제도적 관점에서 아동복지를 정의하고, 아울러 사회체계 및 서비스의 관점에서 아동복지에 대한 정의를 제시하고자 한다.

사회제도란, 사회구성원의 기본적인 욕구를 충족시키며 여러 가지 활동을 가능하게 하는 관습화되고 공식화된 방법과 절차를 의미한다. 그리고 하나의 제도로서 사회복지가 수행하는 기능은 사회구성원 간에 서로 도와주는 상호부조(mutual support)의 기능이다. 이러한 사회제도적인 측면에서 아동복지를 정의하면, 아동복지란 사회구성원으로서 아동의 기본적인 욕구를 충족시키고 건전한 성장과 발달을 도모하기 위하여 여러 가지 활동을 가능하게 하는 공적인 방법과 절차라고 할 수 있다. 여기에서 공적인 방법과 절차에는 아동복지와 관련된 법령, 공공과 민간의 조직, 사회복지 전문직과 같이 제도화된 실천방법 등이 포함된다.

사회체계적 관점에서 아동복지는 사회체계의 한 하위체계로 간주된다. 복지의 기초이론인 생태체계론에 따르면, 인간의 생활환경은 다양한 체계로 구성되어 있으며, 복지의 대상인 인간조직도 다양한 하위체계로 구성된다. 복지 역시 하나의 체계이며, 아동복지는 복지의 하위체계로서 정치 · 경제 · 사회 · 문화 · 교육 등의 인접 체계와 끊임없이 상호작용하고 영향을 주고받으며 변화한다.

서비스의 관점에서 아동복지는 아동을 실천대상으로 하는 프로그램과 서비스를 포함한다. 이러한 프로그램과 서비스에는 소득 보장, 영유아 보육, 입양, 가정위탁, 시설보호, 재가복지, 강제보호서비스, 학교사회 복지서비스 등이 포함된다. 이러한 아동복지서비스는 공적 · 사적인 자원과 인력을 바탕으로 수행된다.

한편, 우리나라의 『사회복지용어사전』(2009)에 따르면, 아동복지란 아동의 건강한 삶을 보장하기 위한 국가와 사회 그리고 민간단체의 다양한 노력들, 즉 법과 정책 그리고 행정뿐 아니라 전문가에 의한 구체적인 서비스를 총칭하는 말이다. 현대의 아동복지라는 용어는 보다 넓은 의미를 가지는 것으로, 아동의 신체적 · 인지적 · 정서적 발달에 관하여 모든 아동의 복지를 지키며 보호하고자 하는 공사단체의 사회적 · 경제적 · 보건적 활동과 일체를 이루는 것이라고 정의하고 있다. 따라서, 현재 우리나라에서는 제도적이며 보편적 서비스로서의 복지의 개념이 아동복지의 일반적 정의로 수용되고 있다(이순형 외, 2013: 16~18).

2) 아동복지의 필요성

과거에 아동은 권리가 거의 없고 의무만을 지닌 '성인 축소판(miniature adult)'으로 여겨졌지만, 현대에 와서 아동은 성인과 다른 아동만의 독자적 발달 특성에 따른 특별한 관심과 보호가 필요한 존재로 인식되고 있다. 이는 아동에 관한 과학적 연구를 촉발했고, 아동복지의 필요성을 확인시켰다.

인구사회학적 변화도 아동복지에 대한 사회적 책임 강화의 필요성을 대두시켰다. 최근 우리 사회의 저출산 · 고령화는 생산가능인구의 감소와 평균노동연령의 상승, 저축, 소비, 투자 위축 등으로 연결되어 경기를 침체시키고, 국가경쟁력을 약화할 수 있으므로, 출산율을 높이는 아동복지 정책이 필요해졌다.

우리나라는 세계적으로 매우 낮은 수준의 출산율을 기록하고 있는데, 이는 자녀 양육 부담이 큰 사회 현실 때문이라고 할 수 있다. 여성의 경제활동 참여가 많아지고 가족 규모가 작아지면서 가정의 돌봄 기능이 축소되었지만, 공보육 제도가 보편화되어 있지 않은 상황에서 가정의 자녀 양육부담은 더 커졌고, 이에 따라 자녀 양육부담을 덜 수 있는 보육정책 마련이 시급해졌다.

경제적 변화도 아동의 삶에 큰 영향을 미친다. '신자유주의(neoliberalism)'를 표방한 '세계화'(globalization)로 개인 빈곤 격차는 더욱 벌어졌다. 우리나라는 1990년대 이전까지 고성장을 유지해 왔지만, 1997년 IMF(International Monetary Fund) 구조조정 이후 다양한 사회문제가 드러났다. 즉, 실업률이 높아졌고, 노동시장 유연화로 일용직과 임시노동자 수가 늘었으며, 소득 양극화가 심화되었다. 사회안전망이 부재한 상태에서 고용불안과 실업은 개인 삶의 질을 급속히 하락시켰고, 경제위기 극복과정에서 나타난 부정적 영향은 대부분 저소득 · 취약계층에 집중되었다. 정부는 사회복지지출을 늘리고 사회안전망 구축을 위한 대책을 마련했지만, 사후처방적이고 소극적인 개입은 빈곤문제를 해결하지 못하였으며, 가족 빈곤은 아동의 건강한 성장을 저해하는 위기요인이 되므로, 이에 대한 아동복지 대책이 필요해졌다.

한편, 최근에는 이혼과 사별 등 가족해체로 한부모가족이 증가했으며, 재혼가정과 입양가정, 위탁가정, 다문화가정 등 새로운 형태의 가족도 나타났다. 이혼은 아동 양육의 책임과 역할을 모호하게 하고 자녀의 안정된 삶을 위협할 뿐 아니라, 정서적 문제를 일으킬 수 있다. 새롭게 구성된 가족인 재혼가정과 입양가정, 위탁가정은 가족구성원 변동에 따른 혼란과 적응 부담이 크고, 다문화가정 역시 문화 차이에 따른 어려움을 겪을 수 있다. 가정의 유형이 다양화하면서 아동복지와 관련된 문제가 더욱 복잡해지고 욕구는 다양해졌으며, 이에 따라 아동복지의 영역과 대상도 확대되고 있다(노혜련 외, 2015: 16~18).

3) 아동복지 대상

아동복지의 대상은 모든 아동이다. 모든 아동들은 같은 환경 속에서 성장하는 것이 아니고, 아동마다 저마다의 성격적 특성과 능력 및 욕구가 있다. 아동복지는 각기 다양한 상황과 속성을 가진 아동들의 개별적인 욕구들을 충족시켜 주어야 하며, 한편으로 아동 대다수가 지니고 있는 문제들을 해결해 주어야 한다. 따라서, 아동복지 서비스가 보다 현실성 있게 실현되기 위해서 아동복지의 대상 아동들을 어떻게 분류하고 정의하는가가 중요하다.

일반적으로 행정주의 편의상 아동복지 서비스의 대상을 보호대상아동과 일반아동으로 구분한다. 그러나 모든 아동은 부모의 보호를 필요로 하는 미성숙한 존재이기 때문에 부모가 아동복지 대상에 포함되어야 한다. 과거 아동복지의 주요 대상은 보호필요아동이었으나, 현대에 와서는 보편적 서비스로 일반아동을 포함하고 있다. 보호필요아동이나 일반아동 모두 부모의 보호와 양육을 통해 비로소 건강한 성장과 발달이 가능하다는 점에서, 아동복지는 보호필요아동이나 일반아동뿐 아니라, 아동의 부모도 복지의 대상에 포함시켜야 한다. 따라서, 아동복지 서비스는 아동을 직접 대상으로 할 뿐만 아니라 그 부모를 대상으로 실시하기도 한다. 즉, 아동복지의 대상은 보호대상아동과 일반아동, 그리고 부모라고 할 수 있다. 아동복지 대상은 다음과 같다(한성심·송주미, 2014: 78~81).

(1) 보호대상아동

① 가정환경상의 문제를 지닌 보호대상아동

모든 아동은 자기가 태어난 가정에서 부모의 사랑을 받으며, 건강하게 자라는 것이 가장 바람직하다. 그러나 여러 가지 이유로 인해 가정환경이 양육의 기능을 충분하게 수행할 수 없을 경우 아동과 그 가족은 보호를 받아야 한다. 이러한 가정의 형태로는 빈곤가정, 결손 및 부모부재 가정, 병리가정 등이 있다.

가. 빈곤가정

빈곤가정은 최저생계비 미만의 저소득으로 인하여 아동의 성장과 발달에 필요한 영양, 보건, 교육 등의 기회가 결핍되거나 박탈당한 경우를 초래하므로 아동양육상 많은 어려움을 겪는다. 빈곤가정의 부모 역시 자녀의 양육은 물론 자신의 삶을 영위하는 데 있어 좌절과 불만족을 경험하고 있다. 우리나라의 경우 빈곤가정을 위한 사회보장제도가 있으나, 이들 가정의 아동에 대한 구체적인 대책은 없는 실정이다. 국가의 경제력이 향상되었다 하더라도, 빈곤가정은 여전히 존재하고 있으며, 이들의 자녀양육 환경은 지속적이고 신속한 대책이 필요하다.

나. 결손 및 부재 가정

결손가정이란, 이혼 또는 사망으로 인하여 부모의 일방 또는 쌍방이 없는 가정이며, 부재가정이란 해외 취업 또는 교도소 복역, 질병 등으로 인한 장기입원 등으로 인해 부모 중 한 쪽이 장기간 동거하지 않는 가정을 말한다. 부모와 함께 동거하더라도 부모의 역할을 제대로 수행하지 않는다면, 넓은 의미의 부모부재가정이라고 할 수 있다. 결손가정과 부재가정의 아동은 일반가정의 아동보다 욕구불만, 정서불안에 빠지기 쉬우며 한부모의 지나친 애정이나 무관심으로 인해 성격적 결함이 생길 가능성이 있다. 가족구조상의 결손은 그 기능상의 변화를 가져오게 하여 가족으로서의 제 역할을 감당하기 어려운 상황이 종종 발생하게 된다. 현대 가족의 특징 중 하나인 가족해체 현상의 증가와 더불어 결손 및 부재 가정 아동의 수가 점차 증가함을 고려한다면 이들에 대한 올바른 이해와 대책이 시급하다.

다. 병리가정

병리가정은 문제가정이라 불리기도 하는데, 사회집단으로서의 가족조직이 약화되고 기능상의 장애를 일으키는 가족을 말한다. 병리가족은 가족의 구조적인 결손이 없음에도 불구하고, 가족관계의 갈등으로 인해 혹은 역기능적인 가족구조로 인해 가족구성원 상호 간의 역할수행이 바람직하지 못하게 이루어지며, 부적응과 부조화를 경험하게 되고, 가족의 해체를 불러오기도 한다. 이러한 병리적 가족의 형태로는 부부갈등, 별거 및 이혼으로 인한 문제, 유기, 학대 등이 있으며, 아동의 성장과 발달에 매우 치명적이고 부정적인 영향을 주게 된다.

② 발달상의 장애를 지닌 보호대상아동

장애아동이란, 선천적이든 후천적이든 신체적 · 정신적 능력의 결여 때문에 개인 또는 사회생활에 필요한 것을 스스로 확보할 수 없는 아동을 말하는데, 신체장애아동, 정서장애아동, 정신지체아동 등이 있다. 장애를 지닌 아동은 본인의 장애와 관련된 의료적 처지는 물론 사회의 구성원으로 어울려 살아가기 위해서는 적절한 교육과 훈련이 필요하다. 이를 위해서는 관련 정책을 통해 장애아동과 그 가족이 무료 또는 최소한의 비용으로 치료와 교육을 받을 수 있고, 가정에서 장애아동을 적절히 돌볼 수 있도록 경제적 지원을 해야 할 것이며, 교육기관, 의료기관, 상담기관 등을 통해 전문적 서비스가 제공되어야 할 것이다.

③ 사회적·법적 보호가 필요한 아동

가정환경상의 문제를 지닌 아동과 장애아동 역시 법적 · 제도적 대책을 필요로 한다. 그러나 문제의 특성상 사회적 · 법적 보호의 대책이 무엇보다 중요시되는 아동의 상황은 가출 및 비행아동, 미혼모와 그 자녀 등이다. 미혼모와 그 자녀 특히 10대 미혼모의 증가는 커다란 사회문제로 자리잡고 있으며, 입양 대상 아동의 대부분을 차지하게 된다. 따라서, 미혼모와 그 자녀를 위한 법률상담, 의료혜택, 직업 및 교육상담, 생계비 보호, 정서적 문제를 해결하도록 돕기 위한 심리치료 서비스 등이 제공되어야 한다. 가출 혹은 비행아동들은 법적인 문제해결과 상담서비스가 요구되므로, 우선적으로 법과 사회적 보호의 차원에서 보호를 받아야 한다. 소년원이나 소년교도소 등의 법 집행기관들은 비행아동의 선도 및 교화를 위한 양질의 복지서비스를 개발하여야 하며, 비행아동들의 반복비행을 예방하기 위한 다양한 대책이 마련되어야 한다.

(2) 일반아동

일반아동은 특별한 보호가 필요하지 않은 일반 가정의 아동을 말한다. 그러나 아동복지의 궁극적 목표가 모든 아동들의 보다 행복한 생활의 보장이라고 한다면, 보호대상아동 외에 일반아동에 대해서도 관심을 두지 않으면 안 된다. 일반아동은 잠재적으로 문제를 표출할 가능성이 있는 아동이기도 하고, 또한 그들의 생활이 이상적인 상태에 있다고도 볼 수 없기 때문이다. 단지 현재 뚜렷한 문제를 지니지 않고 있다는 것이지 그들의 기본적인 욕구가 모두 충족되어 있다고 할 수 없다. 따라서, 아동으로서의 기본적인 욕구를 충족시킬 수 있는 권리보장을 위해 부모와 사회는 지속적으로 노력하여야 한다. 아동들이 가지게 될 문제를 예방하기 위해 노력하여야 하고, 아동집단의 권리보호를 위해 환경을 감시하고 바로잡아야 하며, 아동의 이익을 대변하는 전문가집단의 요구에 귀 기울여야 하고, 아동들을 위한 제도적 장치를 확립하여야 하며, 아동에 대한 인식과 아동관을 새로이 하여 아동들도 사회의 구성원으로 당당하게 살아갈 수 있는 사회를 만들어야 한다.

아동의 환경 중 1차적이면서 가장 중요한 환경은 부모이다. 부모는 아동복지에서 아동 외에 가장 먼저 관심을 두어야 하는 복지의 대상이다. 따라서, 아동의 행복을 보장하기 위해서는 부모로서 자녀양육의 책임에 대한 준비 및 이를 위한 상담과 지도 프로그램을 모든 계층의 부모에게 제공해야 한다. 부모교육은 아동을 건전하게 키우기 위한 부모들에 대한 교육으로서 아동발달의 이해, 자녀와의 대화기법, 부모역할과 가정환경의 중요성 등을 주지시켜 자녀양육에 도움이 되도록 하는 데 목적이 있다. 즉, 부모로서 갖추어야 할 지식과 기술에 대한 교육을 통해, 아동은 물론 부모 자신의 성장에도 도움을 줄 수 있어야 한다. 부모를 통한 아동복지의 실현은 곧 아동욕구 및 문제의 해결인 것이다.

2. 청소년복지

1) 청소년의 개념

역사적으로 청소년이란 용어가 등장하기 시작한 것은 산업화 이후이다. 이 용어는 산업혁명과 더불어 의무교육이 실시됨으로써, 인간의 발달단계에서 청소년기를 고유한 발달시기로 인식하게 하는 데 결정적인 영향을 미쳤다. 산업화는 기본적으로 교육받은 노동력이 요구되었으며, 학교교육의 의무화는 청소년들이 노동시장에 유입되지 않고 경제활동에서 제외되는 특권을 주었는데, 이러한 요인들이 본격적으로 청소년기를 인식하게 되는 계기가 되었다(홍봉선 · 남미애, 2013: 20).

청소년을 정의하기 위해서 일반적으로 다음과 같은 방법이 사용되고 있다.

먼저 어원적 관점에 따른 구분이다. 'adolescent'와 'youth'를 구분한다. 즉, 'adolescent'는 '성장하다'라는 의미에서 비롯된 것으로 생리학적 발달과 깊은 관련이 있다. 'adolescent'는 육체적으로 급격한 성장을 보이고, 정신적으로는 부모로부터 독립함과 동시에 자아가 형성되는 시기로서의 특징을 지니는 것을 그 바탕으로 하되, 아동기에서 성인기로 이행하는 과도기적 성격을 띤다. 따라서, 청소년을 현재보다는 다가오는 성인기 생활을 준비하는 데 역점을 두고, 주도적이며 적극적인 역할을 스스로 창출하기보다는 기성세대의 가치나 규범을 수용하는 수동적 존재로 보는 경향이 있다. 그러나 최근에는 육체적 성장뿐만 아니라, 사회심리적 성장도 포함하는 것으로 이해한다. 'youth'는 사회적 성격이 'adolescent'보다 강하다. 'youth'는 사회심리적 생활국면의 성격에 주목하여 사회적 맥락에서 접근하고 이해하는 입장이라고 할 수 있다. 따라서, 'youth'는 청소년기를 아동기와 성인기 사이에 존재하는 과도기로서가 아닌 고유한 인생발달과정의 한 단계로 파악한다. 국내에서는 이 두 단어가 혼용되고 있으나, 대개는 'youth'에 더 치중하고 있다(조성연 외, 2012: 12~13).

둘째, 사회적 통용의 개념으로 구분하는 방법이다. 대부분의 동양권 국가에서는 '소년', '소녀', '미성년', '중 · 고생', '10대', '1318' 등 다양한 용어를 각각의 환경에 따라 사용하고 있다. 이는 어원적인 성격보다는 발달적 · 제도적 성격이 복합적으로 작용하여 사회적 통용의 용어로 관행화된 성격이 짙다. 최근에는 이러한 동향도 수정되어 매우 구체적으로 접근하고 있는데, 그 대표적인 예가 이른바 말하는 '1318'이다. 즉, 중학생이 되는 시작연령과 고등학생이 끝나는 연령을 연결시키는 '1318'로 범주화하고 있다. 문제는 이렇게 중 · 고등학생, 청소년, '1318'이 동일하다는 등식으로 명확하지만 좁게 사용할 경우, 법적 정의와 충돌하여 청소년 지도와 보호에서 여러 가지 문제가 발생하기 쉽다는 것이다. 또한 학계에서도 사회적 통용의 정의를 일부 수용하고 있는데, 대표적으로 아동의 권리에 관한 국제협약을 청소년의 권리에 대한 준거로 채택하고 있다는 점이다. 마찬가지로 이러한 학계의 관점을 제도권에서도 수용하여 청소년복지정책에 반영하고 있다(이소희 외, 2005: 18~19).

셋째, 연령에 따른 법적 개념이다. 일반적으로 13세 이상 18세 미만인 자를 청소년으로 구분하지만 청소년 관련법에서는 다양하게 정의하고 있다. 청소년 관련법에서 나타나듯이 청소년의 정의와 호칭과 연령 등을 정비할 필요가 있다. 청소년기본법, 청소년 관련법에서 청소년에 대한 연령을 다양하게 규정함으로써 발생되는 문제를 최소화해야 한다.

넷째, 청소년기에 나타나는 신체적 특성으로 구분하는 방법이다. 이러한 방법은 청소년기를 구분하는 가장 일반적인 방법이지만 개인에게 나타나는 신체적인 증후들이나 사춘기의 특성이 나타나는 시기들이 사람에 따라 각각 상이하기 때문에 보편적인 기준을 제시하는 데 한계가 있다. 더욱이 청소년기가 언제 끝나는지는 분명하지 않은데, 이는 사춘기 때 나타나는 신체적 특성으로 청소년의 시작은 쉽게 알 수 있다고 하더라도, 청소년기가 끝나는 시점은 신체적인 징후로 판단되기보다는 그 사회에서의 역할 기대를 충족시키고 책임질 수 있는 시점으로 간주되기 때문이다(신명희 외, 2013: 292~293). 이렇듯 청소년의 정의가 어원, 사회적 관행, 제도적 규정, 발달적 근거 등의 관점에서 혼재하는 것은 청소년의 지도와 청소년의 복지정책, 그리고 실천에서 일관성, 합리성, 적법성 등과 관련하여 복잡한 문제를 발생시킨다(이소희 외, 2005: 23).

그러므로 청소년 관련법에 대해 사회통념적 시각에서 청소년과 관련된 용어와 연령을 제도적 규정의 차원에서 청소년의 개념과 일치시킴으로써 효과적인 청소년정책이 수립될 수 있도록 사회적 합의를 이루고, 그 결과에 따라 실행에 옮겨야 한다.

〈표 11-1〉 청소년 관련법상의 연령

관련 법률	호칭	연령 구분
아동복지법	아동	18세 미만의 자
청소년기본법	청소년	9세 이상 24세 이하의 자
청소년보호법	청소년	19세 미만의 자
청소년 성보호에 관한 법률	청소년	19세 미만의 자
청소년활동진흥법	청소년	9세 이상 24세 이하의 자
청소년복지지원법	청소년	9세 이상 24세 이하의 자
민법	미성년	19세 미만인 자(19세 성년)
형법	형사미성년	14세가 되지 아니한 자
근로기준법	연소자	18세 미만의 자
모 · 부자복지법	아동	18세 미만의 자 (취학 중인 때에는 20세 미만)
국민기초생활 보장법	아동	18세 미만의 자
소년법	소년	19세 미만의 자
영화 및 비디오물의 진흥에 관한 법률	청소년	18세 미만의 자 (고교 재학 중인 자 포함)

자료: 김보기 외(2016: 71).

청소년문제의 배경을 살펴보면, 부모에게 의존적이거나 자아에 대한 정체감을 형성해가는 시기의 청소년은 사회구조 및 가족구조의 변화에 민감할 수밖에 없다. 한국사회는 산업화와 도시화로 인한 가족구조의 변화 및 부모역할의 혼동 또는 부재, 경제발전 및 부의 축적 등으로 인한 물질만능주의, 가족유대감의 약화로 인한 가족해체현상 등 급격한 환경의 변화를 겪고 있다. 이러한 변화의 소용돌이 속에서 청소년은 피동적으로 사회구조적 문제의 희생자로 혹은 사회문제의 원인을 제공하는 주체로서의 문제의 중심에서 이끌려 다니는 현상이 계속되고 있다(김근홍 외, 2013: 187). 한국사회는 1960

년 이후 사회 각 분야에서 급격한 변화를 초래하였다. 특히, 산업화로 인한 전통사회의 해체와 세대 간의 가치관 차이는 심각한 청소년문제를 야기시켰다.

청소년문제의 원인을 살펴보면 다음과 같다.

첫째, 가족형태의 변화이다. 전통적인 농업 위주의 가족형태는 청소년을 안정적으로 성장시킬 수 있는 토대가 되었으나, 핵가족화는 가족 간 영향력이 부족한 상황에서 공식적인 인간관계를 조기에 형성하게 되었다. 이는 또한 자녀들이 안정적으로 가정 내에서 휴식, 학습 등을 할 수 있는 기회를 제한한다. 즉, 맞벌이하는 부모의 자녀는 부모와 함께 있기보다는 아동시설에서 더 많은 시간을 보내게 되었다. 따라서, 핵가족화로 인해 심하면 세대 간 단절현상이 나타날 수도 있으며, 특히 저소득층의 가정일수록 이러한 현상이 더욱 현저하게 나타난다. 또한 실직, 빈곤 등과 같이 사회경제적으로 계층이 낮은 경우 더 큰 환경적 스트레스와 좌절을 경험하는 경우, 부모와의 관계, 부부관계 등 가족관계에 문제가 있는 경우, 경제적 어려움, 실직, 가정불화 등 가정 내 위기요인으로 인해 가족구성원 간에 갈등이 존재하거나 가족 간에 상호작용이 약할 경우에 청소년문제는 발생할 개연성이 더욱 높아진다.

둘째, 취업모의 증가에 따른 보육의 문제이다. 자녀를 가진, 특히 영유아기의 자녀를 가진 여성의 취업이 급격히 증가하고 있다. 이러한 취업모의 증가현상은 가족의 경제수준을 향상시키는 장점도 있으나, 상대적으로 여성의 일과 사회진출에 대한 인식도 작용하고 있다. 과거에는 기혼 여성의 취업이 저소득층에서 생계를 위한 수단으로 이루어졌지만 오늘날에 와서는 중산층 이상의 고학력 여성에게서도 취업하는 경향이 두드러지고 있다. 즉, 고학력 여성이 더 풍요로운 생활을 하기 위하여 취업하는 경우가 많다. 이와는 달리, 이혼한 별거가정, 실직가정의 주부들도 생계를 위해 취업하기 때문에 자녀양육이 가정에서 이루어지지 못하고 있는 실정이다. 따라서, 보육에 따른 문제가 발생할 수밖에 없는 사회구조적 현실에 놓여 있다(표갑수, 2014: 250).

셋째, 성인 중심의 가치관 문제이다. 산업화로 인해 가족구조를 변화시켰을 뿐만 아니라, 가치관의 변화를 초래하였다. 현격한 가치관의 변화로는 지나친 경쟁심, 성 개방 및 인명경시 풍조와 물질주의 사고방식의 팽배 및 가족 이기주의를 들 수 있다. 그

실례로, 미혼모의 증가에 따른 자녀의 유기나 친권 포기, 금품을 노린 유괴, 청소년에 대한 성폭력 등이 있으며, 이는 최근 심각한 사회문제로 대두되었다.

현대사회는 자녀의 성취 및 안녕과 마찬가지로 부모 자신의 성취와 안녕도 동시에 강조한다. 과거와 같이 자녀의 성취를 위해 부모가 희생을 감수하는 경향이 줄어들고, 자신의 이익만을 위해 자녀를 방임하고 가출하거나, 이혼하는 경향이 늘어나 청소년문제를 발생하게 한다.

2) 청소년의 특성

사춘기(puberty)로 시작되는 청소년기는 신체적 변화가 일어나는 생물학적 변화로 인해 그 시작이 분명한 반면, 끝나는 시점은 행동적 · 문화적 · 심리적 성숙의 개인차로 인하여 사람마다 다양하다. 청소년기는 사춘기의 여러 가지 육체적 · 심리적 변화로 부모-자녀 관계도 가장 힘들어지고 청소년 자신도 동요하는 시기이다. 따라서, 이 시기를 '질풍노도의 시기(time of storm and stress)'라고도 한다(신명희 외, 2013: 292).

(1) 신체적 특성

청소년기는 급격한 신체의 발달과 제2차 성장이 강하게 나타나는 시기이다. 즉, 신체적으로는 거의 성인과 같은 체격을 갖추고, 생리적으로는 호르몬의 방출이 가능한 시기이며, 여자의 경우에는 초경을 하는 등 남녀 모두 성과 관련하여 성인의 역할이 가능하게 된다.

청소년기의 신체적 특성은 다음과 같다.

첫째, 청소년기의 신체발달은 사춘기의 발달현상으로 설명된다. 그 이유는, 사춘기가 호르몬의 변화로 급격한 신체적 · 성적 성숙이 이루어지는 시기이기 때문이다. 청소년은 신체의 각 부분이 같은 비율로 골고루 성장하지 않는 관계와 자아정체감의 형성으로 외모에 관심이 많다(최선화 외, 2015: 300). 청소년기는 자신의 신체와 용모에 대해 관심을 가지고 급격히 변화하는 신체적 특징에 대해 민감하게 반응한다. 그들은 자신의 신체에 대해 자신이 얼마나 만족하는가 하는 느낌뿐만 아니라, 다른 사람의 반응에 의해서도 크게 좌우된다. 그러나 청소년의 신체에 대한 지나친 관심은 자신의 신체에 대해 왜곡하게 만들 수 있다. 또한 청소년의 외모에 대한 불만족은 인종과 민족과 국가에 따라 다양하게 표출된다. 따라서, 외모를 아름답게 가꾸기 위한 부작용으로 거식증과 폭식증을 일으켜 섭식장애를 가져오기도 한다(신명희 외, 2013: 307~308).

둘째, 성적 성숙으로 인하여 성에 대한 호기심과 욕구가 많아진다. 이것은 기성세대의 보수성의 영향인 사회적 압력으로 인하여 부자연스럽게 그리고 음성적으로 이루어지는 경우가 많으며, 왜곡된 성 정보의 수집으로 성에 대한 호기심과 욕구가 잘못 처리되는 경우가 많다. 즉, 청소년들은 갑작스럽게 나타나는 생리적 변화로 놀라움 · 당황스러움 · 수치감 · 불안함 등을 느끼지만, 동시에 정상적으로 성적 발달이 이루어지고 있다는 것에 안도감을 느끼며, 한편으로는 자신의 성적 기능에 기대감을 가지기도 한다. 그래서 청소년들은 그들의 성 발달과 관련하여 매우 복잡한 반응을 보이고 행동하는 것이다(이소희 외, 2005: 37). 성적 욕구, 즉 성 충동, 자위행위 등에 대한 어려움을 느끼고 있다. 대부분의 청소년들은 자위행위를 한다. 그들은 성적 충동을 충족시킬 수도 없을 뿐더러 강한 성적 에너지의 욕구를 완전히 물리칠 수도 없다. 일반적으로 소년은 소녀보다 사춘기 이후에 성과 관련된 절박한 경험을 하게 되며, 자위행위는 청소년에게 죄의식과 불안을 일으키게 한다. 자위행위에 대한 통제의 필요성을 인식하면서도 이에 대한 충동조절에 실패한 청소년은 자기 자신의 무의지력을 자책하는 자기비하 등으로 자기존중감을 잃게 되고 이것은 청소년의 성격형성과 인격발달에도 영향을 미친다.

(2) 사회심리적 특성

청소년기는 신체적 성숙과 정신적 미성숙으로 인하여 심리정서적인 면에서 극도로 불안정한 시기임에도 불구하고, 학업 등 청소년기에 해야 할 각종 의무적 사항이 존재하기 때문에, 그에 따른 사회적 압력은 인간발달에 있어서 그 어느 시기보다 높은 시기로서 청소년은 태생적으로 문제행동을 잉태하고 있다. 따라서, 청소년의 심리적 발달상의 특징에 대한 이해는 곧 이들이 한 인간으로서, 성장, 성숙되어가는 과정을 이해하는 데 필수적인 기초가 된다.

청소년기에 나타나는 사회심리적인 특성은 다음과 같다.

첫째, 자아정체감(self-identity)을 형성하는 시기이다. 청소년은 자신의 객관적 모습에 관심을 가지는 시기이며, 평생 자신의 사고와 행동의 기준이 되는 인생관 및 세계관을 이 시기에 집중적으로 형성한다(최선화 외, 2015: 301). 따라서, 자아정체감에 대한 이해는 바로 청소년에 대한 심리사회적 발달에 대한 이해로 볼 수 있다는 것이다. 청소년기에 자아정체감이 문제가 되는 가장 큰 이유는, 생애주기 가운데 이 시기만큼 자아정체감의 위기와 확산에 위협을 받는 시기가 없기 때문이다. 즉, 청소년기는 자기선택과 자기정의의 시기인 것이다. 자기선택의 프로세스를 통하여, 가장 풍부한 활력원(인생의 보람)이 되고 자기가치를 높게 하는 자아정체감을 자기의 것으로 할 수 있는가에 따라 그 인물이 가장 그 사람다운 인생을 보낼 수 있는가의 여부가 가름되는 것이다(박아청, 2008: 128~129).

둘째, 부모로부터 개별화되고자 한다. 개별화란, 청소년이 부모와 정서적인 유대를 지속하면서 자신을 부모와 다른 독특한 한 사람의 인격체로 인식하고 경험해가는 심리적인 과정이다(홍봉선 · 남미애, 2013: 23). 청소년기는 부모에의 정서적 의존에서 벗어나려고 하는 특징이 있으며, 부모나 교사의 의견을 유일한 가치의 기준으로 믿고 행동해 왔다. 그러나 청소년기에 접어들면서 미숙하나마 자신의 가치관을 가지게 되고 그것만을 고집하기도 한다. 자신을 미숙하다고 여기고 인정하지 않는 기성세대의 비합리적인 면을 발견하고 비판적이게 되면서, 기성세대의 말보다 친구의 말을 더 신뢰하고, 긍정적인 말보다는 부정적인 말에, 순리적인 말보다는 자극적인 말에 더 공감을 느낀다(최선화 외, 2015: 301).

셋째, 정서적으로 불안정하다. 즉, 감정의 기복이 심하다. 사소한 일에 예민하고 쉽게 우울하며 낙담에 빠지기도 한다. 화를 잘 내기도 하고 불안정하게 보인다. 또한 호기심과 모방성이 강하다. 주변의 모든 일에 관심을 보이며 참여하고 싶어 하며, 생각보다는 행동이 앞서는 경우도 많다. 자신의 우상을 만들어 맹목적으로 추종하는 경향이 있다. 경우에 따라서는 지나치게 남을 의식하기 때문에, 마음과 행동이 자유롭지 못하고 특히 이성 앞에서 부끄러움을 많이 느낀다(홍봉선 · 남미애, 2013: 22~23).

다섯째, 또래집단(peer group)을 지향하는 경향이 있다. 청소년기에는 부모보다 또래집단으로부터 더 정서적으로 지지받고자 하며, 또래를 통해 자신이 똑같은 또래임을 확인하고 안정감을 느끼며 자신의 가치를 인정한다. 따라서, 또래집단에게 버림받지 않기 위해, 또는 소중한 친구를 위해 부모와의 약속도 어렵지 않게 저버릴 수 있다. 또한 또래집단에게 인기가 많은 것이 우선이며, 다양한 모험을 감행한다. 청소년의 자아정체감 형성, 민감성, 모방성, 또래집단 지향성의 특성 때문에 이 시기에는 좋은 책, 좋은 교우관계가 절대적으로 중요하고, 그것에 의해 자신의 인생 방향이 결정될 가능성 또한 높다(최선화 외, 2015: 301).

여섯째, 주변인(marginal man)의 특성이 있다. 주변이란, 둘 또는 그 이상의 갈등적 · 사회문화적 체계들 속에서 다양한 가치를 내면화시킴으로써, 어느 한 가치에도 만족하지 못하는 사람을 일컫는다. 청소년은 성인의 주 보호대상인 영유아 혹은 어린 아동도 아니고, 그렇다고 사회를 주도하는 기성세대도 아니다. 다시 말해서, 청소년들은 가운데 끼여 있는 샌드위치와 같은 집단(teenagers are betwixt and between)이다. 이들은 때로 성인의 방식을 따르려고 하지만 법적으로는 아동(children)으로 간주된다. 이들은 취업을 원할지 모르지만, 이들은 여전히 학생 신분으로 남아 있어야 한다(Giddens, 2013: 350).

3) 청소년복지의 개념

청소년복지는 청소년과 복지의 합성어이다. 단순하게 접근하면 '청소년'과 '복지'라는 정의를 바탕으로 수평적으로 연결지어 정의할 수도 있을 것이다. 그러나 엄격하게 보면, 이 청소년과 복지라는 두 개념도 그리 단순명료하지는 않다. 그것은 복지라는 상태는 이상적 · 현실적, 추상적 · 구체적 등과 같이 다면적이면서 동시에 다소 상반된 개념을 포괄하고 있을 뿐 아니라, 청소년도 개인차가 크기 때문에 모든 청소년을 일괄 처리하듯 묶어서 정의할 수 없기 때문이다. 더욱이 종전에는 아동복지 분야에 청소년이 포함되어 있었으나, 최근에는 분리되는 경향이 강해졌기 때문이다.

청소년복지는 대상범위와 주체 및 제공되는 서비스의 수준에 따라 넓게 또는 좁게 정의되고 있다. 중요한 것은 청소년복지는 아동이 지니는 개체적 · 성생리적, 사회적 · 역사적 특성을 유기적으로 고려하면서 개념화하는 것이다.

이러한 관점을 취할 때에도, 청소년복지실천의 입장에서 중요한 개념은 법제적 개념이다. 그것은 청소년복지가 사회적 책임에 의해 이루어지는 제도적 조치이기 때문이다.

(1) 좁은 의미의 청소년복지

좁은 의미의 청소년복지란, 요보호청소년을 중심으로 한 복지실천을 말한다. 비교적 개인이나 민간단체를 중심으로 이루어지는 실천을 의미한다. 여기서 요보호청소년이란, 주로 구조적으로나 기능적으로 부적절한 양육환경에서 자라는 청소년이나 발달상의 문제 또는 장애를 가진 청소년이다. 예를 들어, 빈곤가정이나 폭력 및 해체가정의 청소년, 소년소녀가장이 된 청소년, 선천적 또는 후천적 요인에 의하여 정상적으로 성장하지 못하고 신체기능상에 장애가 있는 청소년, 원조교제나 혼전임신 등으로 행동상의 문제를 지닌 청소년들을 들 수 있다.

좁은 의미의 청소년복지는 전반적으로 사회복지가 잘 발달되지 못한 시대나 국가에서 채택했으나, 근래에 들어서는 삶의 질에 대한 인식의 증가로 대다수의 국민을 대상으로 한 넓은 의미의 정의를 채택하는 경향이 높아졌다.

(2) 넓은 의미의 청소년복지

넓은 의미의 청소년복지는 일반 청소년과 그 가족을 대상으로 다양한 복지주체들이 서로 유기적 관련하에 체계적으로 복지실천을 전개하는 것을 말한다. 여기서 일반 청소년이란, 요보호청소년에 대응하는 대상으로서 특별한 외부의 도움을 필요하지 않는 청소년을 말한다. 그러나 실천적 성격의 복지를 채택하게 되면 모든 청소년을 위한 복지실천은 요보호청소년을 위한 복지실천을 포함하게 된다. 따라서, 넓은 의미의 청소년복지 대상은 일반 청소년과 요보호청소년을 구분하지 않는, 곧 모든 청소년이다.

청소년복지란, 모든 청소년들의 기본적 욕구를 충족시킬 뿐만 아니라, 정신적 · 정서적 · 신체적으로 최상의 발달을 이루도록 육성하기 위해서 청소년에게 직접적으로 또는 가정이나 사회를 통해서 간접적으로 제공되는 모든 사회적 활동을 말한다. 이는 아동복지와 동일한 맥락이라 할 수 있다.

오늘날은 청소년을 포함한 모든 국민의 복지보장을 하나의 권리로 보고 있으며, 이와 관련하여 그 책임주체를 국가로 간주하기 때문에, 대부분의 나라에서는 넓은 의미의 청소년복지 정의를 수용하고 있다고 볼 수 있다.

(3) 법제적 관점에서 청소년복지의 개념

아동복지, 청소년복지, 노인복지, 장애인복지, 가족복지 등의 세부 분야를 포함하는 사회복지 분야는 법과 밀접한 관계를 지닌다. 즉, 사회복지법은 현대사회에서 스스로 자신의 생활을 영위하지 못하는 사회적 약자들에 대하여 제한적으로 도움을 제공하는 노력의 총화와 관련된 법규범이라고 보고 있다.

이렇게 볼 때, 법적 입장에서의 청소년복지는 상위 분야인 사회복지의 법적 의미로부터 쉽게 파악할 수 있다. 국가의 정책이나 제도는 법적 근거가 있어야 비로소 공식적 제도로 존재할 수 있듯이(Calvert, 1978 : 1), 사회복지제도가 진정한 '법관계'로 존재할 때 비로소 국가와 국민 사이에 사회복지에 관한 권리-의무관계가 형성된다고 한 점과 만약 사회복지급여나 서비스가 지배계급의 사회통제적 음모에 의해서 단순하게 '주어지는' 것이라면 그것은 하나의 '권력관계'에 따르는 부산물일 뿐이며, 하나의 '시혜적 조치'라면 그것은 단순한 '사실관계'에 지나지 않기 때문이다.

특히, 성문법주의에 입각한 우리나라의 경우, 법적 근거를 지니지 못한 사회복지제도는 인정할 수 없다. 결국 사회복지 입법은 자본주의 사회의 발전과 함께 이루어졌으며, 그 내용과 범위는 자본주의가 가져온 사회문제, 특히 사회적 약자의 사회생활문제를 해결하려는 관점에서 생성되었다. 이렇게 볼 때, 청소년복지도 동일한 맥락에서 이해할 수 있다. 실제로 오늘날 대부분의 나라에서 실시되는 청소년복지는 법적 근거에 따르며, 우리나라에서도 그러하다.

3. 노인복지

1) 노인의 개념

'노인'이라는 용어는 말 그대로 나이 들어 늙은 사람이라는 의미이다. 이때 늙어 간다는 것, 즉 노화는 생물적 · 심리적 · 사회적 기능이 쇠퇴해 간다는 의미를 지닌다. 따라서, 노인이라는 용어는 나이가 들어 여러 기능이 저하된 사람임을 의미한다. 그러나 일상생활, 학술연구, 각종 정책 등에서 노인을 호칭하는 말은 단지 노인이라는 단어에만 국한되지 않고 노년, 고령자 등으로 다양하게 쓰이고 있다. 먼저 '노인'이라는 용어는 나이든 사람에 대한 일반적 호칭으로 가장 널리 사용되고 있다. '노년'이라는 용어는 노인이라는 용어가 지닌 부정적 의미를 줄이기 위한 시도로 제안된 용어지만, 주로 노년기라는 생애주기에 있어서 인간발달단계상의 마지막 단계를 의미한다. '고령자'라는 용어는 노인만을 지칭한다기보다는 장년층에서 노년층에 해당된 보다 넓은 인구를 통칭하는 경우에 주로 사용된다. 이 외에도 우리나라에서는 가족관계에서 활용하는 용어를 확장하여 할아버지, 할머니라는 용어로 부르기도 하며, 비하적인 의미를 지니니 용어가 다양하게 사용하고 있다. 노인에 대한 존경의 의미를 담고 있는 용어로 우리의 옛글에서는 '아주 큰 아버지와 같은 존재'라는 의미를 지닌 '한아비'라는 용어를 사용하였으며, 최근 노인복지 실천현장에서는 '어르신'이라는 용어를 사용하고 있다.

미국에서는 60년대 노인들이 직접 지위향상운동을 벌여 종래 노인의 호칭인 old people, aged person 대신 senior citizen으로 부르도록 하였고, 일본에서는 고년자(高年者) 또는 50~60대를 익어 열매가 맺는다는 뜻으로 '실년(實年)'이라는 새로운 단어를 만들어 쓰고 있으며, 중국에서는 숙년(熟年), 장년(長年), 존년(尊年) 등으로 사용하기도 한다.

이러한 견해들은 노인의 명칭을 규정하는 데 있어서 뚜렷한 기준이 없기 때문에, 학자에 따라 문화적 · 사회적 배경이나 국가에 따라 많은 차이가 있음을 알 수 있다.

이렇게 노인에 대한 개념은 정신연령과 신체연령이 개인에 따라 다를 뿐 아니라, 역연령과 생리적 연령이 일치하지 않기 때문에 정확한 해답은 아직 얻지 못하고 있다. 즉, 노년기 변화가 시작하는 시기는 개인의 차이가 매우 심하고 동일개체에 있어서도 각 기관에 의한 노화의 시작이 다르게 나타나기 때문에 정확하게 규정할 수 없지만, 학문적으로는 개인적 노화와 인구의 노령화를 구분하여 노인의 개념을 규정하고 있다.

노인이라는 단어는 인간이 어느 시점에서 늙어진 상태인 정태적 개념이고, 노년이란 늙음이 계속되는 동태적 개념이다. 또한 노화는 홀(G. S. Hall)이 청년기(adolescence)와 더불어 노년기를 규정할 때 처음으로 만들어낸 개념이다. 사회적으로 정년퇴직은 만 55세에서 60세 사이에 이루어지고 있으며, 우리나라는 만 65세 이상을 법정 노인복지 대상으로 정하고 일반적으로 구분하고 있지만, 대부분 스스로는 결코 자신이 노인이라는 생각을 하지 않는 경향이 있어 그만큼 노후생활이 길어지고 있으며, 정년 후 연령층이 증가하고 있는 것이 현실이다. 대체로 동양에서는 60세 전후를 노인으로 인정하나, 유럽이나 미국에서는 65세 전후를 노인이라고 보는 경향이 강하다. 그러나 이 같은 역연령 규정은 물리적 시간으로 정해진 것으로서 인간의 생리적 노화과정과는 일치하지 않는다고 보고, 이와 같은 견해는 인간의 일생을 성장과 발달에 따라 단계적으로 나누어본다는 의미를 지니고 있다고 할 수 있다.

이러한 관점 이외에도, 사회적 관점에서 노인 개념을 규정해본다면 일본에서는, 정년제에서 노인의 연령선을 찾아야 한다고 보았다. 왜냐하면 오늘날의 노인의 위치는 '사회적으로 활동을 하느냐', '하지 않느냐'와 밀접한 관련을 가지고 있다는 것이다. 즉, 직업생활로부터 은퇴 혹은 노령연금을 지급받는 연령부터 노인이라고 칭하는 예가 많기 때문이다. 세계 최대의 시니어 커뮤니티인 미국은퇴자협회(American Association of Retired Persons, AARP)에서는 50세 이상을 대상으로 하고 있으며, 미국 정부의 사회복지부에서는 65세가 되어야 노인으로 인정하고 있다(김남희 외, 2014: 17~19).

2) 노인복지의 개념

(1) 노인복지의 정의

노인복지는 노인의 생활안정과 복리(well-being)를 증진하기 위한 사회적 노력으로 사회복지의 한 분야이다. 따라서, 복지가 지닌 의미를 먼저 고찰하는 것이 노인복지의 개념을 정의하는 데 도움이 될 것이다.

사회복지의 한 분야인 노인복지에 관한 정의는 대상만 다를 뿐 사회복지의 정의와 크게 다르지 않다. 기존의 노인복지에 대한 여러 정의를 종합해 보면, 노인복지가 추구하는 목적은 인간다운 생활, 사회적응과 통합, 노인의 욕구 충족과 문제의 예방, 해결 등이며, 노인복지를 실시하는 주체는 공공부문과 민간부문이라는 점에 대부분이 동의하고 있다. 따라서, 노인복지는 모든 노인이 최저수준 이상의 생활을 유지하고 사회욕구 충족과 생활상의 문제를 예방 · 해결하며, 노후생활에 대한 적응과 사회통합을 이루는 데 필요한 급여와 서비스를 제공하는 공공부문과 민간부문의 조직적이고 전문적인 제반 활동이라고 정의할 수 있다.

노인복지가 지닌 특성을 대상과 주체, 목적, 수단, 방법으로 구분하여 살펴보면 다음과 같다(권중돈, 2016: 338~339).

첫째, 노인복지의 대상은 윌렌스키와 르보(Wilensky & Lebeaux, 1965)가 말하는 선별적 복지와 보편적 복지 중 어느 것을 선택하는가에 따라 달라질 수 있으나, 최근의 노인복지에서는 사회보호가 필요한 의존성 노인(dependent elderly)을 대상으로 하기보다는 일정 연령 이상의 모든 노인을 노인복지의 대상으로 규정하는 것이 일반적이다.

둘째, 노인복지의 주체는 민간부문에 속하는 개인과 가족, 시장, 그리고 공공부문에 속하는 중앙정부와 지방정부 모두가 노인복지의 주체가 된다.

셋째, 노인복지의 목적은 최저 수준 이상의 생활 유지, 사회욕구 충족과 생활문제의 예방과 해결, 사회 적응과 통합의 성취라고 할 수 있다.

넷째, 노인복지의 수단은 현금 또는 현물 급여와 비물질적 서비스라고 할 수 있다.

다섯째, 노인복지의 방법은 조직적이고 전문적인 제반 활동으로, 사회복지의 두 가지 접근방법인 거시적 접근(정책)과 미시적 접근(임상적 실천)으로 나뉜다.

(2) 노인복지의 목적

대한민국 헌법 제34조에 따르면, 모든 국민은 인간다운 생활을 할 권리를 지니며, 국가는 노인의 복지향상을 위한 정책을 실시할 의무를 지닌다. 그리고 노인복지법 제2조에서는 노인의 안정된 생활, 자아실현을 위한 욕구의 충족과 사회통합의 유지라고 하는 노인복지의 기본 이념을 제시하고 있다. 이러한 헌법과 노인복지법에서 명시한 권리와 기본 이념에서 노인복지의 목적과 목표를 도출해 낼 수 있다. 노인복지의 목적은 헌법에 명시된 노인의 권리인 인간다운 생활을 영위하는 것이며, 이러한 목적을 달성하기 위한 목표는 노인복지법의 기본 이념에 명시된 안정된 생활 유지, 자아실현을 위한 욕구 충족, 사회통합의 유지라고 할 수 있다.

노인복지의 목적인 인간다운 생활이란, 신체, 심리, 사회적으로 편안하고 안락한 상태의 삶, 즉 의식주라는 기본욕구를 충족하고 건강하고 문화적인 삶을 영위하는 것이라고 할 수 있다. 구체적으로는 신체, 심리, 사회적 욕구나 문제를 예방 또는 해결하고 창조적인 문화생활을 영위하는 것을 의미한다. 그리고 이를 좀 더 세분화하면, 노인복지가 추구하는 세부 목표인 안정된 생활 유지, 자아실현의 욕구 충족, 사회통합의 유지라고 할 수 있다.

노인복지의 첫 번째 목표인 노인의 안정된 생활 유지는, 국민적 최저 수준 이상 또는 최적 수준의 경제생활 보장을 의미한다. 이때 국민적 최저 수준은 한 국가의 경제수준, 정치 상황 등 다양한 요인에 따라 달라질 수 있으며, 최저생계비를 책정하는 기준이나 방법에 대해 논란이 없는 것은 아니지만, 일반적으로는 최저생계비를 기준으로 한 빈곤선(poverty line)을 의미하는 경우가 대부분이다. 국가에서 공식적으로 활용하고 있는 최저생계비기준을 바탕으로 한 우리나라의 '빈곤선'은 지나치게 낮게 책정되어 있어, 인간다운 삶을 보장하는 데 많은 한계가 있다. 따라서, 노인의 인간다운 삶을 보장하려는 노인복지의 목표는 '국민적 최저 수준 이상'이라는 소극적 생활보장의 기준보다는 '최적 수준의 생활' 보장이라는 보다 적극적인 생활보장의 기준을 따라야 할 것이다.

노인복지의 두 번째 목표는, 자아실현의 욕구 충족이다. 매슬로우(Maslow)에 따르면, 자아실현의 욕구는 생리적 욕구, 안전의 욕구, 소속과 애정에 대한 욕구, 자존감의 욕구라고 하는 인간 생존에 필수적인 기본욕구보다 높은 수준의 욕구로서 성장욕구에 해당한다. 따라서, 노인복지가 노인의 자아실현의 욕구 충족이라는 목적을 달성하기 위해서는 의식주라는 기본적인 생리적 욕구의 충족뿐만 아니라, 안전, 소속, 사랑, 자존감 등과 같은 심리사회적 욕구 충족을 전제로 하며, 노년기의 신체적 · 심리적 · 사회적 발달과업을 성취하여 노후생활에 성공적으로 적응할 수 있도록 충분한 지원이 전제되어야 한다. 이런 점에서 볼 때, 노인복지는 노인이 지닌 기본적인 사회욕구의 충족뿐만 아니라, 성장에 대한 욕구 충족을 지원하고, 다양한 생활 영역에서 야기되는 노인과 그 가족의 문제를 예방 · 해결하는 것을 목표로 한다고 할 수 있다.

노인복지의 세 번째 목표는, 사회통합의 유지이다. 사회통합은 가족, 집단, 조직, 지역사회 및 국가에 이르기까지 자신이 속한 사회체계에 심리사회적으로 유대감을 갖고 적응하는 것을 말한다. 노년기에는 가족 내 · 외부에서의 지위와 역할 상실로 인하여 고독과 사회적 소외를 경험하며, 주류사회의 주변인으로 전락할 가능성이 높아진다. 따라서, 노인복지는 노인의 사회적 소외를 완화하고, 주류사회의 구성원으로서의 지위와 역할을 부여하며, 노인이 사회활동에 적극적으로 참여함과 동시에 평생 동안 쌓아온 지혜와 경험을 바탕으로 국가와 사회발전에 기여할 수 있는 기회를 부여할 수 있어야 한다.

3) 노인복지의 원칙

노인복지의 목표를 달성하기 위해서 지켜야 할 바람직한 원칙을 사회복지의 기본가치에 근거하여 ① 인간 존엄성 및 개인 존중, ② 개별화, ③ 자기결정, ④ 권리와 책임, ⑤ 보편성과 선별성, ⑥ 개발적 기능, ⑦ 전체성, ⑧ 전문성, 그리고 ⑧ 노인의 시대적 욕구 반영 등을 제시하고 있다. 물론 이 제시된 항목들이 노인복지의 원칙에 매우 타당하다. 노인복지의 원칙은 국제연합(UN)이 1991년 유엔총회에서 채택한 노인을 위한 유엔 원칙(United Nations Principles for Older Persons)에 가장 잘 반영되어 있다. 이 원칙에 따르면, 국가는 노인복지사업을 추진함에 있어서 독립(independence), 참여(participation), 보호(care), 자아실현(self-fulfillment), 존엄(dignity)이라는 원칙을 반영하여야 한다(보건복지부, 2000). 이를 세부적으로 살펴보면 다음과 같다.

(1) 독립

① 소득, 가족과 지역사회의 지원 및 자조를 통하여 적절한 식량, 물, 주거, 의복 및 건강보호에 접근할 수 있어야 한다.

② 일을 할 수 있는 기회를 제공받거나, 다른 소득을 얻을 수 있는 기회에 접근할 수 있어야 한다.

③ 직장에서 언제 어떻게 그만둘 것인지에 대한 결정에 참여할 수 있어야 한다.

④ 적절한 교육과 훈련 프로그램에 접근할 수 있어야 한다.

⑤ 개인의 선호와 변화하는 능력에 맞추어, 안전하고 적응할 수 있는 환경에서 살 수 있어야 한다.

⑥ 가능한 한 오랫동안 가정에서 살 수 있어야 한다.

(2) 참여

① 사회에 통합되어야 하며, 노인의 복지에 직접 영향을 미치는 정책의 형성과 이행에 적극적으로 참여하고, 노인의 지식과 기술을 젊은 세대와 함께 공유하여야 한다.

② 지역사회 봉사를 위한 기회를 찾고 개발하여야 하며, 노인의 흥미와 능력에 알맞은 자원봉사자로서 봉사할 수 있어야 한다.

③ 노인을 위한 사회운동과 단체를 조직할 수 있어야 한다.

(3) 보호

① 각 사회의 문화가치체계에 따라 가족과 지역사회의 보살핌과 보호를 받아야 한다.

② 신체적, 정신적, 정서적 안녕의 최적 수준을 유지하거나 되찾도록 도와주고, 병을 예방하거나 그 시작을 지연하는 건강보호에 접근할 수 있어야 한다.

③ 노인의 자율과 보호를 고양하는 사회적 · 법률적 서비스에 접근할 수 있어야 한다.

④ 인간적이고 안전한 환경에서 보호, 재활, 사회적 · 정신적 격려를 제공하는 적정 수준의 시설보호를 이용할 수 있어야 한다.

⑤ 노인이 보호시설이나 치료시설에 거주할 때도 존엄, 신념, 욕구와 사생활을 존중받으며, 자신의 건강보호와 삶의 질을 결정하는 권리의 존중을 포함하는 인간의 권리와 기본적인 자유를 향유할 수 있어야 한다.

(4) 자아실현

① 노인의 잠재력을 완전히 개발하기 위한 기회를 추구하여야 한다.

② 사회의 교육적, 문화적, 정신적 자원, 그리고 여가에 관한 자원에 접근할 수 있어야 한다.

(5) 존엄

① 존엄과 안전 속에서 살 수 있어야 하며 착취와 육체적, 정신적 학대에서 자유로워야 한다.

② 나이, 성, 인종이나 민족적인 배경, 장애나 여타 지위에 상관없이 공정하게 대우받아야 하며, 노인의 경제적인 기여와 관계없이 평가되어야 한다.

UN에서는 이러한 원칙을 재확인하고 전 세계적으로 진행되고 있는 인구고령화에 더욱 효과적으로 대처하기 위하여 2002년 4월에 스페인의 마드리드에서 제2차 세계고령화회의를 개최하고 '마드리드 고령화국제행동계획(Madrid International Plan of Action on Ageing)'을 채택하여 더욱 구체적인 과제와 세부 목표 및 행동지침을 제시하였다. 이 국제행동계획에서는 노인과 발전, 노년기까지의 건강과 안녕 증진, 역량을 강화하고 지원하는 환경의 확보라는 세 가지 방향을 설정하고, 각 분야의 과제를 선정하여 분야별 세부 목표와 행동지침을 제시하고 세계 전 국가에 이를 권고하고 있다(보건복지부, 2002. 8.).

4) 노인문제의 개념

사회적 의미에서 노인문제가 특수한 문제가 아니라, 사회 전반에 영향을 미칠 수 있는 문제로 등장하여 정책과 학문 분야에 자리를 잡게 된 것은 현대화, 도시화, 산업화와 궤를 같이 하는 비교적 최근의 일이다(김근홍 외, 2013: 254).

전 세계의 선진국에서는 여러 가지 노인문제가 등장하고 있다. 앞으로 인간의 수명이 길어짐에 따라, 노인이 어려움을 겪는 기간은 길어질 전망이다(노병일, 2013: 100). 이러한 노인문제의 증가 배경에는 산업화로 인한 가족형태 변화, 공공교육기회의 확대와 지식의 대량생산과 보급, 인터넷의 발전, 가부장제의 쇠퇴 등의 다양한 요인들이 작용하고 있다. 문제는 한국 사회에서 이러한 변화들이 모두 점진적으로 온 것이 아니라, 매우 급속히 왔기 때문에, 노인이 직면하는 다양한 문제들에 대해 대비할 여유가 없었고, 그 결과 일부의 노인들은 매우 심각한 상황에 직면하는 경우도 많이 나타난다.

박철현(2014: 349)에 따르면, 노인문제는 기본적으로 노인의 사회적 지위하락에서 출발한다. 다시 말해서, 노인의 지위가 하락하지 않았더라면, 아마도 노인문제는 현대사회의 중요한 사회문제로는 등장하지 않았을 것이다. 따라서, 이러한 문제를 감안하여 노인문제를 정의하면, 노인문제란 노인의 사회적 지위하락으로 인하여 사회생활에서 불편을 겪고 사회적 비용을 발생시키는 것으로, 사회의 영향력 있는 사람들이 사회문제로서 정의하는 상태이다. 따라서, 이 정의에 따르면 노인의 빈곤, 노인학대, 노인의 소외와 자살 등의 다양한 노인문제를 모두 포괄할 수 있다.

노인문제는 노인의 기본적 생존과 발전의 욕구 및 문제를 노인 자신이나 가족의 노력에 의해 해결하지 못하는 상태를 말하는데, 경제적 어려움, 건강보호의 어려움, 고독 · 소외 · 갈등을 느끼는 현상, 역할상실과 여가선용의 어려움 등을 포함하는 현상을 말한다(표갑수, 2010: 127). 즉, 노인문제란 추상적 개념에 해당되는데, 학자와 시대 및 장소에 따라 다르게 정의되고 있으며, 청소년 비행 및 성 차별 문제 같이 특정현상을 말하는 것이 아니라 복합적 양상을 보이기 때문에 한 마디로 정의하기 어렵다. 하지만 다수의 노인들에게 공통적으로 나타나는 문제로 노인 자신이나 가족의 노력만으로 해결할 수 없는 문제라고 볼 수 있다.

사회문제화 된 노인문제로 노인빈곤, 노인정신건강, 노인학대 등을 들 수 있다. 즉, 첫째, 노인빈곤과 관련된 논의이다. 노인빈곤의 주요 요인으로는, 고용, 건강, 지출 등과 관련된다. 이러한 노인빈곤은 노인의 삶에 크게 부정적인 영향을 미친다. 둘째, 노인의 정신건강과 관련된 논의이다. 노인은 여러 가지의 상실을 경험하기 때문에 정신건강이 열악할 가능성이 있다. 특히, 노년기에는 심리적 · 사회적으로 스트레스를 많이 경험하고 또한 뇌가 변화하기 때문에 노인은 정신건강 문제를 겪기 쉽다. 셋째, 노인학대와 관련된 논의이다. 노인학대는 노인에게 신체적 · 정서적 · 성적 · 경제적으로 어려움을 주는 행동이라고 볼 수 있다. 일반적으로 노인학대는 부모가 자녀와 함께 살거나 자녀에게 의지하는 경우에 가장 많이 발생한다(노병일, 2013: 100).

노인문제는 다음과 같다.

첫째, 소득 상실의 문제이다. 일반적으로 노인계층은 소득 상실로 빈곤한 생활을 하고 있다. 소득 상실의 원인을 살펴보면, 노동시장에서의 노동경쟁력 상실, 새로운 기술 습득의 곤란, 사회보장제도의 미비, 도시화와 핵가족화로 인한 경제적 불안정 등이다.

둘째, 건강문제이다. 노인의 건강상태는 연령이 증가할수록 약화되는데, 만성질환으로 인해 장기간의 치료 및 요양을 필요로 하기도 한다.

셋째, 역할상실과 여가활동의 문제이다. 역할상실은 노인 개인의 자아개념 및 사회적 정체감에 대한 혼란을 가져오고 노년기 사회적응에의 곤란을 유발한다.

넷째, 소외 · 고독 문제이다. 이 문제는 역할상실과 밀접한 관계를 갖는다. 도시화로 인해 이웃과의 사회적 연대가 약화됨으로 인하여 노인은 가정과 지역에서 고립된다. 심리적으로는 고독감과 소외감으로 어려움을 겪는다.

연 습 문 제

1. 인생주기별 주요 발달과업의 연결이 옳은 것은?

① 영아기－직관적 사고, 애착발달, 자기중심성
② 아동기－부모로부터 독립, 자존감의 발달
③ 청소년기－형식적 조작사고 발달, 자아정체감 형성
④ 중년기－노부모 부양, 직업선택, 도덕성 발달
⑤ 노년기－만족스러운 직업성취, 가족 내 역할변화와 적응

2. 아동기에 나타나는 심리적 특징은?

① 사회적 애착을 확립한다.
② 자신의 행동의 자율적 통제가 가능하다.
③ 사물이 눈에 보이지 않아도 그 존재에 대한 인식이 가능하다.
④ 친지들을 자신과 가까운 순서대로 말할 수 있다.
⑤ 성역할에 대한 인식이 생기면서 동성의 친구들과 어울린다.

3. 청소년기의 특징과 거리가 먼 것은?

① 가장 급격한 체중의 변화를 보이는 시기가 청소년기이다.
② 열등감은 청소년의 성격이나 자아존중감, 대인관계 형성에 중요한 영향을 미치게 된다.
③ 청소년 후기는 청소년 전기부터 성인기 이전까지 사이를 의미하는데, 이는 대략 18세에서 22~23세까지를 말한다.
④ 지금까지 청소년정책은 청소년을 미성숙한 보호대상으로 규정하여 비행이나 범죄를 예방하는 선도 보호정책으로 일관하거나 청소년들을 현 사회의 구성원으로서 인정하지 않고 기본적인 인권이나 사회적 권리를 유보한 채 전반적인 청소년의 삶의 질을 향상하는 노력은 소홀히 해왔다.
⑤ 청소년에 대한 접근은 당면한 문제나 어려움을 극복할 수 있도록 돕는 것에서부터 청소년의 성장 가능성을 최대한 발현할 수 있도록 돕는 것까지를 포함한다.

정답 1. ③ 2. ④ 3. ①

CHAPTER 12

보건복지와 자원봉사

학습목표

1. 보건복지와 자원봉사의 중요성 파악
2. 현장과의 밀접한 접촉
3. 사례연구

학습내용

1. 보건복지
   1) 의료사회복지
   2) 정신사회복지
2. 자원봉사

개 요

보건복지와 자원봉사는 최근 새롭게 사회복지 분야에 떠오르는 화두이다. 특히, 보건복지 분야는 의료계의 역할로 인식되어 왔으나, 이 분야 역시 사회복지분지 분아로 편입되이 활발한 논의가 진행되고 있다. 자원봉사 분야 역시 단순한 봉사 차원이 아닌 복지의 메커니즘으로 이해되고 있다. 본 장에서는 보건복지와 자원봉사를 사회복지 분야로 이해하고 이를 학습하고자 한다.

CHAPTER 12

보건복지와 자원봉사

1. 보건복지

1) 의료사회복지

(1) 의료사회복지의 개념

의료사회복지(medical social work)란, 전문화된 사회복지의 한 분야로서 의료팀의 일원으로서 전문적인 지식과 기술을 적용하여 환자 및 가족의 사회기능 향상을 위해 질병의 예방, 치료 및 재활, 사후관리 등 다양한 활동을 수행하는 의료서비스의 실천영역이라고 할 수 있다(고재욱 외, 2014: 361).

의료사회복지는 진단, 치료, 재활, 관리와 예방의 다양한 서비스망을 포함한다. 의료사회복지가는 건강을 의료영역에만 국한하여 정의하지 않고, 환자와 가족의 생물학적 심리사회 욕구를 총괄하는 종합적인 욕구에 초점을 맞춤으로 건강관리 영역에 잘 맞는 전문직이다.

의료사회복지는 보건 · 의료기관에의 의료팀의 일원으로서 사회복지의 전문적인 방법을 활용하여 환자의 질병치료와 회복 및 사회복귀 기능을 돕는 목적으로 질병으로 인하여 파생되는 환자의 심리적 · 사회적 그리고 경제적 문제가 진료과정이나 질병회복에 악영향을 주지 않도록 문제를 해결해 주거나 조정하여 환자 및 그 가족을 돕는 전문적인 활동이다. 따라서, 의료사회복지가는 질병의 예방과 건강증진 및 향상을 기하는 의료복지를 목적으로 보건의료영역에서 사회복지정책적 방법을 중심으로 보건·의료의 수요와 서비스의 전달체계의 확대와 효율적인 운영과 질적 향상에 참여하는 더 광범한 의료사회복지의 한영역이 되는 것이다.

그러므로 의료사회복지의 실천대상은 환자와 그 가족이며, 실천장소는 환자의 치료와 관련된 의료기관이고, 실천하는 행위 주체는 의료사회복지가이고, 실천내용은 질환의 예방, 치료, 그리고 재활과 사후관리이고, 실천행위는 의사와 협력하여 이루어지는 활동이다.

의료사회복지의 개념은 기술적 · 정책적 개념으로 설명할 수 있다(정민숙 외, 2017: 239).

첫째, 의료사회복지의 기술적 개념으로서 의료사회복지는 진료의 과정에서 환자 및 그 가족이 가지고 있는 사회적 · 경제적 · 심리적 문제를 전문적인 원조방법을 통하여 도움을 주는 전문적 활동을 의미한다. 따라서, 의료사회복지사는 일반행정이나 관리부서의 요원이 아닌 진료팀의 일원으로 환자 질병에 대한 예방, 진단, 치료 사후지도, 사회복귀 등 광의의 의료에 참여하게 된다.

둘째, 의료사회복지의 정책적 개념이다. 의료사회복지의 정책적 개념은 질병의 예방과 건강증진을 목적으로 사회복지조사, 정책 및 행정 등의 방법을 통해 의료서비스를 평가하고, 의료급여의 확대와 의료서비스의 질적 향상을 기여하는 데 참여하는 사회복지실천의 한 과정이다.

(2) 의료사업의 주체와 객체

의료사회복지는 실시하는 주체, 서비스를 제공받는 대상(객체) 및 방법으로 나누어 생각해 볼 수 있다. 이러한 구성요소들은 서로 밀접한 관계를 맺고 있으며, 주체에 따라 대상과 접근방법이 달라질 수 있다. 의료사회복지가 이루어지는 주체와 객체는 다음과 같다(박석돈, 2016: 344~345).

① 주체

의료사회복지의 주체는 의료사회복지사 개인 및 그를 고용하고 있는 다양한 의료기관, 시설, 또는 지역사회, 국가 등 여러 가지가 있다.

의료사회복지의 주체가 국가인 경우에는 국민을 대상으로 활동을 하는 것이며, 의료사회복지사 개인이나 의료기관, 시설이 주체가 될 경우에는 환자 및 그의 가족, 개인을 강조하며, 지역사회가 주체일 경우에는 사회(개인과 집단)를 중요시하고 있다.

오늘날 의료의 개념이 치료적 개념에서 점차 예방과 보건의 개념으로 발전되어 가면서, 의료사회복지는 질병에 대한 다각적인 접근방법을 바탕으로, 질병을 가진 개인과 환경의 상호작용관계에 초점을 두고, 환자 및 가족의 사회기능 향상을 위해 질병의 예방 · 치료 및 재활은 물론, 건강증진에 이르기까지 다양한 활동을 수행한다.

② 객체(대상)

의료사회복지의 객체(대상)는 관점과 접근방법에 따라 달라질 수 있는데, 정책적 관점에서의 의료사회복지의 대상은 보건의료체제 전반이며, 기술적(전문적) 관점의 대상은 환자 및 가족의 심리적 · 사회적 · 경제적 문제, 그리고 통합적 접근방법에서의 의료사회복지는 질병을 가진 개인과 환경(환자, 가족은 물론 의료 · 보건계 종사자, 정책 등)을 그 대상으로 하고 있다.

그런데 통합적 관점에서의 의료사회복지는 정책적 관점에서의 대상과 기술적(전문적) 관점의 대상을 모두 포괄하는 광범위한 범위를 그 대상으로 한다.

(3) 의료사회복지의 실천영역

의료사회복지는 의료시설인 종합병원, 보건소, 의원, 요양원, 정신병원, 재활원 등의 전문병원에서 활동하고 있다. 이러한 의료사회복지의 실천영역은 다음과 같다(고재욱 외, 2014: 364~365).

① 일반 의료사회복지

일반 의료사회복지는 환자 치료의 전인적 문제, 난치병 환자, 만성질환자, 수술환자 등의 문제와 심리적 · 사회적인 문제, 빈곤 환자의 치료비 문제, 퇴원 후의 생활문제 등을 중심으로 전문적인 서비스와 자원 조정을 통해서 지역사회 자원을 활용하도록 한다. 환자는 병원의 의료자원을 활용하고 적응할 수 있어야 하고, 의료진은 환자를 전인적으로 이해하고 서비스를 할 수 있도록 돕고, 가족은 환자의 보조 치료자적인 역할을 수행하고 돕도록 한다.

② 재활의료사회복지

재활의료사회복지(rehabilitation social work)는 재활의료시설이나 재활기관에서 장애의 기능 회복과 잠재능력의 향상을 위해서 재활팀의 일원으로서, 사회자원을 조직, 동원하여 심리사회적 · 직업적 · 교육적 재활을 돕는 사업이다.

③ 지역사회 의료사회복지

지역사회 의료사회복지는 모자보건사업, 전염병 관리, 환경위생, 보건교육, 순회의료봉사 등 지역사회라는 지리적 사회적인 기능영역이다. 따라서, 지역주민의 건강을 증진시키는 예방의학적인 건강 프로그램과 예방의학적인 활동과 교육에 관한 활동을 한다.

④ 군 의료사회복지

군 의료사회복지는 일반 의료사회복지와 비슷하나, 군이라는 군조직성원의 심리 사회적 · 정신적 요인을 조사, 분석, 평가하여 질병을 치료하는 활동영역이다.

2) 정신사회복지

(1) 정신사회복지의 개념

정신보건사회복지란, 정신적 · 정서적 장애를 가진 환자나 가족 등의 치료 및 재활 문제에 대한 조기 개입과 예방을 통해 국민건강증진을 목적으로 정신보건의료기관, 사회복지시설, 정신요양시설, 지역사회시설 등에 행해지는 사회복지의 실천영역이라고 할 수 있다.

정신보건사회복지는 정신의학 및 정신건강 영역에서 이루어지는 사회복지 활동이라고 할 수 있으며, 정신장애를 가진 사람들이 환경에 적절히 적응하고 환경을 변화시키는 것을 목적으로 하고 있다.

정신보건사회복지는 정신과 의사와 협력하여 치료 행위에 개입하여 의사의 노동량을 덜어주며, 양질의 서비스를 환자에게 제공할 수 있도록 하며, 정신과 의사가 수행할 수 없는 영역을 설정하여 환자와 가족에게 치료의 효과성을 높일 수 있도록 하는 사회복지의 접근방법이라고 할 수 있다. 정신보건은 정신장애가 없는 상태를 말하고, 사회복지는 인간과 환경 사이에 관계의 질을 향상시키기 위해 개입하는 모든 것을 의미한다(Middleman & Goldberg, 1974).

정신보건사회복지란, 정신보건기관이나 정신위생프로그램에서 이루어지는 사업이며, 그 목적은 지역사회 내의 정신위생을 향상시키는 사업과 정신적 및 정서적 장애가 있는 자에게 봉사하는 데 있다. 그리고 병원이나 진료소, 정신보건기관에서 정신과 의사, 심리학자, 정신의학자 등 전문가들을 포함한 치료팀에 의하여 이루어지는 임상적 서비스로 정의하고 있다(O'Keefe, I960).

정신보건사회복지는 정서적이고 정신적인 장애가 있는 환자에 대해 직접적이고 책임성 있는 정신의학자에 의해 병원이나 진료소 등에서 실시하는 개별사회사업이라고 정의하고 있다. 정신보건사회복지는 정신적, 정서적인 장애가 있는 환자들을 돕는 목적으로, 정신의학과 직접적이고 책임성 있는 협력하에 정신병원이나 진료소 또는 정신보건기관이 후원하여 실시하는 개별사회사업이라고 할 수 있다(고재욱 외, 2014: 366~367).

(2) 정신보건사회복지의 기능

정신보건사회복지는 정신질환의 예방과 치료, 정신장애인의 의료서비스 및 사회복귀, 그리고 국민의 정신적 건강을 증진시키기 위한 다양한 활동을 실천하고 있으며, 그 내용은 다음과 같다(박석돈, 2016: 354).

① 정신과 치료팀의 협력 : 환자와 그 가족에 대한 정보(성장과정의 상처나 충격 등)제공

② 환자 및 가족에 대한 직접적인 서비스 : 개인력, 가족력, 병전성격(病前性格), 지지적인 요법, 자기인식을 위한 통찰요법

③ 병원 내 프로그램 계획과 정책결정에 참여 : 치료공동체 운영, 집단치료 프로그램 운영, 외부 자원봉사자 활용, 그리고 의료보호환자진료계획 등

④ 지역사회자원조직과 연결 : 자원봉사자의 활용, 낮병원 연결업무 등 퇴원 후 자조집단 활용

⑤ 교육프로그램에 참여 : 정신보건교육 프로그램 개발, 환자가족 교육, 지역주민 교육, 사회복지사수련제도 및 실습생 지도

⑥ 정신보건 및 지역사회에 정신사회재활을 위한 연구, 조사 : 주민의식조사, 정신사회재활 프로그램 개발 등

이러한 기능들은 상황에 따라, 24시간 응급서비스가 제공되는 위기개입서비스, 개별상담 및 집단활동을 비롯한 외래활동이 수시로 제공될 수 있어야 하며, 사회적응기술을 비롯한 재활서비스가 제공되어야 한다. 뿐만 아니라, 이들이 사회적인 기능을 습득할 수 있도록 사회적 지지체계가 마련되어야 하며, 가족과의 관계를 회복할 수 있는 지지적 서비스도 제공되어야 한다.

(3) 정신보건사회복지의 실천영역

정신보건사회사업은 정신병원 신경과, 신경과 병원, 보건소, 정신요양원, 사회복귀시설, 그리고 지역사회 정신건강센터 등에서 활동하고 있다. 정신보건사회사업의 실천영역은 다음과 같다(전재일, 2005 : 446~452).

① 종합병원 신경정신과와 정신과 전문병원

사회복지사는 환자와 그의 가족을 조사하여 치료계획 수립과 직접 치료 그리고 사후지도 활동에 참여한다. 환자의 입원, 치료과정, 퇴원 시에 참여하여 환자의 사회 복귀와 기능을 돕고 재발 예방을 돕는다. 음성반응환자와 정신장애인에 대한 서비스는 약물관리, 심리적·사회적 지도, 재활계획상담, 집단치료, 사회 기술훈련과 인간관계

훈련, 직업적응과 기능훈련, 추수모임, 자치적인 평가, 집단치료 또는 알코올중독관리 사업 등이다. 정신보건가족에 대한 서비스는 가족의 정신건강교육, 가족지지모임, 가족과 함께한 모임 등이다.

② 신경정신과 의원

신경정신과 의원은 정신의학자, 정신과간호사, 사회복지사로 구성되며 외래치료 중심보다는 팀을 이루어 활동을 한다. 사회복지사는 환자와 클라이언트의 욕구에 맞는 진료서비스의 적부 수행, 지역사회 자원 활용, 직업적인 서비스, 유용한 자원 활용 등이다.

③ 지역사회 보건소

보건소에서의 정신보건사업은 정신질환의 예방, 정신질환자의 발견, 정신질환자 및 그 가족에 대한 상담, 정신질환에 대한 사회복귀훈련, 알코올중독자 및 치매환자의 관리 등이다. 정신보건사회복지사는 정신질환자에 대한 개인적 조사 및 사회조사, 정신질환자와 그 가족에 대한 사회사업지도 및 방문지도 등이다.

④ 정신요양원

사회복지사는 상담지도, 집단 프로그램의 개발과 활용, 대인관계기술훈련, 일상생활교육과 훈련, 무연고자에 대한 후원자 개발과 연결, 지역사회자원 동원과 후원자 결성, 직업훈련과 취업지도 등이다.

⑤ 사회복귀시설

사회복지사는 재활상담, 집단지도와 치료, 사회기술과 적응훈련, 대인관계훈련, 가족정신교육과 상담, 가족회 조직과 육성, 가정방문, 지역사회자원 동원과 후원에 조직, 정신건강교육 등이다.

⑥ 지역사회정신보건센터

지역사회정신보건센터에서는 예방, 홍보, 그리고 재활서비스 등을 하며 치료 이외의 다양한 서비스를 제공하고 있으며, 입원, 외래, 응급환자의 보호, 개방병원의 부분 입원, 지역사회 자문, 의료 및 교육 프로그램 등의 활동을 하고 있다. 정신보건사회복지사는 집단이나 개인에게 직접적인 서비스를 제공하고, 자문, 지도, 계획가로서의 지역사회기관 간의 관계를 향상시키고, 지역사회 자원의 활성화를 주민의 정신건강(치료, 재활, 예방)의 향상을 기하는 활동을 하고 있다.

2. 자원봉사

1) 자원봉사의 개념

사회문제의 발생과 더불어 국민은 보다 나은 삶의 질을 추구함으로써 다양한 복지욕구가 등장하게 되고 사회복지제도의 강화를 요청하게 되었다. 이것은 전 국민이 복지시민으로서의 자질을 갖추고 공동 복지목표를 위해 함께 참여하고 노력할 때 가능한 것으로, 전 국민의 공동 복지를 위한 공동의 참여가 필요한데, 이것의 한 방법이 바로 자원봉사활동이다. 자원봉사활동은 자의적이고 지원적인 성격을 갖는데 현재 사회복지제도의 불완전성을 보완하고 강화하는 데 그 중요성이 매우 크다(박경일 외, 2017: 385~386).

자원봉사활동은 voluntary 또는 voluntarism으로, 자유의지라는 의미를 가진 라틴어 *voluntus*에서 유래되었으며, voluntary에 사람을 표현하는 접미어 'eer'를 붙여 자원봉사자를 volunteer라고 한다. 이 말은 인류사회의 협조를 향한 인간 개인의 자발의지를 일컫는다.

인간은 본래부터 사회적 속성을 가지고 서로 교류하며 무엇을 성취하여 인정받고 타자에 대한 사회적 책임을 지고 새로운 경험을 해보고자 하는 자원봉사에 대한 본능적 욕구를 가지고 있다. 즉, 자원봉사활동이란 인간 공동의 행복을 지향하는 데 필수불가결한 요건으로 민주주의 철학을 기본으로 하여 개인, 집단, 지역사회의 문제를 해결하고 예방하는 노력으로, 그에 상응하는 대가(보수, 지위, 명예)를 바라지 않고 자발적으로 협력 또는 직접 참여하는 복지활동이라 할 수 있다. 자원봉사활동기본법에서 '자원봉사활동'이란, 개인 또는 단체가 지역사회 · 국가 및 인류사회를 위하여 대가 없이 자발적으로 시간과 노력을 제공하는 행위를 말하며, '자원봉사자'란 자원봉사활동을 하는 사람을 말한다. 한국사회복지협의회(1987)에 따르면, 자원활동이란 사회문제의 예방 및 해결 또는 국가의 공익사업을 수행하고 있는 공사의 공식조직에 자발적으로 참여하여 영리적 보상을 받지 않고서도 인간존중의 정신과 민주주의 원칙에 입각하여 낯선 타인을 상대로 필요한 서비스를 제공함으로써 사회의 공동선을 고양시킴과 동시에 이타심의 구현을 통해 자기실현을 성취하고자 하는 활동이다.

그러므로 자원봉사활동이란, 인간 공동의 행복을 지향하는 데 필수 불가결한 요건으로 민주주의 철학을 기반으로 하여 개인, 집단, 지역사회의 문제를 해결하고 예방하는 노력으로 그에 상응하는 대가(보수, 지위, 명예)를 바라지 않고 자발적으로 협력 또는 직접 참여하는 복지활동이라 할 수 있다.

2) 자원봉사의 특성

한국의 복지는 복지사회를 지향하고 있으며, 선별주의적 복지에서 보편주의적 복지로, 잔여적 개념의 복지에서 제도적 개념의 복지로 전환하면서, 민간의 참여인 자원봉사활동의 중요성이 부각되고 있다. 이러한 자원봉사의 특성은 다음과 같다(정민숙 외, 2017: 277~279 ; 홍봉수 외, 2017: 228~229).

(1) 자발성

자원봉사는 타의에 의해 강제로 하는 활동이 아니라, 자신의 자발적인 의지로 생각하고 판단하여 행해지는 자유스러운 활동이어야 한다. 자원봉사활동이 금전적인 이득이나 남을 위한 행동에 대가를 바라지 않는 것은, 인간으로서 개인적인 자유의지의 발로이기 때문이다. 자원봉사활동이 활성화되기 위해서는 인간의 자발성을 토대로 지속적인 활동이 영위되도록 법적 제도화나 조직화가 중요하며, 이를 위한 지원체계가 마련되어야 한다.

(2) 이타성

자원봉사활동이 자신의 이익이나 특정 목적을 위해 행해지는 것이 아니라, 타인을 존중하고 원조하여 이웃과 함께 더불어 살아간다는 정신에서 비롯된 것으로, 이타성은 자원봉사활동의 가장 중요한 특성 중 하나이다. 자원봉사활동이 처음부터 남을 위한 이타주의적 사고에서 출발하지 않았다 하더라도, 활동이 진행되면서 남을 위한 배려와 도움을 주려는 이타주의적 정신이 발생하도록 하는 것은 매우 중요하다.

(3) 무보수성

자원봉사는 자신이 한 활동에 대하여 정신적인 보상과 만족 외에 물질적인 보상이나 대가를 바라지 않는 것이다. 자발성과 공익성의 요건을 충족시킨 활동이라도 그 활동에 상응하는 금전적 대가를 지급받으면 이미 자원봉사의 영역을 벗어나는 것이다. 그러나 최근에 와서는 자원봉사활동에 쓰인 최소한의 경비나 수당은 받을 수 있다는 여론이 많다. 이는 자원봉사활동의 본래 목적이나 취지에 어긋나지 않는다면, 교통비나 식사비 같은 최소한의 실비지원은 오히려 자원봉사활동을 촉진시키는 매개체가 된다고 보는 것이다.

(4) 공익성

인간이 자발적으로 행하는 모든 활동을 자원봉사라고 하지는 않는다. 자신의 이익이나 취미활동, 특정인의 이익 등을 위한 행동은 자원봉사라 할 수 없다. 불특정 다수의 복지증진과 사회공헌에 기여하는 영역의 활동이어야 자원봉사라고 할 수 있다.

(5) 조직성

자원봉사가 자발성과 무보수성 때문에 현대사회의 복잡한 사회문제를 해결하고 예방하기에는 산발적이고 비조직적일 수 있다. 조직성이란, 서비스의 효과성과 효율성을 증대시키기 위해 지역사회에 산재한 잠재적 자원봉사자를 모집하여 활동에 필요한 교육을 실시한 뒤 적합한 곳에 배치하는 것이다. 일련의 자원봉사 관리과정에 필요한 인력과 재원을 마련하기 위해서는 조직화가 필요하다.

(6) 교육성

자원봉사활동은 스스로 참가해서 행해지는 현장체험 학습이다. 사회복지와 사회문제를 이해하고 관심을 갖게 함으로써 복지교육과 민주시민으로서의 바람직한 역할과 자세를 배우는 시민교육 기능을 수행한다. 또한 평소 자신이 몰랐던 새로운 사실과 기술 나아가 다양한 대인관계를 습득하게 된다. 따라서, 자원봉사활동의 결과도 중요하지만 봉사활동의 준비나 실천과정에서 교육적 효과를 거둘 수 있다.

(7) 지속성

자원봉사활동은 일회성이나 충동적 활동이 되어서는 안 된다. 자원봉사활동의 자발적이며 무보수적인 특성 때문에 자칫 도중에 중단되거나 일방적으로 행해져서는 안되고, 일정 기간 동안 지속적으로 계속되어야 한다.

(8) 개척성

자원봉사활동은 다양한 사회문제와 관련된 것으로서, 개별성 · 창조성 · 실험적인 노력을 발휘해 새로운 기술과 경험을 개척하고 창의적이며 모험적인 도전정신을 배양할 수 있다. 지역사회문제나 개인의 관심사항에 보다 쉽게 접근하고 문제발견이 용이하여 보다 적극적이고 다양한 대응방안 등을 제시하는 등 개척적이고 사회개발적인 기능을 한다.

3) 자원봉사의 의미

(1) 자원봉사의 의의

이타주의와 자선, 상호부조, 인간애, 종교적 신념의 실천을 동기로 하는 자원봉사는, 현대에 이르러 사회에 대한 개인의 책임성 개념이 증대되면서 사회발전과 사회구성원의 조화로운 복지적 삶에 대한 적극적이고 발전적인 에너지로 인식되고 있다. 특별히 우리 사회에서는 주 5일제 근무가 시행되면서 여가를 보람되게 보내고자 하는 사회구성원들의 욕구가 증가하고 있으며, 이들을 위한 더욱 체계적이고 보편화된 자원봉사활동 관리시스템이 요구되고 있다.

이러한 욕구를 효율적으로 관리하고 효과적으로 활용할 수 있을 때, 민주시민으로서의 개인과 가정의 성장과 성숙뿐 아니라, 공공복지의 동반자적 역할로써 조화롭고 균형 잡힌 사회발전을 도모할 수 있기에, 이에 대한 대책 마련이 시급하다.

이와 같은 우리의 사회적 상황을 중심으로 자원봉사활동의 의의는 다음과 같다(최덕경 외, 2012: 17~20 ; 최일섭, 2018: 231~234).

① 개인적 측면

여가를 보람되고 가치 있는 일로 보냄으로써 스스로에 대한 자아존중감이 높아지고, 사회적 인정과 보상을 통하여 심신의 안정과 건강을 도모하여, 더욱 적극적이고 건전한 삶을 유지하게 한다. 또한 인간관계와 의사소통의 훈련을 통하여 사회성이 향상되고, 개인이 가진 소질과 소양을 계발하는 데 이바지한다.

현대사회의 인간소외는 사회구조적 병리현상으로 말미암은 타율적 소외의 문제뿐 아니라, 특별히 최근 들어 출현된 인터넷을 통한 가상공간은 인간과의 실제적 관계에서 올 수 있는 상처와 갈등에 대한 두려움을 극복하지 못하고, 익명의 가상적 존재에 몰입하게 된다. 이는 '나만의 세계'를 형성하고 스스로 사회와 자신을 격리하여 소외시키는 자율적 소외의 문제로까지 심각하게 발전되고 있다. 이러한 현상은 결코 건강한 사회구성원으로서의 모습이라고 할 수 없는바 사회적 연대감, 공동체감을 형성하고 다른 사람들과의 활발한 상호작용을 통하여 책임 있는 사회구성원으로 통합되게 하는 것이 필요하다.

② 가정적 측면

저출산 · 고령화, 이혼의 급격한 증가로 말미암은 가족해체, 청소년 가출, 약물중독 등과 같은 가정적 문제가 급증하는 현시점에서 자원봉사는 이에 대한 하나의 대책 마련으로 제시될 수 있다. 가정의 건강성을 증진시킬 수 있는 여러 방안이 있을 수 있겠지만, 가족구성원 전체가 지역사회의 어려운 이웃을 돌보기 위한 자원봉사에 함께 참여함으로써 가족 간의 유대감이 더욱 돈독해질 수 있기 때문이다.

이러한 가족 자원봉사는 지역사회 문제해결과 가족구성원 간의 유대강화를 기본 전제로 하고 있으며, 다양한 사회문제의 해결점을 가족에서 찾고, 가족의 붕괴와 가족기능의 취약화를 방지하기 위해 도입되기 시작하였다. 이는 자원봉사가 건강하고 결속력 있는 공동체 형성을 돕는다는 측면에서나, 시민 사이의 신뢰를 높이고 안정된 공동체의 본질적인 요소인 상호주의와 연대의식 개발을 돕는다는 측면에서 가족구성원들에게도 충분히 동일하게 적용될 수 있다는 이유에서이다. 따라서, 가족 자원봉사는 우리 사회가 맞고 있는 '가정의 위기'에 대한 우려를 불식시킬 수 있고, 가정의 건강성은 물론 사회의 건강성을 증진시킬 수 있다.

③ 교육적 측면

자원봉사활동을 통하여 사회구성원, 특별히 자라나는 아동과 청소년들에게 민주시민으로서의 사회에 대한 책임성과 애국심을 가르침으로써, 건전하고 성숙한 가치관을 가진 선진시민으로 성장하게 한다. 특별히 바람직한 자아정체감과 건전한 가치관의 부재에서 오는 청소년들의 방황은 현대사회의 청소년 문제를 심각하게 하는 주요한 요인이 되고 있다.

자원봉사를 통하여 자신의 존재이유에 대한 명확한 목적의식을 갖게 하고, 홍익인간적 가치관을 정립함으로써, 사회에 이바지하는 미래의 역군으로 자라나게 하여야 하는 것이다. 한편, 성인들에게는 더불어 사는 사회에 대한 책임과 의무를 감당함으로써 개인적 성숙과 사회발전을 함께 이룰 수 있다.

④ 사회복지적 측면

사회복지실천에 있어서의 부족한 인적 · 물적 자원을 보완하고 보충하는 동반자적 역할을 통하여 지역사회 발전에 이바지함으로써, 우리 사회 전체의 조화로운 발전과 복지수준 향상을 도모한다. 사회복지가 제도적 측면에서 사회의 변화와 발전을 도모한다면, 자원봉사는 사회복지실천의 테두리 안에서 시민의 자주적인 힘과 역량으로 사회의 개선과 개혁을 꾀하는 적극적 활동이다.

이를 통하여 사회복지실천의 효과성을 극대화시키는 역할을 담당하고 있다. 따라서, 사회복지와 자원봉사의 관계는 단순히 보조적이고 보완적인 수단으로서가 아니라, 불가분의 동반자적 관계로서 이해해야 한다는 것을 유념해야 한다.

⑤ 사회적 측면

자본주의 사회의 구조적 모순으로 발생하는 각종 부조리와 사회 병폐적인 문제를 해결하는 방안으로서, 국가에서 시행하는 다양한 정책과 제도적이고 법률적인 문제에 참여함으로써, 이의 개선과 개혁에 이바지하고 사회 각 분야에 대한 긍정적 패러다임 조성을 통하여, 우리 사회의 더욱 궁극적인 발전방향 설정에 기틀을 놓을 수 있다.

⑥ 자원봉사자 측면

첫째, 자원봉사활동을 통해 어려운 과업을 완수하고 새로운 경험에 도전하면서 자신의 잠재력을 발견할 수 있으며, 일에 대한 성취감을 통해 자신감, 긍정적인 자아상을 확립할 수 있다.

둘째, 집단경험을 통해 다양한 사회적 · 문화적 배경, 가치를 가진 사람들과 상호작용하면서 타인의 의견을 이해하고, 수용하고, 힘을 키우고, 인간의 존엄성과 사회적 연대감, 공동체의식을 키우게 된다.

셋째, 봉사활동을 통해 자신의 행동에 책임을 지고, 전체집단의 이익을 위해 자신을 양보하고, 집단성원들과의 의견을 조정하고 타협하는 과정에서 문제해결능력을 고양하게 된다.

넷째, 자원봉사는 자원봉사자가 이전에 알지 못했던 새로운 지식이나 기술을 학습할 수 있게 하고 이미 가진 기술을 더욱 발전시킬 수 있다.

다섯째, 자원봉사는 많은 레크리에이션 가치들을 지니고 있다. 즉, 개인적인 안정감을 증진시키면서도 권태, 단조로움, 외로움을 떨쳐버리게 한다.

자료: www.1365.go.kr

[그림 12-1] 1365자원봉사센터 홈피

(2) 자원봉사의 필요성

급속한 사회변화와 발전에 따라 발생된 무수한 사회적 병리현상을 대변하고 있으며, 빈곤과 폭력, 인간소외 등과 같은 심각한 사회문제에 대한 인식을 이끌어내고 있다. 이러한 사회적 병리현상을 해결하기 위한 노력의 일환으로 제도적 측면에서의 사회복지가 발전해왔으나, 인적·물적 자원의 한계에 의해 수많은 사회문제가 미해결된 채로 방치되고 외면되어 온 것이 현실이다.

이는 국가적으로나 사회적인 측면에서 균형 잡힌 발전을 저해하는 요소로 작용해왔으며, 사회통합을 이루지 못한 수많은 사회구성원이 아픔과 고통 속에서 사회발전이라는 미명 아래 신음하는 결과를 가져왔다. 따라서, 이러한 사회문제를 해결하고 사회복지의 부족한 인적·물적 자원을 보충하고 보완하는 역할로서의 자원봉사활동의 필요성이 날로 증대되고 있는 상황이다.

자원봉사의 필요성은 다음과 같다(홍봉수 외, 2017: 228~229).

첫째, 현대사회에서는 물질적 풍요 속에서도 각종 비(非)복지 요소의 증가로 말미암아 사회문제가 급증하자, 이런 문제해결과 예방의 기능을 담당하는 공적 또는 사적 조직에서의 사회복지활동에 대한 활성화 욕구가 증가하고 있다.

둘째, 1960년대 이후 급격한 경제발달에 따른 지역 간, 산업 간의 인구이동은 지역주민의 생활양식과 생활의식의 변혁을 일으켜 사회환경을 악화시키고 있는데, 특히 핵가족화의 경향으로 말미암은 가정의 생활보장기능 축소는 민간영역서비스를 필요로 한다.

셋째, 산업기술의 발달과 주 5일제 근무 등으로 말미암아 발생한 여가시간을 의미 있고, 건전하게 보내고자 하는 사회적 분위기가 자원봉사나 단체를 통한 적극적인 봉사활동으로 이어지게 되었다.

넷째, 자원봉사활동이란, 사회복지를 향한 시민참여의 한 형태로 활동의 과정을 통해 공동체 의식을 높이고, 다양한 계층의 폭넓은 참여를 통해 사회적 통합을 높일 수 있기 때문에 민주화에 이바지하게 된다.

다섯째, 자원봉사는 거대화, 관료화되어 가는 정부나 민간영리기업의 세력을 보완, 견제할 수 있는 제3의 세력으로 간주할 수 있다.

여섯째, 자원봉사자 개인으로도 필요성을 지닌다. 즉, 개인적 능력을 활용하게 되어 생활의 의의나 보람을 느끼게 되며, 여가를 건전하게 이용하여 개인의 발전을 도모할 수 있다.

그러므로 현대사회의 자원봉사활동은 주는 자와 받는 자와의 관계에서 일어나는 것과 같은 일시적인 자혜심, 감상주의, 우월주의 등과 같은 것이 아니라, 한 인간으로서 스스로 다른 사람에게 서비스하는 것을 통하여 자신의 잠재능력을 실현하기 위한 하나의 기회가 될 수 있다. 또한 인간성을 회복하고 가정을 포함한 공동체 의식의 회복을 통하여 이웃과 더불어 행복한 삶을 누리는 자발성과 연대성을 갖는 활동이다.

(3) 자원봉사의 원칙

다양한 자원봉사활동영역에서 활동하기 위한 원칙은 다음과 같다(서보준 외, 2017a:

380~381).

① 인권의 존중 원칙

자원봉사활동의 출발점은 모든 인간은 그 무엇과도 바꿀 수 없고 그 무엇으로부터도 침해받거나 무시될 수 없는 존엄성을 가지고 있다는 것을 인식하는 것이다. 진정한 의미를 가진 자원봉사활동은 가진 자가 못 가진 자에게 베푸는 것이나 도와주는 것이 아니라, 자신에게 있는 것을 필요한 사람과 나누는 것이고 친구가 되는 것이다.

② 민주주의 정신의 원칙

자원봉사는 민주주의를 바탕으로 하여 존재하는 것이다. 민주적인 생각과 방법을 자원봉사활동 장면에 적극적으로 활용하여야 한다. 특히, 단체로 자원봉사활동에 참여하는 사람들은 그 단체의 조직과 운영에 있어서 민주적인 방식과 절차를 따라야 할 것이다.

③ 공공성과 시민성의 원칙

자원봉사활동은 공공성과 사회성을 바탕으로 한 활동이다. 이것은 주체적인 개인이 인권, 민주주의, 자치라고 하는 공동체적 이념에 따라 행동하는 것을 의미한다. 자원봉사는 국가라든지 특정 종교, 이데올로기를 초월한다는 원리에 의해서 인간과 인간이 연대해 사회문제를 해결하고자 하는 것이다. 이에 자원봉사활동은 공공성과 시민성을 지향하고 존중하는 방식으로 진행되어야 한다.

④ 자원봉사의 목적화의 원칙

자원봉사는 그 자체가 목적이지 다른 목적을 성취하기 위한 수단으로 이용되어서는 안 된다. 선거에서 득표하기 위한 수단으로, 기업의 홍보수단으로, 전문기술을 연마하기 위한 수단으로 점수나 학점을 취득하는 데 이용되어서는 안 된다.

4) 자원봉사실천의 기술

자원봉사실천에서 요구되는 기술은 인간을 원조하는 다양한 방법과 기법을 효과적으로 활용함으로써, 클라이언트가 도움을 주고자 하는 사람의 의도와 역할을 명확히 이해하고 문제해결과정에 자신이 참여할 수 있도록 유도하는 능력이다. 따라서, 자원봉사실천의 기술은 자원봉사활동을 수행하는 데 필수적으로 요구되는 기본 과제라고 할 수 있다.

최근에 이루어지고 있는 자원봉사활동은 다양한 사회현상을 다루기 때문에, 이에 따른 전문적이고 구체적인 기술이 요구된다. 아울러 자원봉사활동으로서 공통적으로 요구되는 기술의 기반을 마련하고 습득하는 것은 매우 중요한 과제가 되고 있다. 자원봉사실천의 기술은 단지 지식을 이해하는 것에서 더 나아가 훈련과 경험에 의해서 습득될 수 있다. 그 내용은 다음과 같다(최덕경 외, 2012: 55~59).

(1) 자원봉사자의 기본 자질

자원봉사자가 자원봉사활동을 하기에 앞서 갖추어야 할 기본적인 자질은 다음과 같다.

첫째, 공감 또는 감정이입의 자세가 요구된다. 모든 인간관계의 기본적인 기술로서 공감은 인격의 더욱 깊은 동일시 상태라고 볼 수 있다. 인간 상호 간의 이해, 상대방의 눈을 통해서 세상을 볼 수 있는 능력이 요구된다.

둘째, 존중과 보살핌의 자세가 요구된다. 수혜자의 독자성과 존엄성을 인정하고 이를 수혜자에게 전달하여 결과적으로는 수혜자의 자기결정권리를 지지하고 격려하는 능력이 필요하다.

셋째, 온정과 친절함이 전달될 수 있어야 한다. 온정은 인간을 돕는 활동에 임하는 모든 사람이 기본적으로 갖추어야 할 자질이라고 할 수 있으며, 수혜자의 복지를 위하여 언어적 또는 비언어적인 방법으로 전달할 수 있다.

넷째, 진실성과 순수성을 갖추어야 한다. 자원봉사활동을 진행하면서 자신의 감정, 사고로 지각한 내용을 조심스럽게, 그리고 자연스럽게 적절한 형태로 전달할 수 있는 능력이 요구되며, 진실한 관계를 추구해야 한다.

다섯째, 자신에 대한 확신과 다른 사람에 대한 개방이 요구된다. 이는 자원봉사자가 적절하다고 생각되는 자신의 경험을 다른 사람과 함께 나눌 수 있는 능력을 말한다.

이를 위해서는 자신에 대한 확신을 가짐은 물론 다른 사람에 대한 열린 마음이 있어야 가능하다.

여섯째, 자원봉사활동에 대한 높은 기대보다는 어려움과 장애에 직면하더라도 긍정적이고 협력하는 자세를 유지하는 것이다.

(2) 자원봉사 실천기술

자원봉사자의 자질만을 가지고 자원봉사활동에 임할 경우 자기만족에 그칠 수 있다. 따라서, 자원봉사의 객관성, 과학성, 유효성을 높이기 위한 구체적인 원조기술을 습득해야 한다. 자원봉사현장에서 요구되는 필수적인 자원봉사기술을 살펴보면 다음과 같다.

① 기초적인 원조기술

자원봉사활동도 일종의 원조과정이라고 볼 수 있다. 따라서, 도움을 주고자 하는 사람은 도움을 필요로 하는 사람 또는 그들의 상황을 새로운 시각으로 지각하고 이해하는 기술이 필요하다. 자원봉사자와 클라이언트가 긍정적인 효과와 영향을 줄 수 있는 관계로 발전되기 위한 기초적인 원조기술은 다음과 같다.

-상대방을 있는 그대로 수용하는 것
-인간을 독립된 개인으로 인정하는 것
-인간의 통합성을 유지하게 하는 것
-클라이언트의 자기결정권을 보장하는 것

② 면접기법

면접기법은 자원봉사실천에서 중요한 기술로서 시작단계에서 종결단계에 이르기까지 면접을 통하여 행해진다. 일반적으로 다음과 같은 네 가지의 기술이 제시된다.

-신뢰관계 수립을 위한 기술 : 다른 사람에 대한 깊은 관심, 클라이언트에 대한 성의, 문제해결과 지원에 대한 자신감이 요구됨
-지지적 기술 : 따뜻하고 적극적인 관계, 공감적 이해, 격려, 강화

- 감정표현의 기술 : 클라이언트가 자유롭게 감정을 표현할 수 있는 상황을 만들어 의도적으로 감정표현을 촉진
- 자기이해 촉진기술 : 클라이언트로 하여금 자신의 인격, 행동패턴, 대인관계의 상황, 자신이 가진 문제의 의미, 문제의 객관적 상황 등에 대하여 통찰함으로써 그 이해를 높임.

③ 관찰

관찰은 단순히 보는 것이 아니라, 상대방이 말하는 것과 동시에 말하지 않는 것 또한 파악하는 것으로 비언어적 커뮤니케이션(non-verbal Communication)이라고 볼 수 있다. 인간은 누구나 상대로부터 자극을 받아들여 경험, 기억, 사고, 감각 등과 연결하여 그 나름대로 의미부여를 하게 된다. 이러한 주의 깊은 관찰을 통해 자원봉사자는 클라이언트의 원조과정 목표를 확인하고, 개입의 방법을 결정하는 도움을 받을 수 있다. 관찰은 클라이언트 개인, 대인관계, 문제상황, 생활환경 등 네 가지 차원에서 이루어질 수 있다.

④ 커뮤니케이션

자원봉사자와 클라이언트 간, 자원봉사자 간과 같은 인간 상호 간에 생각, 정보, 감정을 전달하는 의사소통은, 인간을 원조하는 상황에서 가장 중요한 도구로 활용될 수 있다. 의사소통은 언어 또는 비언어적 방법들에 의해 이루어질 수 있다. 비언어적 의사소통에서는 정보뿐 아니라, 감정도 전달하게 된다. 비언어적 커뮤니케이션 기술은 다음과 같이 분류될 수 있다.

㉠ 촉진 : 클라이언트가 적극적으로 이야기하는 기술로 수긍. 적절한 질문 등이 해당된다.

㉡ 경청 : 커뮤니케이션의 기본으로 클라이언트가 무엇을 이야기하며, 진정으로 전달하고자 하는 것을 파악하기 위해 집중해서 듣는 것을 의미하며, 반어법, 명확화, 요약 등이 사용된다.

㉢ 공감 : 클라이언트의 감정과 마음을 이해하고 알아줌으로써, 자기개방을 유도하

고 그들의 감정과 사건을 표현하도록 유도한다.

㉣ 질문 : 폐쇄형 질문과 개방형 질문을 적절히 사용하여 클라이언트의 상황과 문제를 파악하고, 해결의 방법을 함께 찾아가는 기술을 말한다.

㉤ 보증 : 불안한 클라이언트를 안심시키고 지지, 격려, 용기를 주는 기술이다.

㉥ 침묵과 직면 : 침묵함으로써 클라이언트가 깊이 생각할 기회를 주고, 적절한 표현을 찾아내게 하는 것과 클라이언트의 이야기가 일관성이 없거나 모순될 때, 이를 직면시킴으로써 자기이해를 깊고 객관적으로 하도록 하는 기술이다.

그러므로 이러한 자원봉사 실천기술은 단독적으로 작용하는 것이라기보다는 서로 통합적이고 보완적으로 사용되는 기술이다. 클라이언트의 상황과 자원봉사 현장의 특이성에 따라 적절한 조합이 이루어져야 효과를 발휘할 수 있다.

5) 자원봉사활동의 과제

자원봉사활동에 대한 중요성은 점점 높이 인식되고 있으며, 자원봉사활동을 둘러싼 환경은 더욱 변화되고 있다. 최근 자원봉사활동의 경향에서는 자원봉사자의 수적 증대와 참여계층의 확대 및 활동 · 내용의 다양화라고 할 수 있다. 이러한 다양한 변화와 관련하여 자원봉사활동 활성화를 위한 과제를 제시하면 다음과 같다(서보준 외, 2017: 380~381).

(1) 추진체계의 과제

자원봉사활동 추진체계와 관련하여 구체적인 내용을 살펴보면 다음과 같다.

첫째, 자원봉사활동을 총괄 · 지원 · 조정할 수 있는 전담기구가 없다. 자원봉사활동에 대한 조사연구, 교육훈련, 상담지도, 수급조정, 홍보 및 개발, 집회장소 제공, 각종 자료의 제공, 국내 · 외 교류, 사고보장 수속, 프로그램 개발 등의 전문적 기능을 통합관리 · 전담할 수 있는 공식적 전문자원봉사조직이 없다. 따라서, 이들을 전담해서 육성, 추진해나가는 기구의 신설이 필요하다.

둘째, 자원봉사 육성 · 추진기관 간의 통합조정시스템이 구축되지 않아 상호협력관계가 부족한 실정이다. 자원봉사자는 소속된 특정 기관이나 단체만의 지원이 아니라, 지역사회 전체의 자원이라는 '자원의 지역사회 공유개념'이 도입되어 지역사회 단위로 자원봉사 데이터베이스를 구축하고, 이를 공동으로 활용할 수 있도록 네트워크를 구축할 필요가 있다.

(2) 관리체계의 과제

자원봉사활동 관리체계와 관련하여 구체적인 내용을 살펴보면 다음과 같다.

첫째, 자원봉사관리에 대한 전문기술과 지식을 가진 자원봉사관리자가 부족할 뿐만 아니라, 배치가 이루어지지 않고 있다. 자원봉사관리자의 배치는 체계적 홍보부족, 담당부서의 관리 및 교육능력의 미흡, 교육 및 운영에 필요한 프로그램 개발의 미비, 평가 및 지원체계의 부족 등의 문제에 대해 보다 효과적으로 대처할 수 있게 할 것이다.

둘째, 자원봉사관리과정의 전문성과 체계성이 부족하다. 자원봉사자관리도 직원관리와 같이 대등하게 중요함을 인식하고, 과학적이고 체계적이며 전문적인 업무분장, 지도 · 감독 교육훈련, 유인책 등의 포괄적 관리체계를 도입해야 한다.

셋째, 자원봉사자에 대한 교육과정을 체계화, 전문화시키는 것도 중요하다. 자원봉사자의 특성과 서비스의 대상 및 유형을 고려하여, 이에 대한 이해를 제고하고, 봉사기술을 습득하여 적용할 수 있는 실효성 있는 교육이 되도록 해야 한다.

넷째, 보상체계가 미흡하다. 자원봉사활동기본법의 제정으로 인정과 보상에 대한 체계가 규범화되어 있지만, 자원봉사활동기관이나 시설이 각각의 인정과 보상기준을 가지고 있어서 체계적 인정과 보상이 되고 있지 못하므로, 참여형태의 다양성을 고려한 현실적 검토와 실행을 위한 보상체계가 마련되어야 한다.

연 습 문 제

1. 의료사회복지의 주체가 아닌 것은?

① 의료사회복지사 ② 병원 ③ 요양시설
④ 클라이언트 ⑤ 지역사회

2. 의료사회복지의 의료시설이 아닌 것은?

① 교회 ② 종합병원 ③ 보건소
④ 재활원 ⑤ 정신병원

3. 정신보건사회복지의 기능이 아닌 것은?

① 정신과 치료팀의 협력
② 환자 및 가족에 대한 직접적인 서비스
③ 병원 내 프로그램 계획과 정책결정에 참여
④ 선거 시 유세현장에 적극 참여
⑤ 병원 내 프로그램 계획과 정책결정에 참여

4. 자원봉사의 특성이 아닌 것은?

① 자발성 ② 이타성 ③ 지속성
④ 견고성 ⑤ 개척성

5. 자원봉사의 원칙이 아닌 것은?

① 가정적 측면 ② 공공성과 시민성의 원칙
③ 자원봉사의 목적화의 원칙 ④ 인권의 존중 원칙
⑤ 민주주의 정신의 원칙

정답 1. ④ 2. ① 3. ④ 4. ④ 5. ①

CHAPTER 13

한국사회복지의 전망과 과제

학습목표

1. 사회복지에 대한 전반적인 이해 필요
2. 한국적 상황에 맞는 사회복지시스템의 개발
3. 사회복지에 대한 인식 제고

학습내용

1. 한국사회복지의 전망
2. 한국사회복지의 과제

개 요

한국사회복지는 향후 사회복지의 국제화 진행, 사회복지운동의 전개, 사회복지 토착화와 지역화, 사회적 갈등의 증가, 사회복지의 수급자 확대와 전문화 등으로 전개될 것이 예상된다. 따라서, 이에 대한 과제 또한 우리 앞에 놓여 있다. 즉, 한국사회복지는 사회보장제도를 통한 복지기반의 확충, 복지 수요에 대한 적극적 대응, 양극화 문제 해소, 선문사회복지시들의 탁월성 추구, 통일 대비 등 무거운 주제를 안고 있다. 본 장에서는 한국사회복지의 전망과 그에 따른 과제를 논하고자 한다.

CHAPTER 13

한국 사회복지의 전망과 과제

1. 한국 사회복지의 전망

한국사회복지의 전망은 다음과 같다(정민숙 외, 2017: 309~313 ; 오종희, 2018: 325~328).

1) 사회복지의 국제화 진행

우리나라는 세계화를 부르짖으며, 경제적인 부문과 함께 다양한 영역에서 문호를 개방하며, 세계 속의 한국의 위상을 높이기 위해 노력하고 있다. 이러한 세계화 속에서 영향을 받고 세계화에 영향을 줄 수 있는 부분이 바로 사회복지 영역이라고 할 수 있다. 과거 많은 영역과 부분에서 외국의 사회복지의 영향을 받고 많은 발전을 이루어 온 한국은 이제는 세계화 속에서 지구촌의 사회복지문제에 관심을 가져야 할 때가 도래한 것이다.

우리나라의 사회복지문제는 그 원인이 더 이상 우리나라에 한정되어 있는 것이 아니라, 국제적 맥락에서 이해되어야 할 때이다. 그것은 곧 세계화 추세가 우리나라에서 자체적으로 전개되고 있는 것이 아니라, 국제적 맥락에서 우리나라도 본격적으로 참여하기 시작하였기 때문이다. 이에 따르는 부정적인 결과들 중 몇 가지 예를 든다면, 빈곤의 악화와 불평등의 강조, 임금하락과 그로 인한 생활수준의 저하, 이윤을 극대화할 수 있는 지역으로의 직업이동과 그에 따른 대량 실직, 인간 면역 결핍 바이러스(human immunodeficiency virus, HIV) · 후천성 면역 결핍증(Acquired Immune Deficiency Syndrome, AIDS)과 같은 전염병 질병의 확산, 구조적 재조정의 의미로서 사회복지예산 삭감이 요구되는 긴축예산명령, 아동노동, 아동매춘, 국제범죄와 약물남용의 증가 등을 들 수 있다. 이러한 현상은 지난 수십 년간 우리나라도 어느 정도 경험했으며, 앞으로는 더욱 심각한 문제로 대두되어 결국 우리나라의 사회복지도 국제화될 수밖에 없는 실정이다.

물론 세계화의 긍정적인 면, 즉 자유로운 시장개방과 민주주의의 강화, 생활수준의 향상, 생명연장, 높은 문자 해독률 그리고 보다 건강한 삶에 기여하는 면도 있다. 그러나 세계화 과정에 대해서 적절한 평가를 하자면, 세계화는 경제성장에 기여는 하지만 승자와 패자를 만들어 낸다고 말할 수 있다. 사회복지가 패자로 되어 뒤편에 남겨진 많은 사람들에 대해 무관심할 수는 없다.

그러므로 앞으로 사회복지 교육은 국제사회복지를 전문적으로 교육하는 프로그램이 대학이나 사회복지 전문교육기관의 주도하에 이루어져야 할 것이다. 여기에서 전문적으로 훈련된 국제사회복지 전문가들이 UN 관련 기관, 국제 NGO 기관, 국내의 국제사회복지 관련 기관 등 국제무대에서 활동할 수 있는 기회가 주어질 것이다.

2) 사회복지운동의 전개

사회복지의 문제해결방식은 문제가 되는 개인의 해결능력 강화뿐만 아니라, 문제의 근원이 될 수 있는 환경문제에 대한 지속적인 관심을 갖는다. 특별히 이러한 지역사회 환경변화에 관련된 것이 사회복지운동이다. 사회복지운동이란, 사회운동(social action)의 한 부분으로 집합행동의 성격을 갖고 있으며, 사회복지라는 목표를 달성하기 위해 관련 당사자, 넓게는 모든 국민이나 사회복지전문가, 사회복지대상자, 노동자 등의 주체적인 참여와 행동을 통하여 사회복지 목표달성을 위해 의도적으로 추진해 나가는 사회운동을 뜻한다고 할 수 있다. 사회운동 중 사회복지운동은 우리나라에서는 활성화되어 있지 못한 실정인데, 사회복지사업 자체가 관주도의 일방적 사업을 진행하는 경우가 많아서, 민간의 자율적인 사회복지운동 성격을 갖기는 어려움이 있었다. 그러나 최근 지방분권과 재정분권에 따라 민관협력과 지역사회 중심의 복지운동이 지역문제를 해결하는 새로운 패러다임으로 나타나고 있다.

이러한 복지운동이 안정적이고 체계적으로 지역사회에 뿌리를 내리고 지역문제를 해결하는 중심적인 운동이 되기 위해서는 다음과 같은 과업을 해결해야 한다.

첫째, 시민들의 권리의식을 활성화시켜야 한다.

둘째, 사회복지운동은 대상자 중심의 운동조직을 가져야 한다.

셋째, 사회복지전문가들의 사회복지 현장에의 일상적인 참여를 활성화해야 한다.

넷째, 사회복지운동은 정치운동으로의 발전을 고려해야 한다.

다섯째, 사회운동은 부문운동들과의 연대를 통한 사회변혁운동에 동참하여야 한다.

사회복지운동은 민간 사회복지 단체나 기관을 대상으로 사회복지운동이 전개될 수 있고, 전 국민이나 지역주민의 복지의식 개발이나 반복지적 행동에 대한 저항이나 교정을 중심으로 전개할 수도 있으며, 더 나아가 정부의 복지정책, 재정확보, 전달체계 등 거국적 차원에서도 전개할 수 있다.

우리나라 정부의 복지정책은 신자유주의 이념을 수용하는 경향이 있다. 신자유주의의 이념을 신봉하는 신우파 정권들(예, 영국의 대처 정부, 미국의 레이건 정부 등)은 복지국가의 해체를 공약으로 제시하였다. 신우파정권들은 과도한 사회복지지출의 경제성장을 둔화시키고 정부의 재정위기를 불러왔다는 신념을 기반으로 복지비용의 삭감, 지출구성의 변화, 공공서비스를 포함한 공공부문의 민영화 및 기업에 대한 규제 완화, 지방정부로의 역할 축소, 노조를 포함한 사회세력의 약화 등의 정책기조를 유지하고 있다. 그러나 박근혜 정부에 이은 문재인 정부의 등장으로 좌파적 성격의 사회복지운동이 국정 전반에서 시행될 것으로 보인다.

3) 사회복지 토착화와 지역화

한국의 사회복지는 이론적인 측면에서는 미국을 중심으로 발전한 전문적 지식을 가져왔고, 실천적인 측면에서는 가까운 일본의 행정 및 정책을 받아들여 왔다. 이러한 선진 외국들의 발전된 이론과 실천기술들이 이제는 한국적 상황에서 발전의 계기를 마련하는 기회가 되었지만, 우리나라만의 고유한 특색에 맞는 사회복지를 발전시켜 나가는 데에는 어려움이 있었으며, 많은 이론과 실천기술들이 시행착오를 거쳐 상당 부분 발전하였고, 향후 지속적인 한국형 사회복지가 발전할 것으로 보인다.

우리나라는 모든 분야에서 서울, 수도권을 중심으로 지나치게 집중되어 지역불균형이 심하게 발전되어 왔다. 이는 짧은 기간 동안 경제성장 위주의 개발중심 정책을 추진하다보니 많은 부작용을 낳았다. 그러나 이제는 지방자치제 실시와 더불어 지방분권 중심으로 국토균형 발전이라는 측면에서 지역복지정책을 펼쳐나가는 방향으로 전환해야 할 것이다. 구체적인 삶의 현장인 지방자치단체야말로 지역특성 현상을 더욱 정확하게 파악할 수 있기 때문에, 지역주민이 적극 참여할 수 있고, 지역사회마다의 고유한 특성을 사회복지사업에 반영할 수 있기 때문이다. 아울러 지역주민이 중심이 되고 지역마다 알맞은 사회복지 프로그램을 실시하면서 사회복지를 통합, 시행하는 데 그 의미가 있으며, 지역사회의 주민복지를 위한 실질적인 지역복지정책을 펼쳐나가야 할 것이다.

그러므로 우리 실정에 맞는 사회복지의 토착화와 지역정책의 특성을 고려한 지역화는 서로 보완관계로 정착·발전시킬 필요가 있다.

4) 사회적 갈등의 증가

한국사회의 갈등의 양상은 부부갈등, 노사갈등, 빈부갈등, 학생 간 갈등, 공공과 민간 간 갈등 등 다양하게 나타나고 있다. 특별히 부부갈등과 이혼율이 증가하고 있고, 이에 대한 사회복지대책의 필요성이 확대되고 있는 상황이다. 가족해체, 가정폭력으로 인한 아동과 여성의 보호, 소년범죄와 비행으로 인한 소년보호에 대한 대책 등은 법률적인 접근과 복지적인 접근이 동시에 이루어져야 한다. 선진국에서는 아동과 소년, 가사의 소송과 관련된 영역에서 각 지역별 독립된 가정법원이 설치되어 있고, 이를 법원에서 법률적 판결과 함께 행정적인 보호와 서비스가 이루어질 수 있도록 명령과 보호처분을 행하여 소송당사자와 가족의 삶의 질을 보호하고 있다. 우리나라에서는 소년사건에 대해서는 이러한 보호처분과 서비스가 이루어지고 있으나, 가사사건의 가족구성원인 여성과 아동에 관한 사법부의 보호는 극히 미흡한 실정이다.

IMF 경제난 이후 가정들이 점진적으로 해체되기 시작하여 사회적으로 많은 문제점을 낳고 있고, 현 시점에서 다양한 사회복지 대상자들 중 빈민, 소외된 아동과 노인, 장애인, 그리고 문제를 갖고 있는 가정에 대해서 통합적이고 체계적인 사회복지 프로그램이 필요한 것이다.

앞으로 우리나라는 인구 및 가족구성의 변화에 있어서 저출산·고령화로 인하여 많은 변화가 예상되고 있다. 이러한 인구구성 및 가족변화에 적절히 대응하여 건강한 가족을 유지·강화하기 위해서 가정복지를 위한 전반적인 노력이 요구된다. 앞으로 평균수명 증가로 인하여 고령화사회에서 고령사회로 진입하는 시기를 위해 노인복지 확대정책을 해야 한다는 점이다.

우리사회는 전반적으로 노인빈곤 및 장애문제와 노인문화의 문제를 동시에 생각해야 하는 시대에 접어들었고, 이제부터 노인복지정책에 대한 장기발전계획을 세우고 제도적인 대책과 사회환경을 마련해야 할 것이다. 이러한 전문 프로그램들이 갈등의 현장에서 많이 활용될 수 있도록 학계와 사회복지계에서는 부단한 노력을 하여야 할 것이다.

5) 사회복지의 수급자 확대와 전문화

그동안 사회복지정책 주요 사업이 요보호계층을 위한 수혜사업 정도의 정책을 수행해 왔다는 점이다. 그러나 이제 복지국가에 지향하는 시점에서 국민들의 복지수요가 다양화되고 고도화, 정보화되면서 삶의 질을 위한 건강, 여가, 문화 정보까지 포함하는 참여복지로의 정책이 필요한 시점에 이르렀다.

복지적 수준이 높은 국가일수록 국민들의 삶의 질을 포괄적으로 추진하고, 가능한 한 많은 다양한 사람들을 대상으로 정책을 시행하고 있다. 뿐만 아니라, 갑자기 어려운 생활이 발생하더라도 어느 정도의 기본적인 혜택을 제공하고 있으며, 국민대상으로 재분배 효과가 큰 복지 프로그램 정책을 시행하고 있다.

향후 국민들의 복지욕구 수준이 갈수록 높아지기 때문에, 사회복지 수혜자 대상의 취약계층 중심에서 벗어나서 국민 전체를 포함하는 개개인의 생애주기에 따른 보편적인 권리로서의 복지의 필요성이 요구된다. 결국 사회복지정책이 사회환경 변화에 따라 요보호계층의 수혜자대상 중심의 참여복지를 위한 여가, 문화, 건강 등 삶의 질을 높일 수 있는 종합적인 복지를 추구해야 할 것이다.

우리나라는 앞으로 국민의 삶의 질을 위해 사회복지의 다양한 수요가 증가할 것이다. 이에 대한 사회복지정책을 펼쳐나가는 데 있어서 많은 인력수요와 전문화가 요구되고 있다. 인력수요 면에서 대인사회서비스를 위한 분야별 · 수준별 전문가수요가 증가하고, 공무원 사회복지사와 NGO 사회복지사의 수요가 증가하며, 복지기관의 최고경영자와 중간관리자 수요가 증가할 것이다. 아울러 노인과 장애인을 위한 수발자 수요자도 증가하게 된다. 따라서, 이를 위해 사회복지 전문인력으로 선호되는 대상자들은 임상능력을 갖춘 사회복지사, 프로그램 개발과 평가능력을 갖춘 사회복지사, 국제적 감각과 정보관리 능력이 있는 사회복지사, 다른 전문직들과 수평적 팀워크를 이루어 일할 수 있는 사회복지사, 경쟁력을 갖춘 사회복지사들이 선호될 것이기 때문에 전문성과 교육이 시급한 실정이다.

이외에도 국가부문과 민간부문 사이의 사회복지역할 분담이 원활하게 이루어져야 하며, 세계화의 경쟁력을 위해 전문성 있는 사회복지사 육성을 위해 새로운 교육 패러다임이 요청되고 있다.

2. 한국 사회복지의 과제

사회복지는 국민의 생활향상과 사회보장을 위한 국가의 제도 그리고 이 제도를 구체적으로 실현하기 위한 정부의 시책을 포함한 사회정책 수행을 위한 조직과 시설 등을 통틀어 이르는 말이다. 즉, 교육, 문화, 의료, 노동 등 국민의 사회생활 전반에 걸친 다양한 분야에 관여하는 휴먼서비스(human service)라고 할 수 있다.

변화하는 정치적 · 사회적 · 경제적 환경에 대하여 어떤 모습으로 대응하느냐에 따라 한 나라의 사회복지가 달라질 수 있다. 따라서, 한국 사회복지의 전망과 과제는 세계화 속에서 통일을 추구하는 한국적 상황이 가져올 다양한 변인까지를 고려하여 제시되어야 한다.

향후 한국 사회복지는 사회복지정책의 확대를 통하여 더욱 발전할 것이다. 사회복지정책은 정부의 여러 가지 정책 가운데 한 분야이며, 사회복지정책을 결정하는 데는 정치적 · 경제적 · 사회적 · 문화적 요소들이 모두 영향을 미친다. 따라서, 상황이 변화할 때마다 사회복지정책은 영향을 받게 마련이다. 그러한 변수들을 고려하면서 앞으로의 한국 사회복지를 사회보장제도를 중심으로 전망해 보면 다음과 같다.

1) 사회보장제도를 통한 복지기반의 확충

사회보장제도는 전 국민의 개인소득을 재분배에 의해 일정 한도 이상으로 보장하고 최저한도의 생활을 확보하게 하기 위한 제도상의 모든 체계를 말한다. 향후 국민기초생활보장제도를 통한 최저생계비 보장의 보호수준이 향상되어 기본적 생활보장은 물론 자활 · 자립지원 시책 등 복지기반이 더 확충될 것이다. 산재보험, 국민건강보험, 국민연금, 고용보험, 노인장기요양보험의 5대 사회보험제도 또한 확대 통합되어 보다 효율적인 전달체계로 운영될 것이다.

사회복지서비스도 크게 확충될 것이다. 가족 및 지역사회 중심의 예방적 서비스와 재가복지서비스의 확충은 물론 장애인과 노인 등의 편의시설 설치 확대와 직업안정제도에 대한 지원을 통해 소외계층의 사회참여가 확대될 것이다. NGO 및 NPO와의 협력체계에 의한 사회복지활동이 활발해지고 사회복지시설 기관 단체의 정보화 및 전산화가 이루어져 국민이 손쉽게 사회복지정보와 혜택을 받을 수 있을 것이다.

복지수요 또한 확대되고 다양화될 것이다. 사회변화는 우리가 예견하는 것보다 훨씬 다양할 것이며, 이에 따른 사회적 복지요구도 다양화될 것이며 아울러 복지수급 주체도 보다 조직화될 것이다. 국민들의 자원봉사활동의 생활화도 전망해 볼 수 있다.

2) 복지 수요에 대한 적극적 대응

증가하는 사회복지서비스 욕구에 적절히 대처하기 위한 문재인 정부의 정책방향은 '보편적 복지', '생애주기별 복지정책', '예방형, 맞춤형 복지'로 요약될 수 있다. 보편적 복지는 과거 특수한 계층과 요보호자 중심의 선별적 복지에서 일반 국민 대다수를 복지정책의 대상자로 확대한다는 것이다. 생애주기별 복지는 출산과 영유아기, 청소년기, 40~50대, 노인에 이르기까지 단계별로 나눠 각 단계에서 필요한 욕구에 적극적으로 대응하겠다는 것이다. 예방적 복지는 빈곤, 실직, 질병 등의 사회문제에 노출되기 이전에 미리 예방을 하여 보다 효율적인 복지공급을 목표로 한다. 맞춤형 복지는 개인별 욕구에 대응하는 개별화된 지원과 서비스의 제공을 의미한다. 정부의 복지정책은 이러한 정책 방향에 맞춰 증가하는 복지수요에 적극적으로 대응하게 될 것이다.

3) 양극화 문제 해소

최근에 우리 사회의 양극화 문제는 핵심적인 이슈가 되고 있다. 다수의 사회구성원이 지속적인 경제성장의 혜택을 누릴 수 있었던 외환위기 이전 시기에는 빈곤문제는 소수 노인이나 장애인 등 취약계층의 문제로 집중되었고, 대다수 사회구성원의 삶과는 그다지 관련이 없는 것으로 받아들여졌다. 그러나 IMF 외환위기 이후 절박한 처지에 놓인 빈곤층의 급증을 초래하였고, 빈곤문제를 우리사회의 우선적인 현안의 하나로 등장시켰다.

계층양극현상은 바로 중산층의 몰락으로 표현된다. 특히, 근로소득이 없는 전통적인 비취업 빈곤계층 외에도 근로를 하는데도 빈곤한 근로빈곤층(working poor)의 증가가 새롭게 관찰되고 있다. 성장과 발전의 결실이 특정 장소, 특정 세대, 특정 계층에만 국한됨에 따라 사회적 격차가 심화되고 있는 것이다. 1990년대를 거치며 우리 사회에서는 빈곤문제의 악화를 초래할 수 있는 다양한 사회적 변화가 지속되었다. 비정규직 양산 등으로 표현되는 노동시장의 구조변화, 급속한 고령화의 진행, 이혼 등 가족해체 증가 등 과거 우리사회의 특징과는 사뭇 다른 구조적 변화들이 우리 사회의 곳곳에서 감지되었다.

이러한 변화는 소득분배구조의 악화, 빈곤에 취약한 특성을 지닌 가구의 증가를 시사하는 것이다. 나아가서 소외집단의 상대적 박탈감이 지나치게 확대되어 사회의 지속 가능성까지 위협하는 수준에 이르고 있다. 따라서, 사회변화에 따른 새로운 공동체를 지역사회 내에 형성하고 유지 · 발전시켜 나가는 노력은 중요한 시대적 과제라고 할 수 있다.

그러므로 지역사회 내에서 소외계층의 사회적 배제를 극복하고 사회통합을 이루기 위해서는 각 부문별로 종합적인 접근이 요구된다. 특히, 사회복지서비스 강화 및 네트워크 구축과 함께 주민들 스스로 문제를 해결할 수 있는 주민역량의 강화, 지역공동체 활성화 등이 필요하다. 정부가 우선 부처 간의 이해관계나 파워게임의 구태를 벗고 진정으로 주민의 입장에서 서비스 전달체계를 통합하려는 의지를 보여주어야 한다.

4) 전문사회복지사들의 탁월성 추구

사회복지는 전문성에 있어서 아직은 고도의 전문직이기보다는 누구나 쉽게 도전하고 다른 전문직과 공유할 수 있는 전문직으로 생각하는 경향이 많은 듯하다. 그러나 향후 사회복지는 고도의 분화되고 전문화된 전문기술로 발전될 것이라 생각한다.

앞으로 사회복지사들은 사회복지의 전문적 이론과 실전기술을 겸비하여 사회복지문제를 해결해 나감에 있어서 타 전문직종과 구별되는 탁월성을 발휘해야 한다. 우리나라의 사회복지 교육계는 1970년대에 들어오면서 미국식 사회사업교육을 무비판적으로 받아들인 데 대한 자성의 소리가 높아지기 시작했고, 사회복지(사회사업)교육의 토착화 과제가 강하게 대두되기에 이르렀다. 이리하여 한국의 실정에 맞는 사회복지교육이 이루어져야 한다는 견해가 대세를 이루어, 미시적 접근에서 거시적 접근으로, 사회사업실천에서 사회복지정책으로, 사회사업에서 사회복지로 교육의 패러다임 전환을 가져왔다. 이 결과 대부분의 학교가 '사회복지학과'로 명칭을 바꾸었고, 사회사업가 대신에 '사회복지사'라는 법적 용어가 통일적으로 사용되기에 이르렀다. 사회복지학 연구를 고찰해 보면, 사회복지학은 '응용' 또는 '실천' 과학이지만, 사회복지현상을 이론적으로 연구하는 기능도 있다. 사회복지 토착화를 위해 거시적 접근을 강조하게 되면서, 사회복지실천에 대한 중요성이 덜 강조되었고, 사회복지현상을 이론적으로 연구하려는 경향이 강하게 나타났다. 이 결과, 지난 20여 년 동안 우리나라 임상사회사업의 발전속도는 매우 느리게 나타났다. 그리고 사회복지사들의 정체성은 더욱 혼란에 빠지게 되었다고 볼 수 있다.

앞으로 사회복지의 교육은 임상사회사업가의 전문적 탁월성을 추구해야 할 것이다. 이제 한국은 1970년대의 개발도상국도 아니고 중진국도 아니며, 선진국 대열에 들어서고 있다. 비록 빈곤의 문제가 계속 남아 있다고 해도 오늘날 우리나라에서 대두되고 있는 사회문제들의 성격을 보면, 서구 여러 나라의 사회문제들과 크게 다를 것이 없다. 고령사회의 진입, 복지욕구의 다양화, 복지의 질 향상 욕구 증대, 고도의 전문적 개입을 요구하는 사회문제의 대두 등 임상사회사업의 중요성이 다시 강조되는 시기이다. 특히, 지구화, 정보기술화 등 일련의 지구촌 변화는 한국의 사회(복지)문제를 독립적으로 고찰할 수 없게 만들고 있다.

지난 20세기 후반기에 우리나라 사회복지계가 도입한 소위 토착화의 패러다임들에 대한 재평가와 함께 사회현상과 급속히 변하는 미래의 사회현상을 날카롭게 직시하며, 여기에 대처할 수 있는 사회복지의 패러다임을 구축하여야 할 것이다. 미시적 접근을 도외시한 채, 거시적 접근으로만 사회복지를 이해하려는 경향은 사회복지계의 정체성 정립이나 사회복지의 사회적 실용성을 감안할 때, 많은 문제점을 내포하고 있기 때문에 이러한 패러다임에 중시적 접근을 접목시킬 필요가 있다. 또한 사회복지사는 기관, 클라이언트 전문 사회복지사라는 구체적인 실천의 장(setting)을 갖고 있는 전문직이다.

그러므로 사회복지계, 사회서비스 프로그램을 조직하는 기관체계(agency system) 사이에서 전문적으로 서비스를 제공할 수 있는 탁월한 능력을 지닌 사회복지사(사회사업가) 체계(social worker or professional system)를 더욱 강화 · 전문화시켜야 한다.

5) 통일 대비

남북한 분단의 고착화로 인해 통일에 대한 강한 열망과 함께, 분단 조국으로 인한 정치적 · 사상적 측면의 갈등과 이질화가 더욱 심화되고, 통일 후 예상되는 문제도 그 심각성이 더해질 것으로 예상하고 있다. 이러한 통일 한국에 대비한 사회복지계의 대응이 필요한 시점이다. 즉, 남북한의 복지정책의 명확한 차이점은 남북한 정권의 경제능력과 복지수요에 대한 정책적 차이점이라고 볼 수 있다. 북한식 사회주의자들은 독재체제의 성격상 경제성장이나 경제능력에 관계없이 국가는 사회복지의 전적 책임을 지는 것으로, 형식상으로는 헌법에 규정하고 있지만 실제로는 사회복지를 희생시키면서 전쟁에 의한 적화통일 전략노선을 견지하며 군사력 증강에 주력하고 있다. 북한은 남북한 복지경쟁에서 낙오하여 국민들을 기아선상에 방치하고, 국민복지를 완전히 외면하고, 공산적화통일로 남한을 정복함으로써 사회복지문제를 일거에 해결하고자 하는 정치적 경향을 보이고 있다.

이러한 현실에서 통일 한국의 사회복지의식을 점검해야 한다. 통일 후 북한 사회복지의 물질적 측면만이 아니라, 정신적인 측면도 고려해야 하는데, 50여 년간 남북한의 상반되는 체제하에서 이를 동질화하는 것이 통일 후의 기반 조성에 중요한 과제가 될 것이다.

연 습 문 제

1. 한국 사회복지의 전망이 아닌 것은?

① 사회복지의 국제화 진행
② 사회복지운동의 전개
③ 사회복지 토착화와 지역화
④ 사회적 갈등의 증가
⑤ 미국의 사회복지 예속

2. 해결해야 할 과업이 아닌 것은?

① 시민들의 권리의식을 활성화시켜야 한다.
② 사회복지운동은 대상자 중심의 운동조직을 가져야 한다.
③ 사회복지전문가들의 사회복지 현장에의 일상적인 참여를 배제하여야 한다.
④ 사회복지운동은 정치운동으로의 발전을 고려해야 한다.
⑤ 사회운동은 부문운동들과의 연대를 통한 사회변혁운동에 동참하여야 한다.

3. 한국 사회복지의 과제가 아닌 것은?

① 사회보장제도를 통한 복지기반의 확충
② 마르크스주의의 도입
③ 복지 수요에 대한 적극적 대응
④ 전문사회복지사들의 탁월성 추구
⑤ 양극화 문제 해소

4. 통일 한국의 사회복지 체계에서 가장 중요한 점은?

① 노인개념의 정의
② 사회복지의식의 동질화
③ 여성의 지위 향상
④ 청소년 교류
⑤ 유아교육의 통일

정답 1. ⑤ 2. ③ 3. ② 4. ②

참고문헌

1. 국내문헌

강경미(2016). 『발달심리학』. 파주. 경기: 양서원.
강영걸 외(2018). 『사회복지조사론』. 파주. 경기: 정민사.
강희갑 외(2016). 『사회복지정책론』. 파주. 경기: 양성원.
고수현 외(2016). 『사회복지정책론』. 파주. 경기: 양성원.
고수현(2015). 『사회복지정책론』. 파주. 경기: 정민사.
고재욱 외(2014). 『사회복지개론』. 파주. 경기: 정민사.
곽미정 외(2016). 『사회복지실천론』. 서울: 창지사.
권봉 외(2018). 『사회복지개론』. 파주. 경기: 수양재.
권중돈 외(2017). 『사회복지개론』. 서울: 학지사.
권혁창 외(2017). 『사회복지개론』. 서울: 학지사.
길귀숙 외(2015). 『사회복지실천기술론』. 파주. 경기: 양서원.
길귀숙 외(2018). 『사회복지실천론』. 파주. 경기: 양서원.
김기원(2017). 『사회복지정책론』. 서울: 학지사.
김동기 외(2014). 『사회복지개론』. 서울: 학지사.
김민경(2017). 『사회복지실천기술론』. 파주. 경기: 양서원.
김보기 외(2016). 『최신 사회문제론』. 파주. 경기: 양서원.
김보기 외(2017). 『인간행동이해를 위한 심리학』. 파주. 경기: 양서원.
김보기 외(2018). 『노인복지론』. 파주. 경기: 수양재.
김석용(2012). 『사회복지조사론』. 서울: 탑북스.
김성이(2006). 『사회복지의 발달과 사상』. 서울: 이화여자대학교출판부.
김성천 외(2013). 『사회복지개론』. 서울: 학지사.
김성철(2017). 『사회복지실천론』. 파주. 경기: 21세기사.
김윤재 · 허은희(2009). 『사회복지법제론』. 서울: 은혜출판사.
김철수(2016). 『헌법개설』. 서울: 박영사.
김태룡 · 안희정(2011). 『사회자본과 자원봉사』. 서울: 집문당.
김태진(2012). 『사회복지의 역사와 사상』. 경산. 경북: 대구대학교출판부.

김현호 외(2017). 『사회복지실천기술론』. 파주. 경기: 정민사.
김효선 외(2018). 『사회복지실천론』. 고양. 경기: 공동체.
김훈(2012). 『사회복지정책론』. 서울: 학지사.
남세진(1998). 『인간과 복지』. 서울: 한울.
노병일(2018). 『사회복지정책론』. 고양. 경기: 공동체.
도광조(2018). 『사회복지실천기술론』. 파주. 경기: 양서원.
류기형 외(2018). 『사회복지개론』. 파주. 경기: 양서원.
문수열(2014). 『사회복지정책론』. 파주. 경기: 정민사.
박경일(2011). 『사회복지정책론』. 고양. 경기: 공동체.
박경일(2017). 『사회복지학강의』. 파주, 경기: 양성원.
박귀영 외(2017). 『사회복지실천기술론』. 파주. 경기: 양성원.
박병금 외(2017). 『사회복지실천기술론』. 파주. 경기: 정민사.
박병현(2008). 『사회복지와 문화: 문화로 해석한 사회복지의 역사』. 집문당.
박병현(2012). 『사회복지정책론: 이론과 분석』. 서울: 학현사.
박병현(2015). 『사회복지정책론』. 파주. 경기: 정민사.
박병현(2016). 『사회복지의 역사』. 고양. 경기: 공동체.
박석돈(2016). 『사회복지개론』. 파주. 경기: 양성원.
박용순 외(2009). 『사회복지개론』. 서울: 학지사.
박원진 외(2018). 『지역사회복지론』. 파주. 경기: 수양재.
박윤영(2014). 『사회복지법제론』. 파주, 경기: 양서원.
서보준 외(2017a). 『사회복지개론』. 서울: 공동체.
서혜석 외(2017b). 『사회복지실천기술론』. 파주. 경기: 양서원.
서혜석 외(2017c). 『사회복지실천론』. 파주. 경기: 정민사.
송형철 외(2018). 『발달심리학』. 파주. 경기: 양성원.
신성자 외(2017). 『사회복지실천기술론』. 파주. 경기: 양성원.
양옥경 외(2018). 『사회복지실천론』. 파주. 경기: 나남.
양철수 외(2018). 『인간발달』. 파주. 경기: 양성원.
엄명용 외(2015). 『사회복지실천기술의 이해』. 서울: 학지사.
엄명용 외(2018). 『사회복지실천의 이해』. 서울: 학지사.
오종희 외(2018). 『사회복지개론』. 파주. 경기: 정민사.
원석조(2017). 『사회복지발달사』. 고양. 경기: 공동체.
원석조(2018). 『사회복지개론』. 파주. 경기: 양서원
원석조(2018). 『사회복지정책론』. 고양. 경기: 공동체.
원석조(2012). 『사회복지정책론』. 고양. 경기: 공동체.

윤선오 외(2016). 『사회복지실천론』. 파주. 경기: 양성원.
윤찬영(2017). 『사회복지개론』. 파주. 경기: 정민사.
윤철수 외(2011). 『사회복지개론』. 서울: 학지사.
이경준 외(2018). 『사회복지실천론』. 서울: 동문사.
이정서(2018). 『사회복지정책론』. 파주. 경기: 정민사.
임정문 외(2016). 『사회복지정책론』. 서울: 동문사.
임정문 외(2017). 『사회복지개론』. 서울: 동문사.
전재일(2017). 『사회복지개론』. 서울: 형설출판사.
정민숙 외(2017). 『사회복지개론』. 고양. 경기: 공동체.
정서영 외(2017a). 『인간행동과 사회환경』. 파주. 경기: 양서원.
정서영 외(2017b). 『상담이론과 실제』. 파주. 경기: 양서원.
정서영 외(2018a). 『상담심리학』. 파주. 경기: 양성원.
정서영 외(2018b). 『상담학개론』. 고양. 경기: 공동체.
최덕경 외(2012). 『현대사회와 자원봉사』. 서울: 공동체.
최옥채(2017). 『사회복지실천론』. 파주. 경기: 양서원.
최은희 외(2017). 『사회복지실천론』. 파주. 경기: 양성원.
최일섭 외(2018). 『사회복지개론』. 서울: 지식공동체.
최정일(2017). 『법학개론』. 서울: 학림.
최혜경 외(2017). 『사회복지실천론』. 서울: 학지사.
최혜지 외(2014). 『사회복지실천론』. 서울: 학지사.
한신애 외(2018). 『사회복지행정론』. 파주. 경기: 양성원.
현외성(2014). 『사회복지정책론』. 파주. 경기: 양서원.
현외성(2016). 『사회복지법제론』. 파주. 경기: 양서원.
홍봉수 외(2017). 『사회복지개론』. 서울: 공동체.
황미경(2012). 『사회복지법제론』. 서울: 서우.

2. 외국자료

Ahmed, P. I. et al.(1979). Toward a new definition of health: An overview. In P. I. Ahmed & Coelho, G. V. (Eds.). *Toward a New Definition of Health*. New York: Plenum, 7-22.

Akabas, S. H.(1995). Occupational Social Work. *Encyclopedia of Social Work* (19th ed.). NASW.

Anderson, R. & Cater, I.(1990). *Human Behavior in the Social Environment* (4th. ed.). New York: Aldine De Gruyter.

Babbie, E.(1992). *The Practice of Social Research*. Belmont. CA: Wadsworth Publishing Company.

Baker, H. S.(1997). *Outsiders: Studies in the Sociology of Deviance* (New edition). New York: The Free Press.

Barker, R. L. & Briggs, T.(1978). *Differential Use of Social Work Manpower*. New York: NASW.

Barker, R. L.(1991). *The social work dictionary* (2nd ed.). Silver Spring. MD: National Association of Social Workers.

Bartlett, H.(1970). Social Work Practice. *Encyclopedia of Social Work, 16*. New York: National Association of Social Workers.

Beaver, M. L.(1983). *Human Service Practice with the Elderly*. Englewood Cliffs. NJ: Prentice-Hall.

Becvar, D. & Becvar, R.(1988). *Family Therapy: A Systematic Integration*. Boston: Allyn and Bacon.

Belsky, J. K.(1990). *The psychology of aging: Theory, research, & interventions*. Pacific Grove. CA: Brooks/Cole.

Berg-Weger, M. & Julie, B.(2000). *The Paramecium Companion for Social Work: Integrating Class and Filed Work*. Boston: Allyn and Bacon.

Beveridge, W.(1942). *Social Insurance and Allied Services*. London: HMSO.

Biestek, F. P.(1957). *The Casework Relationship*. London: George Allen & Unwin.

Bowen, M.(1978). *Family Therapy in Clinical Practice*. NY: Jason Aronson.

Bradshaw, J.(1972). *The Concept cf Social Need. New Society, N*, 496.

Bronfenbrenner, U.(1970, 1972, 1974). *Two worlds of childhood*. PENGUIN BOOKS. 문용린·김영철 역(1991). 『미국과 소련의 아이들』. 서울: 샘터.

Brown, C. J. & Bradshaw, J.(1978). *Issues in Social Policy*. London: Routlege and Kegan Paul.

Burdman, G. M.(1986). *Healthful aging*. Englewood Cliffs, NJ : Prentice-Hall.

Byrne, J. M.(1990). The Future of Intensive Probation Supervision and New Intermediate Sanctions. *Crime & Delinquency, 36(1)*. Sage Pub.

Carter, I.(1977). Social Work in Industry: A History and A Viewpoint. *Social Thought, Winter*, 7-17.

Cobb, R. W. & Elder, C. D.(1983). *Participation in American Politics: Dynamics of Agenda Building*. Boltimore: The John Hopkins University Press.

Coleman, J. C. & Warren-Adamson.(1992). *Youth Policy in the 1990s*. London: Routledge.

Coles, B.(1995). *Youth and Social Policy-Youth Citizenship and Young Careers*. London: UCL Press.

Community Care-with Special Reference to Adult Mentally 111 and Mentally Handicapped People. vols. I-H. London: HMSO.

Compton B. K. & Galaway, B.(1984). *Social Work*. Processes. Homewcxxl, 111: The Dorsey press.

Cottrell, L. S. Jr.(1983). The Competent Community. In Warren, R. & Lyon, L. (Eds.). *New perspectives on the American community*. IL: The Dorsey Press.

Cowen, H.(1998). *Community Care, Ideology and Social Policy*. London: Pentice Hall Europe.

De Silva, E. G.(1988). Services to Customers: Customer Assistance Programs. In G. M. Gould & M. L. Smith (Eds.). NY: Springer. *Social Work in the Workplace,* 283-298.

DiNitto, D. M. &. Johnson, D. H.(2015). *Social Welfare: Politics and Public Policy* (8th Edition). Pearson.

Dolgoff, R. & Feldstein, D.(2012). *Understanding Social Welfare: A Search for Social Justice* (9th Edition). Pearson.

Dunham, A.(1970). *The New Community Organization*. New York: Thomas Y. Crowell Company.

Dunn, W. N.(1994). *Public Policy Analysis: An Introduction*. Englewood Cliffs. New Jersey: Prentice Hall.

Edwards, R. L. et al.(1998). *Skill for Effective Management of Nonprofit Organizations*. Washington DC: NASW Press.

F.A.S.S.(1956). Content of Family Social Work. *Social Case Work, July*, 321.

Feldman, F. L. & Scherz, F. H.(1967). *Family Social Welfare*. Atherton Press.

Ferraro, K. F.(1990). *Gerontology: Perspectives and Issues*. NY: Springer Publishing Company.

Fitzpatrick, T.(2011). *Welfare Theory*. New York: Palgrave Macmillan.

Friedlander, W. & Apte, R. Z.(1980). *Introduction to Social Welfare*. NJ: Prentice-Hall.

Friedlander, W. A.(1961). *Introduction to Social Welfare*. Englewood Cliffs. NJ: Prentice-Hall.

Gate, B. L.(1980). *Social Program Administration the Implementation of Social Policy*. NJ: Prentice-Hall.

George, V. and Wilding P.(1974, 1985, 1990). *Ideology and Social* Welfare. London: Routledge & Kegan Paul.

George, V. and Wilding, P.(1994). *Welfare and Ideology*. Harvester Wheatsheaf.

Germain, C. B.(1984). *Social Work Practice in Health Care-An Ecological Perspective-*. New York: The Free Press.

Giddens, A.(1998). *The Third Way: The Renewal of Social Democracy*. Cambridge: Polity.

Giddens, A.(2001). *The Global Third Way Debate*. Cambridge: Polity.

Giddens, A.(2002, 2012). *The Third Way and its Critics*. Polity.

Giddens, A.(2009, 2013). *Sociology* (7 edition). Cambridge: Polity Press.

Gilbert, N. & Specht, H.(1986). *Dimensions of Social Welfare Policy*. NJ Prentice-Hall.

Gilbert, N. & Terrell, P.(1998). *Dimension of Social Welfare Policy*. Boston: Allyn and Bacon.

Gilbert, N.(1983, 1985). *Capitalism and the Welfare State: Dilemmas of* Social Benevolence. Yale University Press.

Glennerster, H.(2015). *Paying for Welfare: Towards 2000* (3rd Edition). Routledge.

Goldenberg, I. & Goldenberg, H.(1988). 『가족치료』. 장혁표 외 역. 중앙적성출판사.

Googins, B. & Godfrey, J.(1987). *Occupational Social Work*. Englewood Cliffs. NJ: Prentice-Hall.

Gordon, M. 1994. *Social Security Policies in Industrial Counties*. New York: Cambridge Univ. Press.

Gulick, L. & Urwick, L.(1937). *Papers on the Science cf Administration*. New York: Institute of Public Administration.

Gunther, J. & Hawkins, F.(1999). *Making TQM Work: Quality Tools For Human Service Organization*. New York: Springer Publishing Company.

Harris, D. K.(1990). *Sociology of Aging*. NY: Harper & Row, Publisher.

Hasenfeld, Y.(1983). *Human Service Organization*. New Jersey: Prentice-Hall.

Hasenfeld, Y.(1992, 2009). *Human Services as Complex Organizations*. SAGE Publications.

Hasenfeld, Y.(1992a). The Nature of Human Service Organization. In Y. Hasenfeld (Ed.). *Human Service Organizations in Human Services as Complex Organizations*. Thousand Oaks. CA: SAGE.

Hasenfeld, Y.(1992b). Theoretical Approaches to Perspectives in Human Service

Hasenfeld, Y.(2000). Social Welfare Administration and Organizational Theory. In R. J. Patti (Ed.). *The Handbook of Social Welfare Management*. Thousand Oaks. London. New Delhi: SAGE.

HCSC(House of Commons Second Report from the Social Services Committee Session). 1984−1985.

Hill, M.(1980). *Understanding Social Policy*. Oxford Basil Blackwell.

Hollis, F.(1972). *Casework: A Psychosocial Therapy*. New York: Radom House.

ILO.(1984). *Into the Twnty-First Century: The Development of Social Security*. Geneva: ILO.

Ilsley, P. J.(1990). *Enhancing the Volunteer Experience*. San Francisco: Jossey-Bass Publishers.

Isacc, S. & Michael, W. B.(1987). *Handbook in Research and Evaluation*. San Diego. CA: EdITS Publishers.

Jassen, B. S.(1984). *The Theory and Practice of Social Welfare Policy*. Wads worth Publishing Co.

Jeffs, T. & Smith, M. (Eds.)(1988). *Welfare and Youth Work Practice*. London: Macmillan Education Ltd.

Johnson, L. C.(1989). *Social Work Practice* (3rd ed.). Massachusetts: Allyn and Bacon.

Judd, C. M. et al.(1991). *Research Methods in Social Relations*. Fort Worth. TX: Holt. Rinehart & Winston, Inc.

Kadushin, A. & Martin, J.(1988). *Child Welfare Services*. NY: Macmillan.

Kadushin, A.(1980). *Child Welfare Services*. NY: Macmillan.

Kahn, A.(1979). *Social Policy and Social Services*. New York: Random House.

Kamerman, S. B. & Kahn, A. J.(1976). Exploration in Family Policy. *Social Work, May*, 62.

Kamerman, S. B. & Kahn, A. J.(1978). F*amily Policy: Government and Families in Fourteen Countries*. N.Y.: Columbia Uni. Press.

Kerlinger, F. N.(1979). *Behavioral Research: A Conceptual Approach*. NY: Holt. Rinehart & Winston. Inc.

Key, P. R.(1995). Quality management. *Encyclopedia of Social Work* (19th ed.). Washington. DC: NASW Press, 2019-2025.

Kirst-Ashman, K. K.(2003). *Introduction to Social Work and Social Welfare: Critical Thinking Perspectives*. CA: Thomson.

Klein, R. & O'Higgins, M. (Eds.)(1985). *The Future of Welfare*. Oxford: Basil Blackwell Ltd.

Kramer, R. M.(1981). *Voluntary Agencies in the Welfare State. Berkeley*. CA: University of California Press.

Kramer, R. M.(1987). Voluntary Agencies and the Personal Social Service. Walter, W. P. (Ed.). In *the Nonprofit Sector*. New Haven: Yale University Press.

Lagana, L.(1986). 『대학 지성과 사회개혁운동: 토인비 홀의 이념적 기원과 발달』. 임영상 역(1986). 서울: 전예원.

Laroque, P.(1966). Social Security and Social Development. *Bulletin of I. S. S. vol. 19, Nos*, 3-4.

Lauffer, A. & Gorodezky, S.(1977). *Volunteers*. Newbury Park. CA: Sage Publications.

Lewis, J. A. et al.(2006). *Management of Human Service Programs*. Belmont: Wadsworth Com.

Lindblom, C. E.(1959). The Science of Muddling Through. *Public Administration Review, 19, Spring*, 79-88.

Lindeman, E. C.(1921). *The Community*. New York: Association Press.

Marshall, T. H.(1970). *Social Policy in Twentieth Century*. London: Hutchinson.

Martin, L. L.(1993). *Total Quality Management in Human Service Organization*. Newbury Park. CA: SAGE Publications.

Maslow, A. H.(1954). *Motivation and Personality*. New York: Harper & Row.

Mattaini, M. A. et al.(1999). 『사회복지실천이론의 토대』. 이팔환 외역(1999). 서울: 나눔의집.

Mead, M.(1963). Introduction(Optimum Mental Health). A. Deutsch (Ed.). *The Encyclopedia of Mental Health, 1*. New York: Watts.

Meenghan, T. M. et al.(1982). *Macro Practice in the Human Services*. New York: The Free Press.

Mehr, J. J.(2001, 2010). *Human Services: Concepts and Intervention Strategies*. Boston: Allyn and Bacon.

Mendelsohn, A. R.(1980). *The Work of Social Welfare*. New York: A division of Framklin Watts.

Middleman, R. R. & Goldberg, G.(1974). *Social Service Delivery: A Structural Approach to Social Work Practice*. New York: Columbia University Press.

Moen, P. & Schorr, A. J.(1987). Families and Social Policy. In M. B. Sussnan & S. K. Steimets (Eds.). *Handbook of Marriage and Family*. New York: Plum Press.

Morals, A. & Sheafor, B. W.(1980). *Social Work: A Professional Many Faces.* Boston: Allyn & Bacon.

Moroney, P. M.(1976). *The Family and the State: Considerations for Social Policy.* London: Longman.

Moxley, D. P.(1989). *The Practice of Case Management.* California Sage Publications, Inc.

NASW.(1995). *Encyclopedia of Social Work* (9th).

NISW(National Institute for Social Work).(1982). *Social Workers-Their Role & Tasks.* London Bedford Square Press.

Northrop, E.(1990). The Feminization of Poverty: the Demographic Factor and the Composition of Economic Growth. *Journal of Economics Issues*, vol. X XF, no.1, March.

O'Brien, M. and Penna, S.(1998). *Theorizing Welfare.* London: Sage.

Padberg, W. H.(1979). Complexities of Family Policy: What can be done. *Social Work, 24.*

Patti, R. J. (Ed.)(2000). *The Handbook of Social Welfare Management.* Sage Publications. Inc.

Payne, M.(2005). *The Origins of Social Work.* Palgrave.

Pearce, D.(1978). The Feminization of Poverty: Women, Work and Welfare. *Urban and Social Change Review, 11* (Feb.).

Peter Taylor-Gooby.(2004). *New Risks, New Welfare.* Oxford University Press.

Pieter, D.(1993). *Introduction into the Basic Principles of Social Security.* Deventer: The Netherlands.

Pincus, A. & Minahan, A.(1990). *Social Work Practice: Model and Method.* Itasca. Illinois: F. E. Peacock Publishers Inc.

Prigmore, C. S. & Atherton, C. R.(1979). *Social Welfare Policy: Analysis and Formulation.* Lexiton. D.C. Health and Company.

Reid, W. J. & Smith, A. D.(1981). *Research in Social Work.* NY: Columbia University Press.

Romanyshin, J. M.(1971). *Social Welfare: Charity to Justice.* Random House.

Rothman, J. & Germain, C. B.(1994). *Practice with Highly Vulnerable Clients: Case Management and Community-Based Service.* NJ: Prentice-Hall.

Rothman, J.(2008). Approaches to Community Intervention. In *Strategies of community intervention* (7th ed.). Eddie Bowers Pub. Co., 44-45.

Routh, T. A.(1972). *The Volunteer and Community Agencies.* Springfield, NJ: Charles C. Thomas Publisher.

Rubington, E. & Weinberg, M. S.(1981). *The study of social problems.* New York: Oxford University Press.

Sax, P.(1967). A Discussion: What is Family-centered Case Work. *Social Case Work*, July. FSAA.

Schneider, R. L. et al. (Eds.)(2000). *Gerontological social work: Knowledge, service settings, and special populations* (2nd ed.). Pacific Grove. CA: Brooks/Cole.

Shotland, R. L. & Mark, M. M.(1985). *Social Science and Social Policy.* Beverly Hills: Sage Publication.

Shulman, L.(1992). *The Skills of Helping: Individuals, Families, and Groups* (3rd ed.). Illinois: F. E. Peacock Publishers. INC.

Siporin, M.(1975). *Introduction to social work practice*. New York: Macmillan.

Siporin, M.(1980). Marriage and Family Therapy in Social Work. *Social Case Work*, Jan. FSAA.

Skidmore, R. X. et al.(1991). *Introduction to Social Work* (5th. ed.). NJ: Prentice-Hall.

Smith, J.(1986). The Paradox of Women's Poverty: Wage-earning Women and Economic Transformation. In Novak, C. C. & Strober, M. H. (Eds.). *Women and Poverty*. Chicago: The University of Chicago Press.

Spicker, P.(1988). *Principle of Social Welfare: An Introduction to Thinking about the Welfare State*. New York: Routledge.

Stenzel, A. K. & Feeney, H. M.(1996). *Volunteer training and development: A manual*. NY: The Seabury Press. Inc.

Straussner, S. L. A.(1989). *Occupational Social Work Today*. Routledge.

Taylor, G.(2007). *Ideology and Welfare*. New York: Palgrave Macmillan.

Titmuss, R. M.(1969). *Commitment to Welfare*. London: Hutchinson University Library.

Titmuss, R. M.(1974). *Social Policy: An Introduction*. London: George Allen & Unwin Ltd.

Townsend, P. et al.(1970). *The Fifth Social Service*. London: Fabian Society.

Trattner, W. I.(1974). *From Poor Law to Welfare State*. The Free Press.

Trecker, H. B.(1977). *Social Work Administration*. New York: Association Press.

Trevithick, P.(2000). *Social Work Skills: A practice Handbook*. Philadelphia. PA: Open University Press.

Tripodi, T.(1983). *Evaluative Research for Social Workers*. Englewood Cliffs. NJ: Prentice-Hall.

Vourlekis, B. S. & Green, R. R. (Eds.)(1992). *Social Work Case Management*. New York: Aldine de Gruyter.

Waegel, W. B.(1989). *Delinquency and Juvenile Control*. NJ: Prentice-Hall.

Whittaker, J. K.(1983). *Social Support Networks: Informal Helping in the Human Services*. Routledge.

Wholey, J. S. et al.(1970). *Federal Evaluation Policy*. Washington DC: Urban Institute.

Wilensky, H. L. & Lebeaux, C. N.(1965). *Industrial Society & Social Welfare*. New York: The Free Press.

Wilson, M.(1976). *Effective Management of Volunteer program Boulder*. Colorado: Volunteer Management Associates.

Zastrow, C. & Kirst-Ashman, K.(2001). *Understanding Human Behavior and the Social Environment*. Brooks/Cole.

Zastrow, C.(1992). *The Practice of Social Work* (4th ed.). California: Wadsworth Publishing Company.

Zastrow, C.(1992). *The Practice of Social Work. California: Wadsworth Publishing Company*.

Zimmerman, S. I.(1992). *Family Policies and Family Weil-Being.* The Role of Political Culture. Newbury Park. C.A.: Sage Pub.

Zins, S.(1987). *Aging in America: An introduction to gerontology.* Albany. NY: Delmar Publishers.

찾아보기

인 명

내 용

저/자/소/개

권 붕

국제문화대학원대학교 사회복지교육학과 박사(Ph.D)
국제문화대학원대학교 상담사회교육학과 박사(Ph.D)
대한신학대학원대학교 조직신학 전공 철학박사(Ph.D)
동방대학원대학교 사회복지학과 교수 · 호원대 사회복지학과 겸임교수
〈저서〉 발달심리학, 상담심리학, 상담이론과 실제, 사회복지행정론, 사회문제론

권기정

국제신학대학원대학교 사회복지학과 졸업
서울사회복지대학원대학교 주임교수
한국사회적교육협동조합 평생교육원 원장

박원진

한성대학교 대학원 행정학과 정책학 박사(Ph.D)
을지대학교 장례지도학과 교수
글로벌장례문화복지연구원 원장
〈저서〉 인간행동과 사회환경, 지역사회복지론, 노인복지론, 상담이론과 실제

신민식

인천대학교 정책대학원 사회복지학 석사 졸업
대한신학대학원대학교 사회복지학 박사과정
한국사회복지실천정책학회 선임연구위원
〈저서〉 발달심리학

양재건

Faith Theological & Christian College 신학박사
대한신학대학원대학교 조직신학전공 신학석사
동방문화대학원대학교 사회복지학과 박사과정
미국 Faith Theological & Christian College 교수
경복대학교 사회복지학과 겸임교수·글로벌평생교육원 원장
〈저서〉 상담심리학

오인숙

서울기독대학교 대학원 사회복지학과 석사
서울기독대학교 대학원 사회복지학과 박사과정
경기노인복지센터 센터장
〈저서〉 인간행동과 사회환경, 노인복지론

이은희

남서울대학교 대학원 복지경영학과 석사
상명대학교 대학원 사회복지전공 박사(Ph.D)
경복대학교 사회복지학과 겸임교수·농협지점장
한국사회복지실천정책학회 수석연구위원
〈저서〉 인간행동과 사회환경, 사회복지실천론, 노인복지론

이의용

서울벤처대학원대학교 상담학 박사(Ph.D)
서울벤처대학원대학교 사회복지상담학과 외래교수
서울사회복지대학원대학교 노인복지과 지도교수
〈저서〉 사회복지행정론

이척희

성균관대학교 무역대학원 지역경제학과 석사
중앙신학대학원대학교 사회복지상담학과 박사과정
서울사회복지대학원대학교 지도교수
동성화학산업 대표 · 코파인산업(주) 대표이사 사장
〈저서〉 상담심리학, 지역사회복지론, 사회복지행정론

진윤지

성신여자대학교 대학원 사회복지학과 박사과정
한국사회복지실천정책학회 책임연구위원
대한치매예방협회 노인정책 연구국장
사) 국제여가문화협회 노인복지 운영이사
엄마어린이집 원장
〈저서〉 노인복지론, 사회복지실천론, 인간행동과 사회환경

사회복지개론

1판 1쇄 인쇄 — 2019년 1월 3일
1판 1쇄 발행 — 2019년 1월 7일

저 자 - 권 붕 권기정 박원진 신민식 양재건
오인숙 이은희 이의용 이척희 진윤지
발 행 인 - 강 성 민
발 행 처 - 수 양 재
주 소 - 경기도 파주시 검산로 173번길 29-20
전 화 - 031-946-3863(代)
팩 스 - 031-946-3864
이 메 일 - syjpub@naver.com
출판등록 - 2016년 6월 3일 제 406-2016-000069 호

ISBN 979-11-89457-02-0

정가 20,000원